高速铁路岗位培训教材

动车组

列控车载信号设备维修岗位

铁道部劳动和卫生司
铁 道 部 运 输 局

中国铁道出版社有限公司
CHINA RAILWAY PUBLISHING HOUSE CO., LTD.

内 容 简 介

本书为铁道部规划的高速铁路岗位培训教材之一，是根据《动车组列控车载信号设备维修岗位培训规范》编写的。全书共十章，内容包括理论知识和实作技能两大类。理论知识主要内容为：安全知识、专业知识、相关知识；实作技能主要内容为：基本技能和专业技能，包括：动车组列控车载信号设备安装与调试，动车组列控车载信号设备检测，动车组列控车载信号设备数据分析，列车运行监控装置（LKJ）数据换装，动车组列控车载信号设备参数设置，动车组列控车载信号设备故障分析及处理等专业技能知识。

本书适用于对动车组列控车载信号设备维修岗前资格性培训和岗位适应性培训，可作为高速铁路职工岗位培训教材，也可供动车组列控车载信号设备维修岗位人员和运用管理人员学习，对各类职业院校相关师生学习也有重要的参考价值。

本书内容如有不符最新规章标准之处，以最新规章标准为准。

图书在版编目（CIP）数据

动车组列控车载信号设备维修岗位/铁道部劳动和卫生司，铁道部运输局编．—北京：中国铁道出版社，2012.9（2025.8 重印）
高速铁路岗位培训教材
ISBN 978-7-113-15289-5

Ⅰ.①动…　Ⅱ.①铁…　②铁…　Ⅲ.①高速动车-信号设备-维修-岗位培训-教材　Ⅳ.①U266

中国版本图书馆 CIP 数据核字（2012）第 211673 号

书　　名：**动车组列控车载信号设备维修岗位**
作　　者：铁道部劳动和卫生司　铁道部运输局

策划编辑：武亚雯
责任编辑：崔忠文　徐　清　　**电话**：(021)73147　　**电子信箱**：dianwu@vip.sina.com
(010)51873147
封面设计：崔丽芳
责任校对：孙　玫
责任印制：陆　宁

出版发行：中国铁道出版社有限公司（100054，北京市西城区右安门西街 8 号）
网　　址：https://www.tdpress.com
印　　刷：北京盛通印刷股份有限公司
版　　次：2012 年 10 月第 1 版　2025 年 8 月第 7 次印刷
开　　本：787 mm×1092 mm 1/16　**印张**：17.75　**字数**：448 千
书　　号：ISBN 978-7-113-15289-5
定　　价：69.00 元

前言

目前，中国已成为世界上高速铁路营业里程最多、运营速度最高、在建高速铁路规模最大的国家。培养和造就一支适应高速铁路发展的高素质人才队伍，是强化安全风险管理基础、确保高速铁路运营安全的战略任务。

为严格落实高速铁路主要行车工种岗位准入制度，满足相关人员岗位培训需要，铁道部决定按照高速铁路主要行车工种岗位标准和培训规范，结合铁路现代化发展的实际，组织开发高速铁路岗位培训教材。教材建设是职业教育培训工作的重要组成部分，是提高教育培训质量的关键。加快高速铁路岗位培训教材建设，已成为加强和改进高速铁路职工教育培训工作的当务之急。

本套教材由铁道部劳动和卫生司、运输局共同组织，集中相关铁路局、部分铁路高职院校和职工培训基地的专家、工程技术人员、任课教师编写及审定，多方合作，共同完成，涵盖了高速铁路基础设施维护（工务、供电、通信、信号）13 个岗位。教材充分体现了近几年来高速铁路新技术、新设备的大量运用及其发展趋势，侧重体现了与既有线相关技术的区别，填补了高速铁路基础设施维护岗位培训教材的空白。教材按照高速铁路岗位培训规范编写，涵盖了培训规范的各个能力项，适用于高速铁路主要行车工种岗前资格性培训和岗位适应性培训，便于现场模块化教学及职工自学。

Preface

本书为《动车组列控车载信号设备维修岗位》培训教材。全书共分十章，内容包括理论知识和实作技能。理论知识主要内容为：安全知识、专业知识、相关知识；实作技能主要内容为：基本技能和专业技能，包括：动车组列控车载信号设备安装与调试、动车组列控车载信号设备检测、动车组列控车载信号设备数据分析、列车运行监控装置（LKJ）数据换装、动车组列控车载信号设备参数设置、动车组列控车载信号设备故障分析及处理等专业技能知识。为便于教学和使用，书中各章节都配有思考题和复习题，书末附有动车组列控车载信号设备维修岗位技能实训设备配置标准建议表。

本书由徐凯伦主编并统稿，参编人员有蒋纲、谢世音、陈惠冬、唐玲、杨千辉。其中，徐凯伦参与编写第一章、第二章、第五章、第六章、第八章、第十章；蒋纲参与编写第二章、第三章；谢世音参与编写第六章、第九章、第十章；陈惠冬参与编写第四章、第五章；唐玲参与编写第七章；杨千辉参与编写第七章。

本书由铁道部劳动和卫生司、运输局统一组织审定。主要审定人员有：姜锡义、李文涛、郑升、李砾、席武夷、任天德、杨春燕、武亚雯。本书在编写、审定过程中，还得到各铁路局、中国铁路通信信号股份有限公司、北京和利时系统工程有限公司、河南蓝信科技有限公司的大力支持和帮助，在此一并表示感谢。

编　者

2012 年 6 月

目录

理论知识

实作技能

Contents

理论知识

LiLun ZhiShi

第一章　安 全 知 识

本章主要介绍安全知识，安全是铁路运输永恒的主题。夯实安全基础工作，强化高速铁路基础设施维护人员岗位安全责任意识，确保高速铁路在行车安全、电气化安全、劳动安全的稳定受控，是高速铁路教育培训工作的“重中之重”。

第一节　行 车 安 全

高速铁路的主要优势是速度快、列车密度大、载客量大、乘车舒适度高，因此，高速铁路对行车安全要求更高，保证行车安全的难度也更大。为了进一步确保高速铁路行车安全，在原有电务基本安全制度和作业纪律的基础上，铁道部、铁路局分别制定了各项安全规章制度，为高速铁路的安全运营构筑了可靠的制度保障。

一、电务基本安全规章制度相关知识

（一）明确电务安全生产管理

1. 电务部门应认真贯彻执行《中华人民共和国安全生产法》、《铁路运输安全保护条例》、《铁路技术管理规程》、《铁路交通事故调查处理规则》和其他有关安全生产的法律法规，建立健全以领导负责、逐级负责、专业负责、岗位负责为主要内容的安全生产责任制度，加强安全生产管理，确保安全生产。

2. 安全是电务部门专业管理水平和工作质量的综合反映。各级领导必须将安全生产放在首位，加强政治思想工作，教育职工牢固树立“安全第一，预防为主”的思想，严格遵守作业纪律和劳动纪律，认真执行规章制度，保证行车、设备和人身安全。

3. 电务处应定期向铁路局（公司）安全生产委员会报告电务系统安全工作，及时解决安全生产中存在的问题。电务段应制定本单位安全生产委员会工作制度。

4. 电务段应健全段、车间、工区三级安全生产体系，建立安全生产信息管理制度和作业过程监控、联控、互控机制，强化现场作业控制，定期分析安全生产状况，采取有效措施，及时消除安全隐患，增强安全自控能力。

5. 违章作业是造成电务重大事故、大事故及险性事故的主要原因。必须提高电务职工的法律意识和安全意识，加强维修、施工、故障处理等关键环节的控制，落实安全卡控措施，杜绝违章作业。

6. 电务调度是电务安全生产的关键岗位，在安全生产中起着重要的指挥和协调作用。必须加强电务调度队伍建设，配齐配强调度人员及硬件装备。电务调度实行三班轮流值班制度，实时掌握安全生产情况和设备运用状态，做到信息畅通，反应迅速，有效地指挥设备故障处理和应急抢险。

7. 电务系统各级干部必须定期登乘机车进行安全检查，参加天窗维修和电务施工，掌握安全生产动态。

8. 电务部门各单位应对全体职工进行安全生产教育和培训，使其具备必要的安全生产知识，熟悉有关安全生产规章制度和安全操作规程，掌握本岗位安全操作技能。培训考试不合格的职工，不得上岗作业。

9. 新职工及转岗、复工、改职人员必须经过行车安全和人身安全教育和专业培训，考试合格，方可上岗。

10. 新设备开通使用前，电务段应配合设计、施工部门和产品供应商，对维修人员进行技术培训，考试合格，方准上岗作业。

（二）电务基本安全规章制度和作业纪律

1. 电务工作人员必须认真执行“三不动”、“三不离”、“三不放过”和“三级施工安全措施”四项基本安全制度。

三不动：未登记联系好不动；对设备性能、状态不清楚不动；正在使用中的设备（指已办理好进路或闭塞的设备）不动。

三不离：工作完了，不彻底试验良好不离；影响正常使用的设备缺点未修好前不离；发现设备有异状时，未查清原因不离。

三不放过：事故原因分析不清不放过；没有防范措施不放过；事故责任者和群众没有受到教育不放过。

三级施工安全措施：电务段、车间、工区三级组织的施工均应制定施工安全措施。安全措施的基本内容应包括：施工前的准备措施，施工中的单项作业措施、安全卡控措施及安全防护措施，施工后的检查试验措施，以及发生故障时的应急措施等。

2. 电务工作人员必须严格执行“七严禁”作业纪律。

(1)严禁甩开联锁条件，借用电源动作设备；

(2)严禁采用封连线或其他手段封连各种信号设备电气接点；

(3)严禁在轨道电路上拉临时线构通电路造成死区间，或盲目用提高轨道电路送电端电压的方法处理故障；

(4)严禁色灯信号机灯光灭灯时，用其他光源代替；

(5)严禁甩开联锁条件，人为构通道岔假表示；

(6)严禁未登记要点使用手摇把转换道岔；

(7)严禁代替行车人员按压按钮、转换道岔、检查进路、办理闭塞和开放信号。

（三）事故及故障的应急处理

1. 当发生信号故障或事故时，应按险情等级和影响程度及时启动应急预案。故障处理人员应严格按故障处理程序处理，查明原因，排除故障，尽快恢复使用。

2. 当发生与信号设备有关联的铁路交通事故时，信号维修人员应会同车站值班员记录设备状态，派人监视，保护事故现场，不得擅自动用设备，并立即报告电务段调度。

3. 对影响行车的设备故障，信号维修人员应将确认的故障现象以及故障原因、处理情况登记在《行车设备检查登记簿》内，作为原始记录备查。

（四）事故及故障管理与调查处理

1. 因违反作业标准、操作规程，养护维修不当，设计制造质量缺陷，自然灾害等原因，造成电务设备损坏，耽误列车、影响正常行车，危及行车安全，均构成设备故障。设备故障升级为铁路交通事故时，按《铁路交通事故调查处理规则》有关规定处理。

2. 信号故障报告、事故报告及故障的调查处理

(1)设备故障发生后,各级电务人员应逐级上报。信号工区立即向车间和电务段调度报告;电务段调度应及时向铁路局(公司)电务调度报告。

(2)属于人为破坏的设备故障,由公安部门查处。

(3)对可能与电务有关的一般C类以上事故,须及时将事故详细情况逐级上报至铁道部运输局电务部。

二、与高铁信号维修相关的安全规章规定

(一)“行车不施工,施工不行车”安全控制措施

高速铁路信号维护工作必须贯彻“行车不施工,施工不行车”原则,检修、施工作业必须在“天窗”内进行。没有命令不准上道。

1. 天窗时间以外,任何人员禁止进入防护栅栏、桥面或隧道内。

2. 驻站联络员应与室外专职防护员保持通讯畅通,及时掌握施工作业情况,一旦遇到通讯联络中断或联络困难、通话不清时,严禁盲目销点,必须待通讯联络恢复后,得到现场施工负责人确认作业结束,并已回到安全地带后,方可销点。

3. 施工及配合施工应切实加强施工作业前、中、后的联系,加强施工现场监控;上道前,施工负责人应清点作业人员、作业机具及材料数量;施工结束开通前,施工负责人必须清点人员和机具,确定人员、机具及材料全部撤到防护栅栏外或随作业车辆返回库线,方可通知销点。

4. 各级人员下现场必须严格执行安全规定,服从现场防护人员统一指挥。

(二)遇故障上道安全控制措施

遇设备发生故障需上道检查抢修等特殊情况,必须申请故障处理的临时天窗,在得到本线封锁调度命令和确认邻线临时限速(最高运行速度小于或等于160 km/h)设置成功后,方可上道作业,并执行以下规定:

1. 按照《劳动安全防护制度》规定设置防护,防护员必须携带GSM-R手持机,所有作业人员在前往作业地点和返回途中,必须按照预先规定的行走路线行走,严禁在道心及枕木头上行走,行走不得侵入限界。

2. 作业人员首先需根据作业内容将防护用品、用具佩戴齐全;驻站联络员必须掌握列车运行动态,并及时准确告知现场防护员。未采取人身安全防护措施或措施不到位的,禁止盲目冒险处理故障。作业前必须穿黄色防护服、防护帽和绝缘鞋。

3. 现场电务应急抢修人员需上道进行作业时,驻站联络员必须向段调度汇报所在疏散口位置(作业通道口)和作业范围(包括行走路线)。调度及时与驻站联络员联系,办理上道有关手续。驻站联络员必须确认本线封锁和邻线限速后,方可通知现场作业人员上道作业。

4. 现场电务人员接到上道通知后,应设好防护,作业过程中现场防护人员应随时与驻站联络员保持联系,在接到临线来车、本线下道通知时,按规定及时下道避车。

5. 动车组距作业地点五个闭塞分区时,现场作业人员必须下道并在本线一侧安全距离(距钢轨头部外侧距离不小于3 m)避车,禁止分散多处或跨线避车,严禁在双线线间站立避车。

6. 驻站联络员必须每隔3 min与现场防护员通话一次,随时掌握现场作业情况,一旦联络中断,现场防护员应立即呼叫作业人员停止作业,按上述要求下道避车,并用手机等通讯工

具与室内防护员联系。

7. 应急处理故障，遇有能见度不足 200 m 的大雾、暴风雨(雪)、雷电密集、扬沙等恶劣天气必须作业时，应采取特殊、有效的安全防护措施，并对故障发生区间进行全线封锁。

8. 现场防护人员应站在便于瞭望和通知作业人员的安全地点，在瞭望距离不足 2 000 m 的曲线地段，应增设中间防护员，加强联络。

9. 作业人员在下道避车前，必须将箱盒盖盖好。要确保转辙机等各类防护罩、盖固定牢固，如防护罩、盖来不及固定，应将防护罩、盖放在安全地点，并加强监护。

10. 故障修复后，应在处理人员全部上到抢修作业轨道车或到达疏散口外时，方能销记解除邻线临时限速和作业线路的封锁。

三、高铁施工安全相关知识

1. 所有工具、材料、仪表，照明灯具、通信工具均要进行编号，粘贴反光标志，建立台账，实行统一管理。

2. 作业前，工长(或车间跟班干部)列队点名召开准备会议，填写作业派遣单，安排当日作业内容，对要携带的工具、材料、仪表，照明灯具、通信工具及需打开的设备箱盒做好充分的预想，指定验收人员(工长、安全员或材料员)。

3. 材料员要根据作业派遣单登记取出工具、材料、仪表，照明灯具、通信工具，清点数目核对编号，建立记录卡交给作业人员并签字留存。未经编号的工具、仪表等不得带到作业现场。

4. 实行工班长带领下的集体作业制，每次作业均由工班长带队进行，对每一次维修进行详实的记录，达到落实责任制的目的。

5. 作业过程中，工具、仪表、材料等必须随手携带。不能随手携带时放置在轨道旁 1 m 以远处，随取随用，使用完后及时放置到轨旁工具箱内。禁止随手随地放置工具材料。

6. 天窗点作业销点前要预留 40 min 的时间开展设备互检、验收。作业人员自行对设备加锁、检查后，由验收人员进行复检。加锁及检查时要边干边检查边大声口诵(统一标准用语：如 1 号尖 1 加锁良好)。

7. 验收完后，工长(安全员)清点工具，仪表，新、旧材料，确保现场无遗漏工具、仪表、材料，并在记录卡上做好记录(新、旧材料全部带回，不准丢在网外等现场部位)。清点完毕工具、材料、人数，报告驻站联络员，得到应答后方可离开现场。

8. 现场作业人员必须在天窗点结束前全部撤离至防护栅栏外或返回站内安全地带。人员、器材没有全部撤出不准销记。

9. 驻站联络员得到现场作业人员全部撤离至防护栅栏外或返回站内安全地带的报告后，方可销记离开。

10. 作业人员回到工区后，由工长召开点评会，工长点评当天作业情况，并作小结。

四、动车组列控车载信号设备安全作业制度和纪律

(一)安全作业制度

1. 检测发现 LKJ 系统运用状态不良(多重冗余的系统虽不影响功能作用，但影响多重冗余性能的局部状态不良情况)的机车、动车组不准出库牵引或担当列车。

2. 禁止带电拔、插列控车载设备机器内部的各种电路板及元器件，进行各种板件插拔时，应依据操作手册按步骤进行。

3. 不得随意对列控车载设备进行关机、拨动开关、按压按钮等操作，进行各种检测、检修操作时，应依据作业指导书按步骤进行。

4. 不得在列控车载设备上运行与系统无关的软件，不得随意连接移动存储设备。

5. 列控车载设备及各单元软件更换、升级必须由铁道部统一布置实施，严禁任何单位和个人擅自实施。

6. 不得随意更改列控车载设备的车种、控车优先权、等级模式及轮径的设置。

7. 动车组车下部检测、检修时，要在动车组库或有检修地沟的场所进行作业，动车组处于无电状态，动车组受电弓在落下位置。动车组降弓断电 10 min 待电容放电后方可作业，作业前应设立警示标志和专人进行防护，作业时列控车载设备在断电状态。

(二)作业纪律

1. 严禁擅自修改 LKJ、ATP 控制模式、数据；
2. 严禁不确认日期、时间、减压量；
3. 严禁使用 ATP 测试开关代替环线发码；
4. 严禁使用非专用工具插拔芯片；
5. 严禁扳动机车操纵主手柄、换向手柄；
6. 严禁代签合格证；
7. 严禁电网下擅自登顶作业；
8. 严禁迟报、瞒报车载设备故障信息。

思考题

1. 电务车载设备工作人员必须严格执行哪些作业纪律?
2. 什么是电务工作检修和故障处理“七严禁”纪律?
3. 什么是“三不动”安全工作制度?
4. 什么是“三不离”安全工作制度?
5. 事故处理“三不放过”指的是什么?

第二节 电气化安全

一、电气化铁路安全规则相关知识

(一)电气化铁路在安全方面的特殊要求

我国电气化铁路采用单相工频交流供电，架设在铁路线路上空的接触网带有 25 kV 的高压电，直接威胁人身安全和作业安全。为确保电气化铁路运输安全，铁道部除在《铁路技术管理规程》中对保证安全方面做出有关规定外，还根据电气化铁路的特点，颁布了《电气化铁路有关人员电气安全规则》、《牵引变电所安全工作规程》、《接触网安全工作规程》等；铁路局根据自局管内的具体情况，专门制定电气化铁路行车组织办法和保证行车安全的措施，或在铁路局《行车组织规则》中做了补充规定。因此，凡参加电气化铁路工作的运输、供电、机务、工务、电务、车辆等部门的职工，以及广大旅客、押运人员和沿线居民都应该认真学习和严格执行有关电气化铁路安全的规定。

（二）电气化铁路带有25 kV高压电的部件

1. 接触网及其相连的部件。

2. 电力机车主变压器的一次侧。

3. 当接触网的绝缘损坏，且未装接地线或接地线坏时，接触网支柱及其金属结构瞬间会带有高压电，接地线已损坏时，禁止与之接触。

（三）电气化铁路附近有关安全规定

1. 为保证人身安全，除专业人员按规定作业外，任何人员所携带的物件（包括长杆、导线等）与接触网设备的带电部分需保持2 m以上的距离。

2. 在距接触网带电部分不到2 m的建筑物上作业时，接触网必须停电，并要遵照下列规定办理：

(1)施工领导人要向电力调度员提出接触网停电申请书，申请书中应明确指出施工地点、施工所需时间、施工开始时间及作业特点。对于有计划的作业，申请书应于施工前两天提出。

(2)只有在接到电力调度员许可停电施工的命令，并有接触网工区指定的接触网工安设临时接地线之后，方可开始施工。施工时接触网工必须在场监护，在有关电气安全方面，施工领导人必须听从接触网工的指导。

(3)施工结束，接触网工确认所有工作人员都已在安全地点之后，方可拆除临时接地线，并通知电力调度员施工已结束。在拆除临时接地线之后严禁再进行施工。

3. 在距接触网带电部分2 m到4 m的导线、支柱、房顶及其他设施上施工时，接触网可不停电，但须有接触网工或经专门训练的人员在场监护。

4. 发现接触网断线及其部件损坏或在接触网上挂有线头、绳索等物，均不准与之接触，要立即通知附近的接触网工区或电力调度派人处理。在接触网检修人员到达前，将该处加以防护，任何人员均应距已断导线接地处所10 m以外。如接触网已断导线等侵入建筑接近限界危及行车安全时，则必须根据《铁路技术管理规程》的规定进行防护处理。

5. 在接触网支柱及接触网带电部分5 m范围以内的金属结构上均须装设接地线。天桥及跨线桥靠近跨越接触网的地方，必须设置安全栅网。

接触网或与接触网相连的支柱及金属结构，接地线已损坏时，禁止与之接触。

支柱及金属结构的接地线，应由接触网工装设；当更换钢轨或进行养路工作需移设接地线时，应由接触网工或工务部门受过专门训练的人员进行处理。

（四）有关人身安全的一般规定

1. 在电气化区段内，任何人不准登上机车车辆顶或翻越车顶通过线路。在旅客站台、行人较多的电气化区段，所有接触网支柱应悬挂“禁止攀登”、“有电危险”等警告牌或涂有警告语。禁止在支柱上搭挂衣物、攀登支柱或在支柱旁休息。

2. 手持木杆、梯子等工具通过接触网时，必须水平通过，不准高举超过安全距离。押运、随车装卸、勤通学等人员，在电气化区段内，禁止搭乘机车煤水车及坐在车顶或装载的货物上。机车司机、运转长及连接员，除做好宣传工作之外，当列车驶进电气化区段前，还需注意货物装载状态，要设法排除超出限界的树枝、棒杆等，紧固飘动的篷布，关闭油罐车顶上盖。

3. 为提醒人们对高压带电体的注意，在电气化铁路沿线接触网支柱上应标示“高压危险”、“严禁攀登”的警告语；在电气化铁路上使用的内燃机车通往车顶的梯子应标示“高压危险”的警告牌;在电力机车、牵引变压器的一次侧(高压侧)应设置安全防护栅网。

4. 在接触网支柱及接触网带电部分 2 m 范围内的金属结构上均需装设接地线。天桥及跨线桥靠近跨越接触网的地方,距离带电部分较近,容易发生触电事故,为了确保人身安全,必须设置安全栅网以屏蔽感应电流。行人通过这种天桥或跨线桥时,严禁用竹竿、棍棒、铁线等非绝缘物件穿捅安全栅网。因为直接或间接与接触网带电部分接触都十分危险。特别要教育电气化铁路附近的儿童,不要在上面玩耍,也不要长时间逗留。

5. 各种车辆和行人,通过电气化铁路平交道口时,必须遵守以下规定:

(1)汽车和兽力车通过电气化铁路平交道口时,货物的装载高度(从地面算起)不得超过 4.2 m,防止触动道口限界门的活动横板和吊链。装载高度超过 4.2 m 的货车绕行立交道口和进行倒装。

(2)在装载货物高度超过 2 m(从地面算起)的车辆通过电气化铁路平交道口时,严禁随车人员坐在货物上,如需搭乘卸车人员时,应下车步行,待车辆驶过道口后,再上车乘坐。

(3)当行人持有木棒、竹竿、彩旗和皮鞭等高长物件通过道口时,不准高举挥动,须使上述物件保持水平状态通过道口,以免高长物件碰触带电体,致使高压电伤人。在道口限界门右侧杆上,供电段设有上述规定内容的标示牌,要求机动车辆司机和行人严格遵守。

6. 严禁爬乘货车,主要是为了防止人员坠车事故,在电气化铁路爬乘货车时,还容易发生人员触电伤亡事故。因此,在发现有人爬乘货车时要严加制止。从非电气化铁路开来的货车,在进入电气化铁路前,接发列车人员应认真检查,发现有人乘坐在敞平车装载的货物或棚车车顶上时,应令其下车,劝其乘坐客车或安排在安全处所,以防列车进入电气化铁路区段后爬乘人员触电。如列车已进入电气化铁路区段,且停于带电的接触网下面时,应提醒爬乘人员上面有高压电,千万不要站立,要俯卧式慢慢爬下车。必要时应操纵隔离开关,使接触网停电后再使其下车。

二、动车组运用和检修安全规程相关知识

动车组在指定作业股道停稳后,动车所接车人员按规定上防护信号(白天红旗,晚上红灯),并向动车所调度报告。列控车载设备维护工区作业人员需按规定插设 ATP 的防护信号,作业结束后应及时撤除防护信号。动车所检修班组在确认其他专业部门信号全部撤除后,方可撤除防护信号,并报告动车所调度。

列控车载设备人员出入库作业(包括换端作业)需遵守如下安全卡控制度:

1. 列控车载设备人员上道(含库内)作业时,必须穿规定的工作服,佩带高铁作业证,穿绝缘鞋。

2. 横过铁路线路时,必须执行“一站、二看、三通过”的安全规定;上下列车时,必须站稳、抓好。

3. 进行作业前,必须安装好 ATP 防护信号,并与动车调度联系确认后方可进行作业;作业完毕及时撤除防护信号。

4. 列控车载设备人员下地沟进行设备整治或故障处理时,必须确认已降弓断电,并在动车调度填写地沟作业申请单,上好防护信号后,才可进行地沟检查作业。

5. 在接通 ATP 电源前,必须确认无其他人进行 ATP 作业后才能接通,防止触电事故发生。

6. 严禁带电拔插 ATP 各部插接件、电路板。

7. 断开冗余开关切换 ATP 时，必须在“0”位停留 10 s 以上，才能将开关置于另外位置。

8. 除尘、清扫印刷电路板时，应采取接地措施，带好防静电手套，防止被静电击伤或者损坏电路板。拔插各部插接件、电路板时，要用力适当，防止损坏设备。

9. 严禁随意转换 ATP 机柜内设备电源开关，在出入库检查和检修完成后，必须检查相应开关位置正确。

思考题

1. 什么是电气化铁路？
2. 电气化铁路在安全方面有什么特殊要求？
3. 电气化铁路附近有哪些有关安全规定？
4. 电务部门人身安全有哪些安全措施？
5. 动车组运用和检修安全规程有哪些安全卡控制度？

第三节 劳动安全

各单位应经常对员工进行人身安全教育，组织学习安全规章及有关安全操作技术。员工在任职、提职、改职前，必须经过段以上单位教育培训，考试合格。新工人、临时工必须提前进行安全技术教育，并经考试合格，未经安全技术教育或经教育但考试不合格者，不得上道作业。

一、安全用电相关知识

（一）安全电压、低压、高压和跨步电压的概念

1. 安全电压是指对人体不会造成生命危险的电压，它是根据人体电阻确定的，人体电阻一般在 800 Ω～1 MΩ 之间，流经人体不致发生生命危险的电流一般不会超过 50 mA，根据欧姆定律可推知人体安全电压应小于 40 V。我国规定 36 V 以下为安全电压，在某些特殊场合规定 12 V 为安全电压。

2. 低压指对地电压在 250 V 及以下，如 380/220 V 三相四线制居民生活用电线路、直流 220/110 V 电源等。

3. 高压指对地电压在 250 V 以上，如 10 kV 电力线路、25 kV 接触网线路等。

4. 跨步电压是指电气设备碰外壳或电力系统一相发生接地短路时，电流从接地处四散流出，在地面上形成不同的电位分布，人走近短路点时两脚之间的电位差。当跨步电压达到40 V以上时，将有触电危险，特别是人被跨步电压击倒后加大了人体的触电电压，从而造成意外和死亡。发现有跨步电压危险时，应单足或并双足跳离危险区，亦可沿半径垂直方向小步慢慢退出。发生高压接地故障时，在切断电源前，任何人与接地点的距离，室内不得小于 4 m，室外不得小于 8 m，接触网断线接地不得小于 10 m。必须进入上述范围作业时，作业人员要穿绝缘靴。

（二）常见的触电方式

1. 单相触电

单相触电是指人体某一部分触及一相电源或接触到漏电的电气设备，电流通过人体流入大地造成触电，而单相触电又分为中性点接地的单相触电和中性点不接地的单相触电两种。

(1)中性点接地的单相触电

人站在地面上,如果人体触及一根相线,电流便会经导线流过人体到大地,再从大地流回电源中性线形成回路,如图 1-1 所示,这时人体承受 220 V 的相电压。

(2)中性点不接地的单相触电

人站在地面上,接触到一根相线,这时有两个回路的电流通过人体,如图 1-2 所示。一个回路电流从 L3 相相线出发,经人体、大地、对地电容到 L2 相;另一个回路电流从 L3 相出发,经人体、大地、对地电容到 L1 相。

单相触电大多是因电气设备损坏或绝缘不良,使带电部分裸露而引起的。

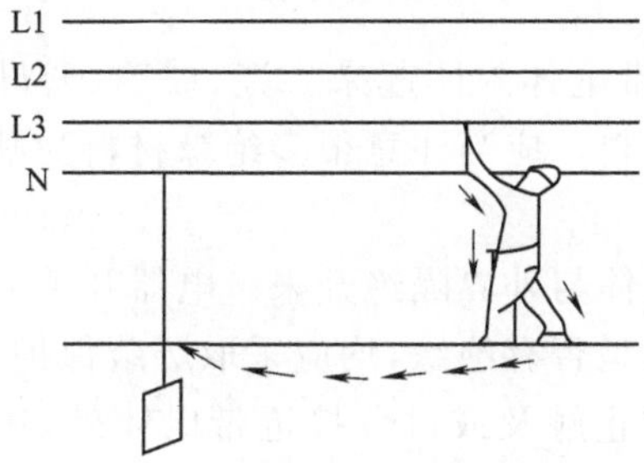

图 1-1 中性点接地的单相触电

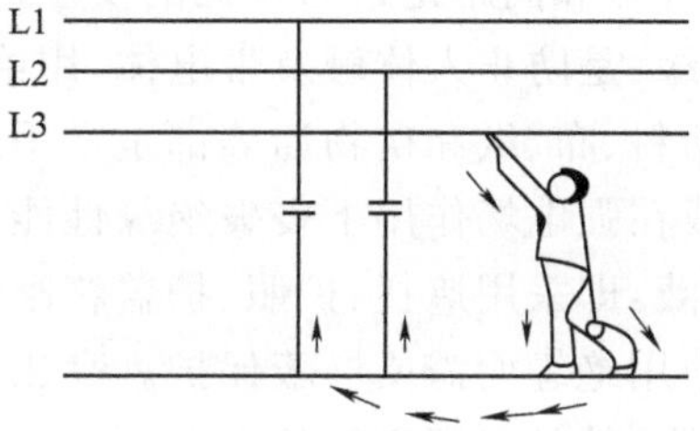

图 1-2 中性点不接地的单相触电

2. 两相触电

如图 1-3 所示,两相触电是人体的两个部分分别触及两根相线,这时人体承受 380 V 的相电压,危险性比单相触电更大。

3. 跨步电压电击

在高压电网接地点或防雷接地点及高压火线断落或绝缘损坏处,有电流流入地下时,强大的电流在接地点周围的土壤中产生电压降。因此,当人走近接地点附近时,两脚因站在不同的电位上承受跨步电压,两脚之间的电位差如图 1-4 所示。

跨步电压能使电流通过人体造成伤害。因此,当设备外壳带电或通电导线断落在地面时,应立即将故障地点隔离,不能随便触及,也不能在故障地点附近走动。

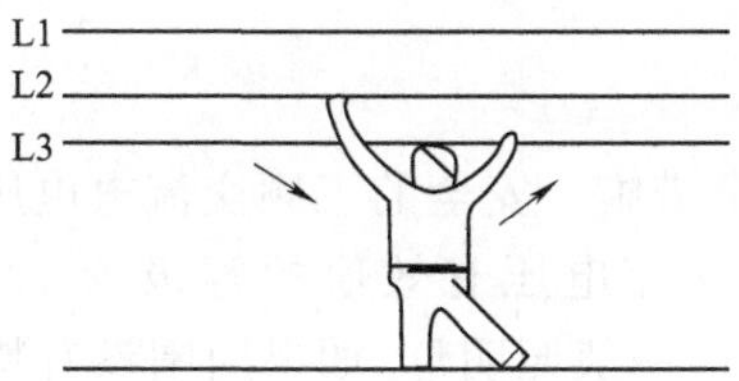

图 1-3 两相触电

图 1-4 跨步电压

(三) 电流对人体的伤害

电流对人体的伤害有三种:电击、电伤和电磁场伤害。

电击是指电流通过人体,破坏人体心脏、肺及神经系统的正常功能。

电伤是指电流的热效应、化学效用和机械效应对人体的伤害,主要指电弧烧伤、熔化金属溅出烫伤等。

电磁场生理伤害是指在高频磁场的作用下，人会出现头晕、乏力、记忆力减退、失眠、多梦等神经系统症状。

一般认为，电流通过人体的心脏、肺部和中枢神经系统的危险性比较大，特别是电流通过心脏时，危险性最大，所以从手到脚的电流途径最为危险。触电还容易因剧烈痉挛而摔倒，导致电流通过身体并造成摔伤、坠落等二次事故。

(四)防止触电的措施

1. 绝缘、屏蔽和间距

绝缘、屏蔽和间距是最为常见的安全措施

(1)绝缘：是防止人体触及带电体，用绝缘物把带电体封闭起来。瓷、玻璃、云母、橡胶、木材、胶木、塑料、布、纸和矿物油等都是常用的绝缘材料。应当注意很多绝缘材料受潮后会丧失绝缘性能或在强电场作用下丧失绝缘性能。

(2)屏蔽：即采用遮拦、护照、护盖箱闸等把带电体与外界隔绝开来。电器开关的可动部分一般不能使用绝缘而需要屏蔽保护。高压设备不论是否有绝缘，均应采取屏蔽保护。

(3)间距：就是保证必要的安全距离。间距除防止触及或过分接近带电体外，还能起到防止火灾、防止混线、方便操作的作用。在低压工作中，最小检修距离不应小于 0.1 m。

2. 接地和接零

(1)接地：指与大地的直接连接，电气装置和电气线路带电部分的某点与大地直接连接。电气装置或其他装置正常时不带电部分与大地的人为连接都叫接地。

(2)保护接地：为了防止电器设备外露的不带电的导体意外带电造成危险，将该电气设备经保护接地线与深埋在地下的接地体紧密连接起来的做法叫做保护接地。由于绝缘破坏或其他原因而可能呈现危险电压的金属部分，都应采取保护接地措施。如电机、变压器、开关设备、照明器具及其他设备的金属外壳都应予以接地。一般低压系统中，保护接地电阻值应小于 4 Ω。

(3)保护接零：就是将电器设备在正常情况下不带电的金属部分与电网的零线紧密地连接起来。应当注意的是，在三相四线制的电力系统中，通常是将电器设备的金属外壳同时接地、接零，这就是重复接地保护措施。零线回路中不允许装设熔断器和开关。

3. 装设漏电保护装置

为了保证在故障情况下人身和设备的安全，应尽量装设漏电流动作保护装置。在设备和线路漏电时，通过保护装置的检测机构转换取得异常信号，经中间机构转换和传递，使执行机构动作，自动切断电源，起到保护作用。

4. 采用安全电压

这是用于小型电气设备或小容量电气线路的安全措施。安全的工频交流电电压有效值不超过 50 V，直流电压不超过 120 V。我国规定工频交流电压有效值的等级为 42 V、36 V、24 V、12 V 和 6 V。凡手提照明灯、高度不足 2.5 m 的一般照明灯，如果周围没有特殊安全结构和安全设施，可采用 42 V 或 36 V 的安全电压。凡金属容器内、隧道内等工作场地狭窄、行动不便以及周围有大面积接地导体的环境，使用手提照明灯时应采用 12 V 安全电压。

5. 加强绝缘

加强绝缘就是采用双重绝缘或另加总体绝缘，即防止通常绝缘损坏后的触电。

6. 保护用具

保护用具是保证工作人员安全操作的工具。设备带电部分应有防护罩，或置于不易触电的高处，或采用联锁装置。此外，使用手电钻等移动电器时，应使用橡胶手套、橡胶垫等保护工具，不能赤脚或穿潮湿的鞋子站在潮湿的地面上使用电器。

（五）用电注意事项

1. 禁止带电修理各类电气设备。

2. 经常接触和使用的配电箱、配电板、闸刀开关、按钮开头、插座、插销以及导线等，必须保持完好，不得破损或将带电部分裸露。

3. 不得用铜丝等代替熔丝，并保持闸刀开关、磁力开关等开面完整。

4. 经常检查电气设备的保护接地、接零装置，保证连接牢固。

5. 在移动电风扇、照明灯、电焊机等电气设备时，必须先切断电源，并保护好导线，以免磨损或拉断。

6. 在使用手电钻、电砂轮等手持电动工具时，必须安装漏电保护器。工具外壳要进行防护性接地或接零。

7. 在雷雨天，不要走进高压电杆、铁塔、避雷针的接地导线周围 20 m 内。当遇到高压线断落时，周围 10 m 之内禁止人员进入；若已经在 10 m 范围之内，应单足或并足跳出危险区。对设备进行维修时，一定要切断电源，并在明显处设置“禁止合闸，有人工作”的警示牌。

（六）电气火灾的防止

1. 各类电气设备有时会引起火灾，其原因通常是电气设备选用不当或线路年久失修、绝缘老化造成短路、线路超负荷运行、维修不善导致接头松动、电器积尘、受潮、热源接近电器、电器接近易燃物和通风散热失效等。

2. 防护措施主要是合理选用电气装置。例如：在干燥少尘的环境中，可采用开启式和封闭式；在潮湿和多尘的环境中，应采用封闭式；在易燃易爆的环境中，必须采用防爆式。防止电气火灾，还要注意线路电气负荷不能过高，注意电器设备安装位置距易燃可燃物不能太近，注意电气设备运行是否异常，注意防潮等。

（七）静电、雷电、电磁危害的防护措施

1. 静电的防护：生产工艺流程中的静电可以造成多种危害，在挤压、切割、搅拌、喷溅、流体流动、感应摩擦等作业时都会产生危险的静电。由于静电电压很高，又易产生静电火花，所以特别容易在易燃易爆场所引起火灾和爆炸。静电防护一般采用静电接地，增加空气的湿度，在物料内加入抗静电剂，使用静电中和器和工艺上采用导线性能较好的材料，降低摩擦、流速、惰性气体保护等方法来消除或减少静电产生。

2. 雷电的防护：雷电危害的防护一般采用避雷针、避雷线、避雷网、避雷带、避雷器等装置将雷电直接导入大地。避雷针主要用来保护露天变配电设备、建筑物或构筑；避雷线主要用来保护电力线路；避雷网和避雷带主要用来保护建筑物；避雷器主要用来保护电力设备。

3. 电磁危害的防护：电磁危害的防护一般采用电磁屏蔽装置。高频电磁屏蔽装置可由铜、铝或钢制成。金属或金属网可有效地消除电磁场的能量，因此可以用屏蔽室、屏蔽服等方式来防护。屏蔽装置应有良好的接地装置，以提高屏蔽效果。

二、消防安全相关知识

（一）电气化铁路附近发生火灾的消防措施

电气化铁路附近发生火灾时，必须立即通知供电调度员、列车调度员或接触网工区值班人员，组织有关人员灭火，再根据火灾地点、火势和消防灭火的需要，确定接触网是否停电。用水和灭火器灭火时，燃着物距离接触网带电部分不足 4 m，接触网必须停电。使用沙土灭火时，若燃着物距离接触网带电部分 2 m 以外，接触网可以不停电。用水浇灭距离接触网 4 m 以外的燃着物时，接触网可以不停电。但是，水管不准朝接触网方向喷射，水流与接触网带电部分应保持 2 m 安全距离。为此，消防人员最好站在接触网同一侧，向接触网相反方向喷水灭火。站在消防车上灭火时，要注意人体、消防器材与接触网带电部分保持 2 m 安全距离。

（二）接触网或其他带电设备着火时的消防措施

接触网或其他带电设备着火时，在切断电源前不得使用水或泡沫灭火器灭火。二氧化碳（干粉）灭火器适用于扑灭 600 V 以下的各种电气火灾。

四氯化碳灭火器适用于扑灭高压电气火灾。由于四氯化碳灭火器是将一定数量的药液以 800 kPa 的压力储于灭火器筒内，而且四氯化碳的绝缘性能高达 12 kV，故特别适用于扑灭高压电气发生的火灾，但其药液蒸气有毒，灭火时注意严防射入其他消防人员眼睛。喷射时，应先由火焰边缘开始，再推向中心位置，并应避免逆风使用，以防药液伤人，同时在灭火后应及时通风，防止人员窒息。

（三）防火消防措施

一旦发生火灾，启动火灾应急预案。立即就近使用消防器材采取积极灭火措施进行扑救，各级防火组织接到报告后应立即组织派员迅速赶往火灾现场，开展扑救工作。突出全员“四懂四会”（懂得本岗位的火灾危害性，懂得预防火灾的措施，懂得火灾扑救的方法，懂得疏散方法；会报警，会使用灭火器，会扑救初起火灾，会逃生）。

1. 火场指挥人员要做到沉着机智，针对火势情况，合理分配人员和灭火器具，密切注意火势、风向，集中现场扑救人员切断火灾发展趋势，以便尽快控制和扑灭火情，使损失降低到最低程度。

2. 当火势有较大蔓延之势，无法扑救时，指挥人员在落实控制火势的同时，迅速指定专人就近拨打 119 火警电话，并在路口派人接应消防车的到来。火警就是命令，干部职工都有扑救火灾的责任和义务，发现火情后，应迅速赶赴火场，服从指挥，积极参与灭火和对化学危险物品、保密、贵重物品的抢救，不得畏缩、逃避。任何部门、人员都应积极配合公安消防部门开展火灾事故调查，协助做好处理工作。

3. 严禁在消防安全重点部位及消防通道内堆积杂物，堵塞通道。严禁随意挪用或玩要消防器材，遇到火灾时，服从火灾事故指挥部的统一指挥，及时调集灭火器材送往火场，确保灭火的需要。

4. 日常设备检修、施工中，电务作业人员应当密切注意电气线路有无虚、松、短、破、碰现象，防止设备短路故障，电务设备接地装置是否良好，温度有无突变发热状况。防止雷击、爆炸、短路而引起火灾。严格执行重点要害场所管理制度，严禁在机房内吸烟、动用明火及存放与工作无关的物品。

5. 火灾扑救后，应保护好现场，禁止闲杂人员进入破坏火灾现场，影响调查取证。火灾事故部门应当积极配合上级、公安消防部门进行调查，了解火灾原因。并按“四不放过”的原则，认真分析原因，吸取教训，制定防范措施。对造成火灾的责任人，根据情节轻重做出扣奖、赔偿和行政处分。对情节严重，使国家财产和人民生命造成重大损失的，按《中华人民共和国消防法》和《消防管理处罚条例》的规定进行处罚，对已构成犯罪的，移交司法机关追究刑事责任。

三、高铁劳动安全防护控制措施等有关文件

(一)劳动安全防护控制措施相关规定

1. 检修工具及安全防护用品，必须经常保持完好，发现不良的，应及时更换。检修人员使用前，必须进行检查；工长每月检查1次；电务段每年3月前组织车间检查试验(包括绝缘工具)1次。

2. 铁路局(公司)每年对风压、液压设备及相关部件组织1次检查，发现不良的，应及时处理，问题未解决的，禁止使用。

3. 工区应备有急救药箱，所有工作人员应掌握预防作业伤害、触电和外伤处理知识。

4. 禁止扒乘机车或列车；禁止从行驶中的机车或列车跳上、跳下。

5. 在站内、区间作业时：

(1)上道进行施工、检修作业及设备检查时，应实行双人作业，按规定穿着防护服(饰)，并应设安全防护员，实行专人防护。

(2)防护员应与室内值班人员保持联络，随时预报列车运行情况。防护员应佩戴标志，携带规定的防护用具。防护员不准兼做其他工作。

(3)电务值班人员应随时与车站值班员联系，掌握列车运行情况，并及时通知现场作业人员，现场作业人员接到电务值班人员通知后，应立即停止作业，下道躲避。

(4)在站内作业时要时时注意瞭望列车运行，根据站场线路布置，建立作业安全岛。有条件的车站应安装列车接近自动音响或语音报警装置。

(5)在区间行走时应走路肩；在道床上行走或工作时，应不断前后隙望；在复线区间，应逆列车运行方向行走，并不断前后瞭望，禁止在邻线和两线中间躲避列车。

(6)横越线路时，须执行“一站、二看、三通过”的制度。禁止从车辆下部或车钩处通过。在停留列车、车辆前部或尾部通过时，应与其保持5 m以上距离。

(7)禁止在机车行驶中检修机车外部的电务设备，机车入库或在车站停车检修机车外部的电务设备时，应挂红色信号旗或红灯防护，并在操纵手柄上悬挂红色“禁止操纵牌”。

(8)禁止在钢轨、枕木上和车辆下部休息。

(9)雷雨或暴风时，禁止在信号机上作业；打雷时，禁止修理避雷器、地线。

(10)冬季室外作业时，所戴防寒帽应有耳孔。

(11)检修电动(电空、电液)转辙机时，应打开遮断器。

(12)挖坑、沟时，应了解地下设备情况，土质松软处所应有防护和加固措施，以防坍塌。坑、沟一般不应过夜，不得已时，须采取防护措施。

(13)扛抬笨重物品时，每人负重一般不得超过50 kg。

6. 对带有220 V及以上电压的信号设备进行作业时，一般应切断电源或双人作业。需停电进行检修作业时，应指派专人负责断电，并在电源开关处悬挂警示牌。恢复供电时，应确认全体工作人员作业完毕，脱离带电部件后，方可合闸，摘除警示牌。

对高于36 V电压的信号设备进行带电作业时，应遵守以下规定：

(1)使用带绝缘的工具，穿绝缘胶鞋(室内应站在绝缘板上)。

(2)不得同时接触导电和接地部分。

(3)未脱离导电部分时，不得与站在地面的人员接触或相互传递工具、材料。

7. 检修整流、变流及磁饱和等电源设备时应遵守以下规定：

(1)电压高于220 V的设备应关闭电源,并通过人工放电,释放电容器电能后,方可开始工作。

(2)不准将电流互感器二次线圈开路,以免产生高电压击穿设备和危及人身安全。

8. 信号机械室内必须保持清洁,禁止烟火,并应做好以下防火工作:

(1)必须备有符合要求的报警和灭火设施,并保持其良好。

(2)电缆进出口应采用防火材料封堵,电力电缆不得与信号电缆同沟敷设。

(3)必须按日常养护周期巡视信号设备,发现温升异常须及时处理。

(4)室内不得存放易燃易爆物品。

(5)严禁用汽油、酒精等擦拭设备的电气接点,不得用易燃油擦洗地面和设备。

(二)劳动安全预防措施

1. 防止车辆伤害

(1)横越线路必须"一站、二看、三通过"。

(2)在线路上作业必须按规定设置防护,穿好黄色防护背心(服),注意瞭望,安全避车。

(3)行车作业人员要严格执行部颁人身安全标准。

(4)严禁扒乘机车车辆。

(5)严禁钻车底。

(6)严禁在钢轨上、车底下、枕木头、道心内、棚车顶上坐卧、站立和行走。

2. 防止高处坠落

(1)在高处作业时,必须戴好安全帽,按规定使用安全带(绳、网)。

(2)脚手架必须按规定搭设,作业前必须确认机具、设施和用品完好。

(3)禁止随意攀登石棉瓦等屋(棚)顶。

(4)禁止在六级及以上大风时进行登高作业。

(5)严禁患有禁忌症人员登高作业。

(6)登高扫、抹、擦、吊、架设、堆物时,作业面下必须设置防护。

3. 防止触电伤害

(1)维修电器设备人员,必须持证操作,按规定穿戴好防护用品。

(2)电器设备、线路必须保持完好,禁止使用未装触电保护器的各种手持式电动工具和移动设备。

(3)必须严格按规定在高压线下作业。

(4)电力设备作业必须按规定执行工作票和监护制度,挂"禁止合闸,有人作业"牌。

(5)电气化铁路区段作业人员必须严格执行《电气化铁路有关人员电气安全规则》。

4. 防止起重伤害

(1)起重作业人员必须持证操作,严禁多人或无人指挥。

(2)严禁在吊物下方站立和行走,应按规定操作。

5. 防止物体打击

(1)进入作业区必须按规定使用安全帽等劳动保护用品。

(2)高处和双层作业时,不得向下抛掷料具;无隔离设施时,严禁双层同时垂直作业。

(3)列车通过时,必须面向列车避车,防止落物击伤。

(4)搬运重、大、长物件,必须有专人指挥,动作协调。

6. 防止机具伤害

(1)各种机具必须有切合实际的安全操作规程。

(2)严禁机具设备异常或超负荷运转,安全防护装置必须齐全良好。

7. 防止炸药、锅炉、压力容器爆炸伤害

必须严格按有关规定进行作业和贮存;作业人员必须持证操作;无压设备、设施严禁有压运行。

8. 防止中毒、窒息

(1)有毒物品的运输、装卸、贮存,必须严格按照《铁路危险货物运输规则》执行。

(2)使用有毒物品的场所,作业前必须采取通风、吸尘、净化、隔离等措施,并正确使用劳动保护用品。

(3)对有毒作业场所,要定期监测,作业人员要定期进行体检。

思考题

1. 试述安全电压、低压、高压和跨步电压的概念。
2. 如何做好用电安全非正常处理?
3. 电气化铁路附近发生火灾时应如何做好消防工作?
4. 检修整流、变流及磁饱和等电源设备时,应遵守哪些规定?
5. 信号机械室内必须保持清洁,禁止烟火,应做好哪些防火工作?

复习题

1. 什么是可能造成电务重大、大事故及险性事故的主要原因? 如何防止事故的发生?
2. 试述高速铁路信号维护工作必须贯彻“行车不施工,施工不行车”的原则,施工中需要注意哪些方面?
3. 试述动车组列控车载信号设备安全作业制度规定的内容。
4. 电气化铁路带有 25 kV 高压电的部件有哪些?
5. 劳动安全预防措施是什么?
6. 电气化铁路附近消防有哪些安全规定?
7. 接触网或其他带电设备着火时应如何做好消防工作?
8. 对高于 36 V 电压的信号设备进行带电作业时,应遵守哪些安全规定?
9. 怎样防止车辆伤害?
10. 怎样防止高处坠落?
11. 怎样防止触电伤害?
12. 怎样防止起重伤害?
13. 怎样防止物体打击?
14. 怎样防止机具伤害?
15. 怎样防止炸药、锅炉、压力容器爆炸伤害?
16. 怎样防止中毒、窒息?
17. 防火消防措施有哪些?
18. 静电、雷电、电磁伤害的防护措施有哪些?
19. 用电注意事项有哪些?
20. 电流对人体的伤害有哪些?

第二章　专 业 知 识

本章主要介绍列车运行控制系统——动车组列控车载信号设备专业知识。包括列车运行控制系统(CTCS)的功能、组成、发展及常用的名词术语;列控设备动态监测分析系统(DMS)的工作原理和主要功能;列车运行监控装置(LKJ)的特点、功能、速度监控原理及相关设备;CTCS-2 级和 CTCS-3 级列控车载设备的组成、功能、工作模式、显示与操作、数据管理与分析等知识。

第一节　列车运行控制系统(CTCS)基本知识

CTCS(Chinese Train Control System,中国列车运行控制系统)是以技术手段对列车运行方向、运行间隔和运行速度进行控制,使列车能够安全高效率的运行。

列车运行控制系统是将先进的控制技术、通信技术、计算机技术与铁路信号技术融为一体的行车指挥、控制、管理自动化系统,是保证行车安全、提高运输效率的核心。

一、列车运行控制系统概述

(一)高速铁路采用列控系统的必要性

传统的行车方式是司机按照地面信号驾驶列车,要正确识别、理解信号并及时正确执行,行车安全由司机保证。

铁路沿线设置的闭塞分区长 1.5～2 km,当列车运行速度超过 200 km/h 时,司机每 20 s 就要辨认一次信号显示,频繁地瞭望信号会使司机疲劳,识别信号的错误率会显著增加,为防止司机失误影响行车安全,将区间通过信号从简单的“红灯停、绿灯行”转变为速度信号是高速铁路必须采取的措施。为此,需要使车载信号设备把地面传送上来的信号命令直接转化为对列车制动系统的控制,由高可靠、高安全的智能设备来保证列车安全运行。

列车高速运行时,以地面信号为主的闭塞制式已不可行,高速铁路采用列控系统完成闭塞功能,其特点如下:

1. 以车载信号作为行车凭证。
2. 向司机提供速度命令。
3. 信号直接控制列车制动。

列控系统作为一种高速铁路行车安全控制设备,车载信号属于主体信号,即作为行车凭证,直接给司机指示列车应遵守的安全速度,自动监控列车运行速度,防止由于司机失去警惕或错误操作可能酿成的超速运行、列车颠覆、冒进信号或列车追尾等事故。

(二) CTCS 系统等级划分

CTCS 系统分为 CTCS-0 级、CTCS-1 级、CTCS-2 级、CTCS-3 级和 CTCS-4 级五个等级。

CTCS-0 级为既有线的现状,由通用式机车信号＋列车运行监控装置构成。

CTCS-1级由主体机车信号＋安全型运行监控装置组成。面向160 km/h以下的区段，在既有设备基础上强化改造，达到机车信号主体化要求，增加点式设备，实现列车运行安全监控功能。

CTCS-2级是基于轨道传输信息的列车运行控制系统。面向提速干线和高速新线，采用车—地一体化设计。适用于各种限速区段，地面可不设通过信号机，机车乘务员凭车载信号行车。

CTCS-3级是基于无线传输信息并采用轨道电路等方式检查列车占用的列车运行控制系统。面向提速干线、高速新线或特殊线路，采用基于无线通信的固定闭塞或虚拟自动闭塞。适用于各种限速区段，地面可不设通过信号机，机车乘务员凭车载信号行车。

CTCS-4级是基于无线传输信息的列车运行控制系统。面向高速新线或特殊线路，基于无线通信传输平台，可实现虚拟闭塞或移动闭塞。由RBC和车载验证系统共同完成列车定位和列车完整性检查。地面不设通过信号机，机车乘务员凭车载信号行车。

CTCS系统车载设备满足向下兼容，系统地面、车载配置如具备条件，在系统故障条件下应允许降级使用。系统级间转换自动完成且不影响列车正常运行，各级状态有清晰表示。

二、列车运行控制系统的功能、组成、发展及常用名词术语

(一)列车运行控制系统的功能

列车运行控制系统的基本功能是在不干扰机车乘务员正常驾驶的前提下有效地保证列车运行安全。

1. 安全防护

(1)在任何情况下防止列车无行车许可运行。

(2)防止列车超速运行。

①防止列车超过进路允许速度；

②防止列车超过线路结构规定的速度；

③防止列车超过机车车辆构造速度；

④防止列车超过临时限速及紧急限速；

⑤防止列车超过铁路有关运行设备的限速。

(3)防止列车溜逸。

(4)测速环节应保证一定范围内的车轮滑行和空转不影响列控车载设备的功能，并具有轮径修正能力。

2. 人机界面

为机车乘务员提供必须的显示、数据输入及操作装置。

(1)能够以字符、数字及图形等方式显示列车运行速度、允许速度、目标速度和目标距离。

(2)能够实时给出列车超速、制动、允许缓解等表示以及设备故障状态的报警。

(3)机车乘务员输入装置应配置必要的开关、按钮和有关数据输入装置。

(4)具有标准的列车数据输入界面，可根据运营和安全控制要求对输入数据进行有效性检查。

3. 检测功能

(1)具有开机自检和动态检查功能。

(2)具有关键数据和关键动作的记录功能及监测接口。

4. 可靠性和安全性

(1)按照信号设备故障—安全原则进行系统设计。

(2)采用冗余结构。

(3)满足电磁兼容性相关标准。

(二)列车运行控制系统的组成

CTCS的体系结构按铁路运输管理层、网络传输层、地面设备层和车载设备层配置。CTCS体系的构建原则是以地面设备为基础,车载与地面设备统一设计。

铁路运输管理层是行车指挥中心,以CTCS为行车安全保障基础,通过通信网络实现对列车运行的控制和管理。

网络传输层分布在系统的各个层面,通过有线和无线通信方式实现数据传输。

地面设备层主要包括列控中心、轨道电路和点式设备、列车接口单元、无线通信模块等。地面设备根据行车命令、列车进路、列车运行状况和设备状态,通过安全逻辑运算,产生控车命令并传送给列控车载设备,实现对运行列车的控制。

车载设备层是对列车进行操纵和控制的主体,具有多种控制模式,并能够适应轨道电路、点式传输和无线传输方式。车载设备层主要包括车载安全计算机、连续信息接收模块、点式信息接收模块、无线通信模块、测速模块、人机界面和记录单元等。

(三)列车运行控制系统的发展

2003年,为进一步适应铁路的快速发展,满足日益增长的铁路运输需求,参照欧洲列车控制系统(ETCS),结合我国国情,铁道部制定了《中国列车运行控制系统(CTCS)技术规范总则(暂行)》和相应CTCS技术条件,以保证我国铁路运输安全,满足长交路运营的需求,适应提速战略的实施。

2004年底,铁道部组织研究并决策,在我国铁路既有线第六次提速至200～250 km/h时采用CTCS-2级列控系统,在动车组列车上装备CTCS-2级列控车载设备,在提速至200～250 km/h线路区段进行CTCS-2级列控地面设备改造。

2006年7月,采用关键设备和技术引进、主要设备自主研发、既有设备结合改造的模式,主要依靠国内技术力量、借鉴国外先进经验进行系统集成的CTCS-2级列控系统通过铁道部技术审查。

2007年,铁道部在总结近年来既有线提速和客运专线CTCS-2级列控系统建设和运用经验的基础上,颁布了《既有线CTCS-2列车运行控制系统技术规范(暂行)》和《客运专线CTCS-2级列控系统配置及运用技术原则(暂行)》等文件,用于指导200～250 km/h客运专线的CTCS-2级列车运行控制系统和作为300～350 km/h客运专线后备模式的CTCS-2级列车运行控制系统的工程设计、施工,设备研发、生产,运行试验、运用及维护。

2008年,铁道部科学技术司及铁道部运输局联合颁布CTCS-3级列控系统标准规范。

2009年,CTCS-3级列控系统在武广高速铁路正式投入运营。

(四)基本概念和名词术语

ATP:列车超速防护系统(Automatic Train Protection)

BTM:应答器信息传输模块(Balise Transmission Module)

CBI:计算机联锁(Computer based Interlocking)

CO:引导模式(Calling-On mode)

CS:机车信号模式(Cab Signal mode)

CSM:顶棚速度监控区(Ceiling Speed Monitoring section)

CTC:调度集中系统(Centralized Traffic Control)

CTCS:中国列车运行控制系统(Chinese Train Control System)

DMI:人机界面单元(Driver Machine Interface unit)

DRU:数据记录单元(Data Recording Unit)

DX:数字输入/输出单元(Digital input &output unit)

EB:紧急制动(Emergency Brake)

EBI:紧急制动干预限值(The Emergency Brake Intervertion limit)

EBP:紧急制动模式曲线(Emergency Braking Profile)

EMC:电磁兼容性(Electro-Magnetic Compatibility)

EMI:电磁干扰(Electro-Magnetic Interference)

EMU:电动车组(Electrical Multiple Unit)

EoA:行车许可终点(End of Movement Authority)

ERTMS:欧洲铁路运输管理系统(European Rail Traffic Management System)

ETCS:欧洲列车运行控制系统(European Train Control System)

FS:完全监控模式(Full Supervision mode)

GSM-R:铁路数字移动通信系统(Global System for Mobile communications for Railway)

IS:隔离模式(Isolated mode)

ISDN:综合业务数字网(Integrated Services Digital Network)

JRU:记录单元(Juridical Recorder Unit)

KVM:多电脑切换器(Keyboard Video Mouse)

LEU:地面电子单元(Line side Electronic Unit)

LMA:列车停车界限(Limit of Movement Authority)

LoA:行车许可限制(Limit of Authority)

MA:行车许可(Movement Authority)

MRSP:最低限速(Most Restrictive Speed Profile)

MT:维护终端(Maintenance Terminal)

MTBF:平均无故障时间(Mean Time Between Failures)

MVB:多功能车辆总线(Multi-function Vehicle Bus)

NB:常用制动(Normal Brake)

NBP:常用制动模式曲线(Normal Brake Profile)

NL:补机模式(非本务机车)(Non-Leading mode)

NP:未上电模式(No Power mode)LKJ 模式

OS:目视行车模式(On Sight mode)

PS:部分监控模式(Partical Supervision mode)

PSP:允许速度曲线(Permitted Speed Profile)

PT:冒进后防护模式(Post Trip mode)

RAMS:可靠性、可用性、可维护性和安全性(Reliability Availability Maintainability and Safety)

RAP:溜车防护(Roll Away Protection)
RBC:无线闭塞中心(Radio Block Center)
RBU:无线闭塞单元(Radio Block Unit)
REL:缓解制动速度(Release speed)
RIM:无线接口模块(Radio Interface Module)
R-JRU:RBC 记录单元(RBC-Juridical Recorder Unit)
RMP:校正累计计算距离(Revised Mileage for Positional recognition)
RS:开口速度(Release Speed)
RSS:无线子系统(Radio Sub-System)
RTM:无线传输模块(Radio Transmission Module)
SB:待机模式(Stand-By mode)
SBI:常用制动干预限值(Service Brake Intervention limit)
SDP:速度及距离处理单元(Speed & Distance Processing unit)
SH:调车模式(Shunting mode)
SSP:静态速度限制(Static Speed Profile)
STM:轨道电路信息接收模块(Specific Transmission Module)
STU-V:车载安全传输单元(Safe Transmission Unit-Vehicle)
TCC:列控中心(Train Control Center)
TCR:轨道电路信息接收单元(Track Circuit Reader)
TDCS:列车调度指挥系统(Train Dispatch Command System)
TELE:报文(Telegram)
TIU:列车接口单元(Train Interface Unit)
TMM:列车管理模块(Train Management Module)
TR:冒进模式(Trip mode)
TSA:临时调车区(Temporary Shunting Area)
TSG:列车信号网关(Train Signaling Gateway)
TSM:目标速度监控区(Target Speed Monitoring Section)
TSR:临时限速(Temporary Speed Restriction)
TSRS:临时限速服务器(Temporary Speed Restriction Server)
TSRT:临时限速操作终端(Temporary Speed Restriction Terminal)
VB:虚拟闭塞(Virtual Block)
VC:安全计算机(Vital Computer)
VIA :接口适配器(Versatile Interface Adapter)
VLF:低频信息(Very Low Frequency)
VPC:安全处理计算机(Vital Platform Computer)
WSP:报警速度曲线(Warning Speed Profile)

思考题

1. 列控系统的定义是什么?
2. 高速铁路列控系统的特点有哪些?
3. 列控系统在安全防护方面的功能有哪些?
4. 列控系统的人机界面有哪些功能?
5. 列控系统的检测功能包括哪些方面?
6. 列控系统的可靠性和安全性如何实现?

第二节　列控设备动态监测分析系统(DMS)基本知识

一、列控设备动态监测分析系统(DMS)的工作原理

列控设备动态监测分析系统(Dynamic Monitoring System,DMS)是在动车组运行过程中完成对 ATP 运用状态、应答器位置及报文、轨道电路传输特性等信息的采集,其数据通过 GPRS/GSM-R 无线方式传回地面数据中心,经处理、分析、统计后,通过互联网或铁路生产网传给各数据查询终端,配以地面网络传输管理分析设备,从而实现动车组运用过程中,对涉及行车安全和效率的信号设备 ATP、应答器、轨道电路等内容进行实时监测和分析。

二、列控设备动态监测分析系统(DMS)的主要功能

(一)系统组成

DMS 由车载信息采集装置、地面数据中心及数据查询终端三部分组成。

1. 车载信息采集装置(DMS-T)

DMS-T 由主机、机箱、连接电缆单元构成,设备构成如图 2-1 所示。其主要功能为:完成与 BTM 主机通信板串口通信,接收应答器数据;完成与 ATP 测试接口串口通信,接收 ATP 状态信息;完成 GPS、STM 数据信息的采集处理;完成 GPRS 数据远程传输功能。

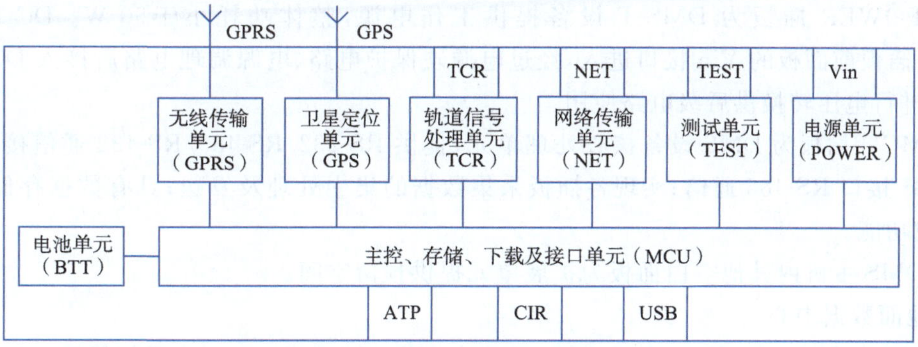

图 2-1　DMS-T 设备构成图

DMS-T 主机包含 DMS 机箱、MCU 插板、GPRS 插板、GPS 插板、TCR 插板、NET 插板、TEST 插板、BTT 插板和 POWER 插板。各插板位置图如图 2-2 所示。

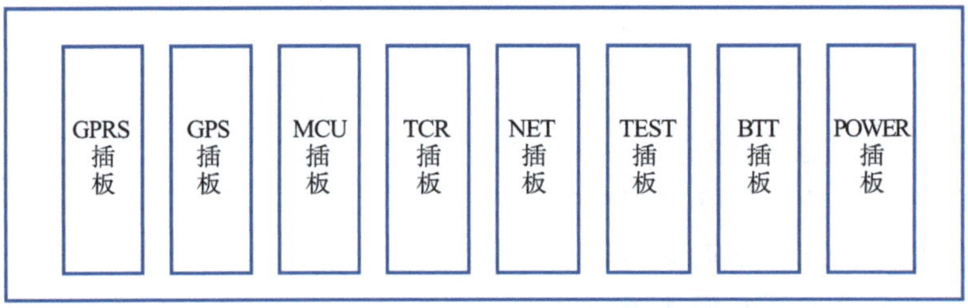

图 2-2 DMS-T 各插板位置图

(1)GPRS 插板的主要功能为 DMS-T 设备与地面数据中心建立通信通道，将 DMS-T 采集的数据通过无线 GPRS 网络发送到地面数据中心。

(2)GPS 插板主要功能是通过 GPS 天线接收卫星信号，并对信号进行差分译码，把解析的数据(经度、纬度和速度等信息)发送给主处理器，主处理器通过底板总线把数据传给核心处理器，为 DMS 提供动车组位置信息和时钟信息。

(3)TCR 插板负责采集、分析机车感应信号。由 STM 传感器天线送上来的机车感应信号通过 TCR 插板前挡板的 TCR(也称 STM)接口进入 DMS-T 设备，经过高阻隔离电路、信号滤波和有效值转换电路后，由单片机进行采集和计算，然后经过 DMS-T 设备的底板总线传输至 MCU 插板内的 DMS-T 核心处理器进行信息处理和合成。

(4)NET 插板实现与列控车载设备接口，接收列控车载设备运行、故障信息及应答器、RBC 信息。通过网络接口芯片，传输给主处理器芯片，解析 TCP/IP 协议后，将有效数据经底板总线传输给 MCU 插板内核心处理器进行信息的分析和计算。

NET 插板也可以接入测试电缆(网线)，连接核心处理器，观察 DMS 设备运行状况，方便现场人员进行设备状态测试和故障维护。

(5)TEST 插板的主要功能是指示 DMS 设备各个接口的工作状态。DMS 自检完成后，将各个数据口的通信状态通过面板上的 LED 指示灯表示出来。

TEST 插板也可接入测试电缆，连接核心处理器，观察 DMS 设备运行状况，方便现场人员进行设备状态测试和故障维护。

(6)BTT 插板支持 DC 110 V 电源断开后 DMS 的继续工作，并记录 DC 110 V 电源状态。

(7)POWER 插板为 DMS-T 设备提供工作电源，整体功耗小于 50 W。DC 110 V 由 POWER 插板前面板的 Vin 接口进入，经过电源硬保护电路、电源调理电路后接入 DC/DC 电源模块，进行电压转换供后级电路使用。

(8)MCU 插板为 DMS 设备核心处理单元，提供 RS-232/RS-485/RS-422 通信接口；实现与 CIR-B5 接口 RS-485 通信；实现各插板采集数据的集中处理及发送；具有数据存储和数据自动下载功能。

(9)DMS 主机内其他空白面板为扩展单元提供预留空间。

2. 地面数据中心

(1)设置 GPRS 网络静态 IP，与动车组通过 GPRS 网络建立一对多通信传输通道，将车载监测信息接收到数据服务器中。

(2)数据处理服务器将收到的数据经处理分析，通过铁路生产网或互联网传递给各用户。

(3)与集中监测数据对接，完成有源应答器报文数据的校核，实现相关数据的闭环检查。

3. 数据查询终端

通过铁路生产网或互联网，可查询相关数据。

(1)实时监测 ATP 状态、地面轨道电路状态，检测应答器信息。

(2)电子地图实时跟踪、定位动车运行，回放运行数据。

(3)对非正常停车、ATP 故障、应答器报文、轨道电路状态等异常数据实时报警(弹出窗口警示和声音警示)，定位、回放、导出报警数据。

(4)应答器报文查看、分析、回放、图示，实时解析限速信息，导出报表等功能。

(二)主要功能

1. 结合地面数据中心与查询终端向用户提供卫星定位原始信息，完成列控车载设备状态信息和报警信息、地面应答器信息、无线列控 RBC 信息、GPS、轨道电路及扩展设备信息的实时采集，采集数据经处理后通过 GPRS/GSM-R 网络实时发送到地面数据中心。

2. 具备上电自检及远程自诊断功能。

3. 具备软件远程自动升级功能。

4. 具有监测车载 DC 110 V 电源电压，并记录瞬间断电情况，具备断电后继续工作 5 min 功能。

5. 为机车综合无线通信设备(CIR)、线路晃车检测、机车信号远程监测系统等设备提供扩展接口，实现数据共享。

6. 为电务维护人员提供轨道电路、应答器报文等实时信息，为设备维护提供依据。

7. 为行车调度提供动车组实时运行信息，为科学指挥调度提供辅助手段。

8. 具有存储 5 天列控车载设备运行信息数据功能。

9. 具有数据 USB 自动下载功能，并能结合“CTCS-2/CTCS-3 数据分析软件”进行数据分析。

10. 具有单元扩展功能。

思考题

1. 列控设备动态监测分析系统(DMS)由哪几部分组成？

2. 列控设备动态监测分析系统(DMS)的主要功能有哪些？

3. 车载信息采集装置(DMS-T)由哪几部分组成？

4. 地面数据中心的功能有哪些？

5. 数据查询终端的功能有哪些？

第三节 列车运行监控装置(LKJ)基本知识

列车运行监控装置(LKJ)简称监控装置，是以保障列车运行安全为主要目的的列车速度控制装置。该装置在实现安全速度控制的同时，采集记录与列车安全运行有关的各种动车组运行状态信息，促进了动车组运行管理的自动化。

一、LKJ2000 型列车运行监控装置的特点、功能和主要参数

(一)LKJ2000 监控装置的特点

1. 车载存储线路参数。LKJ2000 型列车运行监控装置(简称 LKJ2000 型监控装置)的基

本工作方式是将全程运行线路的参数事先存储于主机中，作为监控工作的依据，并能够与地面信息交换，采用车载数据与地面信息相结合的控制模式。

2. 采用连续平滑速度模式曲线控制。LKJ2000 型列车运行监控装置将线路设施固定限速、闭塞指令限速等各种控制要求的控制值沿运行里程形成连续平滑速度模式曲线，最大限度地适应司机正常人工操纵，提高了控制精度。

3. 实时计算取得速度控制值。LKJ2000 型列车运行监控装置采用先进的 32 位微处理器作为系统主 CPU，具有较高的执行速度、控制精度，较高的稳定性和很强的数据处理能力，实时计算中考虑了本列车设备类别和状况、本地线路参数、本地特殊控制要求等随机变化因素，最大限度地使控制符合实际运行。

4. 装置主要控制过程全部采用计算机实现。采用统一的硬件和统一的基本控制软件，对各运行区域的不同线路条件和不同行车要求，通过写入不同的线路资料和控制条件予以适应，因此，适应性强，便于规范管理。

5. 提高可靠性设计。LKJ2000 型列车运行监控装置系统采用双机主从热备冗余方式(模块级冗余)，当工作机出现故障的情况下，自动切换到热备机工作，当任意一个单元或通道出现故障的情况下，自动启用备用单元或通道，大大提高了工作可靠性。

6. 提高安全性设计。LKJ2000 型列车运行监控装置对故障—安全措施作了较多的考虑。对速度信息故障、机车信号信息故障、过绝缘节校正故障、通信故障等的监测、判断和处理方面都进行了专门设计。

7. 采用了图形化屏幕显示器。LKJ2000 型列车运行监控装置采用 10 英寸 TFT 高亮度液晶显示屏(也可选用数码显示器)作为显示界面，以图形方式预示前方线路的弯道、桥隧、坡道、道岔以及信号机布置情况，随列车运行滚动显示监控装置控制模式曲线，提高了装置与司机的操作交互性。

8. 提高传输可靠性。LKJ2000 型列车运行监控装置采用控制器局域网(CAN)作为系统内部通信方式进行数据交换，CAN 总线器件本身带 CRC 校验功能，具有检错与容错的能力。

9. 具备大容量 IC 卡读写功能。LKJ2000 型列车运行监控装置能够解决对乘务员的参数输入、临时限速的控制、大交路大轮乘文件转储困难等问题。

10. 采用 6U 标准插件及机箱结构。具有灵活、维修方便等优点。

11. 监控系统电磁兼容性满足 IEC61000 标准三级要求，抗干扰能力强，工作可靠性高。

(二)LKJ2000 型列车运行监控装置的功能

1. 监控功能

(1)防止列车越过关闭的地面信号机。

(2)防止列车超过线路(或道岔)允许速度及机车、车辆允许的构造速度。

(3)防止机车以高于规定的限制速度进行调车作业。

(4)在列车停车情况下，防止列车溜逸。

(5)可按列车运行揭示要求控制列车不超过临时限速。

(6)在自动闭塞区段，列车在显示停车的通过信号机前停车 2 min 后又继续向此关闭信号机的分区运行时，保证在该信号机防护的分区内运行速度不超过规定的限制速度。

(7)列车通过显示黄色、双黄色、双黄闪的进站信号机进入站内无码股道时，装置按前方信号机关闭进行控制。经正副司机同时确认操作后，装置允许列车以低于规定的限制速度通过该信号机。

2. 记录功能

(1)开/关机时相关参数记录。

(2)输入参数(或IC卡输入)记录。

(3)运行参数记录。

(4)事故状态记录。

(5)插件故障记录。

3. 显示功能(以数字或图形方式显示)

(1)显示列车运行的实际速度及限制速度(或目标速度)。

(2)显示距前方信号机距离及前方信号机种类。

(3)显示运行线路状况。

(4)显示机车优化操纵曲线。

(5)其他运行参数的显示。

4. 地面分析功能

将车载记录的列车运行数据经过翻译、整理,以直观的全程记录、运行曲线、各种报表等形式再现列车运行全过程,为机务的现代化管理及事故分析提供强有力的工具。

(三)LKJ2000型列车运行监控装置的主要参数

1. 适应环境条件

(1)海拔高度:不超过2 500 m。

(2)环境温度:机车内部空气温度为−25℃～45℃。屏幕显示器应在0℃～55℃范围启动工作。装置允许在不低于−40℃环境温度下存放。

(3)相对湿度:最湿月月平均最大相对湿度不大于90%(该月月平均最低气温为25℃)。

(4)装置适合各种电力机车、内燃机车及动车组;适用自动及半自动闭塞方式;适应各种机车信号制式。

2. 系统设备配置

每台机车上装设1个主机和2个显示器,允许1个主机与1个显示器配置适用。显示器有数码型和屏幕型两种,可以选择其一与主机配置适用。

3. 电气参数

(1)系统电源

①输入电压:77～137 V。

②功耗:≤200 W。

③对内部供电:

+5 V(1±2%),3 A;+12 V(1±5%),1 A;−12 V(1±5%),1 A;+24 V(1±2%),0.4 A;+15 V(1±5%),0.65 A(供速度传感器用);+15 V(1±5%),0.65 A(供压力传感器用)。

④保护:输入欠压保护,75 V(1±6%),可自恢复;输入过压保护,140 V(1±2%),可自恢复。

(2)CPU和时钟基准

①监控记录插件:MC68332,f_{osc}=16 MHz。

②通信插件:DS80C320MCL,f_{osc}=11.0592 MHz。

③地面信息处理插件:TMS320F206(DSP),f_{osc}=20 MHz。

(3)存储器配置

①监控记录插件

程序用 EPROM,1 MB;数据用 EPROM,1 MB(可扩充至 2 MB);记录数据 RAM,2 MB。

②通信插件

程序用 EPROM,32 KB;数据缓冲 RAM,32 KB。

③地面信息处理插件

程序用(DSP),32 KB。

(4)内外部通信

①数字量光电隔离式输入通道

机车信号(50 V)输入通道:通道数=16;机车工况信号(110 V)输入通道:通道数=8。

②数字量输出通道(制动控制输出通道)

输出通道数:7;数字量输出方式:继电器触点输出;输出隔离电压:≥AC 1 000 V;触点输出容量:DC 110 V、300 mA;触点寿命:≥10^5 次。

③频率量输入接口

通道数:4;信号幅值范围:0～40 V(峰—峰值);信号频率范围:1～6 kHz(脉冲方波或正弦波交流信号)。

④模拟量输入通道

通道数:7;输入信号范围:0～5 V。

⑤模拟量输出通道

a. 速度表指针驱动

通道数:2;输出幅值范围:0～20 mA;输出精度:额定值的±1%。

b. 里程计驱动

通道数:1;信号幅值: DC 24 V;脉冲宽度:≥200 ms。

⑥通信接口

与转储器通信接口:符合 RS-232 规范;与显示器通信接口:双路 CAN 通信;与 IC 卡通信接口:符合 RS-485 规范;与事故状态记录器接口:双路 CAN 通信。

⑦CAN 通信速率

300 kbit/s。

⑧同步通信速率

1 Mbit/s。

(5)日历时钟

走时误差:每月不大于 60 s。

(6)测速误差:小于或等于 1 km/h(v≤250 km/h)。

(7)事故状态记录器记录容量及采样密度

记录容量:结束记录前 30 min;采样密度:次/5 m。

(8)其他

IC 卡容量:2 MB。

转储器容量:8 MB。

彩色显示屏:10 英寸 TFT 高亮度彩色液晶屏。

二、速度监控基本原理

（一）速度监控依据

监控装置的主要作用，一是防止列车越过关闭的地面信号机，二是防止列车在任何区段运行速度超过机车车辆的构造速度，线路允许的最高运行速度和对应于不同规格道岔的限制速度。实现这样的作用目标，监控装置需要获得三方面的信息，即行车指令要求、运行线路状况和列车自身状况。

行车指令要求主要指是否允许列车运行及允许运行的速度。监控装置是通过机车信号获得行车指令要求的。

运行线路状况指线路的坡道、曲线、隧道情况，以及各种运输设施（车站、道岔、信号机）布置等情况。监控装置是通过将机车担当的运行区段的线路和设施等有关参数预先存储于监控装置的主机中获得的。

列车自身状况指编组数量、实际运行速度、列车所处线路的位置等。列车编组数量参数通过司机键盘输入；运行速度由机车轴端速度传感器测量；列车位置信息根据列车运行速度计算走行里程获得，并通过轨道电路校准。

监控装置以获得的上述各种信息作为依据，按照运行规章的要求进行一系列的计算、判断和控制，完成速度监控功能。

（二）速度监控基本原理

监控装置工作的主要过程包括采集列车和线路状态参数，获得运行指令并确定指令目标处的速度监控值，对照指令目标处的速度值计算出列车运行当前必须限定的速度值（限速值），将采集的实际运行速度与限速值进行比较判断，对实际运行速度达到限定值的情况发出报警，切除牵引或制动等控制指令进行速度监控。监控装置工作过程的核心环节是当前限速值的计算。计算的数学模型必须符合《列车牵引计算规程》（简称《牵规》），且要考虑到系统状态参数采集可能存在的误差和列车控制系统结构性能的离散性而包含安全余量。

LKJ2000 型监控装置速度监控示意图如图 2-3 所示。

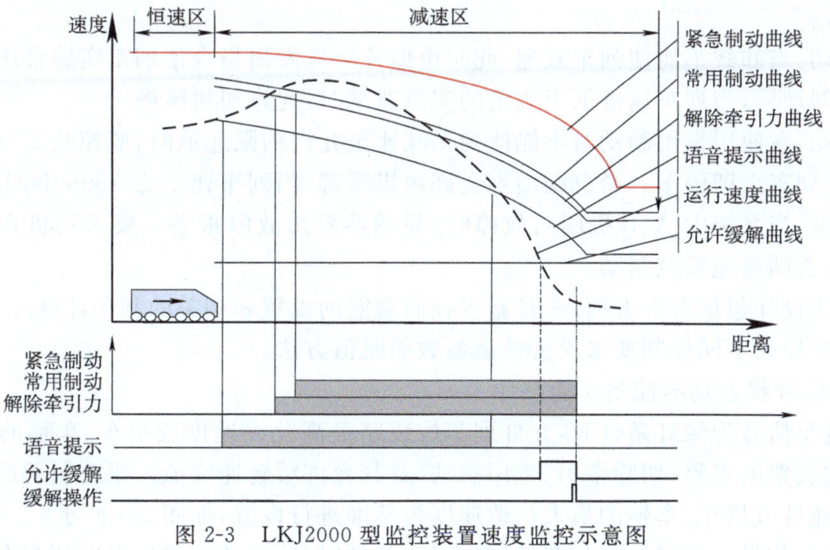

图 2-3　LKJ2000 型监控装置速度监控示意图

沿列车运行线路里程坐标，将运行在各处的计算所得限速值连接，可以形成连续曲线。通常，把监控装置计算所得限速值称为监控装置控制模式限速值(或简称为模式限速值、计算限速值)；把沿线路里程坐标连成的监控装置计算所得限速值曲线称为监控装置控制模式限速曲线(简称模式曲线)。模式曲线分两类，一类是依据线路设施条件和机车车辆构造条件确定的限速值形成的模式曲线，其在一定区域内是固定不变的，如图 2-4 中机车所处的机车信号显示绿灯(L)的区域，称为固定模式曲线；另一类是根据前方指令目标处的速度控制值的要求，模式限速值沿线路里程坐标形成渐变下降的曲线，如图 2-4 中机车所处的机车信号显示黄灯(U)或红/黄灯(H/U)的区域，称为降速模式曲线。

(三)速度控制模式

模式限速值和模式曲线是监控装置各控制指令速度值形成的基础。

对于固定模式曲线，LKJ2000 型监控装置依据线路的曲线和坡道、桥梁、隧道、道岔等的固定限速要求以及机车车辆的构造限速要求，直接形成模式曲线。

对于降速模式曲线，监控装置每个瞬间总是根据前方指令目标处的速度控制值的要求，分别按照常用制动作用方式数学模型和紧急制动作用方式数学模型计算取得两个限速值。一般把按照常用制动作用方式数学模型计算取得限速值形成的限速曲线作为模式曲线，而对于机车没有电控常用制动机构的，则把按照紧急制动作用方式数学模型计算取得限速值形成的限速曲线作为模式曲线。不论哪种作为模式曲线，监控装置的常用制动控制指令速度值和紧急制动控制指令速度值均分别直接取自常用制动数学模型计算限速值和紧急制动数学模型计算限速值。

除了常用制动和紧急制动两种监控功能的执行手段外，监控装置还设置了报警和切除牵引(俗称卸载)控制指令输出信号，以便在常用或紧急制动执行之前，提醒乘务员操纵减速或通过切除机车动力实施惰性运行减速，减少制动排风。此外，在监控装置实施常用制动并达到减速要求后，设有允许缓解的提示功能。

列车运行监控装置对机车制动控制说明：

报警：当列车速度超过报警速度时，显示器发出语音报警。

卸载：当列车速度超过允许值时，装置切除机车牵引电流(即将牵引力减为零，但电制动工况时不切除)。

常用制动：当卸载不能使列车减速，此时由监控装置发出指令使列车实施常用制动使列车减速。常用制动后，当列车速度低于规定的安全速度时，允许司机缓解。

紧急制动：在使用常用制动时不能使列车减速至允许的限速值时，监控装置发出指令实施紧急制动，使列车立即停车。紧急制动不允许司机缓解，当列车速度为 0 km/h 时，自动缓解。

系统故障：当系统中 A、B 机同时故障时，显示器发出故障报警。要求司机在 3 min 内关断主机电源，否则实施紧急制动。

监控模式设计包括两个方面：一是基本控制功能的设置和相关的制动计算方法；二是为适应不同运行区段的不同控制要求设置控制参数的赋值方法。

1. 各种信号状态基本控制功能设计

(1)当机车信号为绿灯条件时，允许列车按线路最高允许速度或机车、车辆的最大构造速度运行，监控装置的报警、切除牵引、常用制动(及其允许缓解速度值)、紧急制动速度值均以线路最高允许速度或机车、车辆的最大构造速度为基准进行设置，如图 2-4 所示。

(2)当机车信号为黄灯(或绿/黄灯、黄 2 灯)条件时，监控装置将按保证列车在通过显示黄灯(或绿/黄灯、黄 2 灯)的信号机时降为其规定的限制速度的要求,根据《牵规》规定的常用及紧急制动计算公式进行实时计算取得控制指令速度值。

(3)当列车将要进车站的侧线,机车信号显示双黄灯时,装置根据已存入装置内的进站信号机到相应道岔尖的距离及道岔的限制速度,以道岔岔尖为指令目标地点,实时计算出列车在各点允许运行的速度,将其设置为限制速度值。并且,将在岔尖处的限制速度值一直保持,直至列车尾部通过出站道岔。

(4)监控装置对局部线路限速的控制与对进车站侧线的控制道理相似,只是将指令目标地点道岔的限速要求改为局部线路限速要求的起始地点而已,并且,同样将限制速度值一直保持至列车尾部通过终止限速地点。

(5)当机车信号显示红/黄灯,即地面信号机关闭时,监控装置将根据《牵规》实时进行制动计算,按保证在关闭信号机前可靠停车设置各点的限制速度。在此信号机前,模式限制速度将变为零。

2. 安全余量设计

考虑到各种参数采集可能存在的误差和制动机构性能离散性会引起实际制动距离与计算距离发生误差,为了确保安全,不管常用制动还是紧急制动,监控装置均设有一个制动距离安全余量(ΔL),该值按下式计算:

$$\Delta L = S_0 + K v_0 \text{(m)}$$

式中 S_0、K——常数;

v_0——制动初速度。

假设列车从绿灯进入黄灯再接近红灯区间,即机车信号依次显示绿灯(L)—黄灯(U)—红/黄灯(H/U),监控模式曲线示意图如图 2-4 所示。

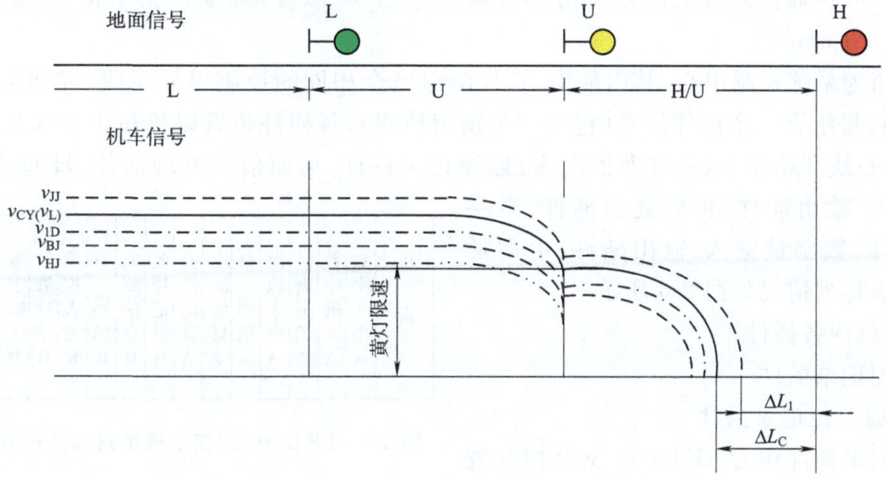

图 2-4 监控模式曲线示意图

v_{BJ}—报警速度整定值,$v_a \geq v_{BJ}$语音报警;v_{1D}—卸载整定值,$v_a \geq v_{1D}$机车卸载;v_{CY}—启动常用制动模式曲线,$v_a \geq v_{CY}$常用制动动作;v_{JJ}—启动紧急制动模式曲线,$v_a \geq v_{JJ}$紧急制动动作;v_{HJ}—缓解模式曲线,$v_a \leq v_{HJ}$允许人工缓解,装置启动的常用制动在H/U灯区域,一般均设定停车后才能进行人工缓解;ΔL_1—紧急制动预留安全距离;ΔL_C—常用制动预留安全距离;v_a—机车实际速度。

注:图中假设监控装置实时计算的模式限制速度曲线 v_L 与常用制动模式曲线重叠。

三、LKJ2000 型列车运行监控装置及相关设备

LKJ 系统包括 LKJ2000 型监控主机箱、屏幕显示器、速度传感器和专用连接线缆等设备，其配套设备包括机车安全信息综合监测装置、机车语音记录装置、机车运行状态信息系统、列车运行状态信息系统车载设备、铁路车号自动识别系统、机车车号识别设备等。LKJ 系统组成如图 2-5 所示。

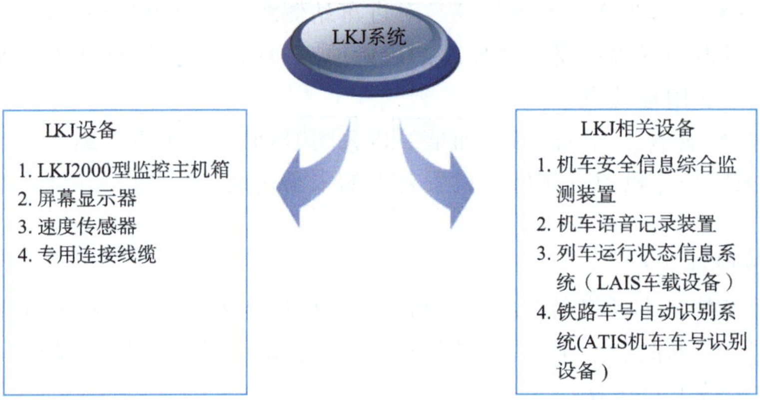

图 2-5　LKJ 系统组成

（一）LKJ2000 型列车运行监控装置

1. LKJ2000 型监控主机箱

（1）主机箱组成

LKJ2000 型监控装置主机箱采用 6U（高度）×160（深度）标准机箱结构，其宽度尺寸为 84R（R=5.08 mm）。

主机箱为系统控制中心，其内部由 A、B 两组完全相同的控制单元组成（左边为 A 组，右边为 B 组），每组有八个插件位置（包括一个预留位置），各插件位置以机箱中心线为基准对称排列，从中心线开始往左、右排列依次为：监控记录插件、地面信息处理插件、H 型通信插件、模拟量输入/输出插件、扩展通信插件、数字量输入插件、数字量输入/输出插件、电源插件。前面板排列情况如图 2-6 所示。

电源A	数字入出A	数字输入A	扩展通信A	模拟入出A	H通信A	地面信息A	监控记录A	监控记录B	地面信息B	H通信B	模拟入出B	扩展通信B	数字输入B	数字入出B	电源B

图 2-6　LKJ2000 监控主机箱内插件布置示意图

（2）主机内各插件

①监控记录插件

a. 普通监控记录插件

监控记录插件作为 LKJ2000 型监控装置的主机模块，是系统的核心部件。模块以 32 位微处理器 MC68332 为 CPU，主要完成地面线路数据的存储与调用、运行状态数据的记录与同步、控制模式曲线的计算、实时时钟的产生，并通过双路 CAN 串行总线或 VME 并行总线现实对系统其他模块的控制与管理。其他模块中带 CPU 的模块通过 CAN 网络与主机模块交换数据，而不带 CPU 的模块通过 VME 并行总线与主机模块连接。工作主机与热备主机之间的数据交换是通过同步通信实现的。记录用数据存储器与实时时钟器件采用非易失性存储器件，因而在无需外部电池情况下可实现数据的长期可靠保存。记录数据的转储可通过 RS-232 通信接口完成。

b. H 型监控记录插件

H 型监控记录插件(以下简称 H 型插件)是新一代监控记录插件,H 型插件在设计时,保持现有插件的访问、控制方式不变,不改变原有车载监控设备连接状态,可直接替代现有插件工作。同时 H 型插件提供了便捷的数据换装手段,进一步扩充了数据存储容量,为今后扩展新功能预留了充足的资源,可以满足现实及其可预期时间范围内对 LKJ 监控装置的要求。

H 型监控记录插件的功能特点:

ⓐ与现有插件完全兼容,便于设备的统一规范管理。

ⓑ增设了程序数据换装机制,换装方式方便、快捷。

ⓒ进一步扩展数据存储容量,满足线路数据的需要。

ⓓ增设了 ID 识别芯片,便于插件的维护管理。

ⓔ增加对应答器的支持。

②地面信息处理插件

地面信息处理插件采集轨道电路信号,经过电气隔离后进行调整放大,经 A/D 转换,由数字信号处理器(DSP)对各种制式的信号进行数字滤波及分析处理。插件产生的过绝缘节信号供监控记录插件校正距离测量误差,绝缘节信息通过电平方式输出至监控记录插件,也可通过 CAN 通信网络传输。地面信息处理插件与其他插件通过内部 CAN 网络交换数据。

③H 型通信插件

主机通信插件为 H 型,主要针对时速 200 km/h 动车组上使用的 LKJ2000 型监控装置,完成与 TAX2、TSC1、机车信号设备、ATP 和机车的通信。通信插件与监控主机其他插件通过内部 CAN 网络交换数据。动车组上的 LKJ2000 监控主机通过 H 型通信插件接收 ATP 提供的色灯信号信息。

与 TAX2、TSC1 的通信接口方式:RS-485,后出线方式。

与机车信号的通信接口方式:RS-485,后出线方式。

与 ATP 的通信接口方式:RS-422,后出线方式。LKJ 用 ATP 提供的色灯信号的信息进行控车,实时记录 ATP 传送的控车信息。

与机车 EMU 的通信接口方式:前出线方式,通过面板上的 DB9 插座(X40)引出。CRH_2 动车 EMU 和 LKJ 采用了 20 mA 电流环的通信方式,EMU 将三次电压实效值、电机电流、再生制动力、BC 压等信息送给 LKJ。

④模拟量输入/输出插件

模拟量输入/输出插件完成模拟量输入信号和频率输入信号的调整、隔离、模/数转换及模拟输出信号的数/模转换、隔离及调整输出。模拟输入信号包括:压力信号、电流信号、电压信号以及加速度信号;频率输入信号包括速度信号及柴油机转速信号;模拟输出信号主要是驱动双针速度表实际速度和限制速度的电流信号,以及驱动双针速度表里程计的电压脉冲信号。所有输入/输出信号全部经过隔离放大器或光电隔离。模拟量输入/输出插件经 VME 并行总线与监控主机连接。

⑤数字量输入插件

数字量输入插件完成对机车信号点灯条件输入(50 V)的光电隔离与转换,经 VME 并行总线与监控主机连接,供监控主机读取。

⑥数字量输入/输出插件

数字量输入/输出插件一方面完成机车工况输入信号(110 V)的隔离与转换,另一方面完成常用与紧急制动控制指令的执行输出(继电器触点输出)。输出信号可直接驱动内燃机车常用制动装置控制阀或与电力机车制动控制回路连接,但卸载控制信号不能直接驱动电力机车主断路器。插件经 VME 并行总线与监控主机连接。

⑦电源插件

电源插件采用模块电源方式将 110 V 输入电源转换成系统所需的各种电源。所有输出电源与输入电源隔离。输出电压包括供主机箱各插件工作的 5 V、+12 V、−12 V 及 24 V;供数码显示器的 15 V(屏幕显示器采用 110 V 电源);供速度传感器的 15 V 以及供压力传感器的 15 V。除 5 V、+12 V 及−12 V 共地外,其他各路输出电压互相隔离。

⑧扩展通信板插件

LKJ2000 型监控主机两个备用插槽中各插一块扩展通信板,该板上共有 4 路 CAN,其中两路为内部 CAN 总线,与主机监控记录板进行通信;另外两路为隔离外部 CAN 总线,用于和无线传输车载主机进行通信。主要功能:

a. 提供对机车双向标签的 RS-485 通信接口;

b. 提供对无线数传装置的 CAN 通信接口,该 CAN 通信是属于外 CAN 通信,监控和其他通信的是内 CAN,为了避免外 CAN 影响内 CAN,在设计扩展通信板的时候,将这两种 CAN 通信采用物理隔离,避免相互影响,提高设备的安全性和可靠性。

⑨母板

母板完成各插件的 VME 总线连接及输入/输出信号的连接。母板分左、右两部分,左半部分为 A 机母板;右半部分为 B 机母板。A、B 机母板的上半部分为 VME 总线,采用标准 96 芯连接器;下半部分为信号的输入/输出,采用标准 48 芯连接器。

⑩过压抑制板

过压抑制板安装在后盖板内侧,由瞬变干扰信号吸收电路和电源滤波电路、延时继电器三部分组成。外部 110 V 电源及 110 V 电路输入信号经过过压抑制板,输入至数字量输入/输出插件;数字量输入/输出插件的继电器输出信号经过过压抑制板输出至机车 110 V 回路。因而所有与机车 110 V回路相连的信号均经过过压抑制板的滤波及瞬态过压抑制处理,消除机车 110 V 回路干扰对装置的影响。因此,在安装 LKJ2000 型监控装置时,无需在机车上再另外安装过压吸收片。

2. 显示器

LKJ2000 型监控装置屏幕显示器以屏幕滚动方式显示实际运行速度轨迹曲线及模式限制速度(或线路允许速度)曲线;以图形、符号、汉字来显示地面信号机的位置、种类以及运行线路的曲线、坡道、桥梁、隧道及道口等信息;同时可显示指导性优化操纵运行速度曲线和手柄级位曲线,以便提示或引导乘务员操作。

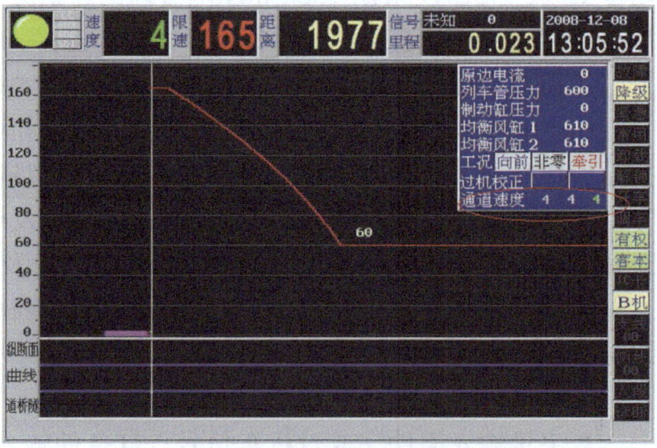

图 2-7　屏幕显示器主界面

(1)显示器外观

LKJ2000 型监控装置屏幕显示器根据外形尺寸不同,目前有 A 型、B 型两种。

(2)屏幕显示器界面显示

屏幕显示器窗口界面如图 2-7 所示。

①数据窗口

屏幕最上方为数据窗口，显示内容依次为：

信号灯状态显示窗口：显示机车当前的信号状态，有绿灯、绿/黄灯、黄灯、红灯、半黄红半灯、双黄灯、黄2灯、白灯等8种显示。

速度等级显示窗口：从上至下有LC、SD3、SD2、SD1四种速度等级，亮的部分表示当前所处的速度等级状态。其中LC亮表示绿灯信号状态下的最高速度等级。SD1、SD2、SD3分别表示速度等级1、速度等级2、速度等级3。

速度窗口：显示机车当前的实际运行速度(绿色数字)。

限速窗口：显示列车当前运行位置的模式限制速度(红色数字)。

距离窗口：显示列车当前运行位置距前方信号机的距离(黄色数字)。

信号窗口：显示前方信号机的编号和类型。运行中收到过绝缘节信号且监控产生校正时显示背景为绿色；收到过绝缘节信号没有满足校正条件，监控不产生校正时显示背景为红色。

公里标窗口：显示当前机车行驶位置的公里标。

日期和时间窗口：显示当前的系统日期和时间。

②状态窗口

屏幕右边为状态窗口，用来指示系统状态，自上到下依次为：

故障：当CAN总线故障时，指示灯点亮。显示“CANA”时表示CAN总线A路有故障；显示“CANB”时表示CAN总线B路有故障；显示“故障”时表示CANA和CANB均故障；当显示“故障”时显示器不能与监控主机进行正常通信。

降级：监控装置处于ZTL工作状态(降级状态)时，点亮此指示灯。

紧急：监控装置处于紧急制动工况时，点亮此指示灯，退出则灯灭。

常用：监控装置处于常用制动状态时，点亮此指示灯，退出则灯灭。

卸载：监控装置处于卸载状态时，点亮此指示灯，退出则灯灭。

解锁：解锁成功后，此灯点亮，4 s后自动熄灭。

开车：开车条件满足时，允许按【开车】键，此灯点亮，按压【开车】键响应后灯灭。

调车：处于“调车”状态时“调车”灯灯亮，退出“调车”状态时灯灭。

控制权：指示本端显示屏是否有操作权，显示“有权”表示有操作权，显示“无权”表示无操作权。

客/货：显示“客/货”、“本/补”状态，显示牵引的是客车还是货车。

IC卡：正确插入IC卡时，该灯点亮，无卡时灯灭。

A/B机：指示当前工作主机是A机还是B机，显示A表示A机是工作机，显示B表示B机是工作机。

支线：当允许支线输入操作时，指示灯点亮，支线输入有效后，显示所输入的支线号。

侧线：当允许侧线输入操作时，指示灯点亮，侧线输入有效后，显示所输入的侧线号。

入库：进入入库状态时显示“入库”；进入出库状态时显示“出库”；退出出入库状态时指示灯熄灭。

隔离：当“制动指令隔离开关”处于“关”位时“隔离”灯点亮，监控装置的卸载、常用、紧急指令不做输出。

③屏幕主窗口

屏幕中间的窗口为主窗口，显示范围为5 km。靠左侧1/5处的竖直线将窗口分为左、右两部分，左侧显示列车越过1 km范围内的运行信息，右侧显示列车运行前方4 km范围内的监控模式允许速度、信号机信息、道岔、电分相及线路纵断面状态等信息。具体说明如下：

限制速度：以(红色)曲线方式显示当前区段的限制速度和前方 4 000 m 以内的限制速度情况。

实际速度：以(绿色)曲线方式显示列车当前运行速度和刚走行的速度曲线情况。

信号机位置、编号、信号机的状态：以坐标的方式显示前方 4 000 m 以内的信号机位置，信号机的编号，前方一架信号机的信号状态。

站中心及站名：以坐标(垂直线)的方式显示前方 4 000 m 以内所有站的站中心位置，并用汉字标注对应车站的名称。

机车位置：在整个曲线显示的约五分之一处有一条垂直分隔线(黄色线)，表示此处为当前列车位置，下部显示一个列车图标，图标的长度与输入的列车计长成正比。

道岔：以坐标(垂直线加进、出标记)形式显示进、出站的道岔位置。

线路纵断面、线路曲线、道桥隧：(在整个屏幕的下方三个窗)显示运行前方线路纵断面、线路曲线、桥梁、隧道的情况，指导乘务员操纵。监控数据中在本分区或者下分区有支线时，在曲线窗口左下角以文字方式提示显示各支线号及走行方向。

公里标：在屏幕的最下方显示公里标的变化及走行情况。

优化操纵曲线的显示：预留有优化曲线显示的功能，指导乘务员操作。

(3)屏幕显示器功能键

①屏幕显示器面板操作按键

操作按键为带背光薄膜按键，在光线变暗时，按键上的字可自动透光。按键共 21 个，0～9 共 10 个键为复合键，其他为单功能键。键上带有数字的复合键，在监控状态作功能键用，在参数修改状态作数字键用。

②带有数字的复合键功能定义

【巡检】键：在运行中，按压该键，执行副司机机械间巡视记录操作。

【向前】键：运行过程中，先按压【车位】键，3 s 内再按压【向前】键，调整滞后误差。

【向后】键：运行过程中，先按压【车位】键，3 s 内再按压【向后】键，调整超前误差。

【自动校正】键：运行过程中，当距离误差较小的时候，可在地面实际信号机位置按压该键，监控装置自动判断滞后或超前误差，进行距离调整。

【调车】键：在速度为零时，按压【调车】键，进入或退出“调车”工作状态。

【车位】键：该键为组合键，调整距离误差时先按压【车位】键，3 s 内再按压【向前】或【向后】键进行车位调整。

【进路号】键：运行中，当支线号或侧线号选择允许灯点亮而支线或侧线输入窗口消失时，按压【进路号】键可再进入支线号或侧线号输入操作状态。

【开车】键：按压【开车】键，执行对标开车操作。特定引导时和【解锁】键作为组合键使用进行解锁操作。

【出入库】键：按压该键，进入或退出出入库状态。

【定标】键：线路坐标打点记录或者进站确认解除报警。

③功能键的定义

【设定】键：进入或退出参数设定操作。

【转储】键：按压该键，进入文件转储操作状态。运行中此键与【1】～【5】数字键组合使用，可解除前发调度命令。

【警惕】键：降级 ZTL 报警时起暂停报警作用；防溜报警及防溜动作后的报警解除，终止当前语音报警。

【缓解】键：按压该键，进行常用制动后的“缓解”操作。

【解锁】键：进站(进路)信号机普通引导或特殊站靠标开口操作；与其他键组合进行某些特定的解锁操作。

【查询】键：按压该键，进入信息的查询操作状态。

【确认】键：按压该键，参数设定或修改有效，保存退出；与其他键组合使用进行某些特定操作。

【←】【↑】【→】【↓】键：在参数设定或查询状态，按压这些键，可以改变光标的位置。

在输入数字时，【←】键为退格键。

需要弹出“非正常行车窗口”时按压【↑】键 2 s 以上可弹出非正常行车窗口。

在非参数编辑状态按压【←】键或【→】键可以调整语音大小。

在非参数编辑状态按压【↑】键或【↓】键可以调整显示器亮度。共有 5 级亮度调整。

(4)设备状态显示

将光标移到“设备状态”按钮，按压【确认】键，弹出系统当前各模块工作状态和故障状态指示，如图 2-8 所示。按【确认】键返回。

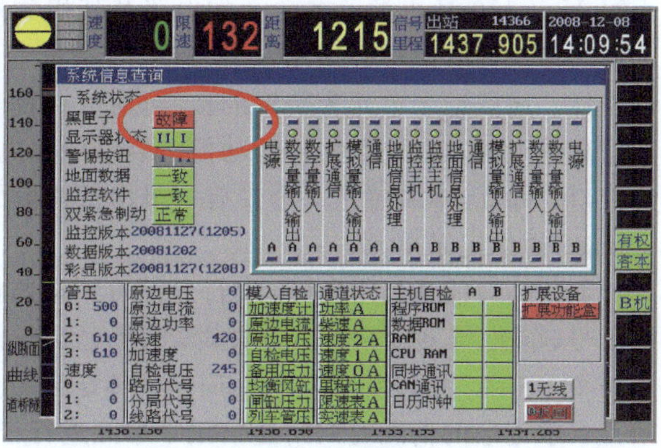

图 2-8　设备状态

3. 速度传感器

速度传感器用于向机车车辆电器控制系统提供与车轮转速成比例的电脉冲信号。

(二)TAX2 型机车安全信息综合监测装置

TAX2 型机车安全信息综合监测装置将各检测设备以标准模块单元置于工作平台中，由该工作平台中的通信记录单元一方面获取监控装置的时间、公里标、速度和车次等信息，另一方面综合各功能模块单元检测到的信息进行记录，记录的格式与监控装置的数据记录格式相同，可以用监控装置转储器进行记录数据的转储，并利用监控装置运行记录数据处理软件进行地面分析处理和数据管理。

1. 主要功能

TAX2 型机车安全信息综合监测装置以电源单元和通信记录单元作为基本配置，该基本配置主要有以下功能：

(1)串行通信功能

装置内通信记录单元能通过 RS-485 串行通信方式从监控装置获取年月日、时分、公里标、运行速度、机车号、车次、车种、区段号、车站号、司机号、副司机号、列车编组等信息，并能将这些信息通过另一个 RS-485 接口周期地传送到装置内各功能单元。各功能单元将经过分析判断且要求记录的信息返回给通信记录单元进行记录。

(2)记录功能

装置内通信记录单元能以统一时间、公里标作为坐标基准，实时记录各检测单元反馈的信息，数据记录格式与 LKJ-93A 型监控装置的数据记录格式相同。

(3)数据转储功能

通信记录单元记录的信息可以利用监控装置转储器通过 RS-232 串行通信方式进行数据转储。且预留有与可能应用的大容量 IC 卡设备通信的 RS-485 接口。

(4)数据分析处理功能

装置记录的信息通过转储器输送到地面计算机后，可以利用监控装置运行记录数据处理软件进行地面分析和数据管理。

2. 装置的组成及作用

以电源单元、通信记录单元作为基本单元配置，其他已开发的功能单元有：TMIS 单元、轨道检测单元、弓网检测单元、TDCS 单元、无线列调语音录音单元；另外，预留 4 个单元位置用于备用功能单元的扩展。

(1)电源单元

装置内部采取由电源单元集中供电的方式，由电源单元提供＋5 V、±12 V 、＋15 V、＋24 V、＋110 V 电源给各单元的电路及其相关外部设备(如：传感器、机车标签等)。各单元选用任何一种电源均必须采取 DC/DC 变换器等方式与系统电源隔离，以提高系统电源工作可靠性。通信记录单元为装置的核心，通过它获取监控装置的运行信息，完成对各功能单元反馈信息的记录及对外数据转储功能。装置中除电源单元外，其余各单元均带有单片微机和通信接口。因此，本装置是一个带有多级串行通信的多计算机系统。

(2)通信记录单元

通信接口能通过 RS-485 串行通信方式从监控装获取年月日、时分秒、公里标、运行速度、机车号、车次、车种、区段号、车站号、司机号、副司机号、列车编组等信息，并能将这些信息通过另一个 RS-485 接口每隔 50 ms 周期地传送到装置内各功能单元。各功能单元将经过分析判断且要求记录的信息返回给通信记录单元进行记录。

(3)TMIS 单元

又称机车标签写入单元，其主要功能是将从监控装置获取的车次、车号、本/补、客/货、时间、公里标等列车运行信息实时传送给车号识别系统中的机车标签设备，再由车号识别系统的地面识别设备和管理设备传送给 TMIS 系统，完成 TMIS 系统对动车组的动态跟踪管理。

(4)TDCS 单元

TDCS 单元是 TDCS 无线车次号校核系统的车次等信息的传输源。其主要功能是将从监控装置获取的列车运行的时间、公里标、车次、信号机编号和速度等信息经调制后，通过机车电台传输到车站地面电台，再传送给 TDCS 系统，完成对机车的调度管理。

(5)语音录音单元

该单元是无线列调语音录音装置的车载设备。将机车乘务员通过列车无线电调度电话进行的收、发语音信号，按数字压缩形式，并以从监控装置获取的时间、公里标作为基准坐标进行存储记录，再通过地面语音回放器来转储以及还原回放语音信号，以加强对“车机联控”的规范化管理。

LY05 型机车语音录音单元，具有快速转储、超长时间录音、软件压缩、软件解压及回放、语音增益自动控制等特点。解决了第一代语音录音装置(LY-I 型机车语音记录装置)录音时间短、转储速度慢、检索回放不方便等问题。为更有效分析行车事故，为铁路各部门的科学管理提供新的技术手段。

(6)备用单元

预留给尚待开发的功能单元。

(三)列车运行状态信息系统(LAIS)

列车运行状态信息系统是铁路机务信息化的重要组成部分，系统通过机车车载信息平台、无线和有线数据传输通信网络、铁路局数据处理中心和部、局、站段三级应用服务平台，构成“地对车、车对地、地对地”安全监控体系的三维立体数字化通信网络，实现机车运行安全状态信息的自动采集，机车信息和地面信息的双向互动传输，机车运行实时信息与地面线路、设备档案及其他相关信息的动态融合。系统以安全监控、安全管理和应急保障为核心，开发满足各级安全管理决策部门和机车管理维护部门的应用软件，实现机车运行安全监测信息的集中监控、预警，提供安全信息综合分析及决策支持，构成了更加完整的机车运行安全保障体系。

1. 系统主要功能

系统通过构建车—地无线传输网络，并利用铁路有线网系统形成“地对车、车对地、地对地”安全监控体系传输网络的基础平台，可以完成铁道部、铁路局、站段三级网络范围内的数据信息传递。

(1)列车运行状况实时信息的查询

各级调度可以实时查询管辖区内在途列车的运行状况和安全信息，查询可以选择数据列表、监控屏显和电子地图等多种方式。系统可以查询的列车运行状况信息包括：

列车车次；配属机务段；机车型号、编号；执乘司机姓名；列车运行速度；当前限制速度；列车所在位置；机车信号显示；前方信号机编号；机车运行工况；列车制动主管压力；状态发生时间。

(2)应急通话

铁路局行车调度和机务段机车调度可以与辖区内在途机车执乘司机进行应急通话。

(3)全程数据无线转储

机车入库后可以将监控装置、走行部监测装置等各种车载设备的全程记录数据通过无线局域网转储到数据服务器中，各相关业务部门可以对数据服务器中的数据进行调用以及分析处理。

(4)调度查询内容显示

通过大屏幕显示设备，可以较清晰地在电子地图上显示较多的线路，可以在大屏幕上同时显示安全监控图形显示窗口、在线机车列表窗口、列车运行状况窗口、状态监测窗口等。

(5)可扩充功能

机车状态监测安全信息目前能够显示的只有机车走行部监测和机车弓网两项。还可以增加机车微机、机车双向标签、轨道状态、机车信号等监测项目的安全信息实时数据和故障报警信息。按照机务信息化建设规划，各专业的监测信息要同时传送到其归口业务站段，由归口业务站段通过专业分析软件进一步地处理分析。随着机车信息平台的不断充实和完善，系统将成为车地信息传输的综合载体，为铁路信息化建设奠定基础。

2. 系统结构

系统的总体结构由无线和有线两部分网络组成。

系统的无线网络依托 GSM/GPRS 移动公网和 Internet 互联网，主要完成机车与地面间的数据信息传输。有线网络利用已经建成的铁路计算机网络系统(2 M 专线)，主要完成路局范围内的数据信息传递。

实时信息传输流程为：在途列车运行状况的状态实时信息经 GSM/GPRS 和 Internet 网传输到机车所属铁路局统一入口，通过铁路局的网络安全平台接入铁路内部网，再经铁路内部网从铁路局传给相关站段。机车入库后，各种车载设备的全程记录数据通过 2.4 G 无线局域网传送到机务段转储服务器，各相关业务部门可以调用及进行分析处理。

3. 设备组成

系统由车载部分和地面部分组成。车载部分实现车载设备在线监测诊断和故障预警，实现车载信息的收集、发送，以及与地面进行通话等；地面部分实现对车载设备的控制和数据接收、转储、分发、处理，实现与执乘司机的通话，实现关键部件的故障信息地面管理以及趋势分析等。通过车载、地面系统建立起机车与地面之间的无线通信连接，利用 GSM/GPRS(预留

GSM-R 接口)移动公网实时信息的传输,利用高速无线局域网解决大量全程记录信息的无线下载,利用 GSM/GPRS 解决语音通话信息的传输。

思考题

1. 速度监控装置的主要作用是什么?
2. 什么是运行线路状况?
3. LKJ 的监控功能包括哪些方面?
4. LAIS 设备的主要功能有哪些?
5. TAX2 型机车安全信息综合监测装置的主要功能有哪些?
6. H 型监控记录插件的功能特点有哪些?

第四节 CTCS-2 级列车运行控制系统基本知识

一、CTCS-2 级列控车载设备系统构成

(一)CTCS2-200H 型列控车载设备构成

CTCS2-200H 型列控车载设备(简称 200H 型设备)由主机、人机界面、速度传感器、应答器信息接收模块及天线、轨道电路信息接收模块及天线等部分组成。

1. 车载设备主机

车载安全计算机(VC)、轨道电路信息接收模块(STM)、应答器信息接收模块(BTM)、列车接口单元(TIU)、数据记录单元(DRU)等进行组装放在机柜内,称为主机。主机的机械部分和机箱设计便于测试和更换器材,保证散热和抗干扰,可以做到有效的防振、防潮、防尘、防静电等。主机的外观如图 2-9 所示。

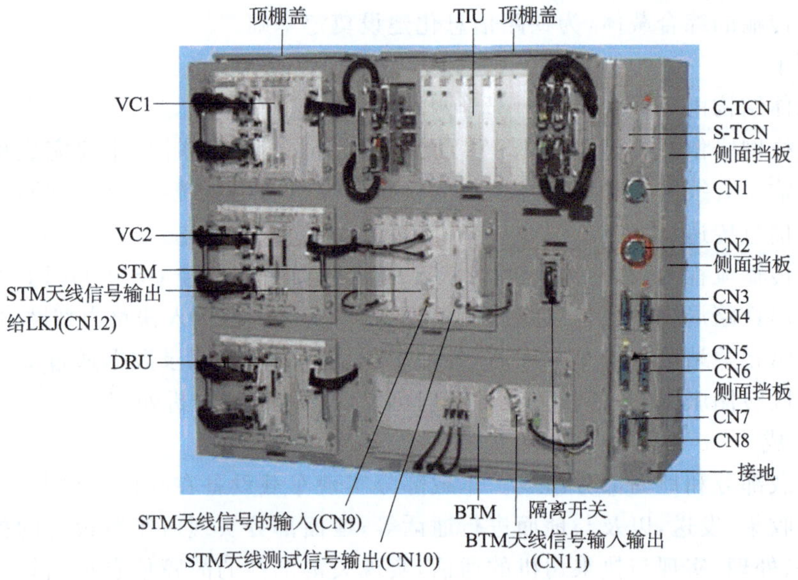

图 2-9 200H 型设备主机外观图

(1)安全计算机(VC)

①功能

VC是列控车载设备的核心部分,负责从车载设备各个模块获取信息,依据轨道电路信息、列车制动力、线路坡度、列车运行速度和列车编组等信息,按照列车牵引计算模型的要求,生成制动模式曲线,并将列车运行速度与模式曲线比较,必要时通过故障—安全电路向列车输出制动信息,控制列车安全运行。

②组成

VC是列控车载设备的运算单元,由功能完全相同的2个系统(第1系统和第2系统)构成。各个系统有功能相同的2个CPU(A系和B系)。两系CPU的处理结果相比较,如果A系和B系这2个CPU的处理结果不一致,则作为故障处理。

VC是由1个单元构成的(列控车载设备是1单元×2的2重系统构成),属于2×2取2结构。VC内主要电路板包括:电源板、OPE8-6A、FSC8-6A、BUF8-6A以及QXC8-2A、QXC8-3A、QXC8-4A接口板等。VC系统电路板作用见表2-1。

表2-1 VC系统电路板作用

序号	电路板名称	电路板作用	数量	尺寸
1	OPE8-6A	接收速度传感器的速度信号; 与STM进行通信,接收轨道电路信息; 进行速度比较; 进行设备整体的故障检测	1	6U
2	FSC8-6A	和BTM进行通信,接收应答器报文信息; 和DMI进行信息传输; 生成模式数据	1	6U
3	AMP8-6A	故障—安全信号输出电路	1	6U
4	BUF8-4A	车体条件的信号采集板(DI板)	1	6U
5	QXC8-4A	用于和外部连接的PCB转接板	1	6U
6	QXC8-3A	用于和外部连接的PCB转接板	1	6U
7	QXC8-2A	用于和外部连接的PCB转接板	2	6U
8	EUR-E060BCN	电源——输入DC 110 V,输出DC 5 V和DC 24 V的电压	1	6U

③外部接口与技术规格

VC采用RS-422方式与STM、BTM、DMI和DRU进行通信。通过采集速度分配盘的信号获取速度信息。

FSC、OPE和BUF板,三块电路基板被S-BUS总线连接在一起。电源板可以提供DC 5 V、DC 24 V,DC 5 V电源为本模块提供工作电压,DC 24 V主要提供VC与RLU接口的电压。

(2)轨道电路信息接收模块(STM)及天线

①功能

STM通过STM天线(感应器)接收轨道电路信号,解调轨道电路的信号信息,并将解调的信息传递给VC,为VC生成制动模式曲线提供依据。

②组成

STM从左至右依次为电源板、记录板、解码板、测试板、电源板。每个电路板的作用见表2-2。由于采用2×2取2的结构,每套主机中有两块电源板和解码板。

表 2-2 STM 单元包含电路板及电路板的作用

序号	电路板名称	电路板作用	数量	尺寸
1	电　　源	用于印刷电路板的供电电源 输入:DC 110 V　输出:5 V	2	6U
2	解 码 板	解读来自 STM 天线的轨道电路信息； 与 VC 通信	2	6U
3	模拟量输入	将来自 STM 天线的轨道电路信号分配给解码电路板； 与 VC 的通信接口	1	6U
4	记　　录	在 CF 卡中记录 STM 的动作状态、故障信息等	1	6U
5	测　　试	输出轨道电路的载频信息，验证 STM 动作	1	6U

③外部接口与技术规格

STM 与外部的接口通过电源电缆、通信电缆、模拟量输入电缆、测试电缆和仿真电缆连接。其中电源电缆的输入为 DC 110 V。模拟量输入电缆的输入信号为从钢轨上感应出的载频加低频信号。测试电缆为测试板输出从钢轨采集到的模拟信号。仿真电缆采用 RS-232 方式。通信电缆采用 RS-422 方式。

(3)应答器信息接收模块(BTM)及天线

①功能

BTM 通过 BTM 天线，接收来自地面应答器的线路数据，经校核后，将正确的信息传输至安全计算机，为安全计算机生成制动模式曲线提供数据。来自应答器的数据包括线路参数信息、进路信息、临时限速信息以及级间切换等信息。

②组成

此单元共有 7 块电路板，自右至左依次为电源、发送器、接收器、解码板和 3 块通信板，各电路板作用见表 2-3。

表 2-3 BTM 单元包含电路板及电路板的作用

序号	电路板名称	电路板作用	数量	尺寸
1	POWER SUPPLY (电源)	将 DC 110 V 转换为单元工作所需的 DC 24 V、DC 5 V 以及 DC 3.3 V	1	
2	TRANSMITTER (传输)	产生 27.095 MHz 的能量信号并经由天线电缆传送给天线； 接收天线从地面应答器接收到的 FSK 信号并将该信号传送给接收器； 产生 BTM 主机工作所需的时钟信号	1	
3	RECEIVER (接收)	在特殊情况下如天线切换或系统自检时控制发送器的工作； 接收由发送器传来的地面应答器 FSK 信号并从该信号中解调出数字信号； 将解调出的信号发送给解码板； BTM 主机工作状态的指示	1	
4	DECU(解码)	对接收的应答器报文进行解码处理，并判断报文的有效性	1	
5	COMU (通信)	通过通信接口与列车控制计算机通信； 接收 VC 发送的查询命令，向 VC 发送有效的应答器报文或系统状态信息； 通过诊断和监测接口实现系统诊断、监测功能	1	

③外部接口与技术规格

BTM 与外部的接口通过电源线和通信线连接。其中电源线为输入 DC 110 V。通信线采用 RS-422 方式与 VC 和 DRU 通信，通信接口连接器采用 DB9-M 插头，诊断和监测接口连接器采用 DB9-F。

(4)列车接口单元(TIU)

①功能

TIU 也称为继电器逻辑单元(RLU),用于核对车载安全计算机各系统输出的制动指令,对两套车载安全计算机输出的制动指令进行"或"操作后,作为系统的最终输出。

②组成

TIU 是由继电器组成的单元。从左到右依次为 RLY8-15A、RLY8-17A、RLY8-18A、RLY8-19A、RLY8-20A、RLY8-21A 等,各电路板作用见表 2-4。

表 2-4 列车接口单元包含电路板及电路板的作用

序号	电路板名称	电路板作用	数量	尺寸
1	RLY8-15A	安装车载设备制动指令(EB、BR7)的最终输出继电器	1	6U
2	RLY8-17A	安装输入车体的 DC 110 V 所用的继电器	1	6U
3	RLY8-18A	安装检测系统故障继电器	1	6U
4	RLY8-19A	安装备用继电器、定时器电路	1	6U
5	RLY8-20A	安装车载设备制动指令(BR4、BR1、PCUT)的最终输出继电器	1	6U
6	RLY8-21A	安装和 LKJ 的接口继电器	1	6U

③外部接口与技术规格

TIU 通过继电器与动车组设备相连:NFB 配电盘、司机操作盘、车体制动控制配电盘、此外还与车载设备 DRU、VC1、VC2、LKJ 和隔离开关等相连。

(5)数据记录单元(DRU)

①功能

DRU 通过记录列控车载设备的动作、状态、司机的操作等信息,可将行车及系统自身运行状况的关键数据记录到 PCMCIA 卡上,并可通过读卡器将数据下载至地面分析管理计算机,进行设备运行状况分析。

②组成

DRU 是记录列控车载设备动作、状态的单元。此单元采用 PC 记录卡作为记录介质,将该记录卡取出,即可利用一般的电脑来读出该记录卡上的记录内容。由 EUR-E060BCN、QXC8-2A、QXC8-3A、QXC8-1A、FSC8-6A、BUF8-4B、PCR8-6A 等电路板组成。各电路板具体作用见表 2-5。

表 2-5 数据记录单元包含电路板及电路板的作用

序号	电路板名称	电路板作用	数量	尺寸
1	PCR8-6A	接收速度传感器的速度信号; 与 STM 进行通信,接收轨道电路信息; 进行速度比较; 进行设备整体的故障检测	1	6U
2	FSC8-6A	与 BTM 进行通信,接收进 Balise 报文信息; 与 DMI 进行通信; 生成模式数据	1	6U
3	BUF8-4A	采集来自 RLU 的继电器接点的信号; 采集风扇故障信号	1	6U
4	QXC8-3A	用于和外部连接的 PCB 转接板	1	6U
5	QXC8-2A	用于和外部连接的 PCB 转接板	2	6U
6	EUR-E060BCN	电源——输入 DC 110 V,输出 DC 5 V 和 DC 24 V	1	6U

③外部接口与技术规格

DRU 与外部相连的有电源线和通信线。其中电源输入 DC 110 V。通信线采用 RS-422 的方式与 BTM、LKJ2000、VC1 和 VC2 通信。

2. 人机界面(DMI)

(1)功能

DMI 安装在驾驶台上,作用是通过声音和图像将列控车载设备的状态通知司机。DMI 的面板配置为液晶 LCD,其周围配置了扬声器和各种按键。司机可以通过操作按键来切换列控车载设备的模式以及输入信息。

(2)组成

DMI 设备主要由显示屏、键盘、扬声器、航空插座,以及电源板、主板、嵌入式 CPU 板组成。其中:

①显示屏:用于显示各种图形信息;

②键盘:用于司机进行各种操作或输入数据;

③扬声器:用于向司机输出语音或声音提示信息;

④航空插座:电源插座用于连接列控车载设备的电源;A 系通信插座用于连接列控车载设备的 VC1 系;B 系通信插座用于连接车载列控车载设备的 VC2 系;

⑤电源板:将输入电压转换为 DMI 内部各个部分所需的工作电压;

⑥主板:为 CPU 板提供各种连接通道,包括通信接口、键盘采集接口等;

⑦嵌入式 CPU 板:DMI 的核心计算部分,内部装有嵌入式操作系统。

(3)外部接口与技术规格

DMI 的电气接口包括电源接口和 HDLC 通信接口。电源接口的电气规格为 DC 110 V、1 A。DMI 的 HDLC 通信接口共有两个,分为 A 系和 B 系,接口电气特性为 RS-422 方式,全双工通信,分别接收列控车载设备 VC1 系发送至 DMI 的通信信号、DMI 发送至 VC1 系通信信号、VC2 系发送至 DMI 的通信信号、DMI 发送至 VC2 系的通信信号。

3. 速度传感器

速度传感器属于磁电式感应器,将各轴的转速转变成电信号后加以输出,输出和列车速度成比例的交流频率。该信号传递给设备的 VC,VC 通过对该频率的计数来了解速度和距离。

每个速度传感器有三组线圈 e1、e2、e3,e1 和 e2 的相位关系正好相差 90°,由相位差可以判断列车前进还是后退。e3 线圈作用是通过能否产生振荡判断有无线圈断线。

速度传感器通过速度分配盘(WCD)输入到 VC 的 OPE 板内。

速度脉冲频率[Hz]=(齿数[个]×速度[km/h])/(3.6×π×轮径[m])。

车载设备通过速度传感器脉冲监控列车速度,检测出异常加速度(或减速度)时,判断为出现空转(或滑动)现象,进行校正处理。

4. 其他附属装置

(1)隔离开关

隔离开关是有两个位置的凸轮式开关,两个位置分别为“正常”和“隔离”,有 14 个独立的接点。将开关打到“隔离”位置时,可停止列控车载设备控车。

(2)NFB 配电盘

输入来自车体的 DC 110 V 信号,通过接触器和断路器将电源信号分配给列控车载设备上的 VC、DRU、RLU、BTM、STM 和风扇。

(3)速度分配盘

速度分配盘将速度传感器输出的速度信号分配给 VC1、VC2、BCU、MON 等。

(4)风扇与风扇逆变器

风扇用来对主机内部强行制冷散热,风扇逆变器将 DC 110 V 转换成风扇用的AC 110 V电源。数据记录单元 DRU 通过读取风扇故障信号进行监控。

(5)噪声过滤器

用于过滤噪声。

(6)连接器与电缆

为了保证各接口连接紧固,分别采用 GTC 连接器、QE 连接器和航空插座。

为了保证信号不受干扰,并且能够防火、防碰撞、防磨损,相关电缆采用了特殊的电缆,CN1、CN6、CN9 采用双绞屏蔽线,CN11 采用同轴无线频率电缆。

(二)CTCS2-200C 型列控车载设备构成

CTCS2-200C 型列控车载设备(简称 200C 型设备)由车载安全计算机、轨道电路信息接收模块、应答器信息接收模块、应答器信息接收天线、速度传感器、人机界面以及与 LKJ 的接口等组成。

1. 车载设备主机

主机柜包括对外连接器、组匣和空气过滤层。其中,组匣包括控制组匣、继电器组匣、CVC-A 组匣、CVC-B 组匣和 2 个风扇组匣,如图 2-10 所示。

(1)对外连接器

主机柜外部连接由顶部的 6 个重载连接器插座完成,各连接器插座定义如下:

①J1 插座:DC 110 V 输入、常用/紧急制动输出;

②J2 插座:列车输入,包括工况等信号;

③J3 插座:DMI、BTM、LKJ 与主机之间的通信接口;

④J4 插座:速度传感器、FSK 传感器信号输入;

⑤J5 插座:TVM 2G 和点式 1/p 传感器信号输入;

⑥J6 插座:点式 n/p 传感器。

(2)控制组匣

控制组匣的主要功能是提供各模块的电源、电流过流保护、制动切除和测试接口。

保护电路断路器共 8 个,对应控制各部件的电源,各断路器功能见表 2-6。

表 2-6 保护电路断路器功能表

保护电路断路器	功　　能
MCB ATP-1 (4A)	单元 1(UT1)保护电路断路器
MCB ATP-2 (4A)	单元 2(UT2)保护电路断路器
MCB ATP-3 (2A)	单元 3(UT3)保护电路断路器
MCB BAT (2A)	用于紧急制动(EB)和常用制动(SB)电源供应链的保护电路断路器
MCB DMI (2A)	DMI 保护电路断路器
MCB BTM (2A)	BTM 保护电路断路器
MCB FAN (2A)	风扇保护电路断路器
MCB TEST (8A)	测试保护电路断路器

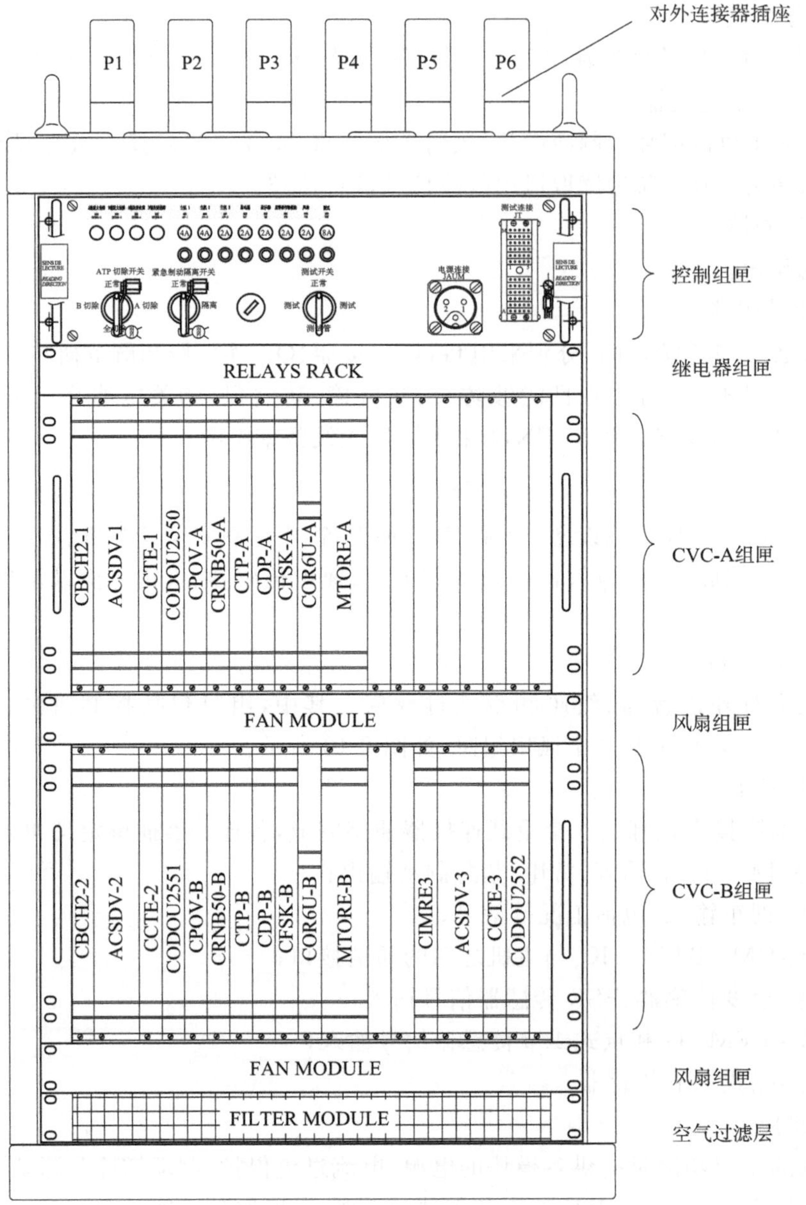

图 2-10 200C 型设备主机示意图

报警电路断路器共 4 个。设备正常工作时，按钮处于按下状态；设备故障时，便弹起相应的按钮。当按钮弹起后，除非清除主机里的故障记录，否则无法恢复正常状态。断路器功能见表 2-7。

表 2-7 报警电路断路器功能表

报警电路断路器	功　能
MCB(DF)MAJ-A	A 链重大故障
MCB(DF)MAJ-B	B 链重大故障
MCB(DF)MIN-A	A 链次要故障
MCB(DF)MIN-B	B 链次要故障

控制组匣上共 3 个选择开关，开关定义见表 2-8。

表 2-8　控制组匣开关功能表

开关名称	功　能	位置状态图
ATP 切除开关	200C 型设备总开关，用于隔离任一或两条处理链；关掉电源将隔离链；锁定在位置 1（铅封）表示“正常”	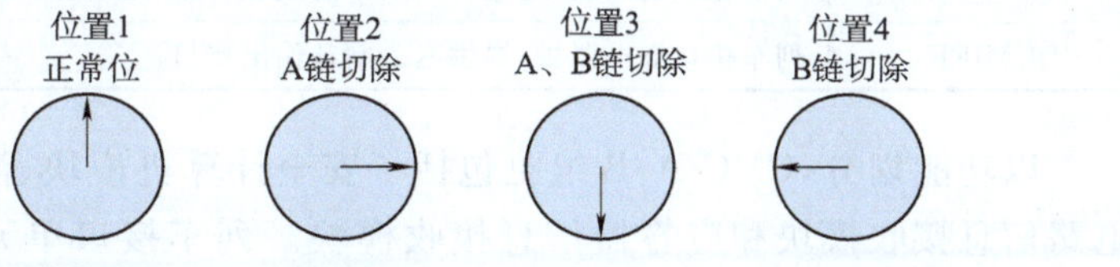
ATP EB 隔离 开关	用于隔离紧急制动和最大常用制动，即使设备制动功能无效；当 200C 型设备故障时使用此开关。锁定在位置 1（铅封）表示“正常”	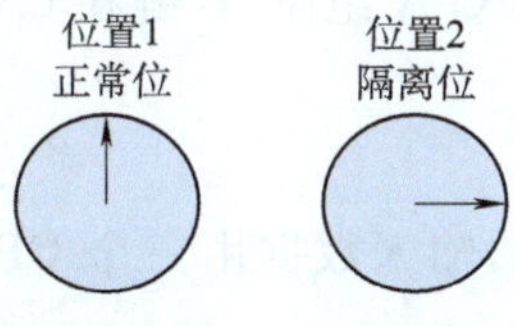
ATP Z（测试） 开关	锁定（但不是铅封）在位置 1 表示“正常”； 位置 2（或位置 4）表示按要求测试； 位置 3 和测试箱一起使用	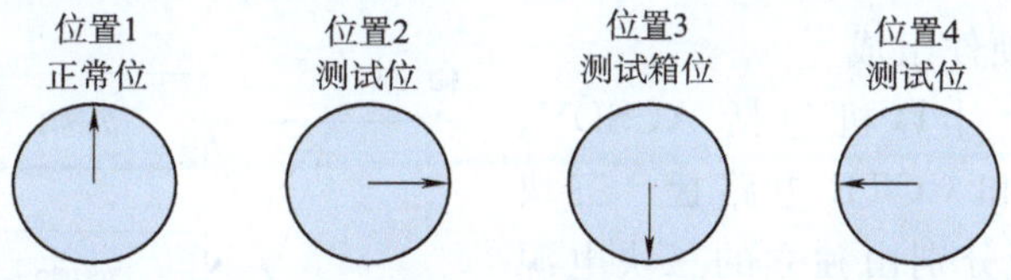

测试接口提供了用于设备测试和维护的接口，测试接口包括速度、轨道电路等信息的接口，通过专用的测试设备模拟速度、轨道电路等信号，从而完成设备自检。

（3）CVC-A/B 组匣

CVC-A 和 CVC-B 两个组匣组成安全计算机系统，是主机柜中最核心的部件。

CVC-A 组匣包括：CBCH2、ACSDV、CCTE、CODOU、CPOV、CRNB50、CTP、CDP、CFSK、COR6U 和 MTORE 板，共 11 块电路板。

CVC-B 组匣包括两部分：一部分与 CVC-A 完全相同，共 11 块电路板。另一部分在组匣的右边，包括：CIMRE3、ACSDV、CCTE 和 CODOU 板，除了 CIMRE3 电路板，其他 3 块采用冗余方式，构成三取二系统。

各电路板的功能见表 2-9。

表 2-9　CVC-A/B 电路板功能表

电路板	功　能
CBCH2-1/2	初始化板，包含有一个存储器，存储各种配置参数
ACSDV-1/2/3	电源板，每个 CCTE 板均配有一个 ACSDV 板
CCTE-1/2/3	安全计算机板，CCTE-1 是 A 链（常规运算控制）的处理核心；CCTE-2 是 B 链的处理核心；CCTE-3 作为独立的处理核心，与 CCTE-1 和 CCTE-2 共同组成三取二冗余系统
CODOU-1/2/3	测速测距板，接收、处理来自速度传感器的信号，并将结果传递给相应的 CCTE 板
CPOV-1/2	连接板，在 CRNB50 板、CTP 板以及 CDP 板的 VME 总线和 CCTE-1（或 CCTE-2）板的串口之间提供接口
CRNB50-1/2	连续信息接收板，接收来自 TVM 2G 连续传感器的信号
CTP-1/2	1/p 点式信息接收板，在 TVM 1/p 模式时，接收点式信息
CDP-1/2	n/p 点式信息接收板，在 TVM n/p 模式时，接收点式信息
CFSK-1/2	轨道电路信息接收板，接收移频轨道电路和 1/p 信号，其输入来自 FSK 传感器

续上表

电路板	功　　能
COR6U-1/2	继电器板，提供200C型设备与列车之间的电气接口
MTORE-1/2	安全输入输出板，通过Profibus总线和CCTE-1（或CCTE-2）板连接，控制信息的输入输出
CMIRE	列车接口继电器板，提供紧急制动输出接口

以功能划分，CVC-A/B组匣包括了安全计算机模块、测速测距模块、列车接口单元、轨道电路信息接收模块和应答器信息接收模块。列车接口单元和TVM模块均采用双套冗余结构，分为A链和B链，其中A链在CVC-A组匣，B链在CVC-B组匣。

①安全计算机模块

a. 系统结构

安全计算机基于三取二安全架构，输入数据由三个CPU同时处理，处理结果经表决器三取二表决后输出，其原理如图2-11所示。

b. 硬件组成

安全计算机包括ACSDV、CBCH2和CCTE电路板。三块CCTE板分别由独立的三块电源板提供电源，即ACSDV-1电源板为CCTE-1板供电，ACSDV-2电源板为CCTE-2板供电，ACSDV-3电源板为CCTE-3板供电。其中，CCTE-1板的配置信息保存在CBCH2-1板，CCTE-2板和CCTE-3板的配置信息保存在CBCH2-2板。三块CCTE板通过以太网两两连接，实现信息交互。CCTE电路板根据采集的数据，计算制动曲线并核对列车输出，经三取二冗余系统表决输出。

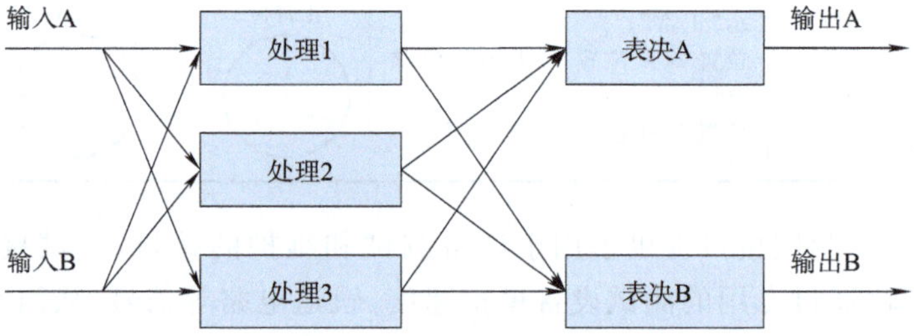

图2-11　三取二安全计算机原理框图

各CCTE板的硬件电路完全相同，均由4片CPU组成，分别为三机交换处理器、表决处理器、应用处理器和输入输出处理器。4片CPU通过PCI总线完成数据传递。

输入输出处理器完成安全计算机模块与其他外部设备（BTM、DMI、MTORE、CPOV、CF-SK、LKJ等）的数据交互；应用处理器完成CTCS-2级车载应用功能的处理；三机交换处理器完成各计算机板的数据交换；表决处理器完成三机应用处理器输出数据的表决，形成安全计算机的安全数据输出。

CCTE-1和CCTE-2两块电路板同时集成有运行记录模块，用于记录ATP系统运行状态信息（SAM）和故障信息（MID）。SAM和MID数据记录均采用循环记录方式，SAM数据主要记录列车运行时各种运行条件及状态，如列车实际速度、机车信号的DMI显示、列车接口信息以及接收的应答器报文等。MID数据主要记录当前设备状态，如CRN译码状态和速度传感器状态等。两种数据均通过PC SAM专用软件进行下载、解析及分析。

②测速测距模块

测速测距模块的主要功能是采集速度传感器信号，计算列车实际速度和运行距离等信息，并传给CCTE电路板。

③列车接口单元

完整的列车接口单元除包括 MTORE 板、COR6U 板和 CMIRE 板以外，还包括继电器组匣。该单元的主要功能是把 200C 型设备与列车电路进行隔离，并输出常用制动和紧急制动指令，同时接收机车工况以及与 LKJ 的接口等信息。常用制动指令经过 MTORE 板和 COR6U 板输出，紧急制动指令经过 MTORE 板和 CMIRE 板输出。MTORE 板通过 Profibus 总线与 CCTE 板通信，完成安全计算机指令的输出和列车接口信号的输入。

列车接口单元里最核心的部分是 MTORE 板，也称作安全输入输出板，包括了 14 路的安全输入通道和 3 路安全输出通道。安全输入输出电路保证了输入输出安全完整性等级的要求。

列车接口单元采用双套冗余设计，分为 A 链和 B 链。CMIRE 板包括完全独立的两个部分，分别供 A 链和 B 链使用。

a. 常用制动的输出

常用制动采用继电器输出方式，包括 3 个等级，分别为 1 级常用、2 级常用和 3 级常用制动，其中 1 级为低级制动，2 级为中级常用制动，3 级为最大常用制动。常用制动 1、2 级采用得电制动方式，3 级常用采用失电制动方式。

常用 1、2、3 级制动由 MTORE 板、COR6U 板和继电器组匣共同完成。MTORE 板通过 Profibus 总线接收 CCTE 板的指令，并驱动 COR6U 板，再由继电器组匣中的继电器将常用制动指令送出。

b. 紧急制动的输出

紧急制动采用继电器输出、失电制动逻辑方式，由 MTORE 板和 CMIRE 板完成。MTORE 板通过 Profibus 总线接收 CCTE 板的指令，直接驱动 CMIRE 板输出制动指令。CMIRE 板采用安全继电器，每个继电器都提供一组接点作为反馈信号至 MTORE 板，MTORE 板实时对这些反馈信号进行检测，对比输出和反馈是否一致。

如果安全计算机出现重大故障，MTORE 板和 CMIRE 板也可以独立完成紧急制动输出的功能，从而提高系统的安全性。

c. 列车工况信号的输入

列车工况输入包括牵引、中立、制动和退行四种工况信号。这四个信号进入主机柜后，直接连到 MTORE 板。列车接口单元采用继电器输入方式，其中牵引、中立和制动采用常开触点输入，退行采用常闭触点输入。每个工况信号都是通过继电器的两组触点输出，分别输入到主机的 EVC_A 组匣和 EVC_B 组匣。

d. 与 LKJ 的接口

当列车运行到 CTCS-0 级线路时，200C 型设备将列车的控制权交给 LKJ 控制，由 LKJ 负责对列车的速度控制。200C 型设备与 LKJ 的接口用于给 LKJ 提供常用和紧急制动的输出以及控制权的转换，控制权的转换由 200C 型设备发出。LKJ 的常用和紧急制动指令也通过 200C 型设备的继电器组匣输出，同时 LKJ 的制动指令通过继电器反馈至 200C 型设备。

④轨道电路信息接收模块

轨道电路信息接收模块包含 CRNB50 板和 CFSK 板。CRNB50 板用于采集地面轨道电路连续信息，通过 VME 总线将连续式信息传给 CPOV 板，再由 CPOV 板通过 RS-422 串行总线将信息传给安全计算机模块。

⑤应答器信息接收模块

应答器信息接收模块包含 CRNB50、CTP 和 CDP 板。CTP 板采集 1/p 点式信息，CDP 板

采集 n/p 点式信息，通过 VME 总线将连续式信息传给 CPOV 板，再由 CPOV 板通过 RS-422 串行总线将信息传给安全计算机模块。

(4)继电器组匣

继电器组匣内部共有 16 个继电器，作为列车输入/输出的接口。

(5)风扇组匣

两个风扇组匣持续给机柜通风，防止机柜过热，并由列车提供 110 V 电源。每个组匣包括一个 DC/DC 模块(110 V/24 V)、1 块监控风扇转速的电路板和 2 个风扇，DC/DC 模块为 2 个风扇供电。风扇转速电路板控制微电路断路器，并通过组匣前面板的指示灯显示每个风扇的状态。

(6)空气过滤层

空气过滤层固定在前面板上，包括一个通风格栅和一个过滤器，用于过滤空气中的常见杂质。

2. 轨道电路信息接收天线

(1)TVM 2G 连续传感器

在 CTCS-2 级线路上，TVM 2G 连续传感器从轨道电路接收连续信息，并由 CRNB50 板进行数据处理。

TVM 2G 连续传感器是封装在环氧树脂盒里的铜线圈。每个传感器有一根带接头的电缆，可插入连接盒中。TVM 2G 连续传感器感应回路中调制信号电流产生的电磁场，回路由轨道和列车的第一车轴形成。该传感器安装在机车下部、第一轴前方，每根钢轨上方对应一个传感器。

(2)FSK 连续传感器

在 CTCS-0 级和 CTCS-1 级线路上，FSK 连续传感器从轨道电路接收连续信息，由 CFSK 板进行数据处理。

FSK 连续传感器是封装在环氧树脂盒内的铜线圈。每个传感器有一根带接头的电缆，可插入连接盒中。FSK 连续传感器安装在机车下部第一轮对前方，每根钢轨上方对应一个传感器。

3. 应答器信息接收模块和接收天线

应答器信息接收模块(BTM)、应答器接收天线以及地面应答器组成点式传输系统。BTM 处理从应答器天线接收到的信息。

BTM 主机共有 4 块电路板，从左到右分别为电源板、主控板、通信接口板和功放板。

BTM 主机通过天线接收地面应答器的信息(通常称作应答器报文)。BTM 电路板功能见表 2-10。

表 2-10 BTM 主机电路板功能表

插 件	功 能
电源板	DC 24 V 输入，将 DC 24 V 转换为 5 V、3.3 V 等电源供其他电路板使用
主控板	接收由地面应答器发送的 FSK 信号，并从该信号中解调出数字信号，然后对数字信号进行解码处理，并对解码后数据的有效性进行判断，最后将有效数据通过通信接口板发送至 ATP 主机
通信接口板	提供相关通信接口
功放板	产生 27.095 MHz 的能量信号，并通过同轴电缆传送至天线

应答器接收天线通过两根电缆与 BTM 主机相连：一个调谐到 27 MHz 的发送线圈，当从应答器上方经过时，向应答器发送射频功率，应答器利用接收到的功率向应答器天线发送信息；一个调谐到 4.2 MHz 的接收线圈，接收应答器发送的信息(射频信号)。

4. 速度传感器

200C 型设备所使用的速度传感器型号为 TQG15(F)-T。TQG15(F)-T 采用 6 通道光电速度传感器，为 200C 型设备提供电脉冲信号，信号的频率与车轮转速成正比。6 个速度通道分成 3 组。每组通道经过转换电路后输出一对有相位差的方波信号，用于判断车轴的旋转方向。

速度传感器安装在机车轴箱盖端，通过机座连接到车轴上。200C 型设备的电缆通过一块固定在安装板上的连接器连接到车体下面。

5. 人机界面(DMI)

DMI 作为司机与设备信息交互的接口，显示以下信息辅助司机进行列车控制：速度信息、距离信息、辅助驾驶信息、行车计划信息、机车信号显示、监视信息等。

DMI 为单套双通道冗余设备，DMI 主要包括屏幕和键盘两个部分。屏幕和键盘都有背光功能，背光能随着外界光线强度的变化自动进行调整。

二、CTCS-2 级列控车载设备功能及工作模式

(一)CTCS-2 级列控车载设备功能

CTCS-2 级列控车载设备的主要功能有：

(1)轨道电路信息接收功能；

(2)载频锁定功能；

(3)应答器信息接收功能；

(4)速度、距离计算；

(5)制动输出功能；

(6)防溜逸功能；

(7)显示和提示功能；

(8)记录功能；

(9)LKJ 接口功能；

(10)与动态监测设备接口功能；

(11)EMU 的接口功能。

(二)CTCS-2 级列控车载设备的工作模式

1. 200H 型列控车载设备的工作模式

200H 型列控车载设备的控制方法有 2 个可选择的模式：设备制动优先(机控优先)和司机制动优先(人控优先)模式，系统分别在这两种控制模式可以进行 10 种工作模式下的运行。其中在 DMI 上将反向运行模式归到完全监控模式，应答器故障归到部分监控模式。

(1)待机模式(SB)

如果预先选择了 CTCS-2，启动电源后，系统就直接转入 SB 模式。在 SB 模式下列控车载设备接收轨道电路信息、接收应答器信息等功能有效，但不进行速度比较等控制，同时无条件输出制动。

(2)完全监控模式(FS)

当车载设备具备控车所需的基本数据(轨道电路信息、应答器信息、列车数据)时,列控车载设备转入 FS 模式。在 FS 模式下,列车判断自身位置和停车位置后,产生一次制动速度模式曲线并能通过 DMI 显示列车运行速度、允许速度、目标速度和目标距离等,控制列车安全运行。

RO 模式即反向运行模式,上行列车运行在下行线,或下行列车运行在上行线且线路数据完整时,列控车载设备的工作模式。列车反向运行,采用自动站间闭塞,车载设备采用完全监控模式,目标距离通过应答器提供。

(3)部分监控模式(PS)

PS 模式是侧线发车得不到应答器线路数据、缺省线路数据时的模式。若列控车载设备接收到轨道电路允许行车信息,但线路数据缺损时,列控车载设备产生固定限制速度,控制列车运行。

①连续两组及以上应答器的线路数据丢失,列车在车载设备已查询到的线路数据末端前触发常用制动,当列车运行速度低于 120 km/h 后,提供允许缓解提示,司机缓解后,车载设备根据线路最不利条件,产生监控速度曲线(最高限制速度 120 km/h)。无前方线路数据的模式称应答器故障模式 BF。

②侧线发车,车载设备根据股道轨道电路信息(根据道岔限速发送 UU 码或 UUS 码),形成并保持固定限制速度(至出站口),控制列车运行。

(4)引导模式(CO)

在引导模式运行中,列控车载设备从轨道电路接收 HB 码后在轨道电路出口处形成 NBP 为25 km/h的模式曲线,越过进站信号机后,自动转入 CO 模式。在该模式下,司机应当在 60 s 之内或运行 200 m 以前按下警惕开关,否则列控车载设备将触发紧急制动。

(5)目视行车模式(OS)

OS 模式是当列控车载设备接收到禁止信号或无信号时,列车停车后,根据行车管理办法(含调度命令),司机经特殊操作(如按压专用按钮),列控车载设备生成固定限制速度(20 km/h),列车在列控车载设备监控下运行,司机对安全负责。

(6)调车监控模式(SH)

车列进行调车作业时,司机经特殊操作(如按压专用按钮)后,转为 SH 模式,列控车载设备生成调车限制速度,控制车列运行。牵引运行时,限制速度 40 km/h;推进运行时,限制速度 30 km/h。

(7)隔离模式(IS)

IS 模式是列控车载设备故障,触发制动停车后,司机根据故障提示经特殊操作,列控车载设备控制功能停用,在该模式下司机按调度命令行车。若仅 BTM 失效,列控车载设备提供机车信号,可人工转换为 LKJ 控制列车。

(8)机车信号模式(CS)

CS 模式属于运行在 CTCS-2 以外区段模式。另外,虽然运行在 CTCS-2 区段,但列控车载设备某些故障时,用 LKJ 进行控制,在这种情况下采用 CS 模式,列控车载设备不会输出制动。

2. 200C 型列控车载设备的工作模式

(1)完全监控模式(FS)

当所需要的全部列车数据和前方线路描述有效时,车载设备自动进入 FS 模式。在该模式下,车载设备通过动态速度曲线监督列车运行并向司机显示列车速度、允许速度、目标距离和目标速度。

在 FS 模式下,车载设备完全负责列车防护。非 HU 码之后接收到非预见的无码将触发 MSB;HU 码之后接收到非预见的无码将触发 EB,转换到冒进模式。

(2)部分监控模式(PS)

当线路数据不满足完全监控模式时进入部分监控模式。部分监控模式可分为 PS1、PS2、PS3 和 PS4 四种模式。

①部分监控模式(PS1)

当系统没有线路描述,并接收到轨道电路 UU 码时,车载设备进入 PS1 模式。PS1 模式下的顶棚速度为 45 km/h,车载设备监督列车低于顶棚速度运行。

当收到限制码 H 码时,列车进入冒进模式。当收到无码时,车载设备不触发任何列车制动。

车载设备监督列车在给定距离内运行。该距离值为默认值,对应站内停车标到信号机(正常值:60 m)和信号机到出站口应答器安装位置(正常值:1 500 m)的距离和。如果超过该距离还未收到应答器组信息,车载设备转到 PS4 控制模式;如果在该距离之前收到 TSR 和线路数据,车载设备转到 FS 模式。

司机必须检查轨道是否空闲,道岔位置是否正确,并且遵照既有地面信号行车。

②部分监控模式(PS2)

当系统没有线路描述,并接收到轨道电路 UUS 码时,车载设备进入 PS2 模式。PS2 模式下的顶棚速度为 80 km/h,车载设备监督列车低于顶棚速度运行。

当收到限制码 H 码时,列车进入冒进模式。当收到无码时,车载设备不触发任何列车制动。

车载设备监督列车在给定距离内运行。该距离值为默认值,对应站内停车标到信号机(正常值:60 m)和信号机到出站口应答器安装位置(正常值:1 500 m)的距离和。如果超过该距离还未收到应答器组信息,车载设备转到 PS4 控制模式;如果在该距离之前收到 TSR 和线路数据,车载设备转到 FS 模式。

司机必须检查轨道是否空闲,道岔位置是否正确,并且遵照既有地面信号行车。

③部分监控模式(PS3)

当系统没有线路数据但收到 TSR 时,车载设备进入 PS3 模式。PS3 模式下的顶棚速度为 45 km/h。在该模式下,车载设备采用默认值(最短闭塞分区长度:600 m,最小坡度:−18 ‰)计算动态速度曲线,监督列车低于顶棚速度运行。

在 PS3 模式下,车载设备接收到限制码 H 码时,列车进入冒进模式;接收到无码时,列车触发 MSB(UU 或 UUS 码之后直接收到无码除外)。

司机必须检查轨道是否空闲,道岔位置是否正确,并且遵照既有地面信号行车。

④部分监控模式(PS4)

当系统没有 TSR(可能收到其他线路描述)并接收到非 UU 或 UUS 码时,车载设备进入 PS4 模式。PS4 模式下的顶棚速度为 45 km/h,车载设备监督列车低于顶棚速度运行。

车载设备接收到限制码 H 码时,列车进入冒进模式;接收到无码时,列车触发 MSB(UU 或 UUS 码之后直接收到无码除外)。

司机必须检查轨道是否空闲,道岔位置是否正确,并且遵照既有地面信号行车。

(3)引导模式(CO)

当接收到轨道电路 HB 码时,车载设备进入 CO 模式。CO 模式下的顶棚速度为 20 km/h,车载设备监督列车低于顶棚速度运行。接收到无码和限制码(H 码)时不触发任何制动。

司机必须检查轨道是否空闲，道岔位置是否正确，并且遵照既有地面信号行车。

(4)目视行车模式(OS)

从轨道电路收到的信息为 HU 或 H 或无码且列车处于停车状态时，120 s 后经司机确认，车载设备进入 OS 模式。OS 模式下的顶棚速度为 20 km/h。

车载设备监督列车在预定的距离或时间内低于顶棚速度运行。若要延长 OS 模式，司机需进行确认。OS 模式的时间/距离授权即将结束时，在 DMI 上给出信息提示司机。

司机必须检查轨道是否空闲，道岔位置是否正确，并且遵照既有地面信号行车。

(5)调车模式(SH)

列车停车时，司机选择调车按键进入调车模式。SH 模式下的顶棚速度为 40 km/h。

在调车模式下，车载设备监督列车低于顶棚速度运行。当列车通过调车区域定义的边界时，如果从应答器组收到调车危险信息，列车进入 TR 模式。在该模式下允许列车向后运行。

司机负责调车作业的安全。

(6)待机模式(SB)

待机模式是默认模式，不能由司机选择。当唤醒、自检及外部设备测试完成后，向司机显示测试结果并进入待机模式。

在待机模式下车载设备执行列车停稳监督，司机对列车移动不承担责任。

(7)冒进模式(TR)

在冒进模式车载设备将输出紧急制动(在冒进模式不可能缓解制动)并向司机发出警告。一旦列车停车，车载设备将请求司机进行确认。

车载设备负责停车并使列车保持在停稳状态。

在冒进模式，司机对列车移动不承担责任。

(8)冒进后模式(PT)

司机确认冒进模式后立即进入冒进后模式。当处于冒进后模式，车载设备将缓解紧急制动。在该模式下，不允许列车向后运行。

司机负责进行模式选择以继续任务。

三、CTCS-2 级列控车载设备显示与操作

(一)界面显示

1. 主界面显示区域

DMI 显示屏的显示分辨率设为 640×480。主界面分为如图 2-12 所示的六个区域。

2. 主界面细分功能

在每一个主显示区中又分为不同内容显示区域，具体划分如图 2-13 所示(其中白色区域为预留区域)。

(1)A 区：警示信息

A 区的尺寸(像素×像素)及显示的信息内容如下：

A1 区：54×54，列控车载设备触发制动之前的预警时间；

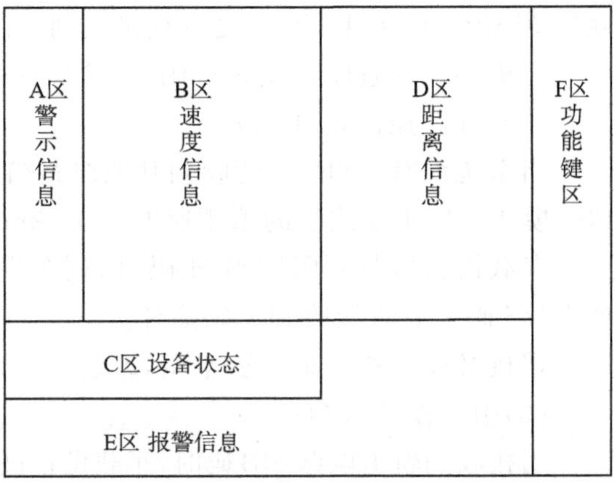

图 2-12　DMI 主界面区域划分

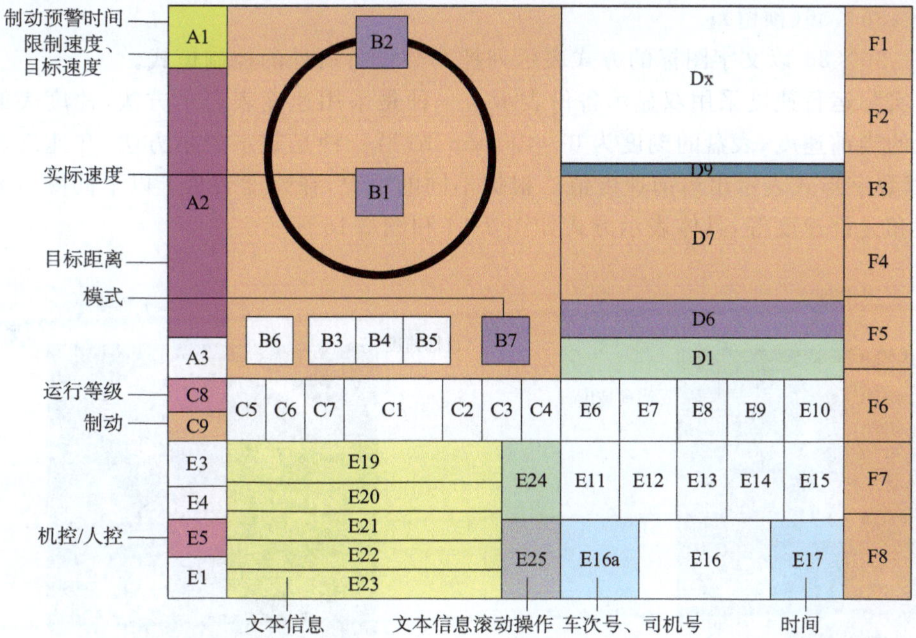

图 2-13 DMI 主界面功能细分图

A2 区：54×222，目标距离；

A3 区：54×24，预留。

制动预警时间应在 A1 区中心以灰色矩形图标显示。矩形图标的大小取决于距离触发制动的预期时间。一旦距离触发制动的预期时间低于 8 s，方块图标将开始变大直至最大尺寸。

当列车处于顶棚速度监视区（CSM 区）时，如果制动预警时间大于 8 s，DMI 在 A1 区不显示任何图标；如果制动预警时间小于或等于 8 s，DMI 应当在 A1 区按相应比例显示制动预警图标。

当列车处于目标速度监视区（TSM 区）时，如果制动预警时间大于 8 s，DMI 在 A1 区显示最小的制动预警图标（最大图标的 10%），如果制动预警时间小于或等于 8 s，DMI 应当在 A1 区按相应比例显示制动预警图标。

A2 区使用柱状光带表示法和数字表示法同时表示目标距离。柱状光带位于该区域的下部，光带正上方为数字表示区。柱状光带的左侧为坐标系刻度，该坐标系采用对数坐标，最大的显示范围是 1 000 m。当目标距离大于 1 000 m 时，柱状光带的高度保持不变，只用数字标出实际目标距离。

当列车处于目标速度监视区时，A2 区进行显示，当列车处于顶棚速度监视区时，A2 区无显示。

（2）B 区：速度信息

B 区中的细分区域尺寸（像素×像素）及显示内容如下：

B1 区：50×50 以数字方式显示列车当前速度；

B2 区：36×36 以速度表盘的方式表示各种速度；

B3 区：36×36（预留）；

B4 区：36×36（预留）；

B5 区：36×36（预留）；

B6 区:36×36(预留);

B7 区:36×36 以文字图标的方式表示列控车载设备所处的控制模式。

列车实际运行速度采用双显示备份表示。一种是采用速度表表示方法,速度表的指针指向刻度盘的当前速度,表盘的刻度为 0~400 km/h;另一种是数字表示方法,在速度表中间区(B1 区)以数字形式表示出当前速度值。根据不同的情况,在速度表盘上以不同颜色光带显示目标速度和允许速度等,具体表示方式如图 2-14 和图 2-15 所示。

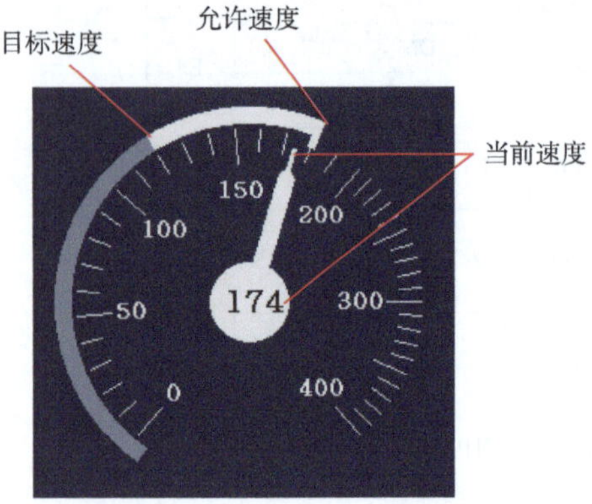

图 2-14 速度表速度显示一

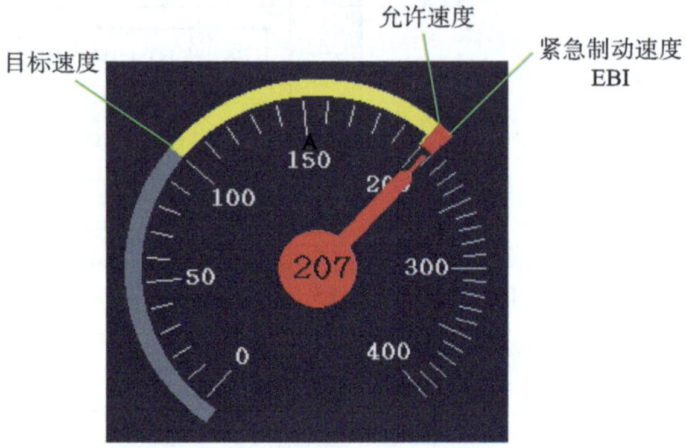

图 2-15 速度表速度显示二

在列车未超速情况下,显示器以不同颜色的光带在速度表的表圈上显示目标速度和允许速度。在允许速度处,光带的宽度是正常光带宽度的两倍,形成"钩"状光带。

在 CSM 区,列车未超速情况下,目标速度以深灰色显示;允许速度以灰色显示。

在 TSM 区,列车未超速情况下,允许速度以黄色显示。

列车速度超过允许速度但未超过最大常用制动速度(SBI)情况下,开始以光带方式显示 SBI 速度,从允许速度到 SBI 之间光带的宽度为正常光带宽度的两倍,显示颜色为橙色。同时速度表指针指向列车当前速度。

列车速度超过常用制动速度但未超过紧急制动速度(EBI)时,或列车速度超过 EBI 时,以光带方式显示紧急制动速度,从允许速度到紧急制动速度之间光带的宽度为正常光带宽度的两倍,显示颜色为红色,同时速度表指针指向列车当前速度。或者,列车速度超过常用制动速度时,光带仍然显示常用制动速度,但颜色为红色,同时速度表指针指向列车当前速度。

在不同状态下速度表的显示方式见表 2-11。

表 2-11 各种情况下速度表的表示方法

序号	运行情况	速度表显示	说　明
1	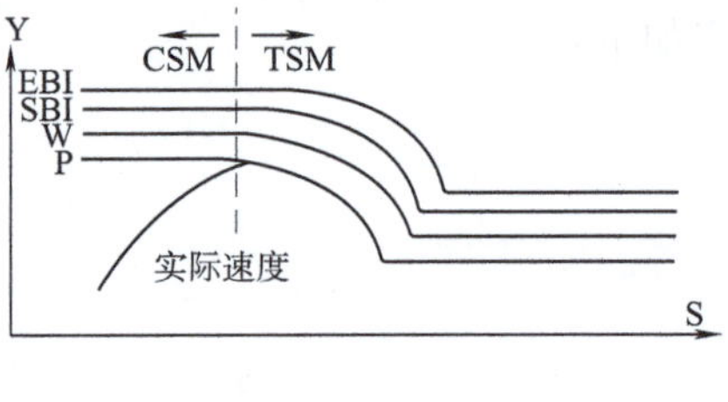		运行在 CSM 区,目标速度非 0 A:目标速度; B:允许速度(P:The Permitted Speed Limit); C:SBI 或 EBI,当前情况下不显示; 警报速度:(W:The Warning Limit)

续上表

<table>
<tr><th>序号</th><th>运行情况</th><th>速度表显示</th><th>说　明</th></tr>
<tr><td>2</td><td>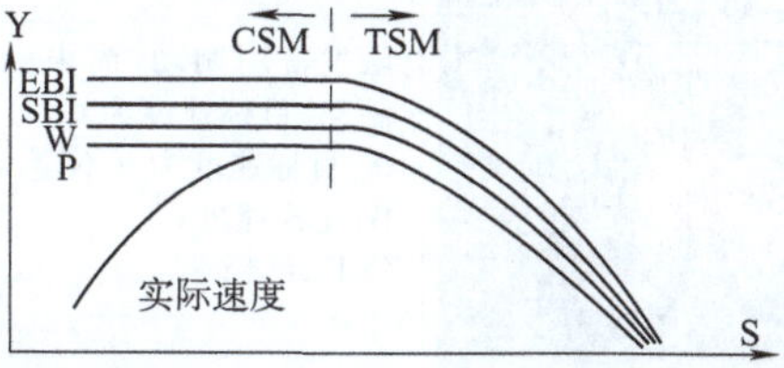</td><td></td><td>运行在 CSM 区，目标速度为 0
A：目标速度为 0 不显示；
B：允许速度；
C：SBI 或 EBI，当前情况下不显示</td></tr>
<tr><td>3</td><td>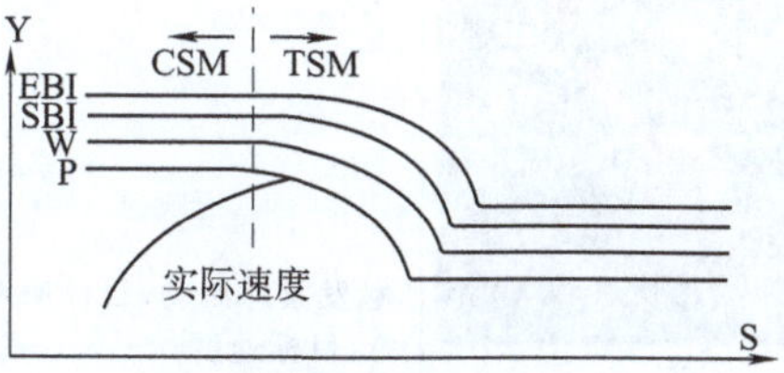</td><td></td><td>运行在 TSM 区，目标速度非 0
A：目标速度；
B：允许速度；
C：SBI 或 EBI，当前情况下不显示</td></tr>
<tr><td>4</td><td>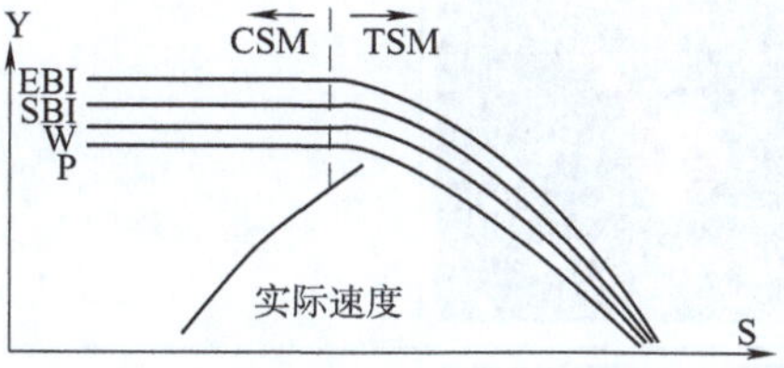</td><td></td><td>运行在 TSM 区，目标速度为 0
A：目标速度为 0 不显示；
B：允许速度；
C：SBI 或 EBI，当前情况下不显示</td></tr>
<tr><td>5</td><td>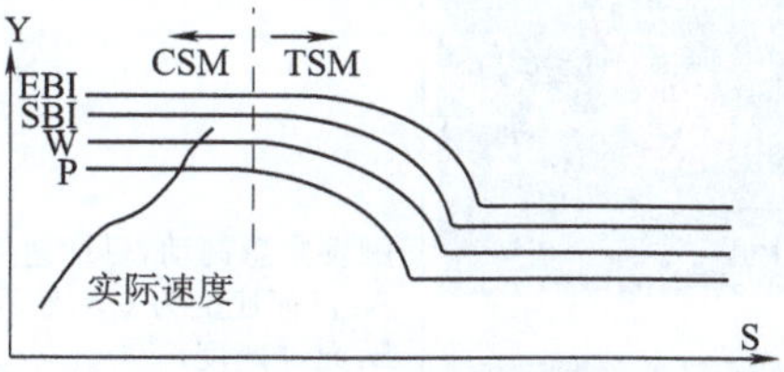</td><td></td><td>超过允许速度，尚未触发常用制动
A：目标速度；
B：允许速度；
C：SBI</td></tr>
<tr><td>6</td><td>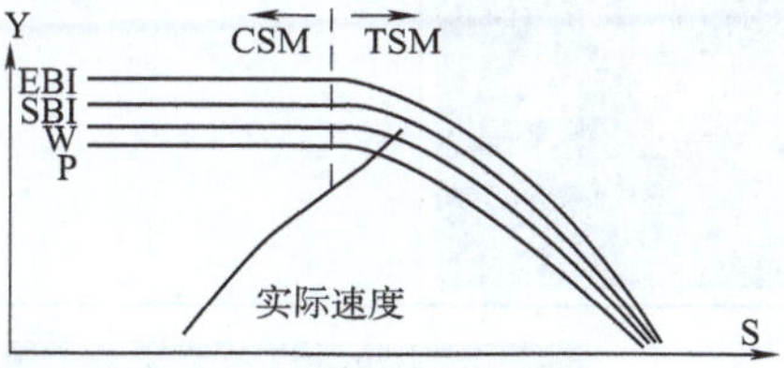</td><td></td><td>超过允许速度，尚未触发常用制动
A：目标速度为 0 不显示；
B：允许速度；
C：SBI</td></tr>
<tr><td>7</td><td>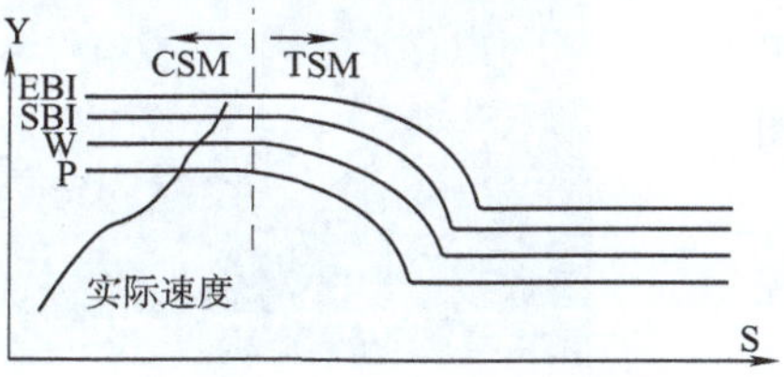</td><td></td><td>触发常用制动，尚未触发紧急制动，目标速度非 0
A：目标速度；
B：允许速度；
C：EBI</td></tr>
</table>

续上表

序号	运行情况	速度表显示	说　　明
8	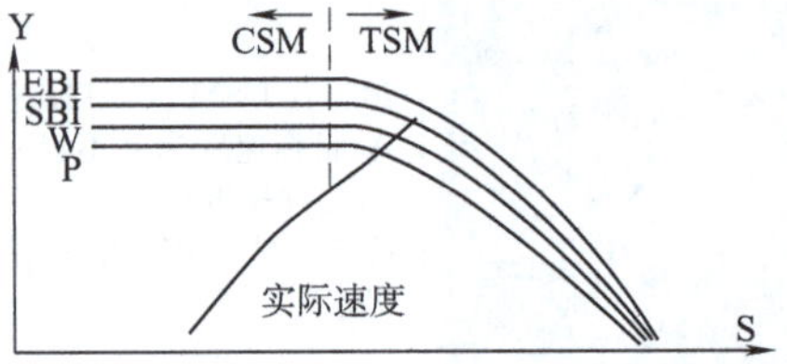		触发常用制动，尚未触发紧急制动，目标速度为 0 A：目标速度为 0 不显示； B：允许速度； C：EBI
9	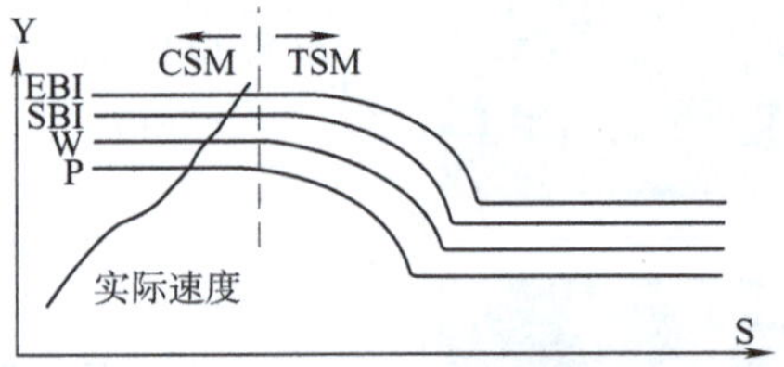	 或 	触发紧急制动，目标速度非 0 A：目标速度； B：允许速度； C：EBI
10	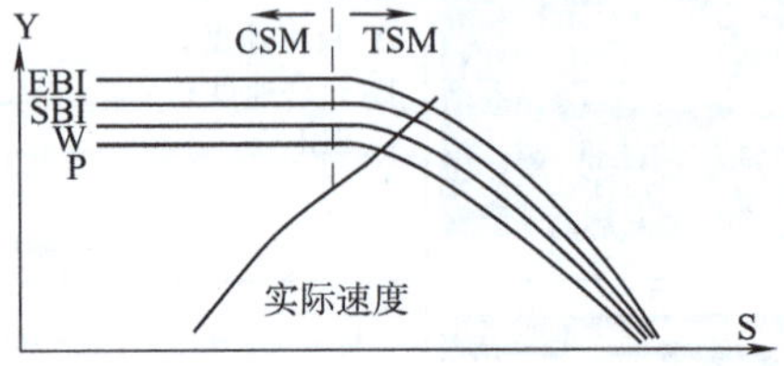	 或 	触发紧急制动，目标速度为 0 A：目标速度为 0 不显示； B：允许速度； C：EBI

当车载设备处于侧线发车的部分监控模式、引导模式、目视行车模式和调车模式，应当显示最大允许速度（P 速度），最大速度指示显示在 B2 区，以灰色单线方式显示，其尺寸和形状与“钩”状光带相同，如图 2-16 所示。

B7 区以字符图标的方式表示列控车载设备的控制模式。图标显示含义见表 2-12。

图 2-16　车载设备侧线发车时的速度显示

表 2-12　**B7 区模式信息**

序号	模　式	图标显示字符	序号	模　式	图标显示字符
1	完全监控模式	完全	5	引导模式	引导
2	部分监控模式	部分	6	机车信号模式	LKJ
3	调车模式	调车	7	待机模式	待机
4	目视行车模式	目视			

(3)C 区:设备状态

C 区中细分区域的尺寸(像素×像素)及显示内容如下:

C1 区:70×54(预留);　　C2 区:35×54(预留);

C3 区:35×54(预留);　　C4 区:35×54(预留);

C5 区:35×54(预留);　　C6 区:35×54(预留);

C7 区:35×54(预留);　　C8 区:54×25,设备运行状态;

C9 区:54×25,列控车载设备制动等级。

C8 区以文字的方式显示列控车载设备运行所处的 CTCS 等级。C8 区显示文本含义见表 2-13。

表 2-13　**C8 区显示文本含义**

序号	文　本	等　级
1	CTCS0	CTCS-0 级
2	CTCS1	CTCS-1 级
3	CTCS2	CTCS-2 级

C9 区以图标的方式显示制动状态。DMI 根据列控车载设备的制动状态显示图标。如果列控车载设备处于非制动非允许缓解状态,则该区域不显示任何图标。C9 区显示图标含义见表 2-14。

表 2-14　**C9 区显示图标含义**

序号	图　标	含　义
1	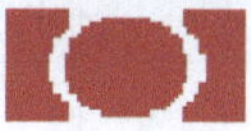	紧急制动
2		常用制动
3		允许缓解

(4)D 区:距离信息

D 区中细分区域的尺寸(像素×像素)及显示内容如下:

D1 区:244×40,显示距离坐标/机车信号;

D6 区:244×20,显示速度变化等特殊信息;

D7 区:244×92,显示线路最不利限制速度曲线;

D9 区:244×5,指示开始实施制动的地理位置;

Dx 区:244×143(预留)。

在 CTCS-2 级时,D1 区用于显示距离坐标。坐标系的原点位于 D1 区的左下角,始终以列车当前所在位置为参考原点,即列车始终位于坐标系的原点。该坐标系的横坐标为距离(单位:m),采用对数坐标,最远显示前方 8 000 m 内的相关信息。坐标系的纵坐标为速度(单位:km/h),表示线路的最大允许运行速度。

D6 区以白色短实线标识出最不利限制速度曲线的变化点,该变化点是指相邻的两个不同的最不利限制速度曲线的坐标的交界点。

D7 区显示列车前方 8 000 m 范围内的最不利限制速度曲线。

D9 区以黄色实线表示列车前方的第一个起模点(顶棚速度监视区与目标速度监视区的交界点)。同时,将起模点的指示线向下延长到坐标显示区。从起模点到下一个最不利限制速度曲线的起点以斜线相连接，表示一个降速过程。

D 区的显示如图 2-17 所示。

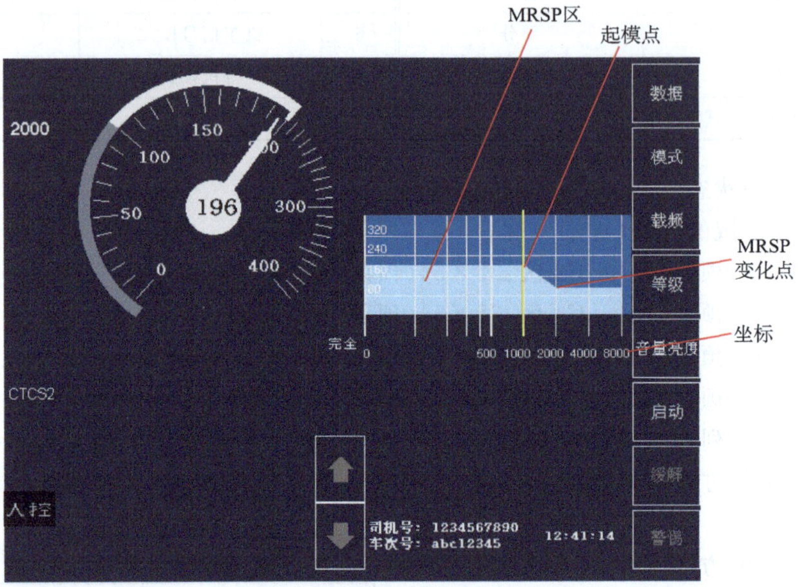

图 2-17 D 区显示示意图

当列车运行于 CTCS-0 或 CTCS-1 级时，D 区用于显示机车信号。机车信号的显示标准符合 TB/T 3060 的相应规定，其中机车信号圆心的坐标为(456,221)，半径为 32 像素。机车信号定义与显示图标的对应关系见表 2-15。

表 2-15 机车信号定义及其图标显示

序号	机车信号	规定显示	备注	序号	机车信号	规定显示	备注	序号	机车信号	规定显示	备注
1	L5			7	LU2			13	UUS		以 1 Hz 的频率闪动
2	L4			8	U			14	HB		以 1 Hz 的频率闪动
3	L3			9	U2	2		15	HU		
4	L2			10	U2S	2	以 1 Hz 的频率闪动	16	H		
5	L			11	U3			17	25.7 Hz		
6	LU			12	UU			18	27.9 Hz		

(5)E 区：报警信息

E 区中细分区域的尺寸(像素×像素)及显示内容如下：

E1 区：32×54(预留)；　E3 区：32×54(预留)；

E4 区：32×54(预留)；　E5 区：32×54，机控/人控表示；

E6 区：50×50(预留)；　E7 区：50×50(预留)；

E8 区：50×50(预留)；　E9 区：50×50(预留)；

E10 区：50×50(预留)；　E11 区：50×50(预留)；

E12 区：50×50(预留)；　E13 区：50×50(预留)；

E14 区：50×50(预留)；　E15 区：50×50(预留)；

E16a 区：65×80，车次号和司机号；

E16 区：114×80(预留)；　E17 区：65×80，日期和时间；

E19 区：36×234，文本信息；　E20 区：36×234，文本信息；

E21 区：36×234，文本信息；　E22 区：36×234，文本信息；

E23 区：36×234，文本信息；　E24 区：46×65，上翻页箭头；

E25 区：46×65，下翻页箭头。

E5 区以图标方式表示机控优先和人控优先。在机控优先情况下，显示图标"机控"，当列控车载设备提示司机介入时，E5 区的图标更换为"人控"。

E19、E20、E21、E22、E23 区用于显示各种文本信息。文本信息采用滚动方式显示，最后收到的信息总是以高亮的方式显示于 E19 区，之前的信息依次下移。司机可以通过可扩展功能键中的上、下翻页键查询之前的所有文本信息。

E16a 区显示当前的列车车次号和司机号。

E17 区显示当前时间。

(6)F 区：可扩展功能键信息

F 区中细分区域的尺寸(像素×像素)及显示内容如下：

F1 区：62×60，F1 功能键；

F2 区：62×60，F2 功能键；

F3 区：62×60，F3 功能键；

F4 区：62×60，F4 功能键；

F5 区：62×60，F5 功能键；

F6 区：62×60，F6 功能键；

F7 区：62×60，F7 功能键；

F8 区：62×60，F8 功能键。

可扩展功能键信息用于指示当前状况下功能键 F1～F8 的具体含义。

功能键必须采用相同的主菜单，200H 型、200C 型设备功能键定义拓展分别如图 2-18、图 2-19 所示。

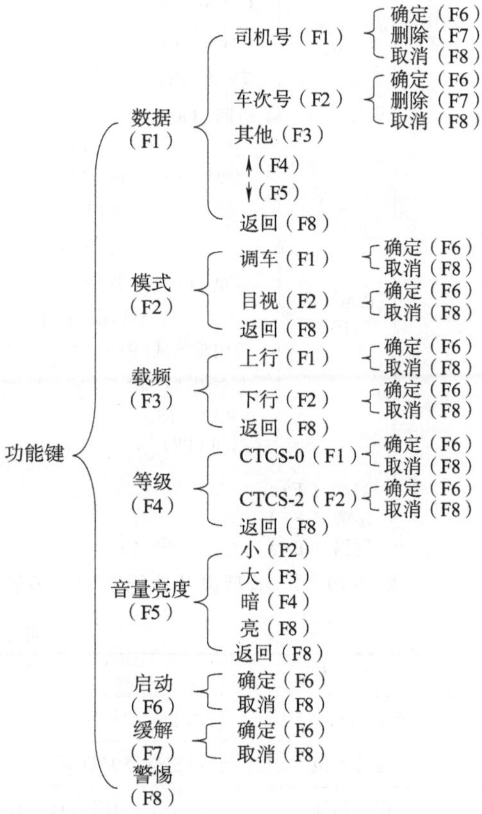

图 2-18　200H 型设备功能键定义拓展图

3. 显示内容

车载设备显示界面主要显示速度及距离信息、地面信息、车载设备状态和日期时间等内容。

(1)速度及距离信息(见表 2-16)

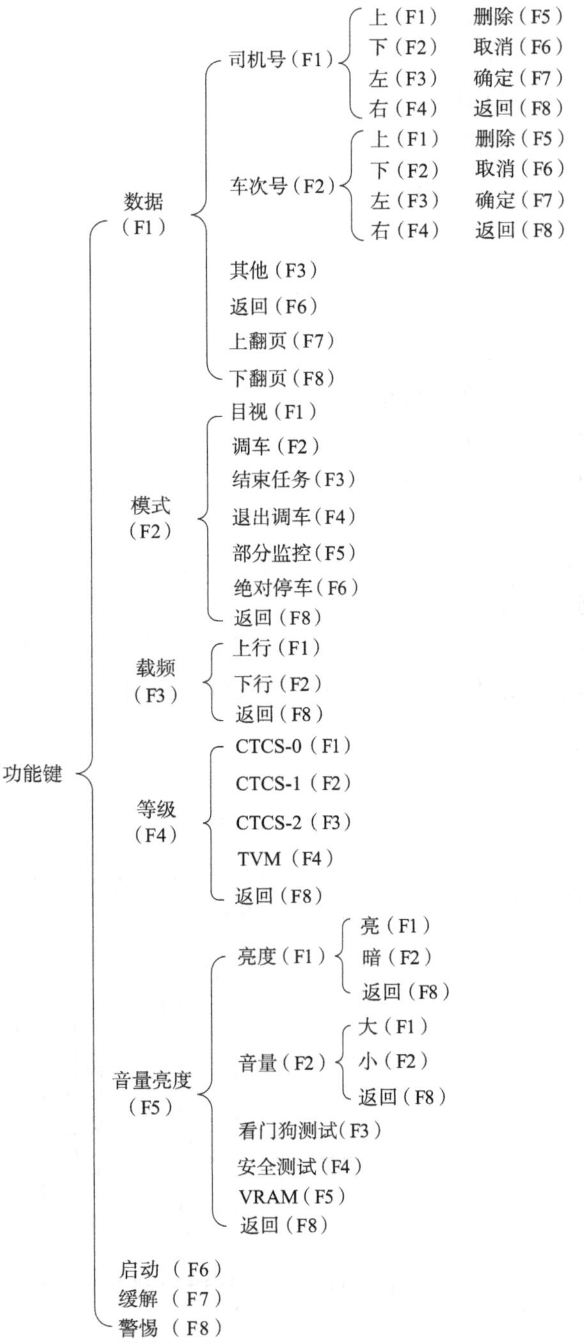

图 2-19 200C 型设备功能键定义拓展图

表 2-16 显示界面速度及距离信息

数据名称	值 域
当前速度	0～400 km/h
限制速度	0～400 km/h
目标速度	0～400 km/h
目标距离	0～8 000 m

(2)地面信息(见表 2-17)

表 2-17 显示界面地面信息显示内容

数据名称	值 域
轨道电路信息	参见《TB/T 3060》
运行等级	CTCS-2、CTCS-1、CTCS-0

(3)车载设备状态(见表 2-18)

表 2-18 显示界面车载设备状态显示内容

数据名称	值 域
控车模式	完全监控、部分监控、调车、目视行车、隔离、待机等
机车信号色灯	绿、黄、双黄、红黄、绿黄、黄 2、红、白、灭灯
制动状态	常用制动、紧急制动、缓解

(4)其他信息(见表 2-19)

表 2-19 显示界面其他信息

数据名称	值 域
日期	当前日期
时间	当前时间
车次号	车次号
司机号	司机号

4. 司机命令

DMI 接收和处理的司机输入命令见表 2-20。

表 2-20 司机输入命令

命令名称	作 用	操作方式
上、下行选择	用于载频锁定	以按键方式
运行等级	用于选择 CTCS-0 或 CTCS-2 级	以按键方式
模式切换	用于模式切换(调车模式、目视行车模式)	以按键方式
数据输入	切换到数据输入界面	以按键方式

续上表

命令名称	作　　用	操作方式
数据查询		以按键方式
司机响应	用于提示司机保持“警惕”	以按键方式
制动缓解	设备提示允许缓解后，人工缓解制动	以按键方式
启　　动	启动列控车载设备转入正常工作状态	以按键方式

5. 输入数据

DMI 输入的数据主要包括车次号和司机号。

车次号编码方式：执行《关于公布铁路列车车次编码方案的通知》(铁运〔2005〕72 号)。

司机号编码方式：执行《铁路机车驾驶证管理办法(暂行)》。

6. 查询数据

DMI 允许查询的数据包括：车次号、司机号以及各种文本信息等。

(二)按　　键

DMI 共设 19 个按键，2 块键盘。右侧键盘为 8 个可扩展的功能键，屏幕正下方的键盘为固定功能键，每个键可有两个定义，正常情况下为红色功能键。输入或菜单项选择状态下为黑色功能键，按键的布置如图 2-20 所示。

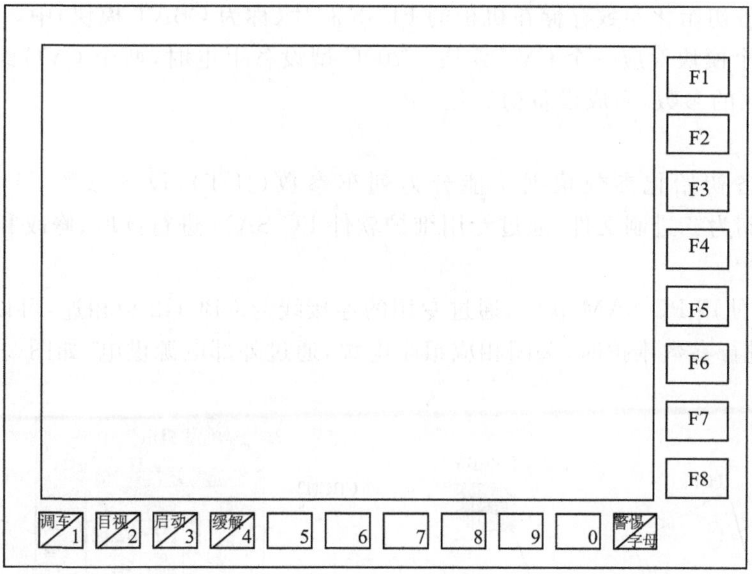

图 2-20　按键布置图

(三)CTCS-2 级列控车载设备的基本操作

1. 设备参数设定

(1)200H 型列控车载设备拨码开关的设定

车载设备的拨码开关用来设定轮径、等级模式和人控/机控，这些设定必须在列控车载设备电源切断时进行，有关设定内容见表 2-21。

表 2-21 200H 型设备拨码开关的设定内容

<table>
<tr><th>名　称</th><th>电路板名</th><th>开关名</th><th colspan="2">设定内容</th><th>备注</th></tr>
<tr><td rowspan="6">VC1
VC2</td><td rowspan="3">BUF</td><td>SW1</td><td colspan="2">设定车种：
KHI 设为 1
BSP 设定为 2
ALSTOM 设定为 4</td><td rowspan="6">VC1、VC2
进行相同设定</td></tr>
<tr><td>SW2</td><td colspan="2">设定机控优先/人控优先：
机控优先设定为 1
人控优先设定为 2</td></tr>
<tr><td>SW3</td><td colspan="2">设定 CTCS-0/2(启动时的模式)：
CTCS-0 设定为 0
CTCS-2 设定为 2</td></tr>
<tr><td rowspan="3">OPE</td><td>100</td><td>车轮径校正 SW(百位)</td><td rowspan="3">设定车轮径：
KHI:790～860 mm
BSP:835～915 mm</td></tr>
<tr><td>10</td><td>车轮径校正 SW(十位)</td></tr>
<tr><td>1</td><td>车轮径校正 SW(个位)</td></tr>
<tr><td rowspan="3">DRU</td><td rowspan="3">BUF</td><td>SW1</td><td colspan="2">设定“0”</td><td rowspan="3"></td></tr>
<tr><td>SW2</td><td colspan="2">设定“0”</td></tr>
<tr><td>SW3</td><td colspan="2">设定“0”</td></tr>
</table>

(2)200C 型列控车载设备参数的设定

200C 型设备初始化参数存储在机柜的 Flash 芯片(称为 CBAT 模块)中，一个机柜有两个 CBAT 模块，每个模块对应一个 CVC 组匣。200C 型设备上电时，两个 CVC 组匣分别读取相应 CBAT 中存储的参数，完成设备初始化。

①参数说明

200C 型设备初始化参数根据功能分为列车参数(JDT)、设备参数(JDE)和速度参数(JDO)，分别存储为二进制文件，通过专用维护软件 PC SAM 进行读取、修改和存储。

②参数维护

在 PC 机上使用 PC SAM 软件，通过专用的连接线与 CBCH2 板相连，可以分别对两套参数进行修改。进行参数维护时，关闭相应组匣电源，通过外部电源供电，如图 2-21 所示。

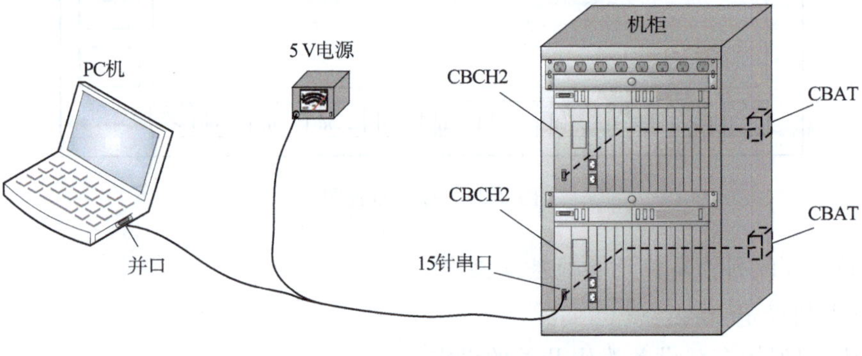

图 2-21 参数维护示意图

2. CTCS-2 级列控车载设备的操作

CTCS-2 级列控车载设备的启动操作流程图如图 2-22 所示。

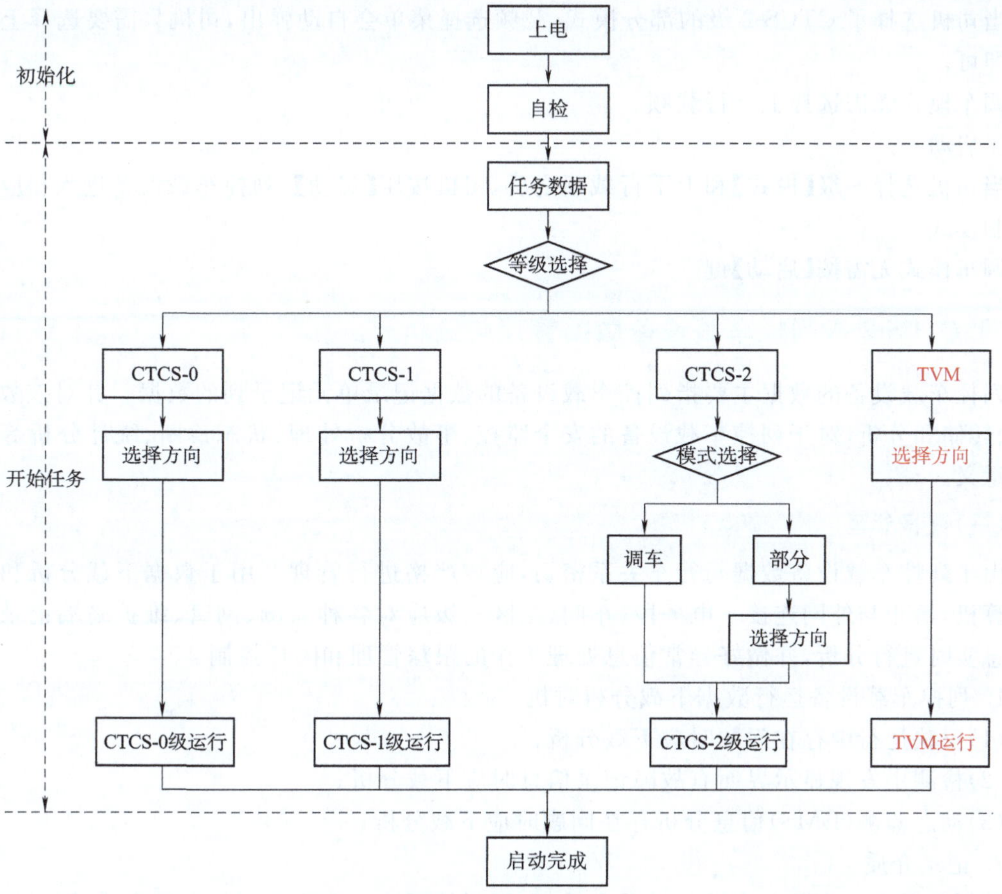

图 2-22　启动操作流程图

(1)初始化

设备由驾驶室钥匙控制上电。在初始化阶段,列控车载设备进行内部自检。如果检测到故障,则在 DMI 上向司机显示故障信息;如果自检正常,默认进入 CTCS-2 级 SB 模式。默认等级可在设备参数中修改。

当设备执行紧急制动和常用制动自检测试时,应确保风缸有足够风压完成测试。

(2)开始任务

①获取任务数据

任务数据包含司机号和车次号。一般情况,由 LKJ 将任务数据发送给列控车载设备。如果 LKJ 故障,可以在 DMI 上输入任务数据。

②选择等级

列控车载设备可以选择如下等级:CTCS-0、CTCS-1、CTCS-2、TVM(可选)。

如果选择 CTCS-2 级,则需要选择控制模式。可选模式为部分监控模式和调车模式,部分监控模式是离站的标准模式。

③选择载频

选择上下行轨道电路载频。

当司机选择了 CTCS-0、CTCS-1 或 TVM 等级后,只需在软键主菜单下按压【载频】键即可进入载频选择子菜单,按压【上行】选择上行载频,按压【下行】选择下行载频。

当司机选择了CTCS-2级的部分模式，载频选择菜单会自动弹出，司机只需要选择上下行载频即可。

调车模式无需选择上下行载频。

④启动

当司机选择等级【模式】和上下行载频之后，司机按压【启动】，列控车载设备进入相应等级或控制模式。

调车模式无需按【启动】键。

四、CTCS-2级列控车载设备数据管理与分析

列控车载设备的数据主要指列控车载设备的数据记录单元记录到的数据。针对该数据的记录、转储和分析，对于列控车载设备的安全监控、事故分析处理、状态诊断、统计分析等具有重要意义。

(一)数据管理

由于列控车载设备数据与行车关系密切，应该严格进行管理。用于数据下载分析和保存的计算机，禁止与外网连接。电务段、车间、工区三级应对各种监测、网管、维护终端记录的数据信息实时进行分析，并做好异常信息处理工作的跟踪管理和闭环控制。

1. 列控车载设备运行数据下载分析时机

(1)反映运行中存在问题时应下载分析；

(2)检测中发现显示界面有故障记录信息时应下载分析；

(3)动态监测(DMS)信息分析存在问题时应下载分析。

2. 记录介质

数据记录首先应选取合适的记录介质，在不同的环境下选取不同的存储介质，同时还要设计较优的压缩算法，以便在有限的介质容量下记录尽可能多的数据信息。

随机数据记录和存储的介质有：一般的RAM、ROM、EEPROM、FLASH、大容量语音芯片、PC卡、CF卡等。

地面数据记录和存储的介质有：硬盘、光盘、软盘(1.44 MB，65～100 MB大容量软盘)等。

3. 转储方式

记录在车载设备中的数据可以通过多种方式进行数据的转储。常用的方式有：通过PC机(尤其是便携机)的串行接口直接进行数据转储；通过PC卡或CF卡进行数据转储。

串行口转储技术：在车载设备主机上有RS-232口，通过PC机(尤其是便携机)的COM串口直接和设备的RS-232口相连接，PC机通过数据读取软件，读取车载设备记录单元的记录数据。

PC卡转储：PC卡因携带方便，价格便宜，使用简单，现已得到广泛应用。数据通过车载设备写入PC卡后，如果需要取出其内部的数据，可取出PC卡，用专门的读卡器和地面PC机相连，也可以直接插入带有PC卡槽的笔记本电脑内。

4. 数据保存

按照铁道部列控车载设备运用维护管理，为保证列控车载设备的正常使用，需建立数据统计分析制度，设专人进行数据管理，建立列控车载设备记录数据库。应定期对列控车载设备的记录数据进行转储分析处理并保存。当设备发生故障或有故障记录信息时应及时进行数据转储、分析和处理。

5. 数据使用

数据使用和分析要遵守严格的流程，同时及时填写数据异常报告和设备异常报告，最后要进行问题总结和分析。

(二)数据记录内容

1. 200H 型列控车载设备数据记录内容

200H 型设备记录的数据包含数据记录单元 DRU 记录的数据、PCR 电路板上 PC 卡记录数据和连续信息接收单元(STM)CF 卡记录数据。DRU 记录的是设备系统信息记录；PC 卡记录数据包括轨道电路信息、应答器信息、控制信息和车载设备整体信息；STM 里 CF 卡的记录文件分为连续记录文件和故障记录文件两种。

2. 200C 型列控车载设备数据记录内容

200C 型设备记录的数据存储在 CCET 板，主要包括两方面的内容：

列车运行时各种运行条件及状态，如列车实际速度、机车信号等 DMI 显示、列车接口信息以及接收的应答器报文等。这些数据以 .SAM 后缀的文件格式保存。

当前设备状态，如 CRN 译码状态和速度传感器状态等。这些数据以 .MID 后缀的文件格式保存。

(三)数据分析

1. 200H 型列控车载设备数据分析

200H 型设备数据分析处理系统包括数据在线监督系统(DRU MONITOR 在线监督系统)和地面数据分析系统(PC 卡读取系统)，是 CTCS2-200H 列控车载设备的配套系统。

(1)DRU MONITOR 在线监督系统功能

①数据实时解析功能；

②状态显示功能；

③波形显示、播放及提取功能；

④与地面数据库连接功能；

⑤数据检索、查询功能；

⑥结果输出、保存、打印功能。

(2)PC 卡读取系统功能

①数据解析功能；

②状态显示功能；

③波形显示及播放、提取功能；

④与地面数据库连接功能；

⑤数据检索、查询功能；

⑥结果输出、打印功能。

2. 200C 型列控车载设备数据分析

200C 型设备数据分析处理采用 PC SAM 软件实现。PC SAM 软件主要包括参数设置和维护信息两部分。参数设置是对参数(包括列车参数、设备参数和测速测距参数)进行设置并归档。维护信息分为两类：故障记录数据 MID(SAM_MID 数据)和列车运行数据 SAM(SAM_EVT 数据)。

PC SAM 软件功能：

(1)SAM 文件解析；

(2)实现时间轴/距离轴的连续状态分析；

(3)查询应答器报文及系统信息；

(4)查询特殊事件(紧急制动、常用制动)；

(5)信息配置管理；

(6)数据加密；

(7)信号机数据误差统计；

(8)SAM_MID 数据维护。

思考题

1. 200H 型列控车载设备由哪几部分构成？
2. 200C 型列控车载设备由哪几部分构成？
3. 200H 型列控车载设备的工作模式有哪些？
4. 200C 型列控车载设备的工作模式有哪些？
5. 什么情况下需下载列控车载设备运行数据？
6. 列控车载设备数据转储的方式有哪些？
7. DRU MONITOR 在线监督系统的功能有哪些？

第五节　CTCS-3 级列车运行控制系统基本知识

一、CTCS-3 级列控车载设备系统构成

(一)CTCS3-300T 型列控车载设备系统构成

1. 系统构成

CTCS3-300T 型列控车载设备(简称 300T 型设备)硬件采用分布式结构设计，各模块功能相对独立，通过总线(MVB 总线、Profibus 总线)连接起来组成完整的车载系统。

车载设备采用分布式结构，车载设备布置图如图 2-23 所示，图中主要组成单元如下：

1—GSM-R 无线通信单元(GSM-R)；

2—记录单元(JRU)；

3—轨道电路信息接收单元(TCR)；

4、5—安全无线传输系统 STU-V(COMC、GCD)；

6—BCT(MVB 接口 ESD 转 EMD)；

7—车辆安全网关(TSG)；

8、9—车载 CTCS-3 级安全计算机单元(ATP CUa、ATP CUb)；

10、11—车载 CTCS-2 级安全计算机单元(C2CUa 、C2CUb)；

12、13—速度距离处理单元(SDPa、SDPb)；

14、15—测速测距单元(SDU1、SDU2)；

16、17—安全数字输入输出(VDX1、VDX2)；

18—继电器(PB、RB、EB1、EB2 输出、BFB 反馈)；

19—各模块电源开关。

2. 设备功能

(1)计算控制单元(VCU)

VCU 单元是用于执行安全软件的实时平台。软件应被下载到 VCU 单元中，且设置 SDA 地址。ATP CU、C2CU、SDP 和 TSG 均是使用的 VCU 单元，模块外观相同，通过内部不同的软件来实现相应的功能。

ATP CU 是 CTCS-3 核心计算控制单元，当工作在 CTCS-3 等级时，接收 RBC 传送的线路描述及行车许可并结合地面应答器确定的列车位置计算模式控制曲线(含静态 MRSP 曲线及动态 MA 曲线)，根据模式曲线监控列车的实际速度和位置，在列车超速时进行相关干预。当工作在 CTCS-2 等级时，负责向 C2CU 提供访问列车接口、制动接口、测距单元及 DMI 资源的通道，并监管 C2CU 的工作状态。

C2CU 是 CTCS-2 主机控制核心单元，接收 BTM 传来的数据，结合 TCR 传来的数据和当前列车速度计算速度曲线，监控列车运行。C2CU 软件为 CTCS-2 单元，负责 CTCS-2 等级自动列车防护功能，在 CTCS-2 等级运行过程中监督静态速度、动态速度和目标限制，并在超出限制时发出制动命令。

SDP 负责速度和距离数据的处理，以及车载系统单元和设备通信的平台主控器处理。

TSG 列车总线转换网关，用于连接车载设备 Profibus 总线和车辆 MVB 总线。在 CRH$_2$ 型车上主要是用于 DMI 数据与 ATP CU 和 C2CU 之间数据交互。

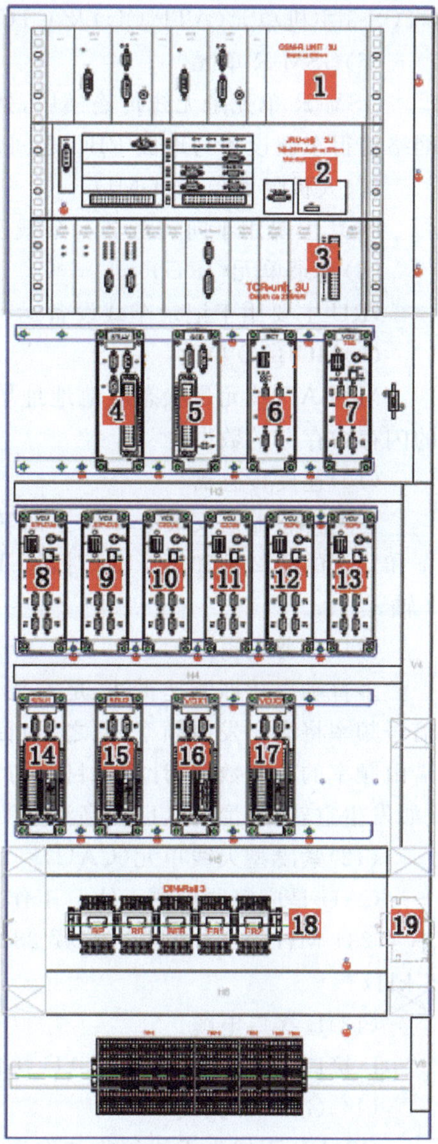

图 2-23 300T 型设备布置图

(2)测速测距单元(SDU)

SDU 包括 SDU1 和 SDU2，互为热备，各连接一个轮轴速度传感器和一个多普勒雷达并为其提供电源。列车运行时，SDU 接收速度传感器和雷达采集的脉冲信号，并将脉冲信号转换成数字数据通过 MVB 总线发送给 SDP 进行运算处理。

(3)安全无线传输系统单元(STU-V)

STU-V 负责对车载设备与地面之间传送的无线数据进行加密和安全传输，由一个 COMC 和一个 GCD 组成，其中 COMC 负责数据的安全传输，GCD 负责数据的加密/解密。

(4)安全数字输入输出单元(VDX)

VDX 单元为故障—安全单元，包括 VDX1 和 VDX2，用于输出紧急制动并采集制动反馈。

(5)应答器传输模块(BTM)

BTM 是应答器传输处理器，主要功能是通过应答器天线(CAU)实现对应答器信息的接收，并将接收到的 1 023 位应答器报文进行校验解码，转换为 830 位的有效消息后发送给

CTCS-3 主机单元(ATP CU)及 CTCS-2 主机单元(C2CU)。

(6)GSM-R 单元

GSM-R 单元是无线传输模块,处理无线通信。其主要功能是注册 GSM-R 网络并通过该网络使得车载设备与地面 RBC 之间建立通信,以实现车载设备与 RBC 之间的数据交互。

(7)人机界面单元(DMI)

DMI 主要用于向司机显示车载设备的控制信息及警示信息,并为操作提供人机接口。

(8)记录单元(JRU)

JRU 主要用于记录车载设备运行过程中的数据,以便进行故障分析及事故责任界定。

(9)MOBAD 单元

MOBAD 单元是状态电池地址单元,为锂电池,其可以安装于 VCU 单元上以保持在单元的闪存中存储的数据。

(10)速度传感器

速度传感器是安装于车轴上的转速脉冲传感器。对于 CRH_3 型车,速度传感器安装在 2 车和 7 车的第 2 轴和第 3 轴;对于 CRH_2 型车,速度传感器安装在 1 车和 8 车的第 2 轴和第 3 轴。

(11)多普勒雷达

多普勒雷达即测速雷达,是安装于列车上的脉冲传感器。当目标向雷达天线靠近时,反射信号频率将高于发射频率;反之,当目标远离天线而去时,反射信号频率将低于发射频率。可借由频率的改变数值,计算出目标与雷达的相对速度。测速雷达校正轮轴速度传感器的测速(如发生空转、打滑时),以提高测速测距系统的精度。

(12)紧凑型天线单元(CAU)

CAU 是应答器检测天线。工作方式为电磁感应式信号调制方式,FSK 接收频率载波频率 4.234 MHz±200 kHz。移频 282.24 kHz、速率 564.48 kbit/s,功率载频 27.095 MHz±5 kHz。

(13)D 接口电缆

D 接口电缆是 BTM 和 CAU 接口间的电缆。

(14)GSM-R 天线

GSM-R 天线为无线接收和发送天线。工作频率 870～960 MHz。

(15)GSM-R 电缆

GSM-R 电缆是 GSM-R 双通道无线模块和 GSM-R 天线间的电缆。测量驻波比以满足规范要求(驻波比须小于 1.5)。

(16)轨道电路读取器 TCR

TCR 是接收轨道电路信息并进行解调的单元。用于接收轨道电路信息,并将该信息通过 RS-422 接口传送给主机 C2CU。

(17)TCR 接收线圈

TCR 接收线圈是轨道电路读取器的接收天线,用于感应轨道电路信息。

(18)AG 继电器

AG 继电器是安全型继电器,用于紧急制动命令 1、紧急制动命令 2、冗余制动、紧急制动反馈、牵引切除和常用制动反馈。

(19)SBG 继电器

SBG 继电器是双极继电器，用于系统切除冗余制动和紧急制动的输出。

(20)MVB 电缆

MVB 电缆是车载系统单元间的接口电缆。

(21)Profibus 总线电缆

Profibus 现场总线电缆是车载系统单元间的接口电缆。

(22)隔离开关

隔离开关是隔离列控车载设备制动输出和控制输出的开关。

(23)冗余开关

冗余开关是 CTCS3-300T 型列控车载设备选择采用 A 系或者 B 系的开关。

(二)CTCS3-300S 型列控车载设备系统构成

1. 系统构成

CTCS3-300S 型列控车载设备(简称 300S 型设备)的结构是基于 2×2 取 2 的结构，每个安全模块(例如 RIM 模块、EVC 模块、TMM 模块、BTM 模块)均按照 2×2 取 2 的结构设计和实施，每个安全模块组成一个故障安全区，为了保证可用性，ALA 机柜包含 2 套独立的安全模块，300S 型设备系统框图如图 2-24 所示。

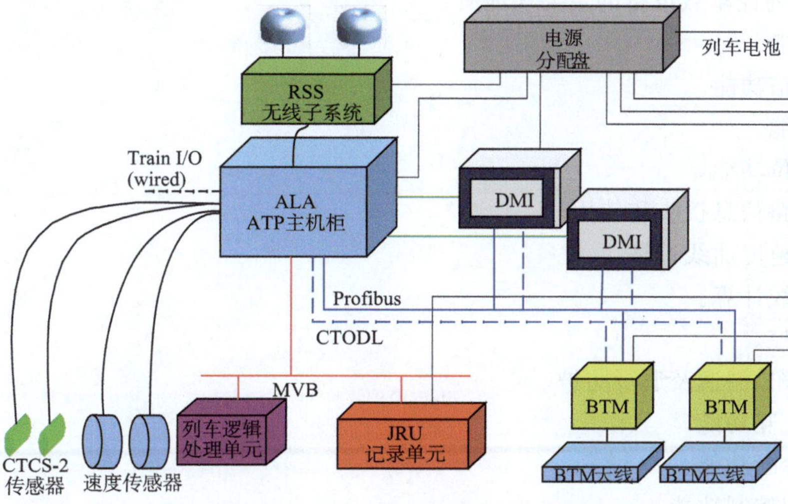

图 2-24　300S 型设备系统框图

2. 设备功能

由于 300S 型和 300T 型设备功能基本一致，这里只对不同模块的功能做介绍。

300S 型设备机柜包括 ALA 机柜及相关子系统。

(1)主机柜 ALA

主柜(ALA)包含 EVC、RIM、TMM 和 C2 单元模块。

①EVC：执行 CTCS-3 逻辑功能的安全计算机，该模块位于下机箱内，用来在 ERTMS 环境下执行车辆逻辑，对 DMI 面板的串行通道进行管理。

②TMM：列车管理模块，该模块包含在 ALA 机柜上机箱内，实现与列车的功能接口，计算和控制列车的参数(时间基准、覆盖的距离、速度、加速度)和其他辅助功能。

③ALM模块：位于下机箱内，专门用来对RSC传感器进行管理，并在STM SCMT环境下执行列车运行逻辑。

④RIM：无线接口模块，位于下机箱内，通过移动终端与无线网络连接。

⑤C2单元：实现CTCS-2逻辑功能，同时与DMI、CTCS-2传感器接口并处理轨道电路信息。

(2)电源分配盘

包含断路器、开关和接插件的电源分配盘。

(3)RSS

无线子系统，与RIM配合来负责实现与地面无线系统的GSM-R无线连接。RSS模块包含移动终端、电源和滤波器，实现GSM-R调制解调器功能。

(4)JRU

记录单元，用于记录从ERTMS/EVC模块获得的按照适用标准所定义的事件。该模块同时通过GPS向TMM提供标准时间，也用于记录CTCS-2中的数据信息。

二、CTCS-3级列控车载设备功能及工作模式

(一)CTCS-3级列控车载设备功能

CTCS-3级列控车载设备的主要功能有：

(1)自检功能。

(2)无线通信功能。

(3)测速功能。

(4)列车定位功能。

(5)轨道电路信息接收和使用。

(6)最限制速度曲线计算。

(7)动态曲线计算。

(8)速度监控。

(9)列车停车、溜逸及退行防护。

(10)人机交互功能。

(11)记录诊断功能。

(12)过分相控制功能。

(13)等级转换功能。

(二)CTCS-3级列控车载设备工作模式

CTCS-3级列控车载设备C3主控单元工作模式主要有9种：完全监控模式(FS)、休眠模式(SL)、目视行车模式(OS)、调车模式(SH)、隔离模式(IS)、待机模式(SB)、引导模式(CO)、冒进模式(TR)、冒进后模式(PT)。

C2主控单元的工作模式也为9种：除完全监控模式(FS)、休眠模式(SL)、目视行车模式(OS)、调车模式(SH)、隔离模式(IS)、待机模式(SB)、引导模式(CO)7种与CTCS-3级相同的工作模式外，还有部分监控模式(PS)和机车信号模式(CS)。

1. 完全监控模式(FS)

当车载设备具备列车控制所需的全部基本数据(包括列车数据、行车许可和线路数据等)

时，车载设备生成目标距离连续速度控制模式曲线，并通过 DMI 显示列车运行速度、允许速度、目标速度和目标距离等信息，监控列车安全运行。

2. 休眠模式(SL)

该模式用于非本务端车载设备。休眠模式下车载设备不执行列车防护功能。

列车立折，非本务端升为本务端后，车载设备可自动进入正常工作状态。

3. 目视行车模式(OS)

车载设备显示停车信号或位置不确定时，在停车状态下司机按压专用按钮可使车载设备转入目视行车模式。

目视行车模式下，车载设备按固定限制速度 40 km/h 监控列车运行，列车每运行一定距离(300 m)或间隔一定时间(60 s)司机需确认一次。

4. 调车模式(SH)

当进行调车作业时，司机按压调车按钮并收到 RBC 的调车授权后，车载设备按固定限制速度 40 km/h(顶棚)监控车列前进或折返运行。

5. 隔离模式(IS)

车载设备因故停用时，经操作隔离车载设备的制动功能。

车载设备的隔离由司机在负完全责任的条件下执行。一旦车载设备被隔离，车载设备不承担任何责任。

6. 待机模式(SB)

当车载设备上电时，执行自检和外部设备测试正确后自动处于待机模式，该模式下，车载设备禁止列车移动。

7. 引导模式(CO)

当开放引导信号进行接发车时，车载设备生成目标距离连续速度控制模式曲线，并通过 DMI 显示列车运行速度、允许速度、目标速度和目标距离等，车载设备按固定限制速度 40 km/h监控列车运行，司机负责在列车运行时检查轨道占用情况。

8. 冒进模式(TR)

列车执行冒进防护时，车载设备进入冒进模式。

9. 冒进后模式(PT)

冒后模式为执行冒进防护停车且司机确认后的模式。该模式下，车载设备应缓解执行冒进防护时所输出的紧急制动。

10. 部分监控模式(PS)

部分监控模式为当车载设备接收到轨道电路允许行车信息，而缺少应答器提供的线路数据或列车位置不确定时，车载设备产生一定范围内的固定限制速度，监控列车运行。

11. 机车信号模式(CS)

机车信号模式为当列车运行到地面未装备 CTCS-3 级/CTCS-2 级列控设备的区段时，根据行车管理办法(含调度命令)，经司机操作后，车载设备按最高限制速度 80 km/h 监控列车运行，并显示机车信号。

当列车越过禁止信号时触发紧急制动。

三、CTCS-3 级列控车载设备的显示与操作

(一)CTCS-3 级列控车载设备的显示

1. 显示区域分布

DMI 显示屏的显示分辨率为 640×480。主界面分为六个主显示区,如图 2-25 所示。

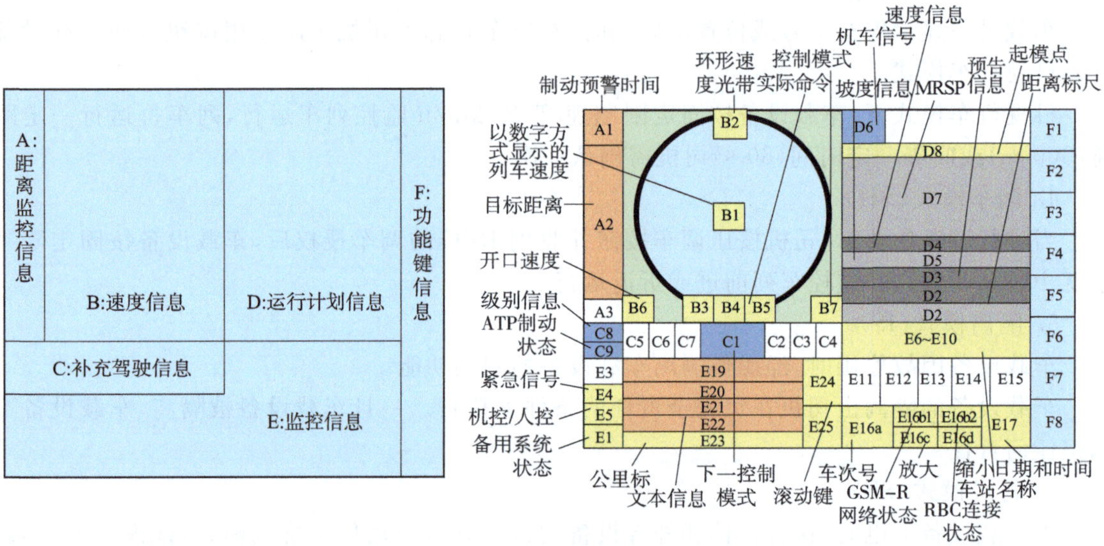

图 2-25 CTCS-3 级列控车载设备显示

(1)A 区:距离监控信息

①A1 区:制动预警时间(FS 模式下显示)

制动预警时间在 A1 区中心以正方形图标显示。正方形图标的大小取决于距触发制动的预期时间。一旦距触发制动的预期时间低于设定时间值(8 s),方块图标开始变大直至最大尺寸(54×54)。

②A2 区:目标距离(FS 模式下显示)

使用两种方法表示目标距离:柱状光带表示法和数字表示法。

柱状光带颜色总为白色,光带正上方为数字表示区。

柱状光带的左侧为坐标系刻度,该坐标系采用对数坐标。

0～100 m 采用线性坐标,最大显示范围是 1 000 m。当目标距离大于 1 000 m 时,光带上方用数字显示实际目标距离,柱状光带的高度保持不变,数字显示的精度为 10 m;当目标距离小于 1 000 m 时,柱状光带逐渐缩短,数字显示的精度为 1 m。

(2)B 区:速度信息

①B1 区与 B2 区:速度表盘

列车速度采用双备份显示。一种是环形速度表,表盘的刻度为 0～450 km/h;另一种是数字方式,在速度表的中间区显示列车速度值。数字方式则显示在速度指针中心(B1 区);环形速度表的具体表示方式如图 2-26 所示,其中 A 表示目标速度,B 表示允许速度,C 表示 SBI(最大常用制动速度)或 EBI(紧急制度速度)速度。

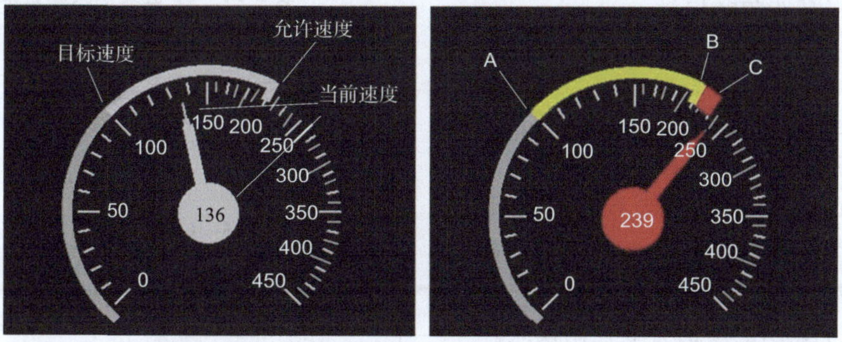

图 2-26　环形速度表示意图

当列控车载设备处于部分监控模式、目视行车模式、调车模式和机车信号模式时，显示允许速度，允许速度显示在 B2 区，以灰色短线显示，如图 2-26 所示。当速度超过该允许速度后，显示常用制动速度或紧急制动速度。

当处于 C3 控车下的引导模式时，显示方式与完全监控模式相同。

②B3/B4/B5 区：命令图标

命令图标按从左到右的顺序显示在 B3/B4/B5 区域内。当要求司机执行一个动作时，用黄色图标显示，并带有黄色闪烁边框，执行了该动作后，显示为灰色。命令图标显示含义见表 2-22。

图 2-27　非完全监控模式（“引导”除外）下的速度显示

表 2-22　B3/B4/B5 区命令图标显示含义

序　号	图　标	颜　色	含　义
1		灰色	桥梁
2		灰色	车站
3		灰色	隧道
4		灰色	临时限速区
5		灰色	分相区

③B7 区：模式信息（表 2-23）

表 2-23　B7 区模式信息

序　号	模　　式	显示文本	序　号	模　　式	显示文本
1	完全监控模式	完全	6	待机模式	待机
2	部分监控模式	部分	7	隔离模式	隔离
3	目视行车模式	目视	8	机车信号模式	机信
4	引导模式	引导	9	休眠模式	休眠
5	调车模式	调车			

(3)C 区：补充驾驶信息

C 区显示的主要内容为补充驾驶信息，包括九个分区。

①C1 区：下一控制模式

在 C1 区以带黄色闪动边框的模式文本，显示要确认的各种模式，闪烁频率为 1 Hz，以便司机确认下一有效模式。当司机进行确认，并且列控车载设备接受后，该图标从 C1 区消失，成为 B7 中显示的新的有效控制模式。

②C8 区：CTCS 等级

以文字的方式显示列控车载设备的运行等级，具体含义见表 2-24。

③C9 区：列控车载设备制动状态

以图标的方式显示列控车载设备制动状态，DMI 根据列控车载设备的制动状态显示图标，图标含义见表 2-25。如果列控车载设备处于非制动非允许缓解状态，则该区域不显示任何图标。

(4)D 区：运行计划信息

D 区显示的主要内容为运行计划信息，包括 8 个分区。

D1 区：距离标尺；D2/D3 区：预告信息；D4 区：速度变化信息；D5 区：坡度信息；D6 区：机车信号；D7 区：最限制速度曲线；D8 区：起模点信息。D 区的显示示意图如图 2-28 所示。

表 2-24　C8 区显示文本含义

C8 区显示文本	含　义
CTCS 2	CTCS-2 级
CTCS 3	CTCS-3 级
CTCS 3D	CTCS-3D 级

表 2-25　C9 区显示图标含义

序号	图　标	含　义
1		C2 一级制动
2		C2 四级制动
3		C2 最大常有缓解
4		C2 紧急制动
5		C2 允许缓解
6		C3 一级制动
7		C3 四级制动
8		C3 最大常有制动
9		C3 紧急制动
10		C3 允许缓解

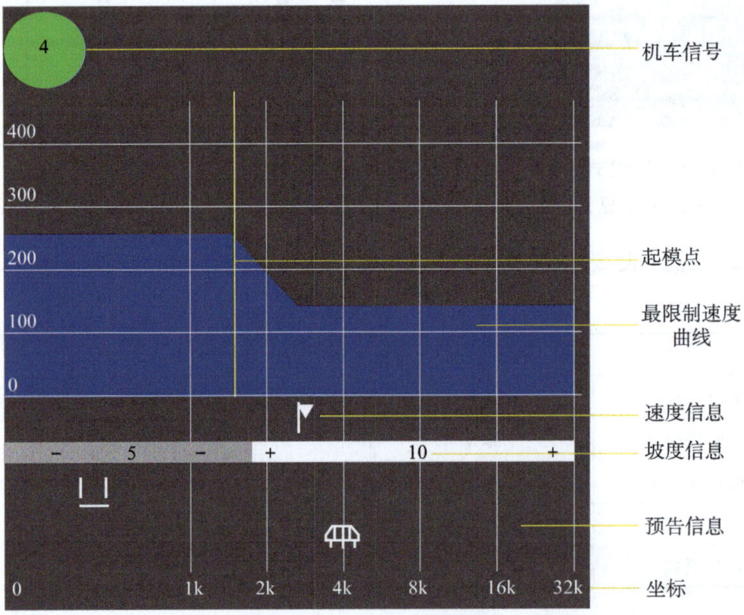

图 2-28　D 区显示示意图

①D1 区:距离标尺

D1 区用于显示距离坐标。坐标系的原点位于 D1 区的左下角,始终以列车当前所在位置为参考原点,即列车始终位于坐标系的原点。

坐标系的横坐标为距离(单位:km),采用以 10 为底的对数坐标(0～1 km 为线性坐标,1 km取在整个横坐标的 1/3 处),标尺上刻度分别为 0,1 k,2 k,4 k,8 k,16 k 和 32 k;纵坐标为速度坐标(单位:km/h),坐标刻度为 0,100,200,300,400,500。字体颜色为白色。最大距离坐标值能够进行 8 km、16 km 和 32 km 三级切换。

②D2/D3 区:预告信息

D2/D3 区用于显示预告信息。为了最大限度避免图标重叠,将预告信息分两栏显示,两个时间相邻的图标不能放在同一栏内。预告图标要显示在计划区相对应的位置,当列车通过预告位置后,移除预告图标。预告图标不能改变颜色,图标的左侧对应该信息的位置。图标显示含义见表 2-26。

③D4 区:速度变化信息

D4 区使用符号显示速度变化信息,符号左侧处在速度发生变化的位置。图标显示含义见表 2-27。

④D5 区:坡度信息

坡度信息由一系列不同坡度的长方形组成,长方形具有标准高度,其宽度取决于到列车前端的距离和坡度延伸的长度。坡度为下坡道时,长方形显示为暗灰色,数字为灰色;坡度为上坡道时,长方形显示为灰色,数字为暗灰色。

如果长方形的长度大于指定长度,将坡度是千分之几标在长方形的中央位置。并在长方形的两端标出坡度的走向,"+"表示上坡,"—"表示下坡。若坡度为 0,只显示"0",不显示"+"、"—"符号。

⑤D6 区:机车信号

当列车运行在 CTCS-2 级和 CTCS-3 级时,D6 区用于显示机车信号。机车信号的显示标准符合相应规定显示方法。图标显示含义见表 2-28。

表 2-26　D2/D3 区图标显示含义

序号	图　标	颜　色	含　义
1		灰色	桥梁
2		灰色	车站
3		灰色	隧道
4		灰色	临时限速区
5		灰色	分相区

表 2-27　D4 区图标显示含义

序号	图　标	颜　色	含　义
1		灰色	加速
2		灰色	减速
3		灰色	减速(目标为 0)

表 2-28　机车信号图标

序号	规定显示	机车信号	备注	序号	规定显示	机车信号	备注	序号	规定显示	机车信号	备注
1		L6		7		LU		13		UUS	以 1 Hz 的频率闪动
2		L5		8		LU2		14		HB	以 1 Hz 的频率闪动
3		L4		9		U		15		HU	

续上表

序号	规定显示	机车信号	备注	序号	规定显示	机车信号	备注	序号	规定显示	机车信号	备注
4	3	L3		10	2	U2		16		H	
5	2	L2		11	2	U2S	以 1 Hz 的频率闪动	17		25.7 Hz	中灰色
6		L		12		UU		18		27.9 Hz	中灰色

⑥D7 区：最限制速度曲线（MRSP）

D7 区显示列车前方最远 32 km 范围内的最限制速度曲线（显示距离有 8 km、16 km 和 32 km三级切换）。MRSP 信息以图表的形式显示，横轴为距离标尺，纵轴为速度标尺。MRSP 的第一个起模点到目标点显示斜线，后面的变速点均以台阶方式显示。

⑦D8 区：起模点信息

D8 区显示起模点信息，只显示动态速度递减的起始点，不涉及速度递增的情况。起模点用一个黄色的垂直光标在 D8 和 D7 的中间显示。

(5)E 区：监控信息

E 区显示的主要内容为监控信息，包括 25 个分区，其显示示意图如图 2-29 所示。

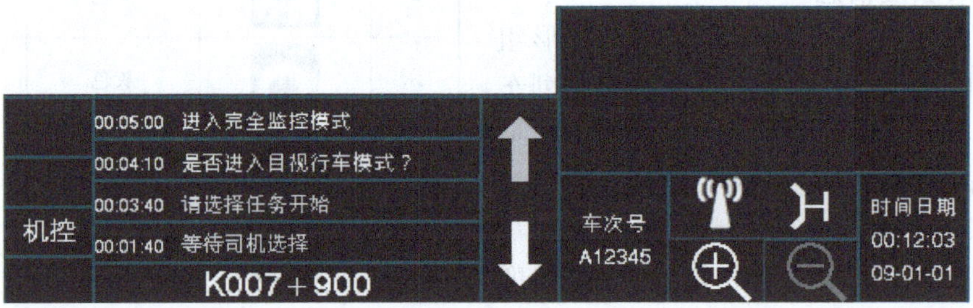

图 2-29 监控信息

①E1 区：备用系统状态

当 CTCS-3 级主控时，显示 CTCS-2 级系统的状态；当 CTCS-2 级主控时，显示 CTCS-3 级列控系统的状态。

显示的状态包括正常和故障两种状态。

②E4 区：紧急信号

当车载设备收到紧急信号后，显示带有闪烁边框的紧急信号图标，并伴有声音提示。

当超出紧急信号条件时，该图标不再显示。图标含义见表 2-29。

表 2-29 E4 区显示图标含义

序号	图 标	含 义
1		紧急消息
2		没有无线通信

③E5 区：机控/人控表示

在设备制动优先的情况下，显示“机控”；在司机制动优先的情况下，显示“人控”，图标显示含义见表 2-30。

表 2-30 E5 区显示图标含义

序号	图 标	含 义
1	机控	设备制动优先
2	人控	司机制动优先

④E6～E10 区：车站名称

E6～E10 区，显示车站名称。车站名称以汉字方式显示，最多显示 6 个汉字，汉字采用 GB18030 编码方式。

⑤E16 区

a. E16a 区：车次号

区域的上面显示文本“车次号”，下面显示实际的车次号。

b. E16b 区：GSM-R 网络状态和与 RBC 连接状态

(a)E16b1 区：显示 GSM-R 的网络状态。当有 GSM-R 网络时，显示网络图标，没有 GSM-R 网络时，则不显示网络图标，见表 2-31。

表 2-31　E16b 区显示图标含义

序号	图　标	含　义
1		有 GSM-R 网络

(b)E16b2 区：显示 RBC 的连接状态。表示与 RBC 未连接、正在连接或已经连接的状态，见表 2-32。

表 2-32　E16b2 区显示图标含义

序号	图　标	含　义
1		未连接
2		正在连接
3		已经连接

c. E16c/E16d 区，计划区缩放键图标。E16c 区显示放大键图标，E16d 区显示缩小键图标，见表 2-33。

表 2-33　E16c/E16d 区显示图标含义

序号	图　标	含　义
1		放大(不可用)
2		放大(可用)
3		缩小(不可用)
4		缩小(可用)

⑥E17 区：日期和时间

在此区域分三行显示：

第一行显示文本“时间日期”；

第二行显示时间，显示格式是“小时：分：秒”，如 11：20：23；

第三行显示日期，显示格式是“年-月-日”，如 09-11-13。

⑦E19-E22 区：文本信息

最多能显示 4 行文本，可滚动显示信息，所显示信息的最前端有时间标记(小时：分钟：秒)，应避免显示信息的长度超过 1 行的情况。

文本信息按时间先后顺序分类显示，最新信息显示在 E19 处，白色显示，伴有声音提示。有新文本出现后，原来的文本变为灰色。

对于需要司机确认的信息，显示带有闪烁的黄色边框。司机进行确认后，文本变为灰色，黄色边框消失。

根据主机的要求，选择保留或删除文本。DMI 保留最近至少 50 条文本信息 。

⑧E23 区：公里标

在 E23 区的中心位置显示公里标。显示格式为“Kx＋y”，其中字母“K”后显示公里数，“＋”后显示米数。x 单位：km，y 单位：m。

2. 按键布局

DMI 共有 19 个按键，2 个键盘。右侧键盘为 8 个可扩展功能键，屏幕正下方 11 个按键为固定功能键，功能键布置如图 2-30 所示，功能键定义拓展图如图 2-31 所示。

(二)CTCS-3 级列控车载设备的操作

CTCS-3 级列控车载设备的启动操作流程图如图 2-32 所示。

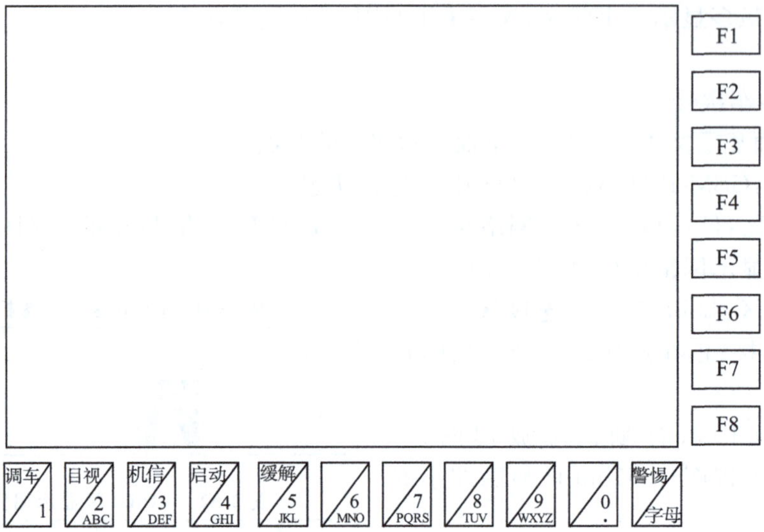

图 2-30　DMI 功能键布置图

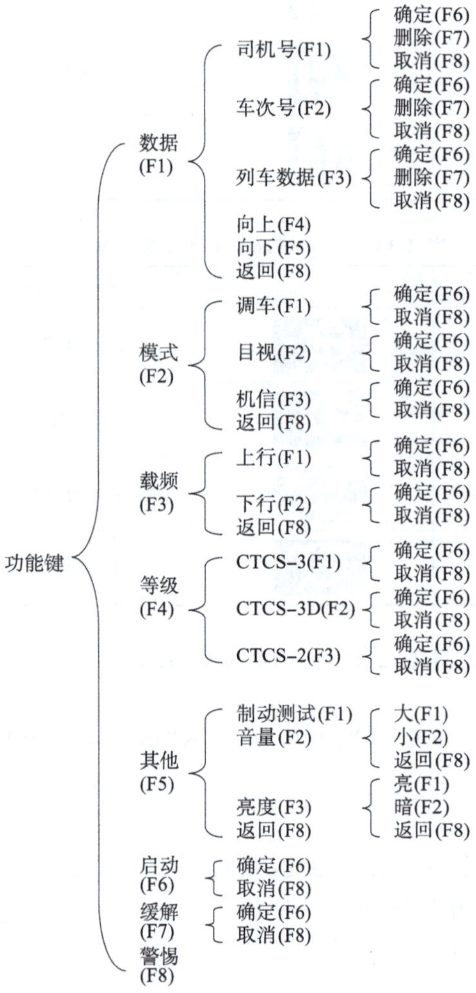

图 2-31　功能键定义拓展图

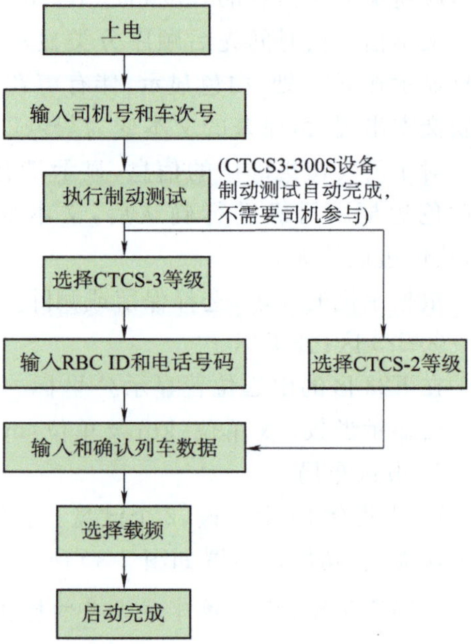

图 2-32　启动操作流程图

当司机激活驾驶室后，启动过程开始，启动过程由以下几部分组成：

1. 确认该端不是在“休眠”模式下启动：

(1)如果处于休眠模式，需要先断电，等待 20 s，然后重新上电；

(2)如果休眠模式下直接启动，可能会造成区间故障停车。

2. 输入司机号和车次号：

输错车次号会造成调度指挥运行图无法正常使用。

3. 司机进行制动测试：

(1)制动测试前提：保证列车处于静止状态，并确认列车制动处于缓解状态；

(2)如发生制动测试失败，请检查制动测试前提条件是否满足。

4. 选择运行等级：

(1)CTCS-2 级发车：当 DMI 提示“确认 CTCS2 等级”时，直接按确认键；

(2)CTCS-3 级发车：当 DMI 提示“确认 CTCS2 等级”时，先按取消键，然后选择 CTCS-3 等级，根据 DMI 提示再按压确认键。

5. 输入 RBC 编号和电话号码。

6. 输入和确认列车数据。

如果列车长度输入错误，可以行车，但存在尾部超速等安全问题，司机须严格确认。

7. 载频选择。

8. 启动完成。

四、CTCS-3 级列控车载设备数据管理与分析

（一）数据管理

CTCS-3 级列控车载设备数据管理可参照本章第四节 CTCS-2 级列控车载设备数据管理内容。

（二）数据记录内容

1. 300T 型列控车载设备数据记录内容

300T 型设备记录的数据包含 JRU 记录的数据、各 VCU 模块单元记录的 AE Log 数据和轨道电路接收模块(TCR)CF 卡记录数据。JRU 记录数据内容包括轨道电路信息、CTCS-2 级数据、CTCS-3 级数据、控制运行信息；VCU 模块单元用于发生特定重要事件记录，只有 250 条记录内容；TCR 的 CF 卡记录轨道电路载频、低频信息及电流波形。

2. 300S 型列控车载设备数据记录内容

300S 型设备记录的数据包含 JRU 记录的数据、带 CPU 模块单元记录的 DUMP 数据和轨道电路接收模块(TCR)CF 记录数据。JRU 记录数据内容包括轨道电路信息、应答器信息、控制信息和车载设备整体信息；DUMP 数据记录系统内部单元工作通信状况和设备硬件的状态信息；TCR 的 CF 卡记录轨道电路载频、低频信息及电流波形。

（三）数据分析

1. 300T 型列控车载设备数据分析

300T 型设备数据分析处理包括 300T JRU 分析软件、AE Log 数据下载软件 ATP Mainten Dlg 和超级报文解析器。

(1)300T JRU 分析软件功能

①各种速度曲线显示；

②数据显示，包括 STM 信息、应答器信息、列车接口信息、DMI 信息、EVC 信息、绝缘节信息、原始数据、RBC 信息。

(2)AE Log 数据下载软件 ATP Mainten Dlg 功能

①下载各 VCU 单元 Log 记录数据，文件格式为 TXT；

②修改 ATP 轮径参数、修改 VCU 模块日期时间。

(3)超级报文解析器功能

①应答器的编号转换；

②对从 JRU Viewer 接收的 CTCS-3 级 RBC 报文信息进行详细解析。

2. 300S 型列控车载设备数据分析

300S 型设备数据分析处理包括 C2-Monitor 软件和 DUMP 数据分析软件 D360。

(1)C2-Monitor 软件功能

C2-Monitor 软件用于监测 300S ATP CPU2 设备运行情况，其主要功能有：

①接收数据；

②保存历史；

③绘制列车运行曲线；

④解析应答器报文；

⑤查看历史运行记录。

(2)DUMP 数据分析软件 D360 功能

①实时记录 ATP 运行时各单元模块状态数据参数；

②下载 TMM、ALM、EVC 和 RIM 模块记录文件；

③查看 ATP 故障点硬件软件异常信息。

思考题

1. CTCS-3 级列控车载设备有哪些功能？
2. CTCS-3 级列控车载设备有哪些工作模式？
3. 300T 型车载设备数据记录的内容有哪些？
4. 300S 型车载设备数据记录的内容有哪些？
5. 300T JRU 分析软件的功能有哪些？
6. C2-Monitor 软件的功能有哪些？

复　习　题

1. 列控系统由哪几部分组成？各部分的功能是什么？
2. CTCS 共分为几级？各级的特点是什么？
3. 列控设备动态监测分析系统(DMS)的工作原理是什么？
4. 车载信息采集装置(DMS-T)的功能是什么？
5. LKJ 由哪些设备组成？
6. LKJ 的特点有哪些？

7. LKJ2000 型监控主机箱的基本功能有哪些?
8. LKJ 的记录功能包括哪些方面?
9. LKJ 可以显示哪些内容?
10. TAX07 型机车安全信息综合监测装置的功能有哪些?
11. 200H 型列控车载设备主机由哪几部分组成? 各部分的功能是什么?
12. 200C 型列控车载设备主机由哪几部分组成? 各部分的功能是什么?
13. CTCS-2 级列控车载设备的基本功能有哪些?
14. 简述 CTCS-2 级列控车载设备的启动操作流程。
15. 200H 型列控车载设备数据记录的内容有哪些?
16. 200C 型列控车载设备数据记录的内容有哪些?
17. PC 卡读取系统的功能有哪些?
18. PC SAM 软件的功能有哪些?
19. 简述 300T 型列控车载设备的组成。
20. 简述 300S 型列控车载设备的组成。
21. 简述 CTCS-3 级列控车载设备的启动操作流程。

第三章 相关知识

本章主要介绍列车运行控制系统地面设备相关知识。包括高铁信号设备维护和技术管理相关知识，动车组、调度集中系统、列控中心、无线闭塞中心、临时限速服务器、轨道电路、应答器和铁路数字移动通信系统(GSM-R)等行车设备相关知识。

第一节 高速铁路信号规章制度

一、高速铁路信号设备维护相关知识

1. 高速铁路信号设备是控制高速列车运行，保证行车安全，实现行车指挥自动化，提高运输效率，改善行车组织方式的关键技术装备。电务部门必须贯彻国家有关政策和铁路有关法规，严格执行电务安全生产规章制度和技术标准，坚持以运输生产为中心，做好维护管理工作，保证信号设备处于良好运用状态。

2. 高速铁路信号维护工作必须贯彻“安全第一，预防为主”的方针，坚持“巡测结合、重检慎修”的维护原则，确保高速列车运行安全、可靠。

3. 高速铁路信号设备系统集成度高，涉及自动控制、电子、通信、信息、网络、机械等技术领域，必须实行专业化维护管理。

4. 高速铁路信号维护管理部门要积极采用科学、先进、成熟的维护管理方法，充分利用静态监测、动态检测和数据分析设备，强化基础设备质量，科学有效地实施维护。

5. 高速铁路信号维护人员须经专业技术培训，熟悉有关安全生产规章制度，掌握本岗位的安全操作技能和维护作业标准，考试合格，方准上岗作业。

6. 铁路局应制定电务与运输、机务、车辆、工务、信息等部门的结合部管理办法，明确分工，落实责任，确保结合部设备质量。

7. 高速铁路信号设备实行以状态修与预防性计划修相结合的维护模式。列控车载设备维护实行运用维修和高级检修两大修程。地面信号设备维护实行维修、中修、大修三大修程。

8. 状态修是指设备特性参数变化，机械损伤、磨耗，强度、性能、可靠性下降，将要影响设备正常使用时所进行的维修。预防性计划修是按照规定的检修作业内容、标准对设备实施的周期性维修。

9. 高速铁路信号设备维护工作，应通过日常巡检、动车组出入库检测、动静态监测系统、维护终端数据信息查询分析、报警等获得设备的运用状态和工作状态，发现设备状态不良时，要安排计划及时进行处理。

10. 高速铁路信号设备维护应认真执行产品技术、维护手册和操作说明中规定的技术要求和维护方法，各级维护管理人员必须熟悉系统设备性能及操作方法。

11. 出入库检测应结合动车组日常出入库和动车组一、二级检修进行；集中检修结合动车组二级检修对设备进行全面的检查整修。

12. 电务段须配备满足出入库检测、集中检修要求的工装器具、仪器仪表，以及列控车载设备运行数据下载装置和数据分析系统。

13. 列控车载设备出入库检测应填写出入库检查记录。维修更换部件后应及时填写列控车载设备技术履历，跟踪记载设备安装使用、技术状态等情况。

14. 动车组安装列控系统速度传感器的车轮轮径尺寸发生变化后，车辆部门应及时提供轮径尺寸，电务部门应及时修正列控车载设备系统设定。

15. 铁路局、电务段应做好跨局、跨段列控车载设备的维护管理工作。相关电务段应签订维修协议，明确双方故障报修方式、故障处理、维修职责和有关事项。

16. 列控车载设备高级检修是在动车基地(动车段或动车制造厂家)结合动车组三、四、五级高级修程，同步对列控车载设备进行的全面检查、测试、试验和整修，达到技术规范、技术标准和质量指标的要求，使其安全可靠地运用到下一个高级修程。按照“统一计划、同步实施、同步完成”的原则，认真做好列控车载设备的检修工作。

17. 列控车载设备高级检修工作必须坚持“质量第一、预防为主”的方针，实施专业化检修体制，建立健全各项检修管理制度，加强生产组织管理和质量控制。

18. 列控车载设备高级检修应积极采用现代化的技术手段，优化检修作业方式方法，提高劳动生产率；积极采用新技术、新工艺、新材料，不断提高设备质量和运用可靠性。

19. 新出厂的动车组上线运营和部分车型的动车组，在高级检修后运行达到规定年限或公里数时，应结合车辆部门动车组基地检验同步对列控车载设备进行运营检测。

20. 高速铁路 CTC/TDCS、RBC、TSRS、TCC、ZPW-2000、计算机联锁、电源屏、列控车载设备等设备生产厂家建立 24 h 现场技术支持及应急响应机制。

21. 高速铁路信号设备投入使用前，施工单位、生产厂家必须向设备接管单位移交完整的竣工资料和配套的系统、设备技术资料。技术资料包括使用说明、技术手册、维护手册、图纸、系统测试试验报告等。

22. 高速铁路信号技术资料、图纸，必须保持准确、清楚、完整并与实际相符，电务段应妥善保管。设备发生变化时，应及时修订图纸和技术资料。

23. 电务段应按照一车一档建立列控车载设备技术设备履历。列控车载技术履历应准确反映列控车载设备类型、主要技术参数、检修情况等，客运专线基础设施维修基地、电务段相互作业时应随动车组进行技术设备履历的交接。

24. 新出厂和调拨动车组的列控车载设备须经电务段验收合格后，方可办理交接手续。

25. 高速铁路各种信号设备、器材均应设置相应的标识，以满足设备检修、测试需要。

26. 动车组调拨、调整配属时，列控车载设备须按运用状态调拨至配属铁路局的电务段，列控车载设备技术履历及技术资料随车移交，资产划拨手续按财务规定办理。

27. 为满足高速铁路信号维护工作的需要，客运专线基础设施维修基地、电务段应根据车载、地面设备技术、工艺规定要求，配齐满足生产需要的工装器具、仪器仪表，并按下列规定进行管理：

(1)配备的仪器仪表和工具设备，其性能、精度等应与设备技术、工艺要求相匹配，并在作业中严格按操作规程执行。

(2)建立仪器仪表、工具设备保管制度。

(3)仪器仪表应按规定周期进行计量检定和校准。

二、高速铁路信号设备技术管理相关知识

（一）200～250 km/h 部分

1. 信号系统主要包括计算机联锁系统、列控系统、调度集中系统和信号集中监测系统等。

2. 车站、线路所、动车段（所）应采用计算机联锁系统。计算机联锁系统具备与调度集中或列车调度指挥系统（CTC/TDCS）、列控中心（TCC）等设备的接口能力，安全信息传输采用冗余配置的专用信息通道。

3. 双线区段自动闭塞具备正方向自动闭塞、反方向自动站间闭塞的行车功能。

4. 闭塞分区的划分应满足动车组列控车载设备按照目标距离模式控车和按四显示自动闭塞行车的要求。

5. CTCS-2 级线路的车站、区间中继站、线路所、动车段（所）均设置列控中心。列控中心应具备与车站联锁系统、临时限速服务器、轨道电路、地面电子单元（LEU）、CTC/TDCS 车站设备、信号集中监测及相邻列控中心的接口。

6. 临时限速服务器集中管理客运专线的临时限速命令，具备全线临时限速命令的存储、校验、撤销、拆分、设置、取消及临时限速设置时机的辅助提示功能。临时限速服务器接收 CTC 或临时限速操作终端生成的临时限速调度命令，并在校验、拆分后向相关的列控中心传递临时限速信息。临时限速服务器具备与不同型号的列控中心、CTC 和相邻临时限速服务器的接口能力，安全信息传输采用冗余配置的专用传输通道。

7. 站内最小轨道区段长度应满足动车组按该区段线路允许速度运行时列控车载设备可靠工作的条件。

8. 按相关规定设置道岔融雪装置。

9. 信号集中监测系统包括主机、站机、各级终端及数据传输设备，应全程联网，实现远程诊断和故障报警功能。

10. 采用 CTC 系统实现列车调度指挥自动化，并与相邻调度区段的 CTC/TDCS 接口。

11. CTCS-2 级列控系统是基于轨道电路和点式应答器传输行车许可信息并采用目标距离连续速度控制模式监控列车安全运行的控制系统，由车载设备和地面设备组成。

12. 列控车载设备由车载安全计算机、轨道电路信息读取器、应答器信息接收单元、列车接口单元、记录单元、人机界面、速度传感器、轨道电路信息接收天线、应答器信息接收天线等部件组成。列控地面设备由列控中心、ZPW-2000（UM）系列轨道电路和应答器等设备组成。列控中心具备报文存储调用（或实时组帧）、地面电子单元（LEU）控制、轨道电路低频信息编码、区间信号机点灯及区间运行方向控制等功能。

13. 在进站信号机（含反方向进站信号机）、进路信号机、到发线两端、上下行线路靠近区间中继站的位置、闭塞分区入口处和区间与站内的适当地点设置点式应答器。必要时设置特定用途的应答器。点式应答器提供线路数据、车站进路、临时限速、过分相、定位、级间转换、公里标及车站名等信息。

14. 在 CTCS-2 级区段与 CTCS-0/1 级区段的分界处，设置级间转换应答器组，以实现列控车载设备与列车运行监控装置（LKJ）之间的转换。

在级间转换应答器组对应的线路左侧设级间转换标志。该标志采用涂有白底色、黑框、写有黑“C2”或“C0”标记的反光菱形板及黑白相间的立柱，如图 3-1、图 3-2 所示。

图 3-1　CTCS-2 级转换标志

图 3-2　CTCS-0 级转换标志

在上下行线路靠近区间中继站控制的第一个有源应答器位置处设置中继站标志牌。该标志采用白底色、写有黑“××号中继站”标记的反光长方形板，装设于邻近的接触网支柱上，如图 3-3 所示。

图 3-3　中继站标志牌

15. 动车组在 CTCS-2 级区段按列控车载设备方式行车；在 CTCS-0/1 级区段和列控车载设备故障(机车信号故障除外)、列控地面设备故障情况下的 CTCS-2 级区段，可按 LKJ 方式行车。按列控车载设备方式行车时，LKJ 具备线路数据、运行状态和司机操纵等显示记录功能。

16. 动车组按 LKJ 方式行车时，列车最高运行速度 165 km/h，列车高于允许速度 2 km/h 报警、5 km/h 触发常用制动、10 km/h 触发紧急制动。

17. 仅开行动车组的线路，“UUS 码”要求列车限速运行(默认道岔侧向允许速度 80 km/h)，表示列车接近的地面信号机开放经 18 号及以上道岔侧向位置进路。

18. 经道岔侧向的接车进路上有低于 80 km/h 的临时限速时，进路建立后，进站或进路信号机显示两个黄色灯光。经道岔侧向的发车进路上有低于 80 km/h 的临时限速时，进路建立后，出发信号机的接近区段发送 UU 码。

19. 动车组列控车载设备采用设备制动优先模式。

(二)300～350 km/h 部分

1. 信号系统主要包括计算机联锁系统、CTCS-3 级列控系统、调度集中系统和信号集中监测系统等。

2. 车站、线路所、动车段(所)应采用计算机联锁设备和调度集中系统。

计算机联锁系统具备与调度集中系统(CTC)或列车调度指挥系统(TDCS)、无线闭塞中心(RBC)、列控中心(TCC)、信号集中监测等系统的接口能力。

3. 信号系统安全信息传输应采用不同物理径路的冗余配置专用通道。

4. 站内最小轨道电路区段长度应满足动车组按该区段线路允许速度运行时列控车载设备可靠工作的条件。

5. 闭塞设备正方向具备自动闭塞、反方向具备自动站间闭塞的行车功能。当车站出站信号机点灯并显示进行信号时，须保证站间区间空闲。

6. 闭塞分区的划分应满足动车组列控车载设备按照目标距离模式控车和按四显示自动闭塞行车的要求。

7. 在 CTCS-3 级区段设置进站信号机、出站信号机、进路信号机、进站预告标；正线、到发线不宜设置调车信号机，岔线、段管线与正线、到发线相衔接时，根据需要设置调车信号机；区间不设通过信号机，在闭塞分区分界处设置区间信号标志牌，如图 3-4 所示。

8. 计算机联锁设置“点灯”按钮和“灭灯”按钮，与对应的进站、进路或出站信号机列车按钮结合操作，实现对进站信号机或出站信号机的开放和关闭控制。

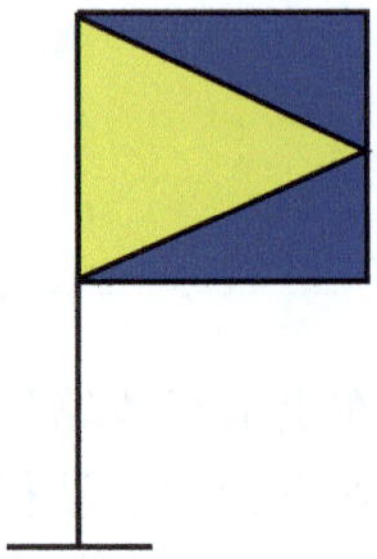
图 3-4 区间信号标志牌

9. 列车越过开放允许信号的进站信号机或出站信号机后，进站、进路或出站信号机点亮红灯，其防护的进路解锁后自动熄灭。

10. 按相关规定设置道岔融雪装置。

11. 信号集中监测系统包括主机、站机、各级终端及数据传输设备，应全程联网，实现远程诊断和故障报警功能。

12. 调度所、车站、线路所、动车段(所)应采用 CTC 系统实现列车调度指挥自动化。CTC 具备与无线闭塞中心、GSM-R 接口服务器、临时限速服务器、相邻调度区段的 CTC/TDCS、计算机联锁、列控中心及运营调度和客服系统的接口能力。

13. CTCS-3 级列控系统是基于 GSM-R 无线通信实现车地信息双向传输，无线闭塞中心生成行车许可，轨道电路实现列车占用检查，应答器实现列车定位，并具备 CTCS-2 级功能的列车运行控制系统，由列控车载设备和地面设备组成。

14. 列控车载设备由车载安全计算机、GSM-R 无线通信单元、轨道电路信息读取器、应答器信息接收单元、列车接口单元、记录单元、人机界面、速度传感器、轨道电路信息接收天线、应答器信息接收天线、GSM-R 天线等部件组成。列控地面设备由无线闭塞中心、临时限速服务器、ZPW-2000(UM)系列轨道电路、列控中心和应答器、GSM-R 接口设备等组成。

15. 无线闭塞中心硬件采用冗余安全结构，包括无线闭塞单元、操作和维护终端、记录单元、综合业务数字网服务器和交换机等设备组成。无线闭塞中心具备与计算机联锁、CTC、临时限速服务器、信号集中监测系统、GSM-R 网络及相邻无线闭塞中心等的接口能力。

16. 无线闭塞中心应满足所管辖范围内控制列车数量的要求，列车在各无线闭塞中心管辖区之间的切换自动实现。

17. CTCS-3 级线路的车站及区间中继站应设置列控中心，线路所、动车段(所)根据需要设置列控中心。

列控中心具备与计算机联锁、临时限速服务器、轨道电路、CTC/TDCS、信号集中监测及相邻列控中心的接口能力。

18. 临时限速服务器集中管理客运专线的列控限速调度命令，具备全线列控限速调度命令的存储、校验、撤销、拆分、设置、取消及列控限速设置时机的辅助提示功能。临时限速服务器接收 CTC 下达的列控限速调度命令，并在校验、拆分后向相关的无线闭塞中心、列控中心传递限速信息。临时限速服务器具备与无线闭塞中心、列控中心、CTC 和相邻临时限速服务器的接口能力。

19. 无线闭塞中心、列控中心从 TDCS/CTC/临时限速服务器获得列控限速调度命令并反馈限速设置情况。

20. 无线闭塞中心、列控中心根据列控限速调度命令、线路数据、轨道电路及进路状态等产生控车信息，列控中心通过轨道电路及有源应答器传送给列控车载设备，无线闭塞中心通过GSM-R网络传送给列控车载设备。

21. 在进站信号机(含反方向进站信号机)、进路信号机、出站信号机、上下行线路靠近区间中继站的位置、闭塞分区入口处和区间与站内的适当地点设置点式应答器。必要时设置特定用途的应答器。应答器组设置、报文定义及组间距离等均应满足列控车载设备控车要求。点式应答器提供线路数据、车站进路、临时限速、过分相、定位、级间转换、公里标及车站名、无线闭塞中心切换等信息。

22. 仅开行动车组的线路，“UUS码”要求列车限速运行(默认道岔侧向允许速度80 km/h)，表示运行前方已建立经18号及以上道岔侧向位置的接车或发车进路。

23. 经道岔侧向的接车进路上有低于80 km/h的临时限速时，进路建立后，进站或进路信号机的接近区段发送UU码，在开放状态下显示两个黄色灯光。经道岔侧向的发车进路上有低于80 km/h的临时限速时，进路建立后，出发信号机的接近区段发送UU码。

24. 在CTCS-3级区段与CTCS-2级区段转换边界一定距离前设置GSM-R连接、无线闭塞中心连接、转换预告、转换执行、转换取消应答器组，以实现CTCS-3级与CTCS-2级的级间转换。

在级间转换应答器组对应的线路左侧设级间转换标志。该标志采用涂有白底色、黑框、写有黑“C3”或“C2”标记的反光菱形板及黑白相间的立柱。如图3-5、图3-6所示。

在上下行线路靠近区间中继站控制的第一个有源应答器位置处设置中继站标志牌。该标志采用白底色、写有黑“xx号中继站”标记的反光长方形板，装设于邻近的接触网支柱上。

25. 动车组列控车载设备采用设备制动优先模式。

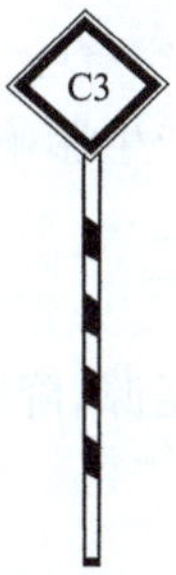

图3-5 CTCS-3级转换标志

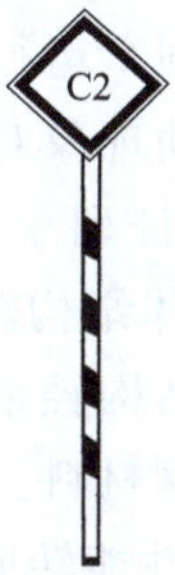

图3-6 CTCS-2级转换标志

26. 车地无线通信中断超时，且列车速度降低到CTCS-2级列控系统允许速度范围时，司机按压专用按钮后，列控车载设备由CTCS-3级转为CTCS-2级工作，至前方站离去区段司机按压专用按钮后转入CTCS-3级工作。

思考题

1. 高速铁路信号维护工作的方针和原则是什么？
2. 什么是CTCS-2级列控系统？
3. 简述CTCS-2级线路列控中心的设置原则。
4. 什么是CTCS-3级列控系统？
5. 简述CTCS-3级区段信号机的设置原则。

第二节 行车设备

一、动车组

(一)动车组的基本概念

动车组是由动力车和拖车或全部由动力车长期固定地连挂在一起组成的车组。

动车组中带有动力的车辆称为动车,用字母 M 表示;不带动力的车辆称为拖车,用字母 T 表示。列车两端均设司机室,可在线路上往复运行。

动车组适用于高速铁路(也可以下线运行在提速线路上)、城际铁路、城市轻轨及地下铁道的运输。

(二)动车组的特点

动车组可以根据某条线路的客流量变化进行灵活编组,可以实现高密度小编组发车,安全性能好,往返不需要摘挂机车及掉转车头,减轻车站咽喉区的压力,列车利用效率高、运量大、污染小、节能、自带动力、线路运输能力大。

动车组的主要技术特点如下:

1. 头型流线化

随着列车运行速度的提高,空气会对列车及列车运行性能产生影响;同时,列车高速运行产生的气动现象对周围环境也产生影响。头部的流线型设计可以降低列车运行阻力、列车交会压力,保证列车运行的稳定性。

2. 车体结构轻量化

车体结构轻量化可以节约能源,降低轮轨作用力,提高旅客乘坐的舒适度。一般采用铝合金和不锈钢材料。

3. 高性能转向架技术

利用高速转向架技术,可以提高动车组运行的稳定性及曲线通过性能,提高旅客乘坐的舒适度。

4. 复合制动技术

高速列车的制动能量与速度的平方成正比,因此,高速列车必须采用能提供强大制动力的复合制动系统。该复合制动系统通常由制动控制系统、动力制动、空气制动(包括盘形制动和踏面制动)系统、计算机控制的防滑器和非黏着制动装置等组成。

5. 密接式车钩连接装置

密接式车钩连接装置的纵向间隙一般小于 2 mm,上下、左右偏移也很小,对列车的平稳运行和电气线路、风管的自动对接提供了保证。

6. 交流传动技术

在交流传动系统中,使用交流牵引电动机,结构简单、运行可靠、体积小、重量轻、造价低。交流牵引电动机没有整流子结构对电动机功率的限制,牵引功率可以进一步提高。

7. 列车自动控制及故障诊断技术

列车自动控制及故障诊断对高速列车的安全运行有着非常重要的作用。目前成熟技术的应用有列车超速防护系统、卫星定位系统、车载智能控制系统、车载计算机自动监测和诊断系统。

8. 倾摆式车体技术

采用摆式列车可以在既有线路条件下使列车通过曲线的速度提高约30%。

(三)"和谐号"动车组

"和谐号"原名CRH(China Railway High-speed,中国铁路高速列车),我国投入运营的动车组有CRH_{1A}/CRH_{1B}/CRH_{1E}、CRH_{2A}/CRH_{2B}/CRH_{2C}/CRH_{2E}、CRH_{3C}、CRH_{5}、CRH_{380A}/CRH_{380B}/CRH_{380C}/CRH_{380D}等型号。其中CRH_{1A}/CRH_{1B}/CRH_{1E}、CRH_{2A}/CRH_{2B}/CRH_{2E}、CRH_{5}运营速度为200～250 km/h,CRH_{2C}、CRH_{380A}/CRH_{380B}/CRH_{380C}/CRH_{380D}运营速度为300～350 km/h。

二、调度集中系统

调度集中系统是我国铁路保证行车安全、提高运输效率的基础装备。调度集中系统的主要功能是控制中心(调度员)对所辖区段内的信号设备进行集中控制,对列车运行进行直接指挥、管理。分散自律调度集中系统是综合计算机技术、网络通信技术和现代控制技术,采用智能化分散自律设计原则,以列车运行调整计划控制为中心,兼顾列车与调车作业的高度自动化的调度指挥系统。分散自律调度集中系统能够满足我国铁路复杂的运输组织需求,实现了各级运输调度的集中管理、统一指挥和实时监督,大幅度地提升了我国铁路行车指挥自动化程度,是保证铁路高速度、高密度运输安全生产的重要行车设备。

(一)分散自律调度集中系统结构

分散自律调度集中系统由铁路局CTC中心子系统、车站子系统和网络子系统构成。系统采用通用的互联网体系结构,通过安装在控制中心的交换机将各中心设备连接成一个局域网,各站的交换机将车站设备连接成一个局域网,然后通过控制中心和车站的路由器将局域网互联成为覆盖范围较大的广域网。

(二)分散自律调度集中系统功能

分散自律调度集中系统具备以下基本功能:

1. 实时监视站场信号设备和列车运行状态,实现站间和区段透明显示。
2. 追踪列车运行位置和到发时刻,自动描绘列车实迹运行图。
3. 利用计算机辅助编制和调整列车运行计划,实现调度指挥计算机化。
4. 通过系统网络向车站下达计划和调度命令。
5. 通过系统网络和无线通信向机车下达调度命令、调车作业单、行车凭证和进路预报等信息。
6. 自动编制车站行车日志,生成运统2、运统3报表。
7. 追踪列车编组状态。
8. 遥控所有联锁设备按钮和非正常作业人工遥控功能。
9. 按照列车运行计划和车站站细,由自律机自动自主控制列车进路。
10. 按照调车作业计划,由自律机根据机车请求和列车运行状况,自动自主控制调车进路并对调车状况进行监控和报警。
11. 实现维修作业的综合管理和远程登、销记。
12. 具有完备的网络安全防护功能。
13. 实现TDCS和TMIS的结合和信息交换。

三、列控中心

列控中心负责车站、区间轨道电路的编码、区间方向控制和有源应答器的控制，并向车站联锁提供列车占用轨道信息。接收轨道电路占用信息并通过联锁传送给 RBC。

（一）列控中心结构

列控中心采用硬件安全比较冗余结构，主要包括：冗余电源、主机单元、输入输出接口单元、通信接口单元和监测维护终端、信号安全数据网等设备组成。

（二）列控中心功能

1. 列控中心根据列车占用轨道区段及车站进路状态，控制轨道电路的载频、低频信息编码；列控中心实现站间安全信息传输，实时传输区间轨道电路状态、低频码、区间方向等安全信息。

2. 控制站内及区间轨道电路发送方向。

3. 列控中心根据临时限速服务器发送的临时限速命令、车站联锁设备发送的列车进路状态，实现应答器报文的实时组帧、编码和发送等功能。

4. 列控中心实现区间信号机点灯控制。

5. 列控中心与防灾系统接口，实现落物灾害的自动防护。

6. 列控中心具备自诊断与维护功能，实现列控中心各模块、通信接口的故障自诊断和辅助维护，同时把监测状态信息和报警信息发送给集中监测设备。

四、无线闭塞中心

无线闭塞中心 RBC（Radio Block Center）是 CTCS-3 列控系统的核心设备，其中 R 是无线，即基于无线通信技术传送车地信息；B 为闭塞，即用信号或凭证保证列车按照空间间隔制运行的技术方法；C 为中心，就是集中控制系统。

（一）RBC 系统结构

RBC 系统由 RBC 主机、ISDN 服务器、接口服务器（VIA）、记录单元（JRU）、维护终端、调试终端等设备构成。RBC 通过信号安全数据网与联锁、相邻 RBC、TSRS 连接，通过接口服务器与 CTC 连接。

（二）RBC 系统功能

列车速度的提高需要对列车实施更为精确的控制，这就需要车、地之间传输大量、实时的信息。采用无线传输方式来实现车地之间双向、大容量、实时的信息传递是最便捷的手段，RBC 即是为实现此功能而设置的。

RBC 是车地之间联系的纽带。在 RBC 和 GSM-R 网络均正常的情况下，车载主要使用来自 RBC 的信息监控列车运行。只有当 RBC 或者 GSM-R 网络出现故障时，车载才降级使用 CTCS-2 级地面设备提供的信息监控列车运行。

RBC 的主要功能是控制和管理 CTCS-3 级运行的列车，其功能要求如下：

1. RBC 系统能实现列车的注册与注销，并接受来自列车的位置报告和列车数据。

2. RBC 系统能根据从联锁获得的信号授权（SA）和从列车获得的信息，向列车发送行车许可（MA）。

3. RBC 系统能在向列车发送移动授权的同时，发送限速、线路坡度、轨道条件、进路适宜性等信息。

4. RBC 系统能根据临时限速命令，向相关列车发送临时限速信息。

5. RBC 系统能保证通过 RBC-RBC 边界的列车获得 MA 的一致性，列车不减速通过 RBC。

6. RBC 系统能接受运行于 CTCS-3 级的列车转换至 CTCS-2 级运行的请求，接受运行于 CTCS-2 级下的 CTCS-3 级列车的注册请求。

7. RBC 系统能向列车提供分相区相关信息，实现自动过分相。

8. RBC 系统能接受列车的调车模式请求，并可以重新注册离开调车模式的列车。

9. RBC 系统能根据联锁或调度员的紧急停车命令，向列车发送紧急停车消息。

10. RBC 系统记录所有的交互事件和系统状态，在 R-JRU 中存储。

11. RBC 系统具备完整的自诊断、维护、测试、管理手段。

五、临时限速服务器

临时限速服务器 TSRS(Temporary Speed Restriction Server)是基于信号故障安全计算机的控制系统。能实现对全线临时限速命令的集中管理，旨在保证列控限速设置的安全性，确保限速计划的顺利实施。不仅能够适用于现有的 CTCS-2 级列控系统，同时能够应用在 CTCS-3 级列控系统中，满足 CTCS-2 级和 CTCS-3 级列控系统临时限速的下达要求。

（一）系统结构

TSRS 系统包括 TSRS 主机、维护终端(TSRM)和网络设备等。

（二）TSRS 系统功能

TSRS 系统在保障列控限速设置的安全性上，主要实现了以下功能：

1. 能够对限速命令参数进行可执行性校验，有利于保证限速计划的有效性。

2. 能够对限速命令提供激活提示与设置提示功能，有利于保证限速生效的及时性。

3. 能够同时设置和取消 CTCS-2 级与 CTCS-3 级列控系统限速命令，有利于保证两种控车制式的一致性。

4. 能够存储列控限速命令参数，有利于保证限速命令的完整性，即使发生设备断电重启，仍不丢失。

5. 能够对限速命令执行状态进行综合判定，以及正确指导调度员限速命令的有效性。

6. 能够对 TCC、RBC 自动补发限速命令和初始化命令，有利于保证限速命令的完整性，并提高列控系统可用性。

六、轨道电路相关知识

新建或改造的线路，在车站使用和区间相同的轨道电路(ZPW-2000 系列无绝缘轨道电路使用最广)，既满足站内联锁的需要，又提供机车信号信息，称为一体化轨道电路。下面主要介绍 ZPW-2000 系列无绝缘轨道电路基本知识。

（一）系统原理

ZPW-2000 系列无绝缘轨道电路分为主轨道电路和调谐区小轨道电路两部分，小轨道电路视为列车运行前方主轨道电路的所属“延续段”。主轨道电路的发送器由编码条件控制产生表示不同含义的低频调制移频信号，该信号经电缆通道(实际电缆和模拟电缆)传给匹配变压器及调谐单元，因为钢轨是无绝缘的，该信号即向主轨道传送，也向调谐区小轨道传送，主轨道信号经钢轨送到轨道电路受电端，然后经调谐单元、匹配变压器、电缆通道，将信号传至本区段接收器。调谐区小轨道信号由运行前方相邻轨道电路接收器处理，并将处理结果形成小轨道电路继电器执行条件送至本区段接收器，本区段接送器同时接收到主轨道移频信号及小轨道电路继电器执行条件，判决无误后驱动轨道电路继电器吸起，并由此来判断区段的空闲与占用情况。

ZPW-2000 系列无绝缘轨道电路，采用电气绝缘节来实现相邻轨道电路区段的隔离。电气绝缘节长度为 29 m，电气绝缘节由空芯线圈、29 m 长钢轨和调谐单元构成。调谐区对于本区段频率呈现极阻抗，利于本区段信号的传输及接收，对于相邻区段频率信号呈现零阻抗，可靠地短路相邻区段信号，防止了越区传输，这样便实现了相邻区段信号的电气绝缘。同时为了解决全程断轨检查，在调谐区内增加了小轨道电路。

(二)信号特征

1. 载频频率

下行： 1700-1 1701.4 Hz
1700-2 1698.7 Hz
2300-1 2301.4 Hz
2300-2 2298.7 Hz

上行： 2000-1 2001.4 Hz
2000-2 1998.7 Hz
2600-1 2601.4 Hz
2600-2 2598.7 Hz

2. 低频频率

F1～F18 频率分别为：10.3 Hz、11.4 Hz、12.5 Hz、13.6 Hz、14.7 Hz、15.8 Hz、16.9 Hz、18 Hz、19.1 Hz、20.2 Hz、21.3 Hz、22.4 Hz、23.5 Hz、24.6 Hz、25.7 Hz、26.8 Hz、27.9 Hz、29 Hz。

3. 频偏：±11 Hz。

4. 输出功率：70 W(400 Ω 负载)。

5. ZPW-2000 机车信号低频信息分配(见表 3-1)

表 3-1 ZPW-2000 机车信号低频信息分配表

序号	1	2	3	4	5	6	7	8	9
信息名称	L6	L5	L4	L3	L2	L	LU	LU2	U
频率(Hz)	22.4	21.3	23.5	10.3	12.5	11.4	13.6	15.8	16.9
序号	10	11	12	13	14	15	16	17	18
信息名称	U2S	U2	UUS	UU	HB	HU	H	载频切换	占用检查
频率(Hz)	20.2	14.7	19.1	18	24.6	26.8	29	25.7	22.4

七、应答器

(一)应答器工作原理

应答器是利用电磁感应原理，用于在特定地点实现地面与车载设备间高速点式数据传输的设备。应答器安装于两钢轨中心，平时处于休眠状态，仅靠瞬时接收车载天线的功率而工作，并能在接收到车载天线功率的同时向车载天线发送编码信息。安装于机车底部的车载天线不断向地面发送高频电磁能量并在机车通过地面应答器时接收来自应答器的编码信息。

（二）应答器分类

应答器可分为有源应答器和无源应答器。

1. 无源应答器

无源应答器用于发送固定不变的数据，如设置在区间，发送线路坡度、最大允许运行速度、轨道电路参数、列控等级转换等信息。

当列车经过无源应答器上方时，无源应答器接收到车载天线发射的电磁能量后，将其转换成电能，使地面应答器中的电子电路工作，把存储在地面应答器中的数据循环地发送出去，直至电能消失（即车载天线已经离去）。

2. 有源应答器

有源应答器通过电缆与 LEU 连接，用于发送来自于 LEU 的实时变化的信息，其信息对应于车站联锁排列的进路、临时限速服务器或 CTC/TDCS 下达的临时限速命令。

当列车经过有源应答器上方时，有源应答器接收到车载天线发射的电磁能量后，将其转换成电能，使地面应答器中发射电路工作，将 LEU 传输给有源应答器的数据循环实时地发送出去，直至电能消失（即车载天线已经离去）。

（三）应答器发送的信息

应答器设备向车载设备主要传送以下信息：

1. 线路基本参数：如线路坡度、轨道区段等参数。

2. 线路速度信息：如线路最大允许速度、列车最大允许速度等。

3. 临时限速信息：当由于施工等原因引起对列车运行速度进行限制时，向列车提供临时限速信息。

4. 车站进路信息：对车站每个接发车进路，可以向列车提供“线路坡度”、“线路速度”、“轨道区段”等线路参数。

5. 道岔信息：给出前方道岔侧向允许列车运行的速度。

6. 特殊定位信息：如升降弓、进出隧道、鸣笛、列车定位等。

7. 其他信息：固定障碍物信息、列车运行目标数据、链接数据等。

应答器以报文的形式发送信息，因此需要定义报文的格式、含义。我国列控系统中，应答器报文采用欧洲标准。每条应答器报文都是由一个 50 位的报文帧头、若干信息包以及 8 位结束包构成，共计 830 位，见表 3-2，每个信息包都具有各自的格式和定义。

表 3-2 应答器报文结构

序号	名 称	变 量	位数	备 注
1	帧头	Q_UPDOWN	1	信息传送的方向
		M_VERSION	7	语言/代码版本编号
		Q_MEDIA	1	信息传输媒介
		N_PIG	3	本应答器在应答器组中的位置
		N_TOTAL	3	应答器组中所包含的应答器数量

续上表

序号	名　称	变　量	位数	备　　注
1	帧头	M_DUP	2	本应答器信息与前/后应答器信息的关系
		M_MCOUNT	8	报文计数器
		NID_C	10	高 7 位 大区编号，低 3 位 分区编号
		NID_BG	14	高 6 位 车站编号，低 8 位 应答器单元编号
		Q_LINK	1	应答器（组）的链接关系
2	用户信息包		最大 772	信息包 1；信息包 2 ；　……　信息包 n
3	结束包		8	＝1111 1111，表示信息帧结束

根据铁道部科技运[2010]136 号《CTCS-2 级列控系统应答器应用原则(V2.0)》、科技运[2010]21 号《CTCS-3 级列控系统应答器应用原则(V2.0)》，列控系统所用到的信息包见表 3-3。

表 3-3　信息包列表

序号	信息包号	信息包名称	序号	信息包号	信息包名称
1	[ETCS-5]	应答器链接	12	[ETCS-79]	地理位置信息
2	[ETCS-16]	重定位信息	13	[ETCS-131]	RBC 切换命令
3	[ETCS-21]	线路坡度	14	[ETCS-132]	调车危险
4	[ETCS-27]	线路速度	15	[ETCS-137]	目视行车危险
5	[ETCS-41]	列控等级转换	16	[ETCS-254]	默认信息
6	[ETCS-42]	通信管理信息	17	[ETCS-255]	信息结束
7	[ETCS-44]	欧洲标准以外的信息包	18	[CTCS-1]	轨道区段
8	[ETCS-45]	无线网络注册	19	[CTCS-2]	临时限速
9	[ETCS-46]	有条件等级转换	20	[CTCS-3]	区间反向运行
10	[ETCS-68]	特殊区段	21	[CTCS-4]	大号码道岔
11	[ETCS-72]	文本信息	22	[CTCS-5]	绝对停车

按照系统设计要求，将上述信息包组合成 830 位报文后，为了保证传输的安全性和可靠性，按照欧洲标准对其进行编码，形成 1023 位的传输报文，应答器、LEU、TCC 中储存及其传输的是 1023 位的传输报文。

(四)应答器的编号规则

全国铁路应答器编号具有唯一性。

应答器编号＝ 大区编号＋分区编号＋车站编号＋应答器单元编号。

1. 大区编号

大区编号由三位十进制表示，编号范围为 1～127。

全国铁路按区域划分大区。以现行电务段或客运专线区域为参照，根据其管辖范围内车站的数量，每个区域可分配 1～3 个大区编号。

2. 分区编号

分区编号由一位十进制数表示，编号范围为 1～7。

大区编号内，以线别和车站分布情况进行分区编号。原则上，同一线别的车站应分配在同一分区内，车站数量较多时可分配多个分区；车站数量较少时，多个线别可合并在一个分区内。

3. 车站编号

车站编号由两位十进制数表示，编号范围为 1～60。一个分区内的车站数量一般按不超过 50 个进行分配。原则上按分区内车站的下行方向顺次进行车站编号。多个线别合并在一个分区时，线别之间车站编号应留出适当余量。既有分区内增减车站时，不得影响其他车站编号。

4. 单元编号

单元编号由三位十进制数表示，编号范围为 1～255。

对车站管辖范围内(含区间)的全部应答器(组)进行统一编号。

以列车正运行方向或用途为参照，按正线贯通、从小到大的原则进行编号，下行编号为奇数，上行编号为偶数。

对于单线、三、四线等，根据具体的设计方案，参照上述规则进行编号。

每个应答器组可由 1～8 个应答器组成，以列车正运行方向为参照，列车首先经过的应答器为①，其他顺次编号。

八、铁路数字移动通信系统(GSM-R)

GSM-R 是一种专门为铁路设计的专业无线数字通信系统，该系统在 GSM 标准基础上增加了调度通信功能和适合高速环境下使用的要素，是为铁路运营提供定制附加功能的一种经济高效的专用数字移动通信平台。该系统以无线通信的方式实现了铁路现代化运营所需的特殊移动话音和数据的传送。

(一)网络结构

GSM-R 移动网络包括网络子系统(NSS)、基站子系统(BSS)、运行与支持子系统(OSS)和终端设备四个部分。

移动台(MS)是接入 GSM-R 网络的用户设备，包括移动终端(ME)和终端设备(TE)，或通过终端适配器与 ME 连接的 TE。

BSS 由一个基站控制器(BSC)和若干个基站收发信机(BTS)组成，BTS 主要负责与一定覆盖区域内的 MS 进行通信。BSC 用来管理 BTS 与 MSC 之间的信息流。

NSS 建立在移动交换中心(MSC)上，负责端到端的呼叫、用户数据管理、移动性管理和与固定网络的连接。

OSS 是相对独立的子系统，为 GSM-R 网络提供管理和维护功能。其具体功能由操作维护中心(OMC)来完成。

(二)铁路专用业务与应用

1. 智能网系统

智能网是在现有交换与传输的基础网络结构上，为快速、方便、经济地提供电信新业务而设置的一种附加网络结构。

智能网中引入 SCP，依靠 No.7 信令网和 SCP 大型数据库的支持，将网络的交换和控制功能相分离，简化交换机的软件，使之只完成基本的接续功能，由 SCP 负责集中统一处理各种业务。

在 GSM-R 网络的运用中，智能网的基本业务包括功能号注册、注销与管理；功能寻址；位置寻址。扩展业务包括基于位置呼叫限制。我国 GSM-R 智能网采用 CAMEL3 协议。

2. 功能寻址

功能寻址是GSM-R的一个重要特征，允许主叫用户通过功能号码来识别功能和应用。功能号识别的是用户使用的功能，而不是用户终端的号码。例如，一个特定的功能号代表的是特定列车上的一个司机，而不是机车上的无线电话号码。

3. 基于位置寻址及地理信息管理

基于位置寻址是一项铁路特定业务。基于位置寻址采取两种方式：基于小区的路由和使用来自外部资源的位置信息。来自外部资源的位置信息可以由地面系统（如轨道电路或GSM-R网络内部的位置系统）或车载系统（如查询应答器读取器、GPS等）提供。

为了保证列车安全运行，机车需要随时与地面保持联系，以便掌握列车运行地理位置及运行状况，因此需要进行地理信息管理。

4. 与CTC的互联和接口管理

GPRS接口服务器（以下简称GRIS）是铁路信息化的重要组成设备之一，是连接GSM-R/GPRS网络与外部分组数据网以及CTC的核心设备，实现了车地之间各种分组数据信息的高效与可靠传输。

5. 调度命令信息及无线车次号信息传送

(1)调度命令

调度命令信息：包含调度命令、行车凭证、调车作业通知单、调车请求、列车进路预告等信息。调度员在列车调度台上发送的调度命令信息包括调度命令、行车凭证、调车作业通知单。车站值班员在终端上发送的调度命令信息包括行车凭证、调车作业通知单。列车进路预告信息由CTC/TDCS自动生成。调车请求信息由司机按调车请求键发送。

调度命令信息可利用GSM-R数字移动通信网络传送。系统由GSM-R网络、CTC/TDCS设备（含CTC/TDCS中心设备、CTC/TDCS车站设备）、机车综合无线通信设备（CIR）、GRIS、GROS、机车数据采集编码器、机车安全信息综合监测装置等组成。CTC/TDCS中心设备由CTC/TDCS通信服务器、CTC/TDCS列车调度台、GSM-R通信服务器等组成。

(2)无线车次号信息

CIR开机获得车次号信息，并通过GSM-R网络获得GRIS的IP地址。CIR对机车数据采集编码器发送的信息进行实时分析，数据内容符合以下条件之一时则发送一次车次号信息。

①监测装置处于降级状态，列车运行速度由0 km/h变为5 km/h以上（含5 km/h）时发送两次车次号信息，发送间隔为随机3～5 s；

②监测装置由降级状态转为监控状态时发送两次车次号信息，发送间隔为随机3～5 s；

③监测装置处于监控状态，列车进入新的闭塞分区、进站、出站时各发送两次车次号信息，发送间隔为随机3～5 s；

④监测装置处于监控状态，列车停稳时发送两次列车停稳信息，列车启动时发送两次列车启动信息，列车车次号发生变化时发送两次车次号信息，发送间隔为随机3～5 s；

⑤监测装置处于监控状态，列车运行速度不为0 km/h，CIR连续30 s未发送车次号信息，30 s计时到时发送两次车次号信息并重新计时，发送间隔为随机3～5 s；

⑥监测装置处于监控状态，列车运行速度为0 km/h，CIR连续180 s未发送车次号信息，180 s计时到时发送两次车次号信息并重新计时，发送间隔为随机3～5 s；

⑦监测装置处于监控状态，CIR由450 MHz模式进入GSM-R模式，CIR具有车次号时发送三次车次号信息，发送间隔为随机3～5 s；

⑧CIR 获取列车车次号后连续 30 s 未获取列车运行数据，30 s 计时到时发送两次车次号信息并重新计时，发送间隔为随机 3～5 s；

⑨机车未装备监测装置，CIR 获取列车车次号后每 30 s 发送两次车次号信息，发送间隔为随机 3～5 s；

⑩补机不发送车次号信息。

6. 机车综合无线通信设备(CIR)

CIR 可处理话音和数据等业务，并根据实际运用需求进行功能模块配置。CIR 可覆盖 450 MHz 调度通信系统(包括话音通信、调度命令、列尾、无线车次号等)、800 MHz 列尾和 800 MHz 列车安全预警及二次防护系统、GSM-R 数字移动通信系统(话音通信、数据通信)、高速数据传输等。

7. OPH/GPH

GSM-R 手持终端设备根据使用环境的不同可分为：通用手持台(GPH)和作业手持台(OPH)。

通用手持台主要用于铁路各类管理人员、与铁路业务相关的人员话音和数据通信。

作业手持台主要用于列车、车站、编组场、沿线区间及其他铁路作业区的各工种工作人员话音和数据通信。

思考题

1. 分散自律调度集中系统由哪些子系统组成?
2. 列控中心由哪些设备组成?
3. RBC 由哪些设备组成?
4. TSRS 由哪些设备组成?
5. 简述应答器的工作原理。

复　习　题

1. 简述 CTCS-2 级线路应答器的设置原则。
2. 简述分散自律调度集中系统的功能。
3. 简述列控中心的功能。
4. 简述 RBC 的功能。
5. 简述 TSRS 的功能。
6. 简述 ZPW-2000 无绝缘轨道电路的工作原理。
7. 应答器分为哪几类? 各有什么特点?
8. GSM-R 手持终端设备可分为哪几种? 各有什么作用?
9. 应答器向列控车载设备提供哪些信息?
10. CTCS-2 级区段与 CTCS-0/1 级区段级间转换标志如何设置?
11. 动车组按 LKJ 行车时，对列车的运行速度有哪些要求?
12. GSM-R 基于位置的寻址可采用哪两种方式?
13. GSM-R 移动网络包括哪几个部分?

实作技能

ShiZuo JiNeng

第四章　基本技能

随着新技术新设备的引进，现场工作人员涉及一些专用工具仪表的使用。本章重点介绍了专用工具仪表的使用方法，以及电气电路图的识读，还有专业计算机及网络设备的操作方法，使现场工作人员了解并掌握专用工具仪表的基础知识和操作技能，并且具备电气电路图的识读能力。

第一节　专用工具仪表的使用

一、轨道信息发码箱的操作和使用

以台式发码箱为例简要介绍其操作和使用。

（一）机车信号测试环线安装应满足的条件

1. 环线使用多股铜质非嵌装或者非屏蔽护套电缆，芯线截面积不小于 6 mm^2，额定工作电压 250 V 以上。

2. 测试环线股道内及两旁不应有大型金属板或多处构成闭合的金属网线。环线发码的信号输出应有防雷措施。

3. 股道环线铺设的一般要求：

（1）使用非金属护套作为环线电缆的外护套。

（2）环线电缆要求铺设在股道两根钢轨的内侧。

（3）环线电缆的固定位置应在钢轨中间腰部位置。保护管安装平整，固定挂钩齐全（相邻挂钩的间距不大于 1.2 m），固定良好，保护管路无外荷载的冲击和挤压。

（4）敷设的环线单股道长度不大于 100 m。

（5）多股道环线敷设时应选用多通道环线发码器，避免多股道串联使用环线发码器的一路通道。环线发码器到各股道的连接电缆去线和回线应并行紧邻铺设。

（6）各股道上的环线电缆应分别引至接线盒，便于股道外的环线电缆相连接。

（7）当股道环线较长，在同一条股道上同时停放多辆机车导致机车信号接收不良时，可以考虑铺设“8”字交叉环线。

4. “8”字交叉环线是指将股道上的两根电缆经一定距离平行铺设后相互交叉铺设的股道环线，除上述 3 的各项要求外，要求每个交叉的间隔距离约为 15 m，交叉点的两根电缆使用一根金属作外防护。

5. 环线发送电流模拟量，应以机车信号可靠工作最小的电流±15%为准，因股道条件不利或其他特殊情况可适当提高室内环线发码设备的发送电流。

6. 测试环线应安装、固定可靠，走线平直，电缆外皮无破损，连接良好，环线的导线对保护管间、导线对地间绝缘电阻不小于 2 MΩ。电缆防护良好，电缆盒固定可靠，盒内洁净、密封良好，接线端子螺丝紧固，螺帽、垫圈齐全，配线连接可靠，防雷元件良好。发送箱放置固定可靠，外表清洁，接插件插接良好，指示灯显示正确，开关、按键操作灵活，接触良好，显示屏清洁、无破损，显示清晰。

（二）室内环线发码设备应满足的要求

1. 电源电压为 AC 220 V±2 V，电源引入需有防雷措施。

2. 移频制式载频误差小于±0.5 Hz，ZPW-2000 系列制式载频误差小于±2 Hz，调制低频误差小于±0.05 Hz。

3. 具备自动循环发送功能，可以发出机车信号所在运用区段应接收的所有信息的低频、载频，给出相应的频率和对应的机车信号显示，并具备能够满足现场一般测试的简易循环的发码模式。

4. 具备手动发送功能，可以发出机车信号所在运用区段应接收所有信息的低频、载频，并给出相应的频率和对应的机车信号显示。

5. 具备三路及以上的多通道输出能力，每路输出电流 0～1.5 A，连续可调，并有明确显示。

（三）操作和使用

1. 上电

连接好（AC 220 V）输入电源和环线设备，打开电源开关，初始化结束，面板上显示信号发送模式、制式、载频、低频、色灯以及各通道输出电流值等信息，该数据为所设定的数据。

2. 操作

发送模式、发码制式、载频、低频及输出电流可通过面板按钮或开关根据实际需要进行选择。具体操作方式因不同种类型号发码箱有较大区别，应根据说明书进行操作使用。

二、驻波比测试仪的操作和使用

以 Site Master 驻波比测试仪为例简要介绍其操作和使用。

（一）设备功能及外观（如图 4-1 所示）

Site Master 传输线和天线分析仪，能够测量回波损耗或驻波比、电缆损耗和长距离故障定位，能够快速评估传输线和天线系统的状况，并且缩短新基站所需要的安装调试时间。

（二）操作和使用

1. 校准模式（如图 4-2 所示）

为了得到准确的结果，在进行测量之前要对驻波比测试仪进行校准及频率设定。

（1）按“Calibrate（校准）”。

（2）接上开路标准器按“Open”。等到“哔”的一声同时出现一条轨迹后再继续进行其他操作。

（3）接上短路标准器按“Short”。等到“哔”的一声同时出现一条轨迹后再继续进行

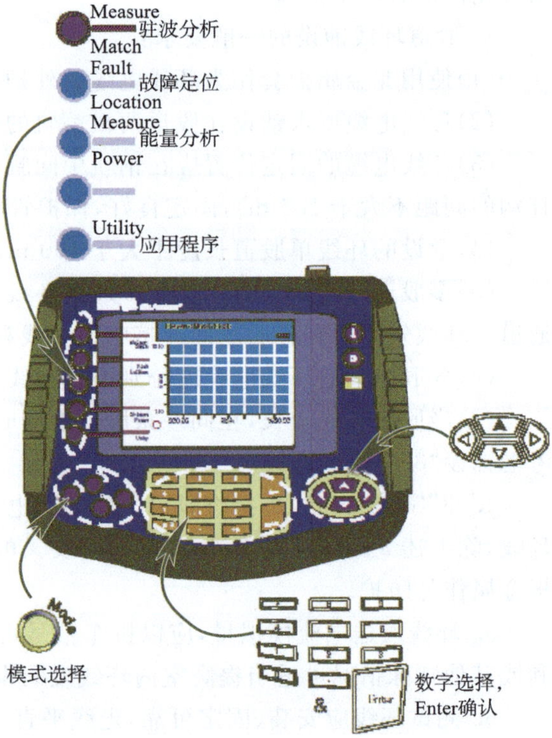

图 4-1 驻波比测试仪外观及按键设置

其他操作。

(4)接上标准负载按“Load”。等到“哔”的一声同时出现一条轨迹后再继续进行其他操作。

(5)当以上三项都测试过以后,驻波比测试仪将自动进入主屏幕,同时设置新的参数。此时,驻波比测试仪校准完毕。

(6)在校准的时候,测试仪的主屏幕会显示“Calibration:FULL”。在未校准的时候,测试仪的主屏幕会显示“Calibration:OFF”。

2. 驻波测试模式

在驻波测试模式下,如图 4-3 所示,可完成频率设置、波段设置、测量刻度及单位设置、线损测试(如图 4-4 所示)、限制测试(如图 4-5 所示)、打印(如图 4-6 所示)等功能。

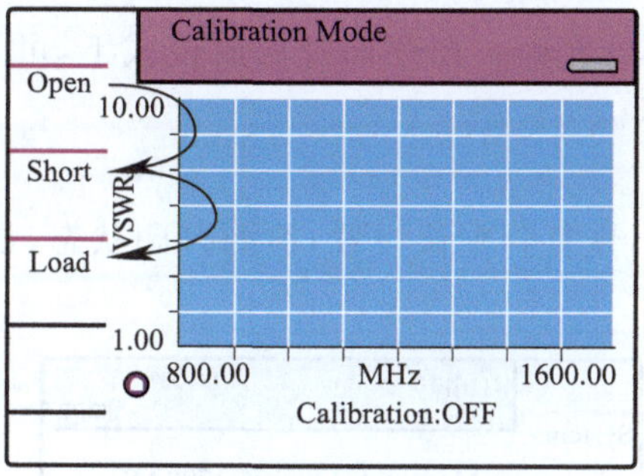

图 4-2　校准模式

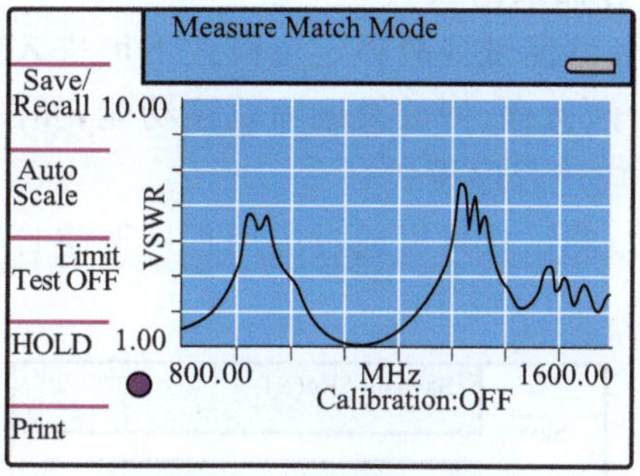

图 4-3　驻波测试模式

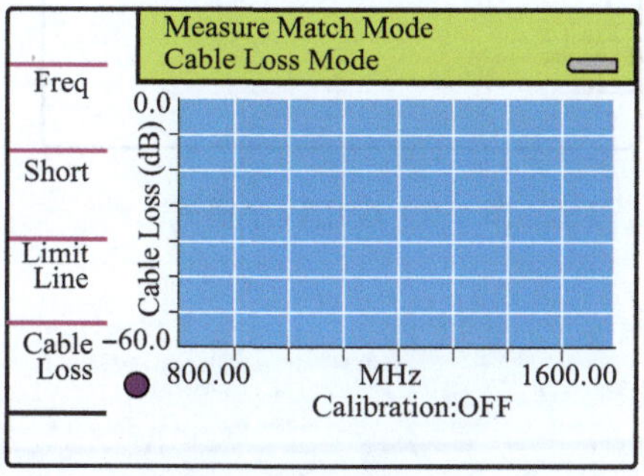

图 4-4　线损测试

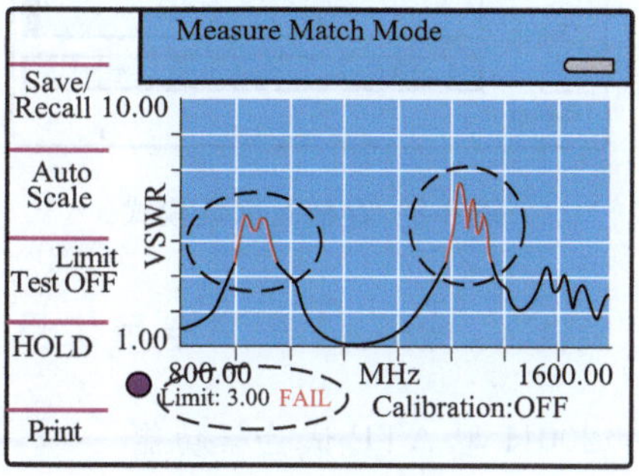

图 4-5　限制测试

关闭测试——关闭比较和指示功能。

开启测试——开启比较功能。如果轨迹全部在限制值以下,在屏幕的底部就会显示“PASS”。如果轨迹的任意一部分超出了限制值,超出的部分会呈红色,且屏幕底部显示“FAIL”。

自动测试——类似于开启测试。如果轨迹的任意一部分超出了限制值,测试仪就会发出“哔”声 。

3. 故障定位模式

在故障定位模式下,如图 4-7 所示,可完成频率带宽设置、馈线类型设置、距离设置、驻波测试的单位及刻度设置、限制测试、测试驻留、打印等功能。

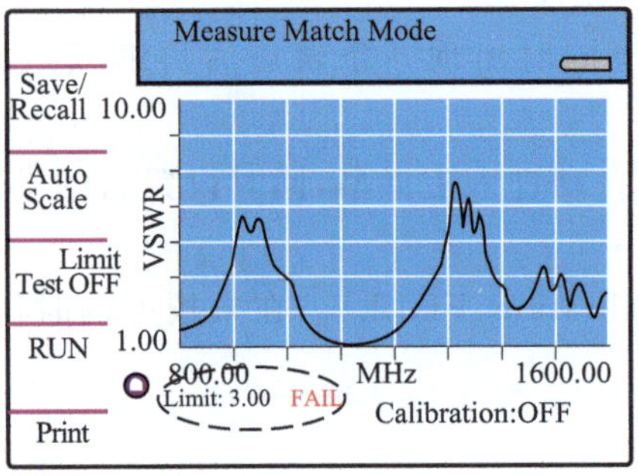

图 4-6 打印屏幕信息

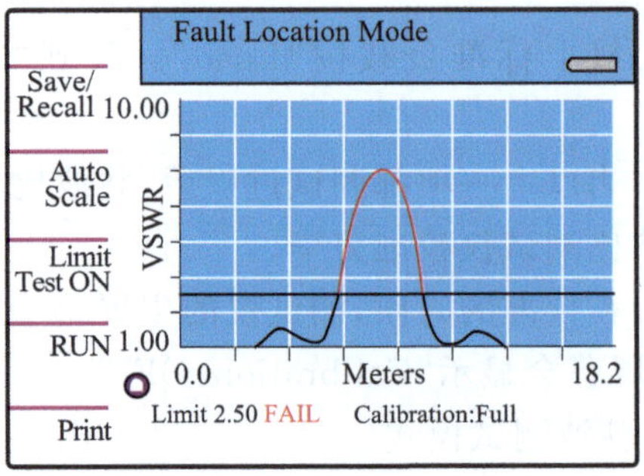

图 4-7 故障定位模式

4. 存储及回放

在驻波测试或故障定位模式下可进入存储及回放界面。在存储及回放模式下，可以实现轨迹编号、保存、回放及删除轨迹功能，如图 4-8 所示。

5. 应用程序模式

驻波测试仪可以通过应用程序调整日期和时间，恢复到默认设置，检测打印状态，如图4-9所示。

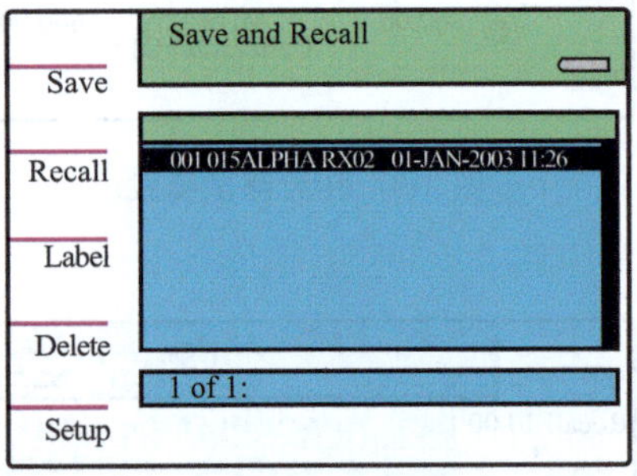

图 4-8 存储及回放模式

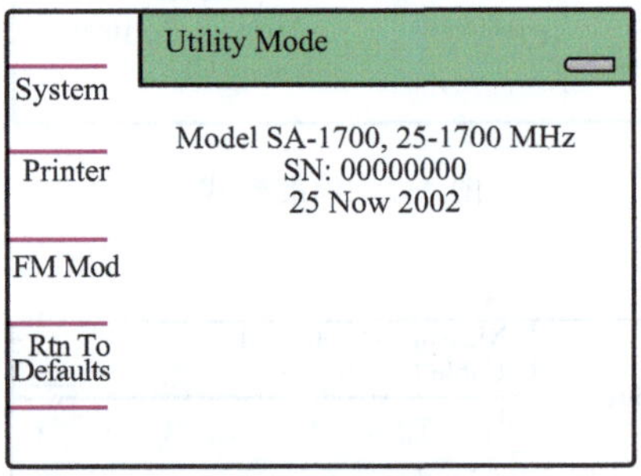

图 4-9 应用程序模式

三、CTCS-2 级列控系统专用工具及仪器的操作及使用

（一）200H 型 ATP 试验器功能

ATP 试验器使用电缆与 ATP 设备连接，向 ATP 设备的 VC(控制部分)、RLU(通用部分)、DRU(记录部分)和 DMI(速度表)，发送 ATP 信号、Balise 信号、速度信号，通过确认各设备的动作，从而达到判定设备功能是否合格的目的。

（二）200H 型 ATP 试验器操作及使用

(1)将电缆连接到 ATP 试验器上，如图 4-10 所示。

(2)将 COM-4 连接到电脑上，在 COM-4 上连接从 ATP 试验器出来的连接器(SCN1)，连接位置如图 4-11 所示。

(3)打开 ATP 试验器的电源开关，启动电脑，运行试验器程序。

(4)对进行试验车辆的种类、编组编号、车号以及车轮径和检查者姓名进行设定，然后按下“试验准备”按钮开始自检。

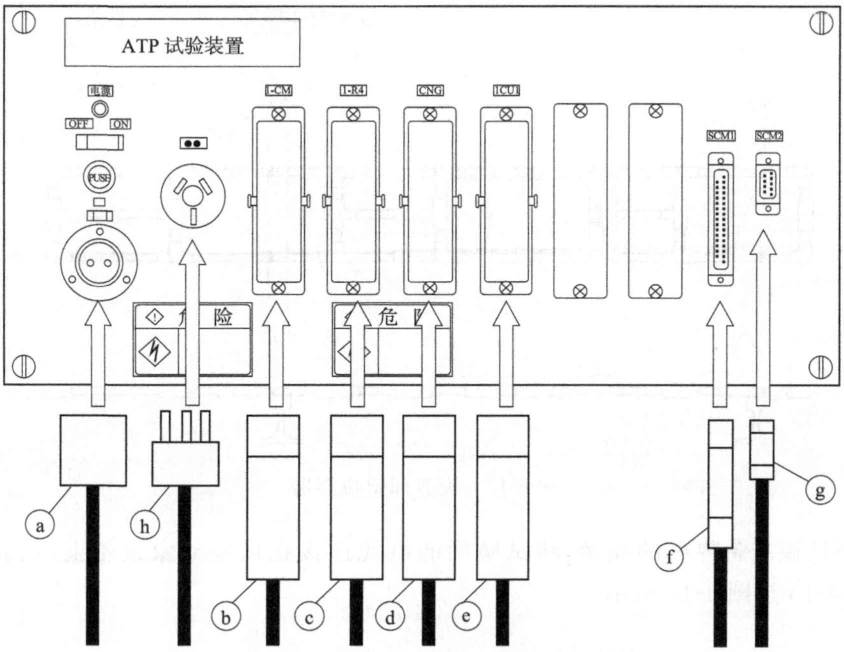

图 4-10 ATP 试验器电缆连接图

a—将电缆 PWN1(PU)连接到 ATP 试验器的 PWN1(RE)上；
b—将电缆 C-TCN(PU)连接到 ATP 试验器的 C-TCN(RE)上；
c—将电缆 S-TCN(PU)连接到 ATP 试验器的 S-TCN(RE)上；
d—将电缆 CN6(PU)连接到 ATP 试验器的 CN6(RE)上；
e—将电缆 TCN1(PU)连接到 ATP 试验器的 TCN1(RE)上；
f—将电缆 SCN1(PU)连接到 ATP 试验器的 S1CN1(RE)上；
g—将电缆 SCN2(PU)连接到 ATP 试验器的 SCN2(RE)上；
h—将笔记本电脑的电源电缆连接到 ATP 试验器的插座上。

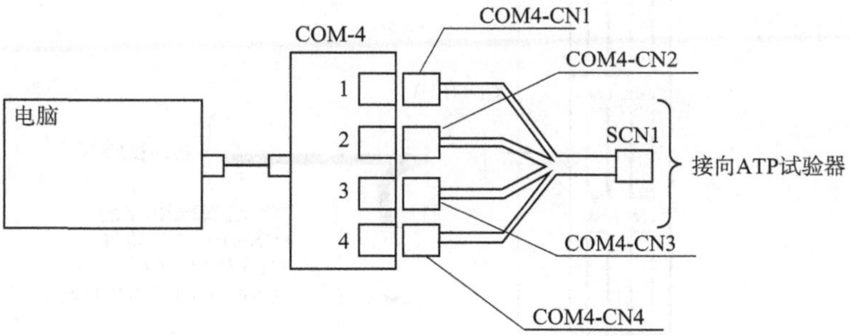

图 4-11 COM-4 电缆连接图

(5)自检

自检的目的是为了确认本试验器内部的电源电压是否正常。如果按下"试验中止"按钮，则显示出确认信息。自检结束后，进入试验准备画面。

(6)将固定应答器放置在应答器天线的架子上,在轨道上设置。如图 4-12 所示。

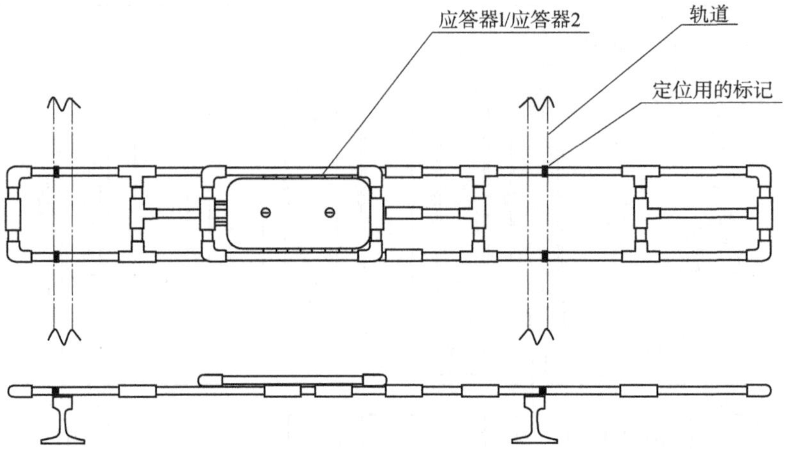

图 4-12　设置固定应答器

(7)按照试验准备界面的显示,将试验用的电缆连接在试验对象设备上,试验器和 ATP 的连接如图 4-13 至图 4-17 所示。

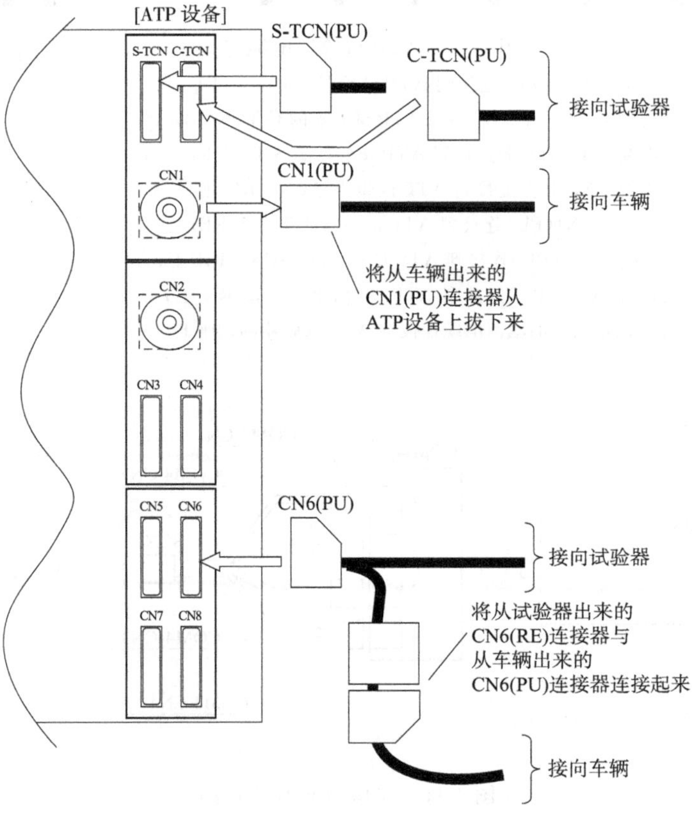

图 4-13　试验器与 ATP 设备间的电缆连接

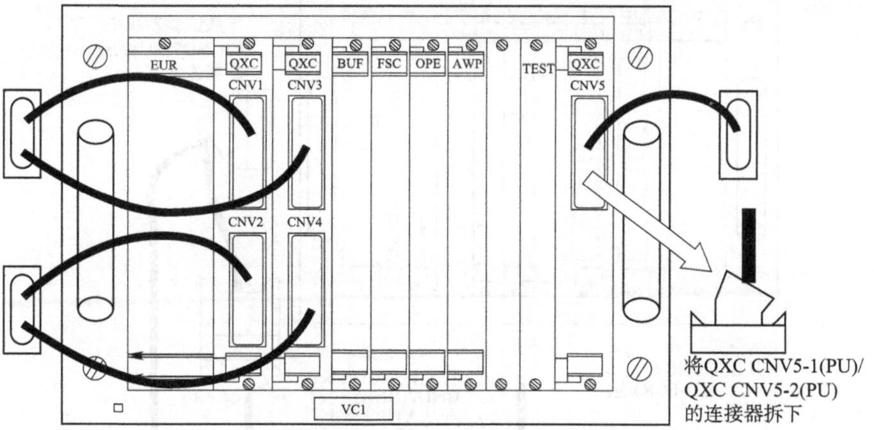

图 4-14 试验器与 VC1、VC2 间的电缆连接(一)

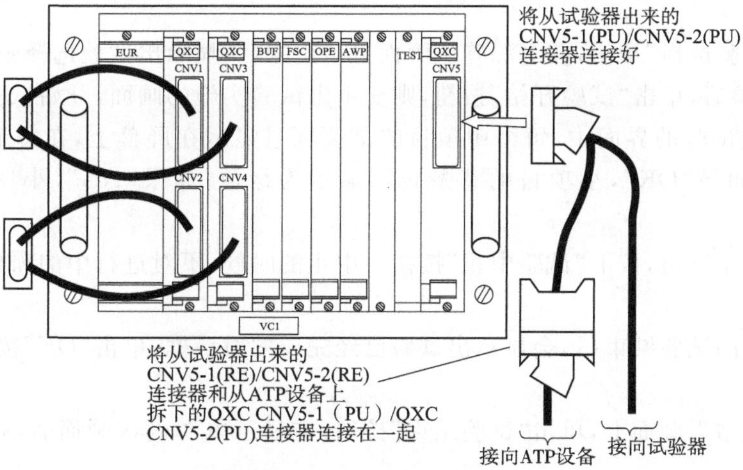

图 4-15 试验器与 VC1、VC2 间的电缆连接(二)

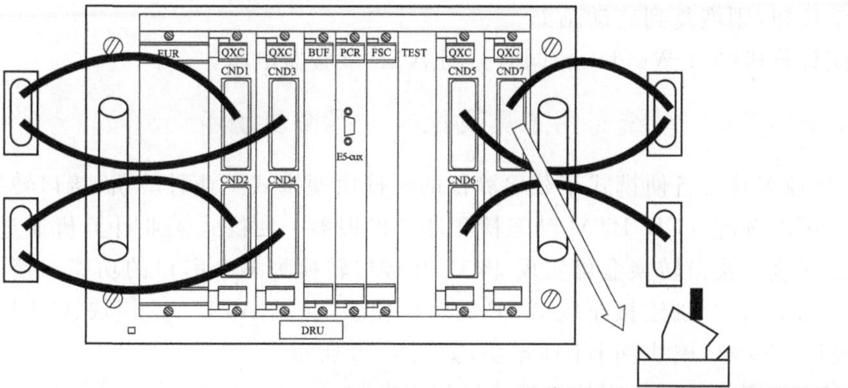

图 4-16 试验器与 DRU 间的电缆连接(一)

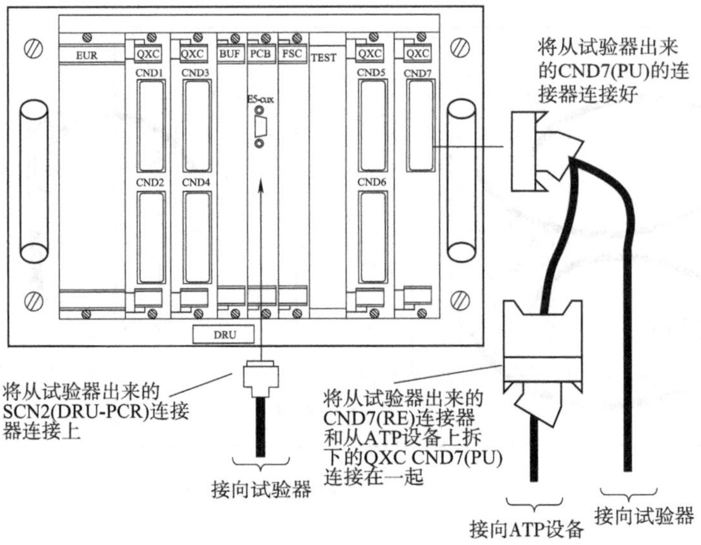

图 4-17　试验器与 DRU 间的电缆连接(二)

(8)按下“试验选择”按钮,在电源确认画面显示出来后,显示出试验选择画面。

(9)选定试验后,单击“试验开始”按钮,则显示出试验实施的画面,开始试验。

(10)在实施试验的界面中,每个中项目的试验项目显示在屏幕上,在每个小项目上判定“OK”、“NG”。如果“OK”,小项目的背景色则显示为绿色;如果“NG”,小项目的背景色为红色。

(11)如果中止试验,按下“试验中止”按钮。中止的时候,不对进行中的项目试验结果进行记录。

(12)在所有的试验结束后,会显示出试验已经完成的对话框,单击“OK”按钮,显示试验结果画面。

(13)在试验结果画面上,单击“试验结束”按钮,在显示电源确认画面后,则转换为试验结束画面。

(14)遵从试验结束画面的信息,将试验电缆从 ATP 设备上拆下,恢复 ATP 设备的配线。

(15)按下“结束”按钮,则显示出试验结束对话框。单击“OK”,结束试验设备程序。另外,如果按下取消按钮,则恢复到启动画面。

(16)关闭计算机结束 Windows,同时关闭 ATP 试验器电源。

四、CTCS-3 级列控系统专用工具及仪器的操作及使用

300T 型列控车载设备便携式车载检测仪的硬件由便携式工业计算机、接口转换盒及相关线缆构成。还可以选配 TCR/BTM 动态检测环境模拟器。便携式工业计算机通过 USB 接口与接口转换盒连接。接口转换盒可实现 将 USB 接口转换为多个串口的功能。接口转换盒可以分出至少 6 路串口,分别连接车载 ATP 的主要模块,包括 ATP CU 模块、C2CU 模块、SDP 模块、TSG 模块、COMC 模块和 BTM 模块,如图 4-18 所示 。

便携式车载检测仪使用加固的便携式笔记本电脑,如图 4-19 所示。采用全中文图形化界面,除提供常规的菜单操作外,还通过目录树的方式,将各种常用的操作放置在界面左侧,方便使用,如图 4-20 所示。

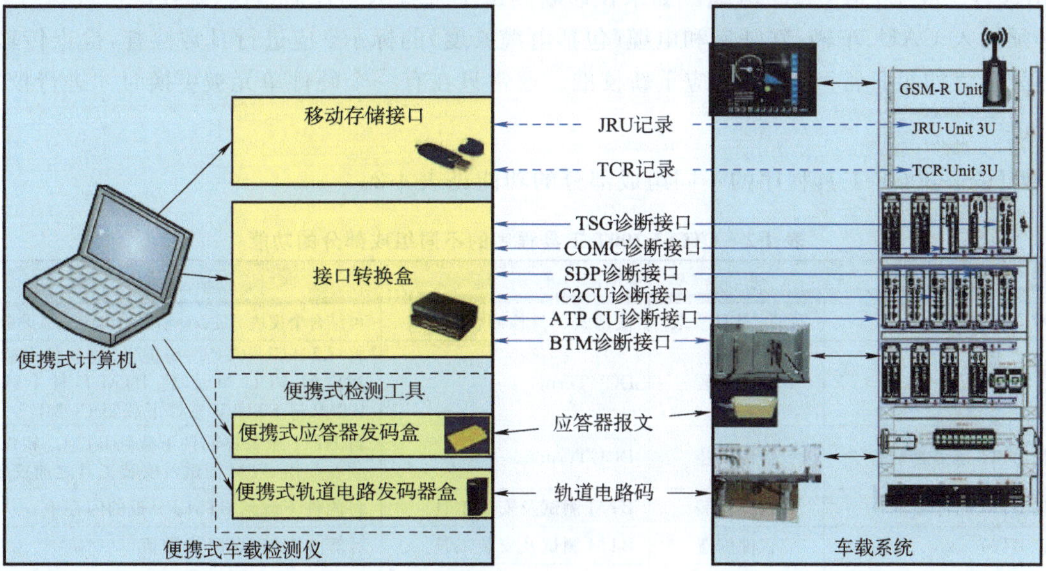

图 4-18　车载检测仪与模块连接示意图

图 4-19　便携式车载检测仪

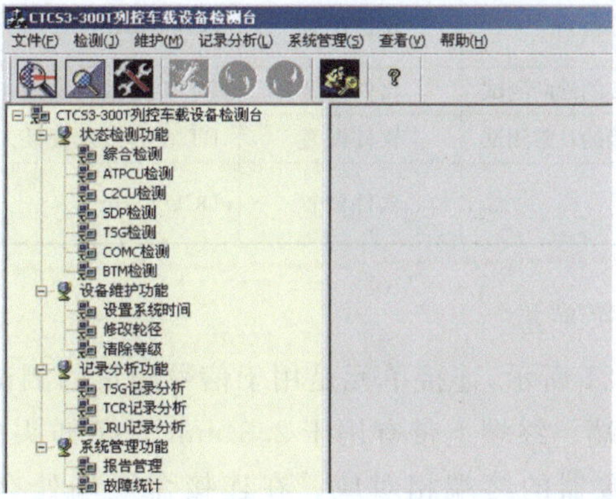

图 4-20　300T 型列控车载设备便携式车载检测仪操作主界面

（一）笔记本电脑

运行本章中描述的工具，对 PC 的最低要求见表 4-1。

表 4-1　PC 的最低运行环境要求

编号	说　明	数　　据	编号	说　明	数　　据
1	操作系统	Windows XP 专业版	3	硬盘空间	最小 500 MB
2	内存(RAM)	最小 256 MB	4	串口	至少需要一个串口(COM1 或 COM2)或 USB 接口

（二）BTM-CAU 校准工具

如果 BTM-CAU 电缆被替换，则必须按照 BTM-CAU 校准流程来校准 BTM。

校准过程中存储于 BTM CPU 中的 BTIT 服务器软件运行时，应执行诊断测试，用于校准前检测硬件故障。如果诊断测试中出现任何错误，则至少一个硬件单元必须被替换，即

BTM、CAU 或 BTM-CAU 电缆。如果在诊断测试中未检测到任何错误,则校准可被执行。用户必须输入 CAU、车辆、驾驶室和电缆(包括电缆长度)的标示。应进行日常检查,检查传输硬件的配置。如果日常测试失败,应重新校准。通常只在有一个硬件单元被更换时才进行校准。

(三)功能

CTCS3-300T 工具程序的不同组成部分的功能见表 4-2。

表 4-2 CTCS3-300T 工具程序的不同组成部分的功能

行为	任务	工具	描述
故障诊断	硬件/软件安装	便携式工具检测仪	可结合个模块 AE Log 信息给出定位维护指导
下载软件(DLU)到车载设备	软件安装	DCUTerm	将 ATP CU/C2CU/SDP/TSG 软件下载到对应的 VCU 单元,将 BTM 软件下载到 BTM,将 STU-V 软件下载到 COMC
下载 BTIT 服务器软件	软件安装	DCUTerm	将 BTIT 服务器软件下载到 BTM。软件必须在使用 BTM 测试及安装工具之前安装
下载 BTM 固件版本	软件安装	BTM 测试及安装工具	将固件下载到 BTM Rx 板的闪存中
校验 BTM	软件配置	BTM 测试及安装工具	计算并存储 BTM 参数值
设置 SDA	软件配置	DCUTerm/便携式工具检测仪	在 VCU、BTM 和 COMC 中设置安全装置地址
输入安装数据	软件配置	DCUTerm	为 VCU 存储器输入安装和维护参数
MVB 总线状态检查	软件配置	DCUTerm	检查连接到 MVB 总线的设备是否处于工作状态
BTM/CAU 连接的诊断测试	软件配置	BTM 测试及安装工具	检查 BTM/CAU 的硬件连接
BTM/CAU 连接的日常测试	软件配置	BTM 测试及安装工具	检查硬件传输
设置时间	软件配置	DCUTerm	在软件下载后,为 VCU 存储器设置正确的日期和时间

(四)连接单元

如图 4-21 所示,连接单元是用于信号测量的测试工具,连接 ATP 和外部车辆设备。连接单元带有终端。终端上带有用于 2.3 mm 香蕉插头的测量插孔,且其可被打开。终端的标记与 ATP 连接器的终端相对应。在连接盒短端处有连接的两条电缆,其中一条电缆连接到 ATP,另一条电缆连接到外部车辆设备。

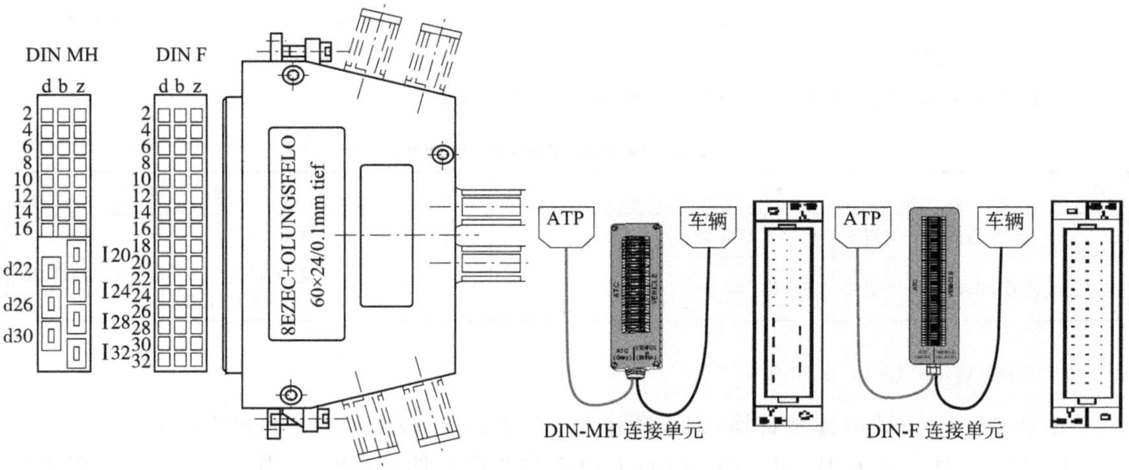

图 4-21 连接单元

在连接连接单元之前，应首先关闭 ATP 系统电源，断开连接到通常标记为 X3 和 X4 的 ATP 单元连接器，然后连接连接单元。母连接器连接到 ATP，公连接器连接到外部车辆设备。可以建立测试点并断开 ATP 与外部车辆设备间的连接。断开连接单元上的终端就可以断开一路信号。电压信号可在两个终端间直接测量。电流信号则可通过首先在实际终端的上端和下端间连接测量设备，然后断开终端连接的方式测量。终端与信号的对应关系，请参见有关系统原理图。

思考题

1. 简述轨道信息发码箱的操作方法。
2. 驻波比在 CTCS-3 级列控车载设备故障查找中有何作用？
3. 200H 型列控车载设备综合测试仪的试验目的是什么？
4. 200H 型列控车载设备综合测试仪的检测报告如何保存？

第二节　电气及电路图识读

一、识读列控车载设备及相关设备电路图

列控车载系统拥有众多功能模块，各功能模块又由大量电子元器件组成，当初学者接触到具体设备的电子电路图时，往往感到错综复杂，不知如何识读。因此，要想看懂列控车载系统电路图，必须掌握电路图识读的相关方法，领会电路图识读技巧。列控车载系统电路图是车载设备维修的技术资料，一张详尽的电路图对于维护人员来说就是一种“车载设备故障的检测工具”。

（一）电路图识读的前提

1. 具备电子专业方面的基本知识

首先，应了解电阻、电容、电感、二极管、三极管、CMOS 管、晶振、集成电路等元器件方面的基本知识，掌握主要元件的位置、作用、特性，理解电路图的指导思想和布局。

其次，应掌握电子线路方面的基本知识，比如电路图中各关键点的电位如何变化、如何互相关联、如何形成回路和通路、哪些构成直流回路、哪些形成信号通道、哪些属于控制回路等。

此外，还要掌握模拟电路和数字电路的基础知识。一般来说，理论基础越坚实，专业知识越丰富，即对电路各部分工作原理理解得越深，对每个元器件的作用判断得越准，则识读电路图的能力也越强。

2. 熟知电路图的作用

电路图是用来表示电子产品工作的原理图，图上的符号代表各种电子元件。

电路图的作用包括如下几个方面：

（1）体现系统的电路结构、各模块的具体形式和模块之间的连接方式。

（2）提供每个元器件的具体参数（如型号、标称值和其他一些重要参数），为检测和更换元器件提供依据。

（3）提供工作点的电压、电流参数等，为快速查找和检修电路故障提供方便。

了解了电路图的相关作用，就可以分析系统的工作原理。要看懂、读通某一系统或模块的电路图，还需大致了解系统或模块的主要功能是什么，由哪些电路单元组成，这对读懂、读通相应电路图大有帮助。

（二）电路图识读要领

1. 学会分析分解电路

根据电路的功能把一张整图分成几个模块或单元电路，化整为零。

首先将各模块的功能用框图表示出来（可用文字表达式、传输特性、信号波形等方式在框图中注出），然后根据各部分之间的关系进行连接，画成一个整体的框图，从这个框图就可以看出各单元电路之间是如何互相配合来实现电路功能的。图中应标出各基本单元的名称、相互联系和所对应的电路符号。逐个了解这些单元电路的功能和工作原理，再将各个单元电路互相联系起来，将整个电路图看懂、读通。

2. 理清供电系统、信号系统和接地

识读电路图时，首先标记供电线路，包括线路数、电压值、是否有条件电源等。其次标记地线。最后理清信号流程，了解信号的来龙去脉以及各部分电路之间的关系，方法有两种：

（1）顺向清理法。从前到后，按信号的生成（或接收）、信号的处理过程逐级理顺。

（2）逆向清理法。即以终端负载为起点，逐级向前。

在分析中要抓住电路中的某些特征，识别实际电路的基本结构和信号处理过程，明确各级功能。

（三）简化疑难电路

遇到疑难电路时，可采取如下步骤：

1. 先进行直流系统分析，明确被分析电路的直流供电情况，了解偏置的性质、静态工作状态与级间耦合方式，估算关键点的静态工作电压。分析电路中有关元件的作用。

2. 再进行交流系统的分析，绘制交流等效电路，分析电路的工作原理，研究输入、输出的波形，辨别电路的性质。要注意区分主要元件和一般元件，主要元件是指直接影响电路基本功能的元件，如晶体管的偏置电阻、负载电阻、输入和输出电容、LC 选频放大器中的调谐电感和电容、振荡电路中的主振电容和电感等。一般元件是指为改善电路的某些性能指标而附加的元件。

3. 熟悉常用元器件和单元电路，了解其在电路中的作用，然后与其周围的电路联系，分析周围电路如何与上述元器件和单元电路相互配合，再逐步扩展，直至对整个电路图能全部理解。

现代电子设备的集成化程度越来越高，大量单元电路都在集成电路内，识读电路图的关键是识读集成电路，包括了解组成方框图和分析系统电路的信号流程图，即主要识读集成电路功能和信号处理过程等。

列控车载设备及相关设备电路图的识读是车载设备维护人员的基本能力，对此应该引起足够的重视。因此，要充分具备电路图识读的基本知识，掌握电路图识读要领，加强对集成电路等疑难电路的了解。此外，维护人员要学会查阅相关资料，如电子方面期刊、书籍和手册，还可以应用网络进行资料搜集，这样对解决问题很有帮助。只要不断进行电路图的识读训练，积累知识和经验，一定能够快速准确地识读相关电路图。

二、列控车载设备及相关设备结构框图

（一）CTCS2-200H 列控车载设备

200H 型列控车载设备包括车载安全计算机（VC）、轨道信息接收模块（STM）、应答器信息接收模块（BTM）、列车接口单元（RLU）、记录单元（DRU）、人机界面（DMI）、速度传感器（AG43E）轨道信息接收天线、应答器信息接收天线 ，CTCS-0 级控车由 LKJ 设备完成，具体设备框图如图 4-22 所示。

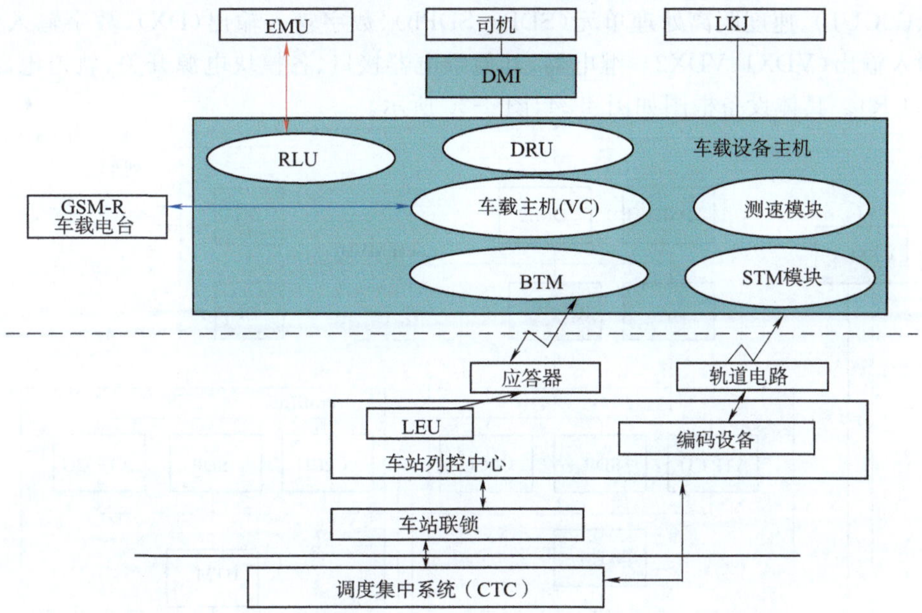

图 4-22　CTCS2-200H 型列控车载设备框图

(二)CTCS2-200C 型列控车载设备

200C 型列控车载设备包括车载设备主机、人机交互接口、速度传感器、轨道电路信息接收模块、应答器信息接收模块、列车接口单元、与 LKJ 的接口、列车运行记录单元。其中 LKJ 是执行 CTCS-0 级列车控制时的控车设备，CTCS-2 级列控设备提供其轨道电路信息，设备框图如图 4-23 所示。

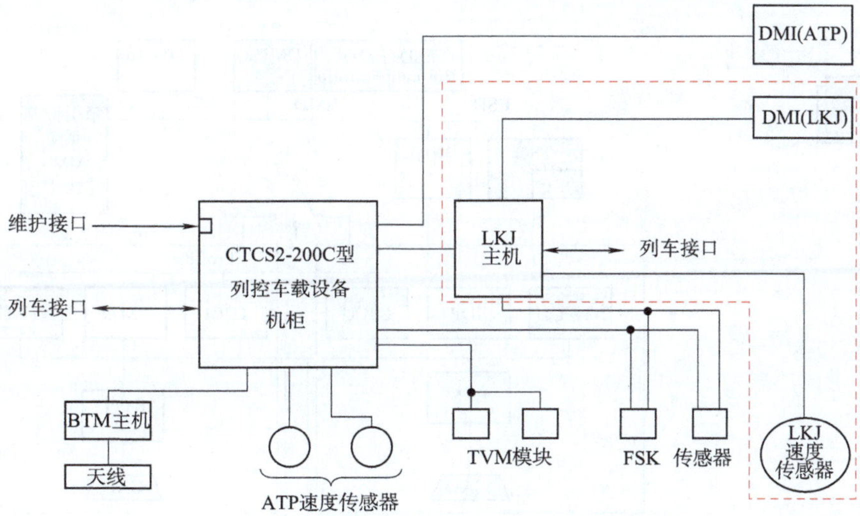

图 4-23　CTCS2-200C 型列控车载设备框图

(三)CTCS3-300T 型列控车载设备

300T 型列控车载设备包括记录单元(JRU)、GSM-R 无线通信单元(GSM-R)、测速测距单元(SDU1、SDU2)、安全无线传输系统 STU-V(COMC、GCD)、车辆安全网关(TSG)、车载 ETCS-2 级安全计算机单元(ATP CUa、ATP CUb)、车载 CTCS-2 级安全计算机单元

(C2CUa、C2CUb)、速度距离处理单元(SDPa、SDPb)、数字输入输出(DX)、数字输入(DI)、安全数字输入输出(VDX1、VDX2)、继电器、其他继电器接口、各模块电源开关、轨道电路信息接收单元(TCR)。具体设备框图如图 4-24、图 4-25 所示。

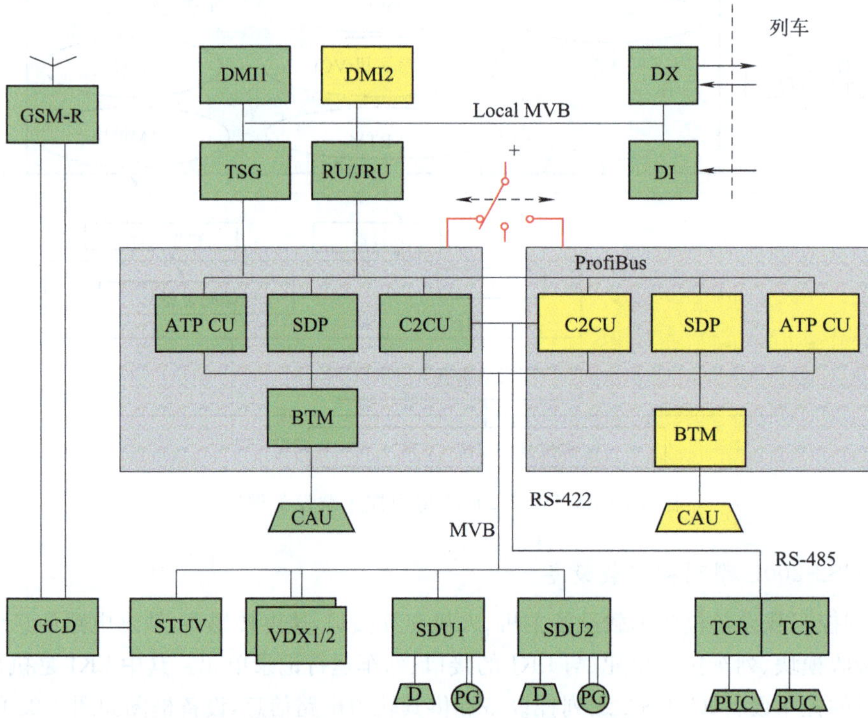

图 4-24 CTCS3-300T(CRH2 型)型列控车载设备框图

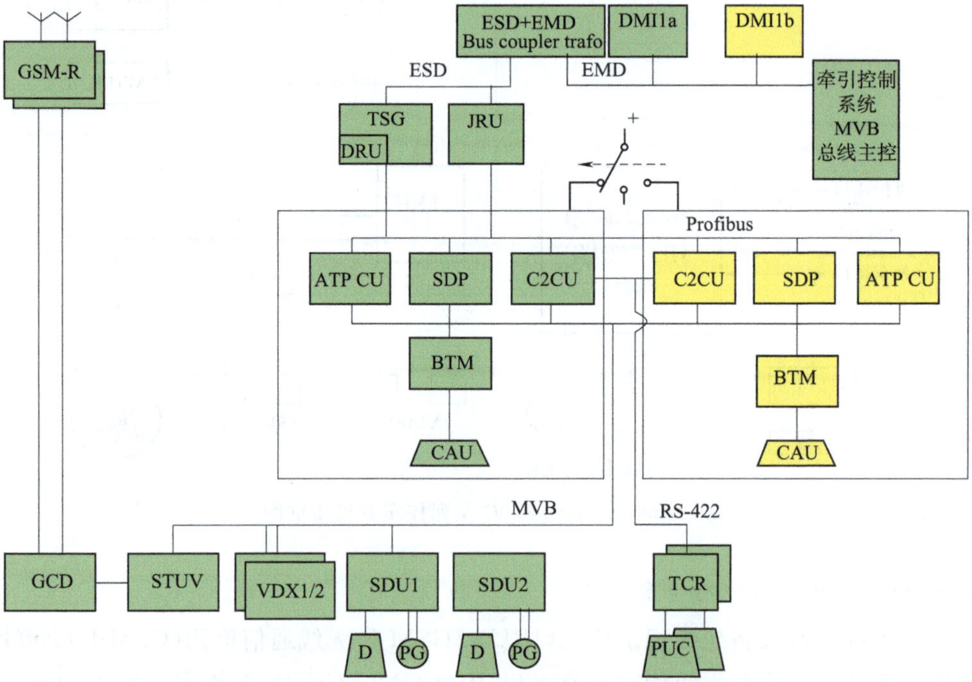

图 4-25 CTCS3-300T(CRH3 型)型列控车载设备框图

(四)CTCS3-300S 型列控车载设备

300S 型列控车载设备采用分布式结构，包括 CTCS-3 级控制单元和 CTCS-2 级控制单元、应答器信息接收模块、轨道电路信息接收单元、测速测距单元、人机界面、列车接口、记录单元、GSM-R 无线通信单元等，具体设备框图如图 4-26 所示。

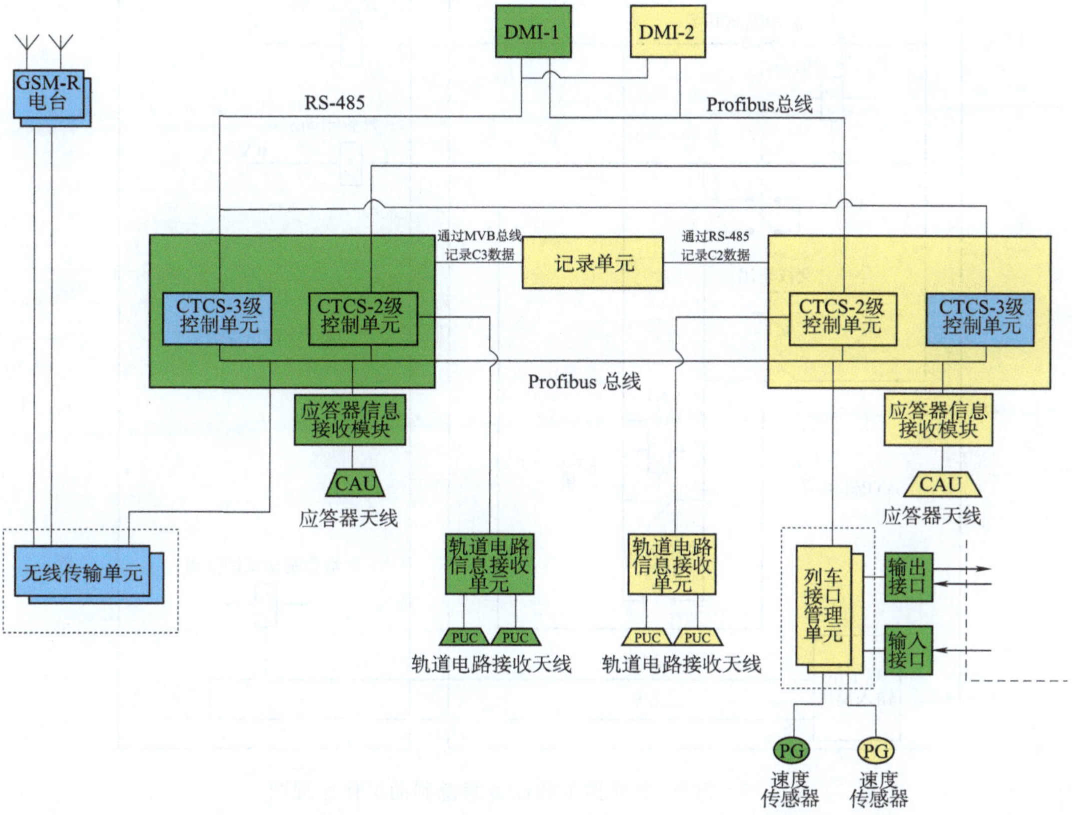

图 4-26 CTCS3-300S 型列控车载设备框图

三、列控车载设备及相关设备布线图

(一)200C 型列控车载设备紧急制动工作原理图

图 4-27 描述了 200C 型列控车载设备紧急制动电路在不同状态下的工作原理。

(1)200C 型列控车载设备控车且设备工作正常时：系统安全继电器闭合，两个紧急制动回路分别由紧急制动输出 1 和紧急制动输出 2 控制；紧急制动反馈输出继电器将制动反馈信息反馈给 ATP 的安全数字输入输出模块(MTORE 板)。

(2)LKJ 控车且 200C 型列控车载设备工作正常时：系统安全继电器闭合，200C 型列控车载设备紧急制动输出继电器断开，交权输出继电器闭合。紧急制动回路 1 由 LKJ 紧急制动输出继电器控制，紧急制动回路 2 由交权输出继电器控制。紧急制动反馈输出继电器将制动反馈信息反馈给 ATP 的安全数字输入输出模块(MTORE 板)。

(3)200C 型列控车载设备故障时：安全继电器断开，使紧急制动回路断开，输出紧急制动。紧急制动反馈输出继电器将制动反馈信息反馈给 ATP 的安全数字输入输出模块(MTORE 板)。

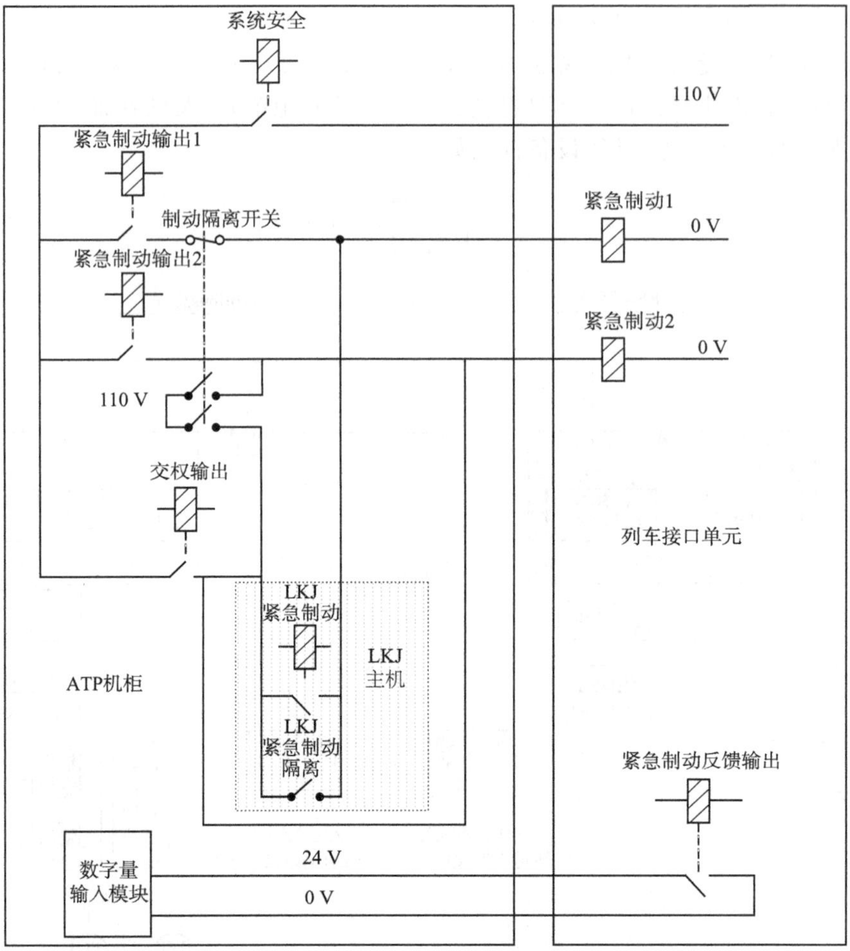

图 4-27 200C 型列控车载设备紧急制动工作原理图

（二）200H 型列控车载设备紧急制动及最大常用制动接口工作原理图

图 4-28 描述了 200H 型列控车载设备紧急制动电路在不同状态下的工作原理。

（1）图示为 200H 型列控车载设备控车且列控车载设备隔离开关处于“正常”位，LKJ 隔离开关处于“正常”位时的状态，此时列控车载设备制动指令有效。

（2）如失电，列控车载设备 EB(NB)断开，则失电制动输出。

（3）若将列控车载设备隔离，LKJ 将获得制动输出权，LKJ 的 EB(或 NB)断开，则失电制动输出。

（4）若为 LKJ 控车，则列控车载设备隔离开关的状态不影响 LKJ 制动输出。

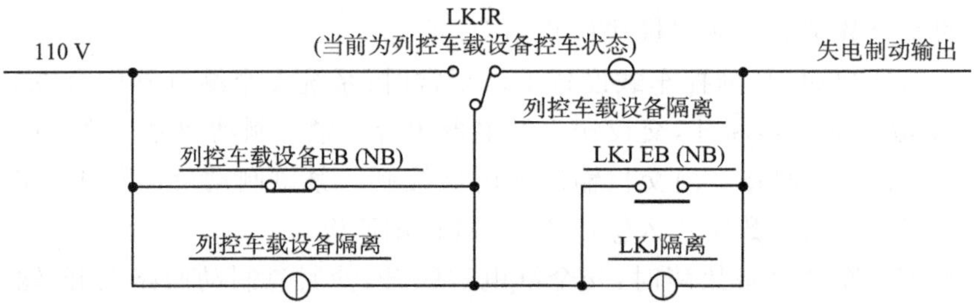

图 4-28 200H 型列控车载设备紧急制动及最大常用制动接口工作原理图

四、列控车载设备与动车组车辆结合部的分工界面图

以下用用简图方式来说明 200H、200C、300T、300S 型列控车载设备与动车组的分工界面。如图 4-29 至图 4-35 所示。

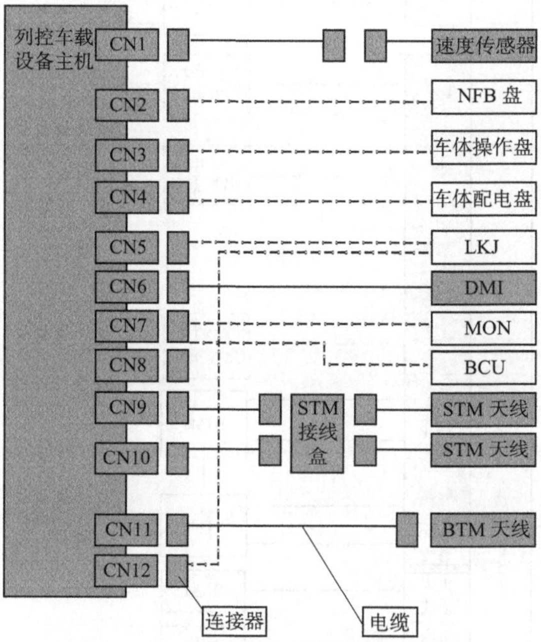

图 4-29　CTCS-2(200H 型 CRH_2 动车组）车载设备结合部分工界面图

注：阴影部分和实线属于列控车载设备部分，空白框部分和虚线不属于列控车载设备部分。

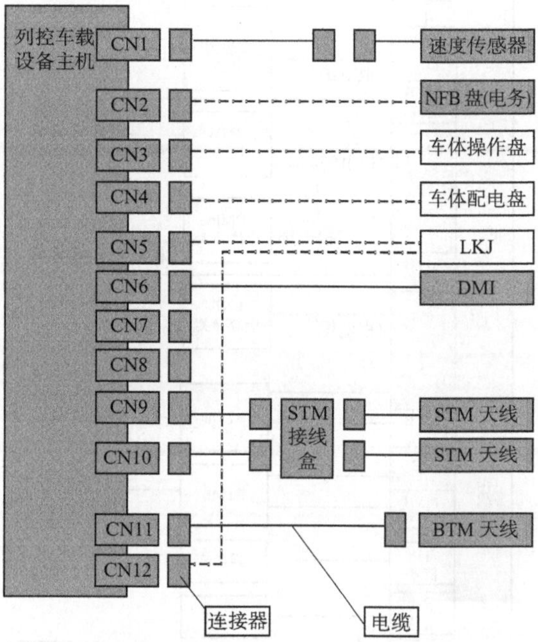

图 4-30　CTCS-2(200H 型 CRH_1 动车组）车载设备结合部分工界面图

注：阴影部分和实线属于列控车载设备部分，空白框部分和虚线不属于列控车载设备部分。

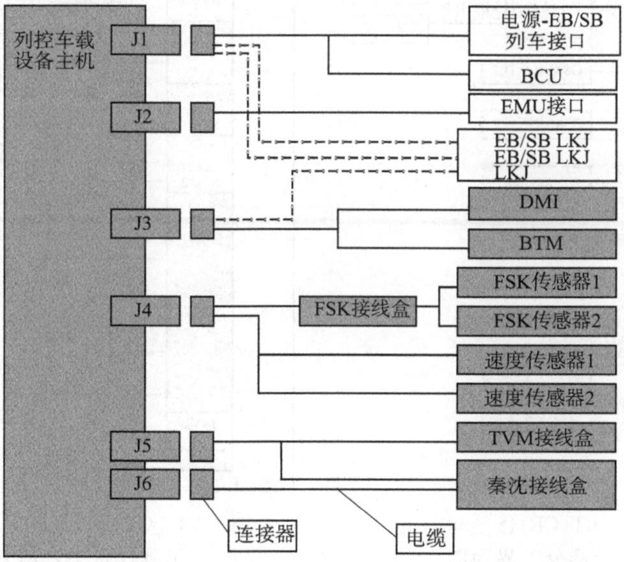

图 4-31　CTCS-2(200C 型）车载设备结合部分工界面图

注：1. 阴影部分和实线属于列控车载设备部分，空白框部分和虚线不属于列控车载设备部分。

2. 对于含秦沈选项的设备仅装备秦沈接线盒，对于不含秦沈选项的设备仅装备 TVM 接线盒。

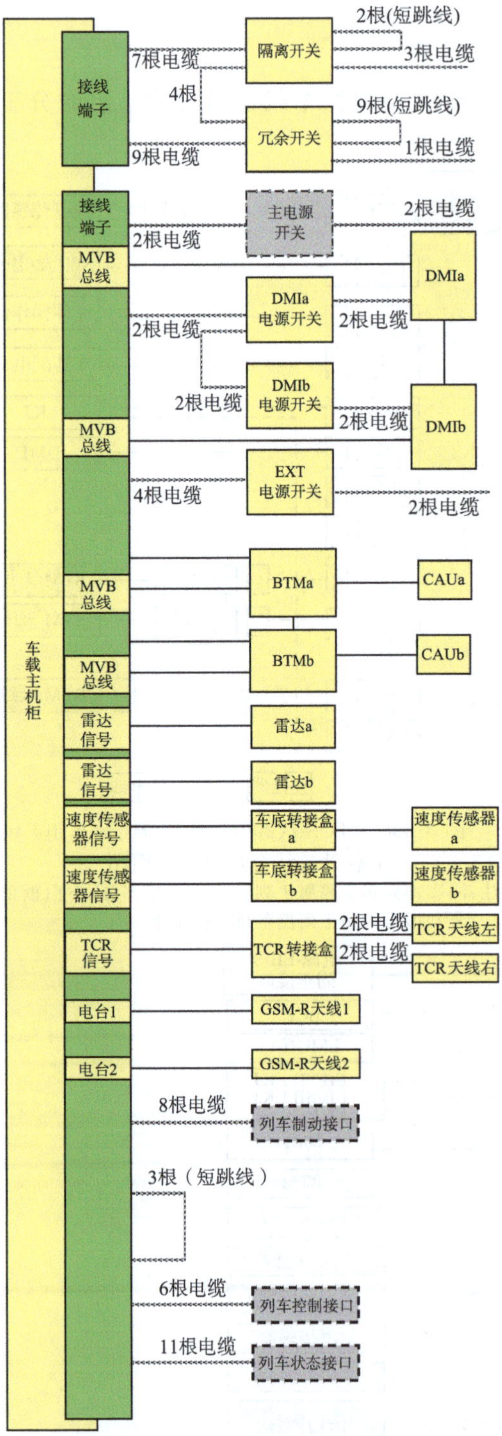

图 4-32　CTCS3-300T(CRH2 型动车组)
车载设备结合部分工界面图

注：1. 黄色框和实线部分为车载设备管辖范围，绿色部分为车载设备主机柜底部接线端子；
2. 灰色框和虚线部分为列车管辖范围；
3. 适用于 CRH2 型车。

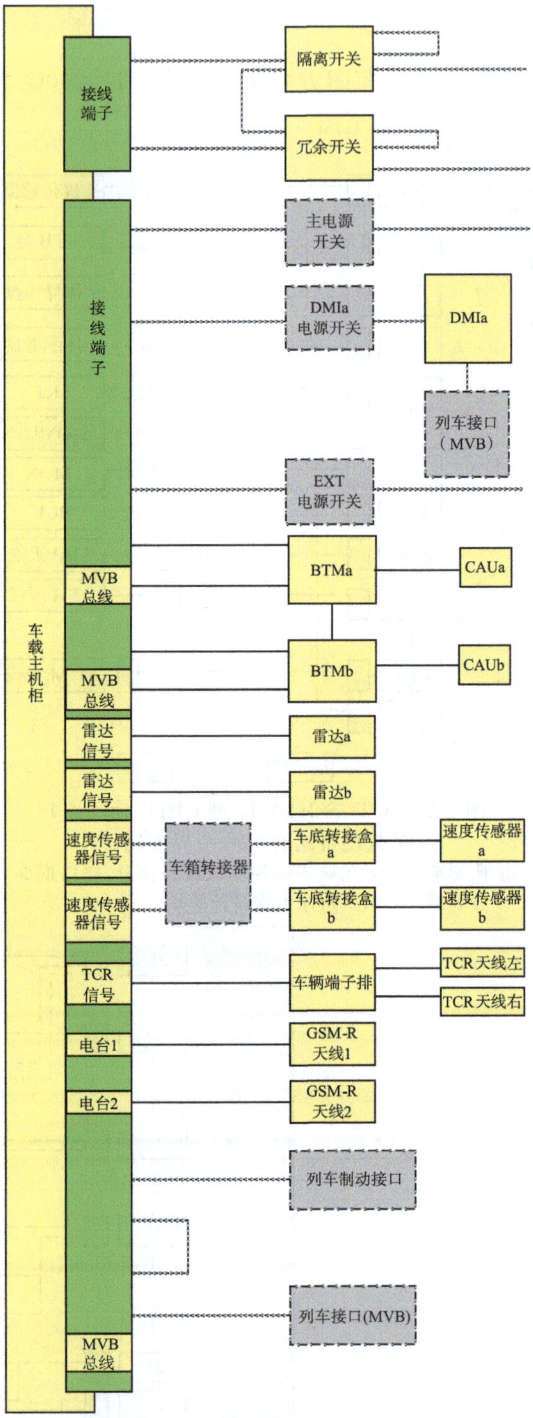

图 4-33　CTCS3-300T(CRH3 型动车组)
车载设备结合部分工界面图

注：1. 黄色框和实线部分为车载设备管辖范围，绿色部分为车载设备主机柜底部接线端子；
2. 灰色框和虚线部分为列车管辖范围；
3. 适用于 CRH3 型车。

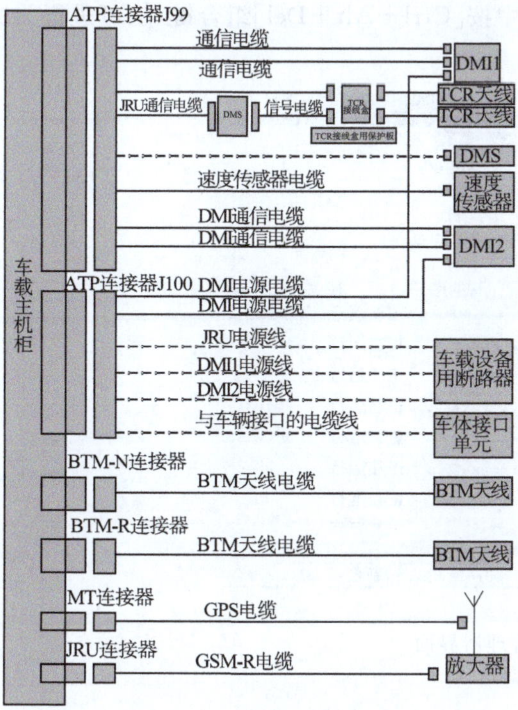

图 4-34 CTCS3-300S 车载设备(CRH2 型动车组)结合部分工界面图

注:1. 阴影部分和实线属于列控车载设备部分;
2. 空白框部分和虚线不属于列控车载设备部分;
3. 电缆两端的方框指设备的连接器。

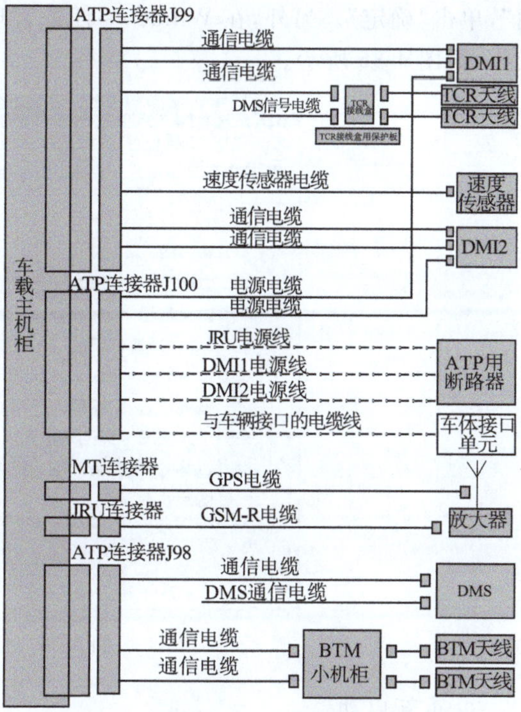

图 4-35 CTCS3-300S 车载设备(CRH3 型动车组)结合部分工界面图

注:1. 阴影部分和实线属于列控车载设备部分;
2. 空白框部分和虚线不属于列控车载设备部分;
3. 电缆两端的方框指设备的连接器。

思考题

1. 车载电路图的识读要领是什么?
2. 迅速掌握疑难复杂电路图的方法有哪些?
3. 绘出 200H 型列控车载设备框图。
4. 绘出 200C 型列控车载设备框图。
5. 掌握车载设备与车辆结合部分工的作用是什么?

第三节 计算机及网络设备的操作

一、计算机的基本操作

(一)开机、关机和重新启动

1. 开机

在电源及设备完全接好的前提下,先按下显示器的电源开关,电源指示灯亮后再按下主机的电源开关。

2. 关机

保证所有窗口都已正常关闭的前提下,用鼠标单击系统桌面左下角的“开始”键,单击“关闭”，单击“确定”。另外，在 Windows 任务管理器中按[Ctrl＋Alt＋Del]组合键，也可进行关机操作，如图 4-36 所示。

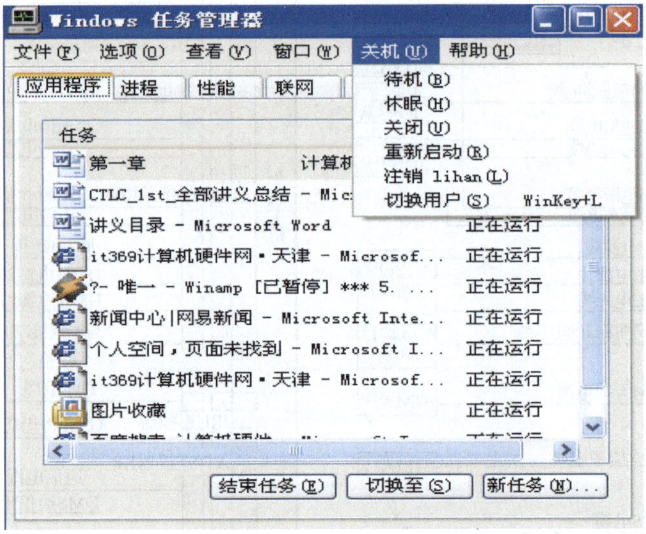

图 4-36　任务管理器界面

3. 重新启动

重新启动分为冷启和热启。冷启按钮在主机上，由于冷启对计算机不利，所以在没有特殊情况下，如死机，尽量不要进行冷启。在开始菜单中，单击“关机”按钮会弹出下面的对话框，单击“重新启动”按钮便完成了热启操作。如图 4-37 所示。

图 4-37　关闭计算机界面

(二)鼠标、键盘的基本操作

1. 鼠标的操作

鼠标上有左键和右键两个操作区域，有的鼠标中间还有滚轮。通常用右手来操作鼠标，手掌轻轻放在鼠标上，食指放在左键上，中指放在右键上。

食指在左键按一下为单击，选中文件、文件夹或命令。

食指在左键迅速按两下为双击，打开文件或文件夹。

中指在右键按一下为右击，可弹出快捷菜单。

2. 键盘的操作(如图 4-38 所示)

图 4-38　键盘布置图

键盘的键位排列是根据各键在使用过程中可能出现的次数多少(也称“使用频率”),按手指移动的方便程度排列的,根据这些键的排列位置以及功能大致分为以下 4 个区域:

(1)打字键区(键盘中部)

打字键区又称主键区,是键盘的主要使用区域,其键位排列与标准英文打字机的键位排列基本相同,包含了字母键、数字键、符号键和其他一些辅助键。输入单个字符时,只要找到相应的按键,然后用手指击打一下即可。如按住不放,则会连续输入该字符。如图 4-39 所示。

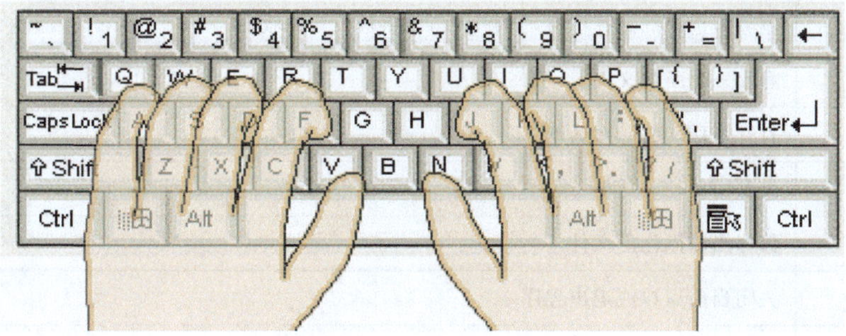

图 4-39　基本键位图

(2)功能键区(见表 4-3)

表 4-3　功能键定义

功能键	定　义
Esc	取消键,在某些操作中起取消或放弃的作用
F1～F12	功能键,在不同的软件中有各自不同的功能,通常 F1 具有寻求帮助的作用

(3)编辑键区(见表 4-4)

表 4-4　编辑键定义

编辑键	定　义
Insert	在某些程序里(如 Word)可用来设置字符的插入/改写状态
Delete	删除键,起删除的作用,打字时可删除光标后(右)边的字符,按一次删除一个字符,按住不放则会连续删除
Home	可将光标移到本行文字的开头
End	可将光标移到本行文字的结尾
Page Up	当所要显示的内容超出一屏时,可用来向上翻页
Page Down	当所要显示的内容超出一屏时,可用来向下翻页

(4)数字键区(键盘右侧,与计算器类似)

Num Lock 数字键的开关键。按下该键,它上面的指示灯亮起,说明此时处于数字输入状态,可进行数字的连续输入和计算器的运算;按下该键,指示灯熄灭,则处于编辑状态。

3. 快捷键

利用快捷键可以不用鼠标完成计算机上的各项操作,表 4-5 是 Windows 系统常用的一些快捷键定义。

表 4-5 快捷键定义

快捷键	定　义
F1	显示当前程序或者 Windows 的帮助内容
F2	当选中一个文件时，意味着“重命名”
F3	当在桌面上时打开“查找：所有文件”对话框
Ctrl+Alt+Delete	在 Windows 中打开关闭程序对话框
Shift+Delete	删除被选择的选择项目，如果是文件，将被放入回收站
Ctrl+N	新建一个新的文件
Ctrl+O	打开“打开文件”对话框
Ctrl+P	打开“打印”对话框
Ctrl+S	保存当前操作的文件
Alt+ F4	关闭当前窗口或退出程序
Ctrl+ C	复制
Ctrl+ X	剪切

(三)启动应用程序

1. 定义

使用电脑的各种用途，必须通过电脑内的各个不同的程序来实现。这个过程称为运行或启动应用程序。

2. 方法

单击[开始]→[程序]→单击所要使用的程序。

(四)文件的相关操作

电脑上的所有信息都要用“文件”的形式来保存，“文件”可以包含不同的信息，如文章、图画、音乐、电影、程序等。

1. 保存一个文本文件(以保存记事本为例)

步骤：打开记事本→输入文字→在菜单中单击[文件]→[保存]→选择保存的地点→输入名称→[保存]。

2. 保存一个图形文件(以保存画图为例)

步骤：打开画图→用鼠标画一幅画→单击菜单中的[文件]→[保存]→选择保存的地点→输入名称→[保存]。

3. 删除与恢复文件

(1)文件的删除

步骤：鼠标左键选中目标文件→右击打开快捷菜单并单击[删除]→提示是否删除，单击[确定]。

(2)文件的恢复

步骤：打开[回收站]→选中目标文件→右击打开快捷菜单并单击[还原]。

(五)文件夹的相关操作

由于电脑中的文件数目非常多,因此需要在电脑中创建"文件夹",以便将文件分门别类地放入相应的文件夹中。

1. 新建文件夹

步骤:在所要新建文件夹的地方的空白处右击选择[新建]→[文件夹]→输入名称并按回车键确定。

2. 把文件移动到文件夹中

方法是先剪切目标文件,然后在文件夹中进行粘贴。

步骤:在目标文件上右击→菜单中选择[剪切]→打开所要保存到的文件夹→右击选择[粘贴]。

3. 将文件夹保存到U盘中

方法是在保证U盘已插入电脑USB接口的情况下,可[复制]后[粘贴],也可直接发送。

(1)在目标文件上右击→菜单中选择[复制]→打开[我的电脑]→打开U盘→单击鼠标右键→菜单中选择[粘贴]。

(2)在目标文件上右击→菜单中选择[发送到U盘]。

(六)复制的概念

复制的英文是COPY,音译成拷贝,是重新产生一个内容和原来文件内容完全相同的另一个文件,同一个文件夹不能出现相同名称的文件或文件夹。

复制可以对重要文件进行备份;可以在不同计算机之间交换信息。

步骤:在目标文件上右击→打开所要保存到的文件夹→右击选择[粘贴]。这样就可以把一个文件(文件夹)复制到目标文件夹中,而原来的位置仍然存在该文件(文件夹)。

(七)重命名

如果对某个文件或文件夹的全称不满意,可以为其重新命名。

步骤:调出输入法→在目标文件上右击→选择[重命名]→当原名称为反白方式时输入新名称→回车。

二、网络设备的基本操作

网络设备及部件是连接到网络中的物理实体。网络设备的种类繁多,基本的网络设备有:集线器、交换机、网桥、路由器、网关等。

(一)路由/交换设备的口令恢复

(1)用Console线连接PC的串口和路由器/交换机的串口(如图4-40所示)。

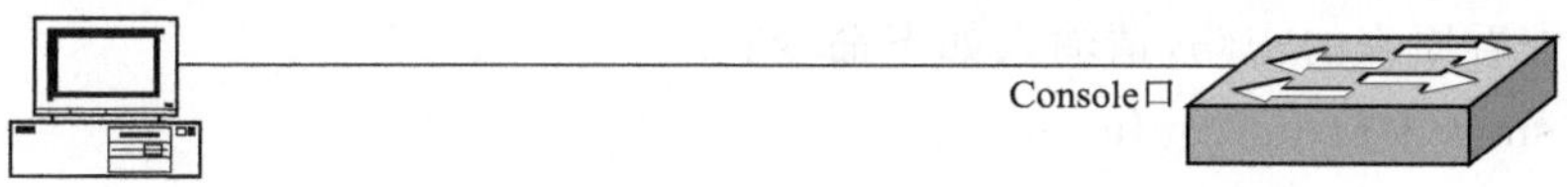

图4-40 PC机与路由器/交换机连接示意图

(2)在PC上运行超级终端软件,选择连接的串口,并设置串口的速率为9600 bit/s,串口参数为无校验、8位数据位、1位停止位,端口属性设置如图4-41所示。

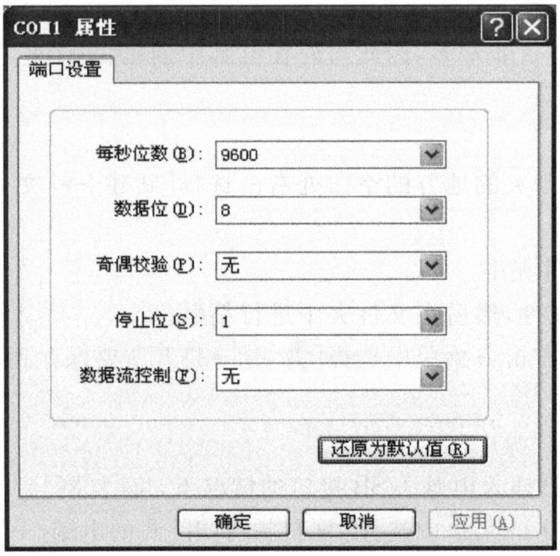

图 4-41　端口设置

(3)恢复 Cisco 交换机口令：

①关闭交换机，按住"mode"按钮，然后重新开机，直到 system 指示灯闪烁，然后松开按钮，对于 3550 交换机，需要等到 1x 端口的灯灭掉后，再松开按钮。

②在 PC 机上可以看到一些提示信息，并出现命令提示符，此时输入 flash_init 命令，交换机初始化 flash。

③当再次出现命令提示符时，输入 dir flash:命令，查看 flash 文件系统中的内容，其中应该有 config.text 文件，该文件存储了交换机当前配置，如果没有，表示系统配置已经被清空，可以直接启动。

④将当前配置文件更名。输入命令 rename flash:config.text flash:config.old。

⑤重新启动交换机。输入 boot 命令。

⑥交换机启动后，自动进入 setup 模式，对所有问题回答 No。

⑦交换机启动完毕后，此时密码全部为空，配置也为空，如果要恢复原来的密码和配置，请继续以下步骤。

⑧如果要恢复原来的配置，请输入如下命令：

Switch> enable

Switch# rename flash:config.old flash:config.text

Switch# copy flash:config.text system:running-config

⑨如果要查看原来的密码，请输入如下命令：

Switch> show startup-config

(在显示的配置清单中查找密码)

⑩如果要修改密码，请输入如下命令：

Switch# config terminal

Switch(config)# line console 0

Switch(config-line)# password XXXXX　　　　(XXXXX 为密码)

Switch(config-line)# login
Switch(config)# line vty 0 15
Switch(config-line)# password XXXXX (XXXXX 为密码)
Switch(config-line)# login
Switch(config-line)# exit
Switch(config)# exit
Switch# copy running-config startup-config

(4)恢复 Cisco 路由器口令:

①关闭路由器,然后重新开机,在引导时按"Ctrl+Break",使其进入 ROM 监控状态。

②对于 Cisco2500/2600 系列,输入"o"命令,读取配置寄存器的原始值,并记录。

③让路由器忽略 NVRAM 引导。对于 Cisco2500 系列,输入 o/r0x * * 4 *,对于其他路由器系列,直接输入 confreg 进入菜单对话方式,选择确认修改配置,然后选择忽略 system config(其他选项都可回答 No),并且选择 boot 系统为 2。

④重新启动路由器。对于 Cisco2500 系列,输入 I,对于其他路由器,输入 reset。

⑤路由器启动后,自动进入 setup 模式,对所有问题回答 No。

⑥路由器启动完毕后,此时密码全部为空,配置也为空,如果要恢复原来的密码和配置,请继续往下进行。

⑦如果要恢复以前的配置,请输入以下命令:

Router> enable
Router# configure memory
Router# configure terminal
Router(config)# config-register 0xYYYY (YYYY 为读取的配置值)

⑧如果要查询以前的密码,请输入以下命令:

Router> enable
Router# configure memory
Router# show startup-config
(在显示的配置清单中查找密码)

⑨如果要修改密码,请输入以下命令:

Router> enable
Router# configure terminal
Router(config)# line console 0
Router(config-line)# login
Router(config-line)# password XXXXX (XXXXX 为密码)
Router(config-line)# exit
Router(config)# exit
Router# write memory

(二)路由/交换设备软件升级

1. 升级 Cisco 交换机软件

(1)升级之前应该把现有交换机上的软件进行备份,以防止升级错误,导致交换机无法正常工作。在进行备份之前,启动 PC 机上的 TFTP 服务器,并且设置好 PC 机的 IP 地址以及交换机的 IP 地址(接口 VLAN1 的 IP 地址即为交换机的 IP 地址,使用命令 interface vlan 1 和 ip address,配置后可能需要激活,用 show interface vlan 1 检查 vlan 1 的状态)。

(2)在交换机控制台上输入 dir 命令列出当前交换机文件系统目录,从中找到 IOS 软件所在路径和文件名(一般为.bin 文件)。

(3)连接好交换机/路由器和 TFTP 服务器之间的网线,用 Ping 测试交换机和 PC 机之间的连通性,确保连接正确,连接示意如图 4-42 所示。

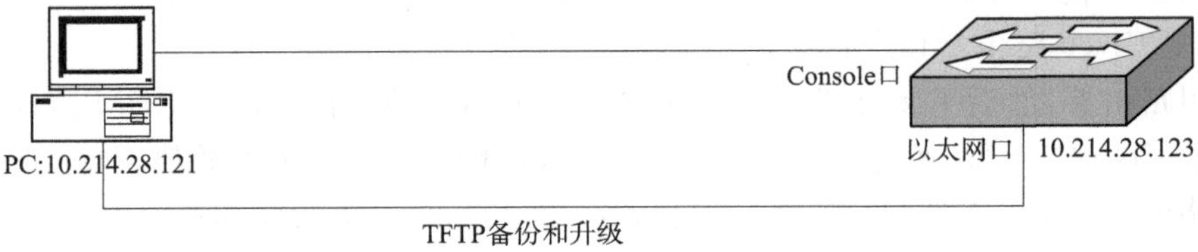

图 4-42　PC 机与交换机的连接示意图

(4)输入 copy xxxx.bin tftp:将现有文件传到 TFTP 服务器,其中 xxxx.bin 就是刚才找到的 IOS 软件文件名,然后根据提示输入 tftp 服务器地址和要保存的目标文件名,如果一切设置正确,IOS 文件就被传送到 PC 机上。

(5)备份完成后,把需要升级的软件拷贝到 PC 机上,输入命令:

Switch# copy tftp:flash:

按照提示输入 TFTP 服务器地址、源文件名、目标文件名。将文件从 TFTP 服务器下载到交换机。

(6)如果交换机无法正确引导,只能采用 Xmodem 方式升级。交换机在引导失败后,会出现一些提示,此时,键入命令:

switch: copy xmodem: flash:xxxx.bin

其中,xxxx.bin 为升级后的 IOS 软件文件名,然后,单击 PC 机上的超级终端的菜单[传送文件]选项,选择要升级的文件名,选择 Xmodem 协议,单击"发送"按钮后,升级文件将传送到交换机。

(7)新的文件下载到交换机后,还需要让交换机启动时使用该软件。键入以下命令:

```
Switch# config term
Switch(config)# boot system flash:xxxx.bin
Switch# copy running-config startup-config
Switch# reboot
```

观察交换机启动时是否使用了新的软件。

2. 升级 Cisco 路由器软件

按照升级交换机的方式升级路由器,区别在于所升级的软件不同。

(三)路由/交换设备基本操作

(1)配置方式:可以通过 Console、AUX、Telnet、SNMP 来配置,第一次配置必须通过 Console 方式。

(2)获得帮助:可以输入"?"或者在命令后面输入"?",获得可用的命令列表和命令参数。

(3)使用 No 格式:几乎所有的配置命令前面都可以在前面加 no,以禁止该命令所代表的功能，比如取消 IP 路由，可以使用 no ip routing。

(4)使用 Default 格式：配置命令前面也可以加 default，以恢复到缺省配置。

(5)保存配置变更：做完配置修改后，要保存配置，以免在系统重启后丢失，这可以通过输入命令 copy system：running-config nvram：start up-config 来实现。

(6)调试模式：通过在一些命令前面加 debug，可以打开这些命令的调试信息，前面加 no debug 可以关闭相应的调试信息。

(7)显示信息：通过 show 命令可以查看相应的信息，比如 show running-config 可以显示当前的运行配置，show interface 可以列出当前的接口及状态，使用 show ？获得更多的可以显示的内容。

(8)显示 IOS 版本：show version。

(9)设置交换机/路由器名字：hostname 名字。

(10)缺省情况下，所有的交换端口都属于 VLAN 1，可以通过 show vlan 查看当前交换机设置了哪些 VLAN，配置 VLAN 可以通过命令 interface vlan 来进行。

(11)通过 show interface 可以查看接口的当前状态，请注意接口的两个状态：一个是物理状态，一个是协议状态。

(12)配置交换机 IP 地址：Interface VLAN 1，Ip Address xx. xx. xx. xx. 255. xx. xx. 0。

(13)激活端口：no shutdown。某些端口缺省是关闭的，因此需要激活。

思考题

1. 计算机由哪些部分组成？
2. 基本网络设备有哪些？
3. 键盘、鼠标有哪些基本操作？
4. 路由/交换设备的口令恢复有哪些？

复　习　题

1. 简述驻波比测试仪的操作方法。
2. 简述 200H 型 ATP 试验器的使用方法。
3. 绘出 300T 型/300S 型列控车载设备的设备框图。
4. 简述 200H 型 CRH_2、CRH_1 动车组车载设备结合部分工有何不同。
5. 简述 300T 型列控车载设备不种车型结合部分工的区别。
6. 简述 300T/300S/200C/200H 型列控车载设备系统组成部分。
7. 列举 Windows 系统的 10 个快捷键功能。
8. 简述路由/交换设备的基本操作。

第五章　动车组列控车载信号设备安装与调试

本章介绍了动车组列控车载信号设备安装与调试。描述了对维护人员安装列控车载设备提出要求、对调试提出标准，以及在对列控车载设备进行维护时必须遵守的安全指导。

第一节　列车运行监控装置(LKJ)安装与调试

一、列车运行监控装置(LKJ)各部件安装前的准备工作与注意事项

(一)LKJ 作业前准备

1. 作业组长派员参加动车所生产任务布置会，听取当日动车组的检修计划安排，领取作业计划单。

2. 作业组长组织召开作业准备会，根据当日动车所作业计划单布置作业地点和任务，做好安全预想，制定相应的安全措施。

3. 组织开展安全预想，布置安全措施，携带必备“禁动红牌”。

4. 准备工具、仪表、对讲机、读卡器、手锤、螺丝刀、扳手、老虎钳、转储器、IC 卡、秒表等。

5. 穿好工作服及绝缘鞋。

6. 核对校时 IC 卡或校时器的时间正确。

7. 检查环线发码设置符合要求。

(二)LKJ 作业注意事项

1. 通信 H 板 CRH_1 型、CRH_5 型动车组采用 RS-485 通信，J1、J2 跳线为 1、2 脚。CRH_2 型动车组采用 20 mA 电流环制动，J1、J2 跳线为 2、3 脚。

2. 动车组状态屏报 LKJ2000 型监控装置通信故障。X40T-X3 线中断、通信 H 板 J1、J2 跳线不对、通信 H 板坏。

3. 试验三种情况下的制动：

(1)LKJ2000 型监控装置隔离开关在正常位，输出常用 1、4、7 级和紧急制动，有输出。

(2)LKJ2000 型监控装置隔离开关在隔离位，输出常用 1、4、7 级和紧急制动，无输出。

(3)LKJ2000 型监控装置隔离开关在正常位，ATP 控制区，无制动输出。ATP 上电后，处于待机模式(SB)，有常用 7 级制动。选择“模式/调车/确认/缓解/确认”将 7 级制动缓解为 0。

(4)通过地面分析文件，掌握 LKJ 相关设备质量：

①LKJ 与 ATP 控制等级在减速、停车和固定限速下，运行速度达到固定模式限速值 +2 km/h语音报警，运行速度达到固定模式限速值+5 km/h 常用 7 级制动，运行速度达到固定模式限速值+10 km/h 时紧急制动。

②LKJ2000 型监控装置的临时限速和调度命令是出勤前通过 IC 卡进行输入或司机手动输入的，而且临时限速的控制限速精确到 1 km/h、控制位置信息精确到 1 m；ATP 的临时限速

和调度命令是通过地面点式应答器传输给 ATP，而且临时限速的限速值和位置信息是归档后的。ATP 分为限速 5 档(单位：km/h)：45、60、80、120、160；公里标分为 8 档(单位：m)：100、300、500、800、1 000、1 200、1 500、2 000。铁道部要求 LKJ2000 型监控装置临时限速值按 ATP 归档后的值写揭示信息。

③级间切换：ATP 控制，手动切换需停车状态下才能切换。靠应答器自动切换无需停车。

④测试台上，备用通道 1 和备用通道 3 同时选择后，LKJ 处于 ATP 控制区。备用通道 1 是将 LKJ 隔离信号，备用通道 3 是控制权切换。

二、列车运行监控装置(LKJ)安装要求

(一)LKJ2000 型运行监控装置监控主机

1. 安装要求

(1)LKJ2000 型运行监控装置主机箱加隔离开关后的外型及安装尺寸如图 5-1 所示。

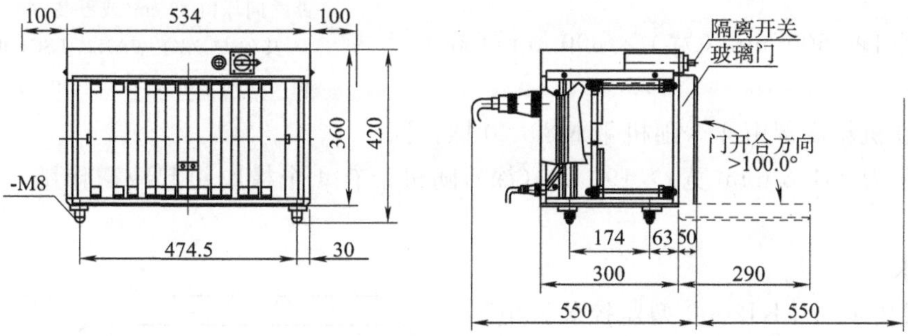

图 5-1　LKJ2000 型监控装置主机加隔离开关后的外型及安装尺寸图(单位：mm)

考虑到顶部散热，修改后 LKJ2000 型监控装置主机箱的安装空间为：750 mm(宽)×550 mm(深)×500 mm(高)，在 LKJ 主机安装架附近设置 M6 的接地螺栓，安装时注意玻璃门的开合角度要求大于 100°。主机玻璃门前面需要留有 550 mm 的空间以便玻璃门打开和维护人员工作，TAX2、TSC1 安装位置均应考虑装置维护和工作人员维护空间。

(2)LKJ2000 型监控装置屏幕显示器

LKJ2000 型监控装置屏幕显示器嵌入式安装在司机室内，动车组每套 LKJ2000 型监控装置只配一个，采用 10 英寸 TFT 高亮度液晶屏作为显示载体，其外形尺寸和安装面板开孔尺寸如图 5-2 和图 5-3 所示。

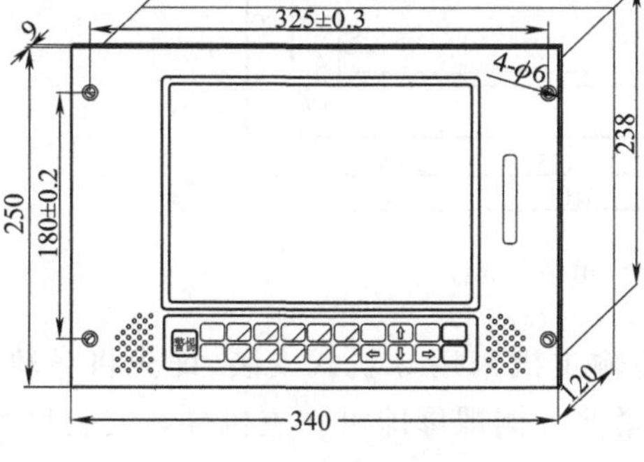

图 5-2　屏幕显示器外形尺寸(单位：mm)

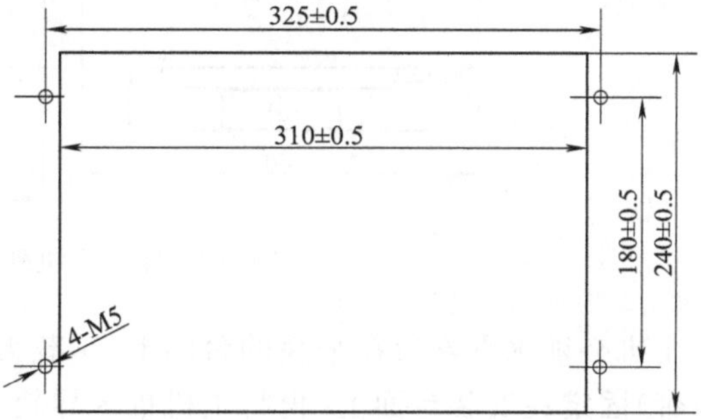

图 5-3　屏幕显示器安装面板开孔尺寸(单位：mm)

2. 布线要求

LKJ2000、TAX2、TSC1 自带的电缆,EMU 考虑布线位置、提供布线长度。EMU 在布线过程中,电缆要求布在独立金属线槽(金属线槽要接地良好)内,电缆放置不要与其他 EMU 电缆太近(尤其是承载牵引电流和其他大电流的电缆),或者以直角交叉。如图 5-4 所示。一些在车身下走行的电缆通过金属管进行机械防护,检查这些金属管应无毛刺,因为毛刺将损坏电缆。

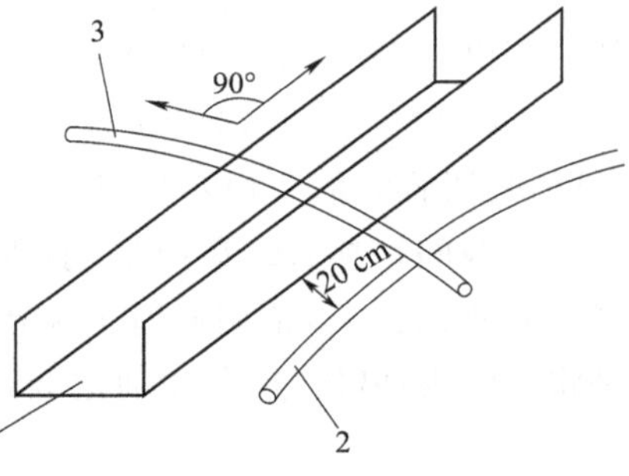

图 5-4 LKJ、TAX2、TSC1 电缆和其他列车电缆布线要求

注:1. 承载 LKJ、TAX2、TSC1 电缆的径路;
2. 其他与 LKJ、TAX2、TSC1 电缆径路并行的列车电缆,在其他列车电缆和径路之间保留 20 cm(或更多);
3. 其他与 LKJ、TAX2、TSC1 电缆径路交叉的列车电缆,应以直角与之交叉。

(二)TAX2 型机车安全信息综合监测装置

1. 安装要求

TAX2 主机箱的外形及安装尺寸如图 5-5 所示。

机箱外形尺寸:359.6 mm(宽)×206 mm(高)×450 mm(深)。

建议安装空间:500 mm(宽)×300 mm(高)×500 mm(深)。

安装要求:在机箱底部由 4 个随机带 M8×40 螺钉固定,螺钉间的间距为 251.6 mm(宽)×190 mm(深),随机带有 4 个橡胶垫起减震作用。如图 5-5 所示。

2. 布线要求

TAX2 布线要求与 LKJ2000 型监控装置电缆一样。

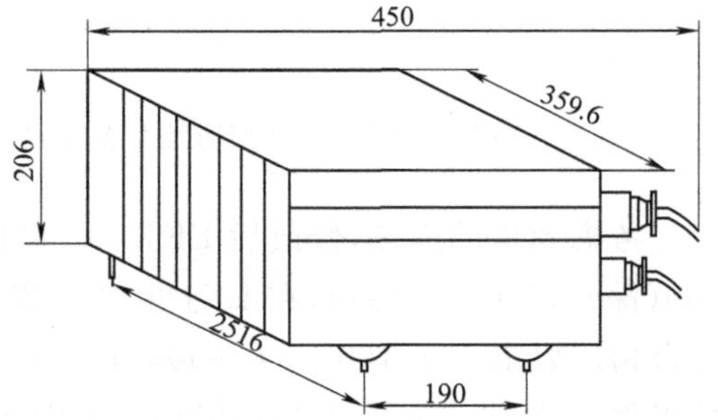

图 5-5 TAX2 主机箱的外形及安装尺寸(单位:mm)

(三)机车运行监测数据无线传输装置

1. 车载主机的安装

车载主机的外形尺寸如图 5-6 所示。主机后部装有插座,接上插头后深度将增加 100 mm。为保证散热良好,主机应安装在通风良好的位置,且主机顶部和左右两侧必须留较大的空间。建议安装空间:350 mm(宽)×480 mm(深)×200 mm(高)。

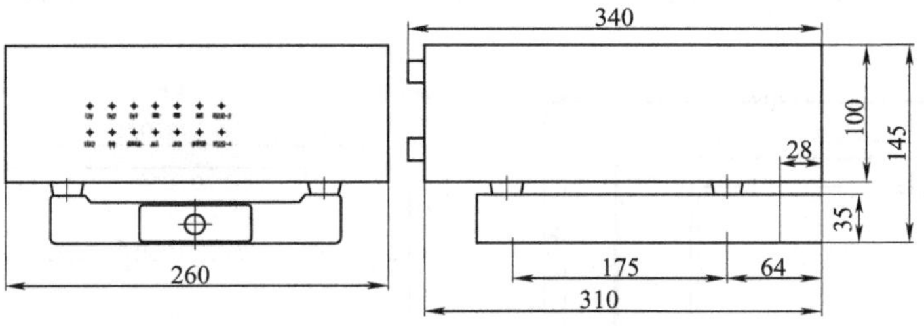

图 5-6 车载主机外形尺寸(单位:mm)

主机必须水平安装在平整的台面上,车载无线传输主机采用导轨式安装,即先将导轨(主机自带)固定在安装台面上,再将主机推入导轨并拧紧前方铜螺母即可。主机导轨安装尺寸如图 5-7 所示。

导轨与安装台面安装需要的零件有：

(1)六角螺栓 GB 5783 M8×20 2 个；

(2)弹簧垫圈 GB 938 2 个；

(3)平垫圈 GB 97.18 2 个；

(4)六角螺母 GB 6170 M8 2 个。

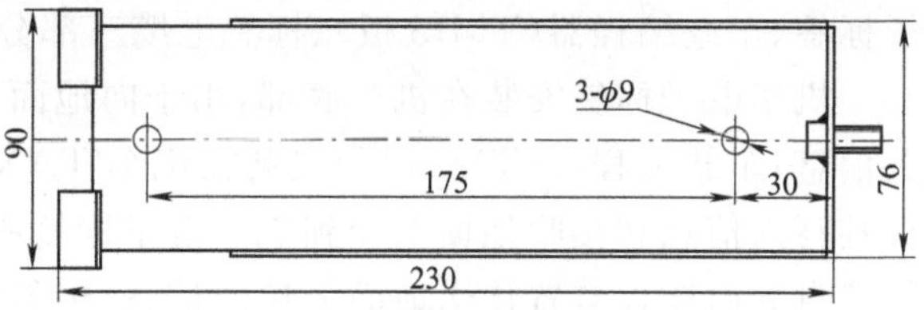

图 5-7　车载主机导轨安装尺寸图(单位:mm)

2. 车载天线的安装

天线应安装在开阔、无障碍物遮挡的地方,推荐安装在机车顶部较高的位置。无线传输装置有 2 根天线:WLAN/GPRS 二合一天线和 GSM 天线,两者的安装尺寸相同。天线高度为 230 mm,安装在机车顶上,因此需要在机车顶上焊一个安装支架,其中法兰盘如图 5-8 所示,或者直接在机车顶部开安装孔,用于固定天线。天线通过法兰盘 M8×30 螺栓紧固安装,其螺栓螺母等均为天线自带。

WLAN 的馈线和 GPRS 馈线要求穿越机车的外壳,穿孔时要采取防水措施。

WLAN 的馈线采用 N 头连接,一端的 N 头接天线,另一端接车载主机,GPRS 的馈线一端的 TNC 头接天线,另一端的 SMA 头接车载主机,如图 5-9 所示。

GSM 的馈线一端的 TNC 头接天线,另一端的 SMA 头接车载主机。

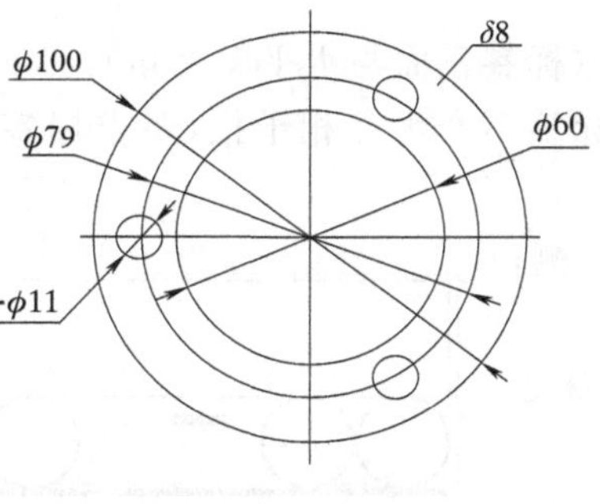

图 5-8　天线安装法兰盘(单位:mm)

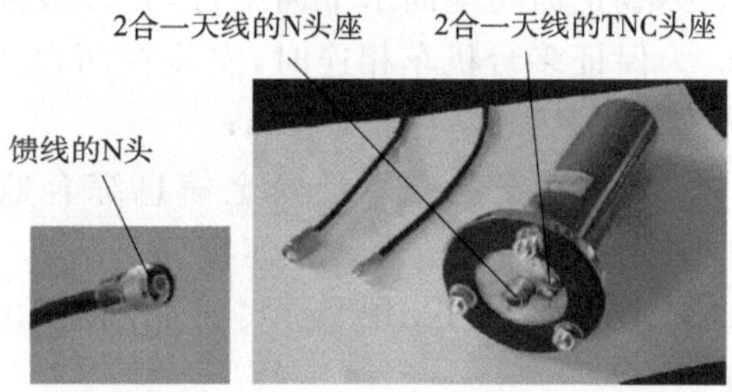

图 5-9　WLAN 天线的连接

这两根天线相互间的间距及与其他系统的车顶天线间距不小于 3.5 m,若受安装位置限制,两根天线相互间的间距可以不小于 1 m,但四周应开阔、无障碍物遮挡。需要特别注意的是天线的安装位置必须考虑馈线的长度,要求是一根馈线对信号的衰减不得超过 1 dB,因此如果馈线指标中说明信号衰减 0.1 dB/m,则馈线长度不得超过 10 m,否则将影响车载主机的联网性能,从而影响数据的传输效率。

3. 车载通话器的安装

通话器外形尺寸如图 5-10 所示,安装紧固件为:

(1)螺钉 GB 818 M4×40 2 个;

(2)垫圈 GB 93 4 2 个;

(3)垫圈 GB 97.1 4 2 个;

(4)螺母 GB 6170 M4 2 个。

(四)机车车次号自动识别系统

1. 安装技术要求

(1)系统构成

机车车次号自动识别系统主要由机车电

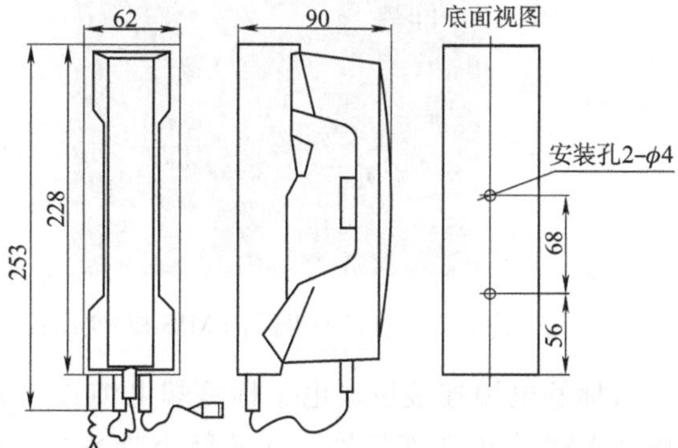

图 5-10　通话器外形图(单位:mm)

子标签、车载编程器(TMIS 板)、标签电缆三部分组成。

机车电子标签安装在机车底部,用于向地面 AEI 设备传送机车信息和接收地面上传的有关信息;车载编程器(TMIS 板)安装在机车 TAX2 箱中,用于存储机车有关信息、向机车电子标签写入信息和接收地面上传到机车电子标签中的信息、与机车监控装置进行通信接收车次等信息并向监控装置传送地面上传的信息,标签电缆用于连接机车电子标签和 TAX2 箱。

(2)安装要求

①机车电子标签重量 2.6 kg,实物如图 5-11 所示。

图 5-11 机车电子标签实物图

机车电子标签安装示意如图 5-12 所示,安装要求如下:

a. 机车标签基本部分连同金属安装板一体安装,再将金属安装板固定在机车底部适当位置的支架加强板上即可;

b. 机车标签安装时,以安装板水平面为基准向标签背面预留空间高度为 120 mm,以便留出空间,方便标签电缆的连接。

c. 标签正面朝下;

d. 标签较长方向与机车纵向垂直(允许偏差±5°);

e. 机车标签安装位置距轨面高度应不小于 0.7 m(以安装板水平面为基准);

f. 安装在机车纵向中心线±30 mm 的位置上;

g. 标签正面与地面水平面平行,允许最大偏差±5°(标签正面与水平面夹角);

h. 为保证多台机车相连时,安装在两台机车上的标签不产生互相干扰,要求标签安装位置距离车钩的距离应大于 1.2 m;

i. 标签尽量安装在靠近安全信息综合监测装置一侧,以便与安全信息综合监测装置连接。

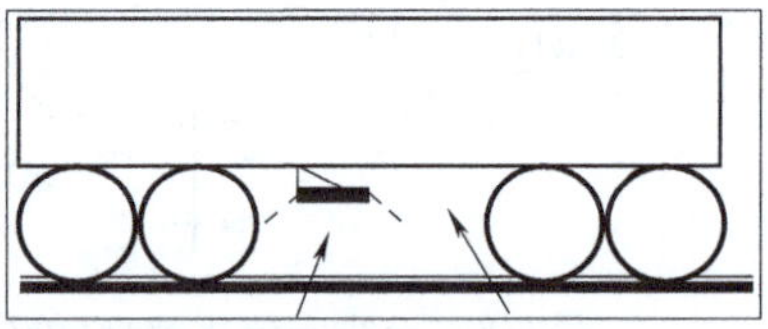

前后角度大于 120° 高度大于 700 mm

图 5-12 机车电子标签安装示意图

②车载编程器(TMIS 板)实物如图 5-13 所示,具体安装如下:

关闭 TAX2 箱电源,将车载编程器(TMIS 板)插入 TAX2 箱中 TMIS 插槽中,连接监控装置主机至车载编程器(TMIS 板)前面板的电缆连接器。

③标签电缆实物如图 5-14 所示,安装要求如下:

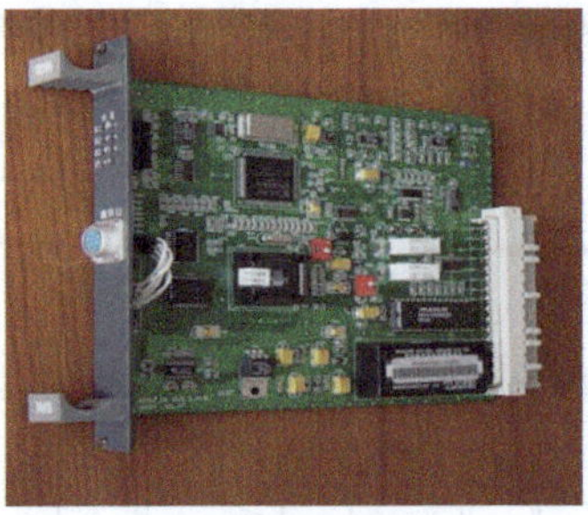

图 5-13 车载编程器(TMIS 板)实物图

图 5-14 标签电缆实物图

标签电缆连接机车电子标签端电缆连接器为七芯防水航空插头,其最大外径 30 mm;连接 TAX2 端电缆连接器为八芯航空插头(连接在 TAX2 箱后侧 TMIS 接口),其最大外径为 40 mm。标签电缆在机车底部部分应最少每隔 600 mm 有一个固定点,在机车内部可敷设在地板下。标签电缆与机车电子标签的详细安装方法如图 5-15、图 5-16 所示。

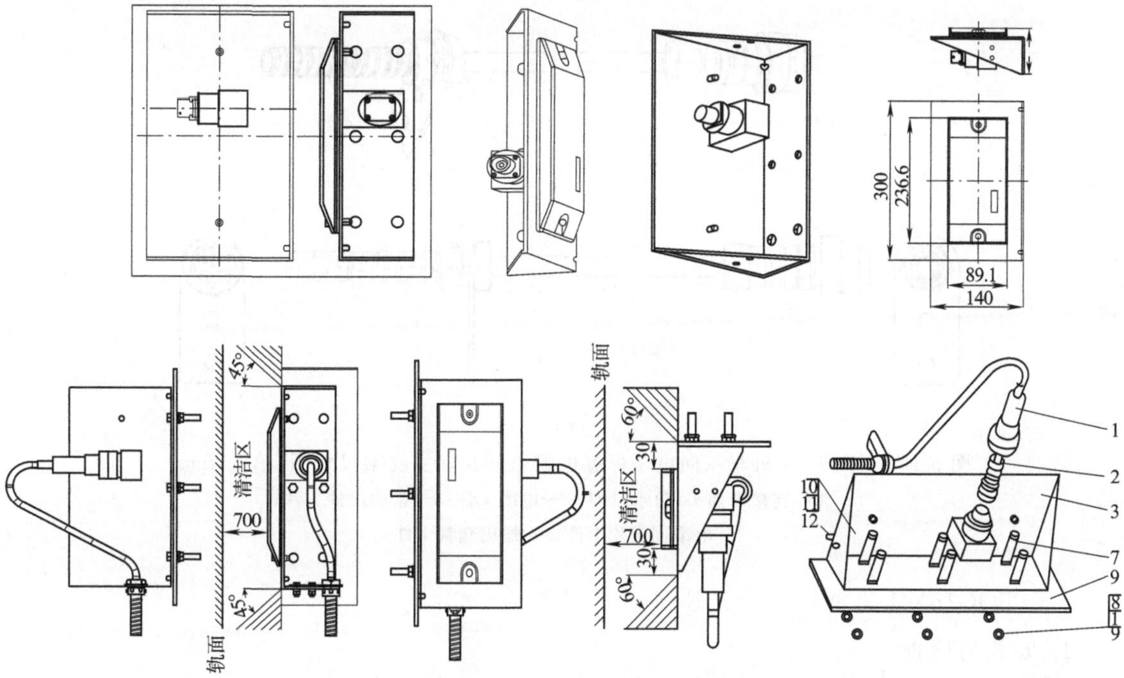

图 5-15　XCTF-3J 机车双向电子标签电缆组件及现场安装图(单位:mm)

1—热缩导管 1 个;2—电缆组件 1 件;3—标签安装图 XCTF-3J 1 件;4—螺丝 GB/T 5780 M8×6 个;5—机车标签补板 1 件;6—平垫 GB/T 848 8×6 个;7—弹簧垫圈 GB/T 859 8×6 个;8—螺母 GB/T 6172.1 M8×6 个;9—锁紧螺母 M5(不锈钢) ×2 个; 10—弹簧垫圈 GB/T 859 5(不锈钢) ×2 个;11—平垫 GB/T 848 5(不锈钢) ×2 个;12—螺丝 GB/T 5780 HM5×16(不锈钢)×2 个

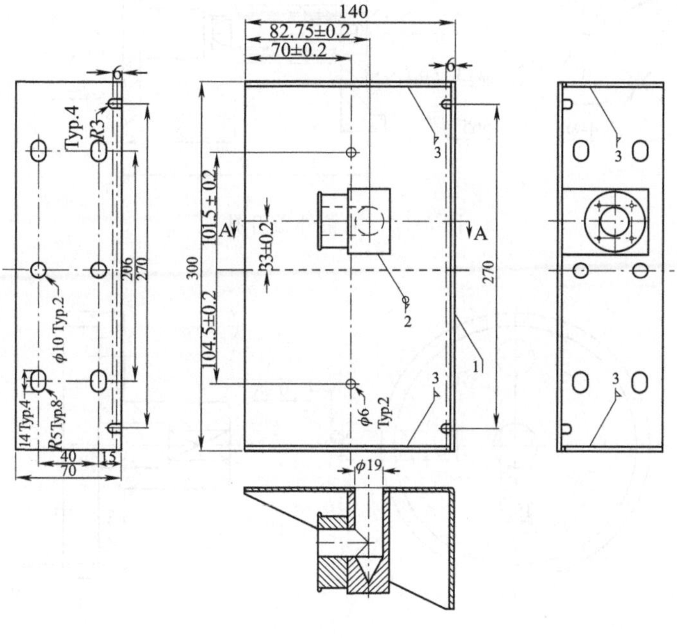

(a)

图　5-16

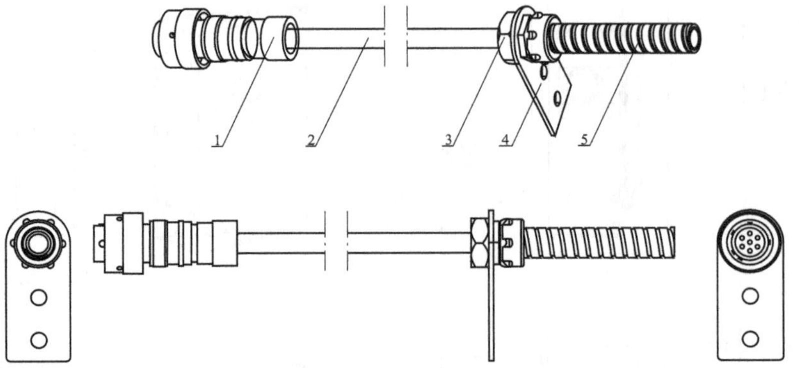

(b)

图 5-16 XCTF-3J 机车双向电子标签电缆组件及标签支架尺寸图(单位:mm)

1—圆形连接器插头(防水)1 件;2—电缆 1 件;3—紧固组件 1 件;

4—电缆固定片 1 件;5—蛇皮套管 1 件

(五)TQG15X-1 光电转速传感器

1. 安装与检查

(1)安装座及机车轴箱外盖开孔尺寸:

定位圆 $\phi 65$ mm 安装螺孔 4-M8 在 $\phi 130$ mm±0.2 mm 圆周上均布,如图 5-17 所示。

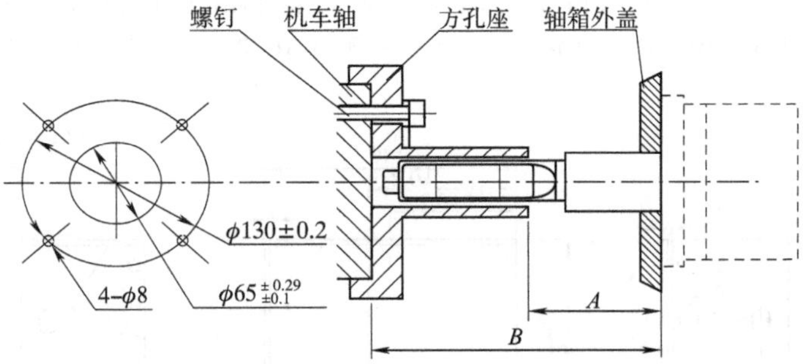

图 5-17 轴箱外盖开孔

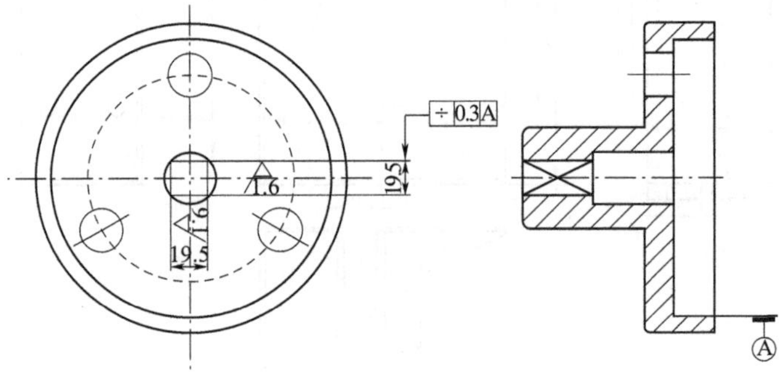

图 5-18 方孔座方孔

方孔座方孔尺寸 19.5 mm×19.5 mm，如图 5-18 所示。

安装面至方孔座表面尺寸 A、安装面至方孔底部尺寸 B，如图 5-17 所示。

对三轴转向架两端轮对轴箱及二轴转向架轮对轴箱：

A=65 mm±5 mm；B=120 mm±5 mm。

对三轴转向架中间轮对轴箱（需用长轴传感器）：

A≥70 mm；B≥130 mm。

（2）安装时，在车轮轴端方孔四壁均匀涂一薄层润滑脂（同车轮轴承用油脂），以保证弹性方榫四滑板与方孔四壁滑动灵活。

2. 传感器与机车电路接线结构

传感器输出电缆为 1.5 m，上车电缆长度为 6 m、8 m、10 m、12 m、16 m、18 m 任意选择。

传感器输出电缆终端为电连接器插头部分，插座部分安装在车体底架侧梁内侧接线盒或固定板上，具体安装位置由用户确定，传感器通过电连接器与机车电路连接，安装如图 5-19 所示。

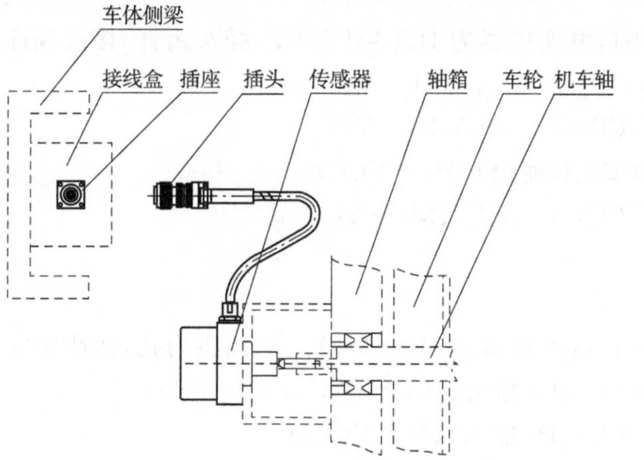

图 5-19　传感器安装位置

3. JL5 型机车电连接器

（1）电连接器插座安装开孔尺寸如图 5-20 所示。

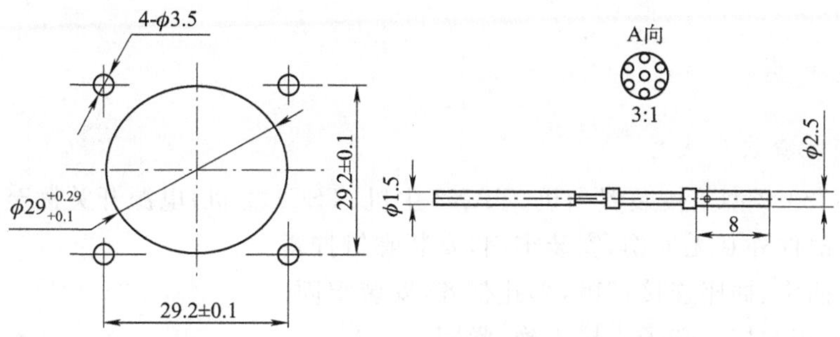

图 5-20　电连接器插座安装开孔尺寸（单位：mm）

（2）连接器接触件与电缆连接方式为压接，接触件压接部位外径为 ϕ2.5 mm，采用四面挤压方式压接。

(3)通道定义

①二通道

型号为 TQG15B-1,电连接器为 JL5-14JT/KZ,插头为针,接线顺序为:

a. 通道 1 C(+VCC)、B(输出)、A(−VCC);

b. 通道 2 G(+VCC)、E(输出)、F(−VCC);

c. D 屏蔽。

②三通道

型号为 TQG15C-1,电连接器为 JL5-14JT/KZ,插头为针,接线顺序为:

a. 通道 1 C(+VCC)、B(输出)、A(−VCC);

b. 通道 2 G(+VCC)、E(输出)、F(−VCC);

c. 通道 3 J(+VCC)、I(输出)、H(−VCC);

d. D、K 屏蔽。

③四通道

型号为 TQG15D-1,电连接器为 JL5-14JT/KZ,插头为针,接线顺序为:

a. 通道 1 C(+VCC)、B(输出)、A(−VCC);

b. 通道 2 G(+VCC)、E(输出)、F(−VCC);

c. 通道 3 J(+VCC)、I(输出)、H(−VCC);

d. 通道 4 N(+VCC)、L(输出)、M(−VCC);

e. D、K 屏蔽。

④六通道

型号为 TQG15F-1,电连接器为 JL5-19KT/JZ,插头为孔,接线顺序为:

a. 通道 1 U(+VCC)、K(输出)、L(−VCC);

b. 通道 2 T(+VCC)、H(输出)、J(−VCC);

c. 通道 3 S(+VCC)、F(输出)、G(−VCC);

d. 通道 4 B(+VCC)、D(输出)、C(−VCC);

e. 通道 5 N(+VCC)、M(输出)、A(−VCC);

f. 通道 6 P(+VCC)、R(输出)、V(−VCC);

g. E 屏蔽。

三、列车运行监控装置(LKJ)调试

(一)通电前检查设备状态

各设备(LKJ2000 型监控装置主机、TAX2 主机、TSC1 主机)电源开关拨至"关"位:

1. 各设备、部件外观无损伤,安装牢固,安装螺钉拧紧。
2. 各连线、插头、插座连接正确,绑扎整齐,安装牢固。
3. 接线排上相关接线端子连接正确、紧固。
4. 各相关设备程序、数据版本正确,芯片插好。
5. 各插件板全部插好,安装螺母紧固。

（二）上电检查

确认司机室 NFB（自动开关盘）各相应开关（LKJ、TSC1、TAX2）处于"on"位，ATP、无线列调电台已经上电。

自动开关的操作须遵守相关规定。接通电源时，若出现异常情况，应立即切断电源，查明原因后再接通。

1. LKJ2000 型监控装置主机

（1）开机自检。主机隔离开关"正常"位，电源开关拨至"开"位，主机自检。监控记录插件指示灯全亮然后全灭，然后 1A～4A、1B～4B 灯亮，表示上电自检正常。自检过程中监控记录插件各指示灯含义见表 5-1。

表 5-1　自检时监控记录插件各指示灯含义

1A：程序芯片（U3、U4）自检正确	1B：地面数据芯片（U5、U6）自检正确
2A：CPU 内部 RAM 自检正确	2B：实时时针（U15）RAM 自检正确
3A：外部 RAM（U13）自检正确	3B：外部 RAM（U14）自检正确
4A：外部 RAM（U11）自检正确	4B：外部 RAM（U12）自检正确

（2）自检完毕后监控记录插件各指示灯状态见表 5-2。

表 5-2　自检完毕时监控记录插件各指示灯含义

1A（闪）：工作正常	1B（亮/灭/闪）：主机/备机/单机
2A（亮）：实时时钟正常	2B（亮）：CANA 通信正常
3A（亮）：同步通信正常	3B（亮）：CANB 通信正常
4A（亮）：数字输入自检正常	4B（亮）：模拟插件自检正常
5A（亮）：数字输入/出插件输入部分自检正常	5B（亮）：数字输入/出插件输出部分自检正常
6A（亮）：程序及数据一致	6B（亮）：记录同步

（3）电源插件指示灯 1A～4A、1B～4B 全亮；地面信息处理插件指示灯 1A 闪；通信插件 1A～3A、1B～3B 全亮，6B 闪（频率较快）；数字量入出插件 3B 亮；除信息处理插件外，其他插件面板无红色指示灯亮。

2. TAX2 相关设备

（1）TAX2 主机电源开关拨至"开"位。

（2）电源插件：面板上指示灯全亮。

（3）通信记录插件：面板上指示灯 2A 灭，3A 闪。

（4）录音插件待机状态下 1A、2A 灭，1B 闪。

3. 无线传输装置主机

（1）主机电源开关拨至"开"位。

（2）电源指示灯 V1（12V）、V2（5V1）、V3（5V2）亮。

（3）"监控"、"TAX2"、"工作"灯闪亮。

（4）"GPRS"指示灯常亮或闪亮（在安装好 SIM 卡并充值之后）。

（5）"WLAN"指示灯闪烁（在地面无线网络基站已建立且工作正常的前提下）。

4. 显示器

（1）上电后显示器自检，约 30 s 后显示器进入常态信息显示状态，速度窗口显示 0（机车速度为0），限速窗口显示降级状态限速，距前方信号机距离窗口无距离显示，时间窗口显示时间且时间走行正常。

（2）显示屏右下角无红色“隔离”显示。

（3）按【查询】键，在查询选择窗口上选择“设备状态”，按压【确认】键，显示当前各模块工作状态：

①监控装置状态

a. 主机各插件状态指示灯为绿色；显示器、双紧急制动显示“正常”，地面数据、监控软件显示“一致”，监控版本、数据版本、彩显版本正确；

b. 除Ⅱ端显示器、副台按钮、黑匣子外，无故障状态指示。

②无线传输系统状态

a. 按【1】键，显示“无线传输系统信息查询”窗口；

b. 确认“系统状态”栏的接口状态中 “监控装置”、“TAX2”显示绿色；

c.“无线网络”栏中，“联网”和“注册”均显示绿色（在地面无线网络基站已建立且工作正常，设置正确的前提下）；

d.“GSM&GPRS”栏中，“GSM 入网”显示绿色（按要求安装好 SIM 卡并充值之后）。

（三）LKJ2000 型监控装置参数设置及输入、输出信息

1. 参数设置

（1）时钟

按监控显示器【设定】键，屏幕显示“参数设定”窗口，利用左、右键将光标移到【时间】上，按【确认】键，输入检修密码后，按【确认】键，显示“日期时间设定”窗口 。检查系统日期、时间是否正确（误差不超过 15 s），如不正确则修改。修改完毕后按【确认】键。

（2）其他参数设置

按压【设定】键，屏幕显示“参数设定”窗口 ，利用左、右键将光标移到【检修】上，按【确认】键，提示输入检修密码后，按【确定】键，显示“检修参数设定”窗口：

①输入装置号。

②输入动车组型号（代码），如（302）。

③输入机车号，选择 A、B 节（1 号车为 A 节，0 号车为 B 节）。

④输入轮径（对应安装速度传感器的轮对 1 轴、4 轴，标准轮径 860 mm）。

⑤输入完毕后按【确定】键。

2. 输入

（1）手柄位置信息输入状态

在监控显示器上按【查询】键，在查询选择窗口上选择“工况显示”，在显示器屏幕右上角出现“工况显示” 窗口，由具有操纵资格的配合人员分别操作动车组换向手柄、牵引手柄、制动手柄，屏幕上“向前/向后、牵引/制动、零位/非零位”显示与手柄位置状态一致。

（2）具备动车组运行的条件下，检查速度输入状态

①主速度传感器（1 轴）输入状态。在监控显示器上按【设定】键，确认当前工作的是主速度传感器，动车组动车时，监控显示器速度显示窗口有速度显示。

②备速度传感器（4 轴）输入状态。在监控显示器上按【设定】键、【5】键，转换为备用速度传感器，动车组运行时，监控显示器速度显示窗口有速度显示。

③在监控显示器上按【设定】键、【5】键，转换为主速度传感器。

(3)隔离开关输入状态

①将主机上的隔离开关拨到“隔离”位，数字量入出插件指示灯3B灭，监控显示器的右下角“隔离”指示灯亮。

②将主机上的隔离开关拨到“正常”位，数字量入出插件指示灯3B亮，监控显示器的右下角“隔离”指示灯灭。

(四)LKJ2000-ATP-EMU通信状态

1. 确认ATP工作正常

(1)LKJ2000型监控主机通信插件7A闪(表示LKJ2000与ATP通信正常)；

(2)LKJ2000型监控主机A机通信插件7B闪(表示LKJ2000与EMU通信正常)；

(3)LKJ2000型监控主机与ATP通信状态。

2. 机车信号接收

(1)动车组1、0号车停放在具有机车信号测试环线的股道上(或采用信号测试发码设备)。

(2)ATP设置为ZPW-2000信号制式。

(3)ATP工作在CTCS-0级，监控显示器显示的机车信号与ATP显示器显示的机车信号信息一致。

(4)通过ATP显示器选择进入CTCS-2级，监控显示器显示的机车信号与ATP发送的信号信息一致。

3. 车次、司机号信息发送

在监控显示器上修改司机号、车次，在ATP显示器查看，确认其接收到的司机号和车次正确。

4. CTCS-0/CTCS-2手动切换

(1)确认LKJ2000型监控装置和ATP均未输出制动指令。

(2)通过ATP显示器选择进入CTCS-2级，监控显示器显示“ATP控制区”。

(3)通过ATP显示器选择进入CTCS-0级，监控显示器“ATP控制区”显示消失，进入正常显示状态。

5. LKJ2000型监控装置控制指令输出

(1)动车组制动手柄“运行”位、ATP处于CTCS-0级，ATP主机和LKJ2000型监控主机上的隔离开关均处于“正常”位。

(2)常用制动输出

①按压监控显示器【查询】键，将光标移到“制动试验”上按压【确认】键，进入制动试验界面。

②将光标定位到“A机常用制动试验”上，然后按压【确认】键，进入A机常用制动试验界面。

③按【1】键进行“最小常用试验”，监控显示器的常用制动输出指示显示“1”，动车显示器“制动信息”页面显示“B1”；按【确认】键缓解，动车显示器上查看B1级常用制动指令被撤销。

④按【3】键进行“最大常用试验”，监控显示器的常用制动输出指示显示“7”，动车显示器“制动信息”页面显示“常用”；按【确认】键缓解，动车显示器上查看常用制动指令被撤销。

⑤按上述步骤，进行B机常用制动检查。

6. 紧急制动输出

(1)按压监控显示器【查询】键，将光标移到“制动试验”上按压【确认】键，进入制动试验界面。

(2)将光标定位到“A机紧急制动试验”上，然后按压【确认】键，进入A机紧急制动试验界面。

(3)将光标定位到“A机紧急制动试验”上，然后按压【确认】键，显示器提示“A机紧急试验”，右边“卸载”、“紧急”亮，动车显示器“制动信息”页面显示“快速”。

(4)数秒后紧急制动自动解除(或按任意键解除),“A 机紧急试验”提示消失,“紧急”灯灭,动车显示器上查看快速制动指令被撤销。

(5)按上述步骤,进行 B 机紧急制动检查。

7. 隔离状态

(1)LKJ2000 型监控装置主机隔离开关拨到“隔离”位。

(2)在监控显示器上进行上述常用制动、紧急制动试验,确认动车显示器上无制动信息。

(3)LKJ2000 型监控装置主机隔离开关拨回“正常”位。

(五)机车电台语音记录装置(录音插件板)功能调试

(1)待机状态下录音插件板 1A、2A 灭,1B 闪。

(2)用无线列调电台呼叫 2 遍“录音试验”,呼叫完毕挂机。

(3)按压插件面板上的录音测试按钮,插件内置的测试喇叭应能回放刚刚录入的“录音试验”声音。

思考题

1. 列控车载设备人员出、入库作业需遵守哪些安全卡控制度?
2. LKJ2000、TAX2、TSC1 电缆线布线有哪些要求?
3. 安装调试后通过地面分析文件,需掌握 LKJ 哪些相关设备质量?
4. LKJ2000 型监控主机安装要求是什么?
5. TAX2 型机车安全信息综合监测装置安装要求有哪些?

第二节　CTCS-2 级列控车载设备安装与调试

一、CTCS-2 级列控车载设备各部件安装前准备工作与注意事项

(一)作业前准备

1. 作业组长派员参加动车所生产任务布置会,听取当日动车组的作业计划安排,领取作业计划单。

2. 作业组长组织召开作业准备会,根据当日动车所作业计划单布置作业地点和任务,做好安全预想,制定相应的安全措施。

3. 组织开展安全预想,布置安全措施,携带必备防护信号。

4. 准备工具、仪表、对讲机、读卡器、手锤、螺丝刀、扳手、老虎钳、转储器等。

5. 穿好工作服及绝缘鞋。

6. 检查环线发码设置符合要求。

(二)注意事项

1. 遵守基本安全制度和作业纪律

列控车载设备信号工作人员必须认真执行具体的“三不动”、“三不离”、“三不放过”等基本安全制度和“七严禁”作业纪律。

2. 作业安全卡控

(1)作业前,必须着规定的工作服,穿绝缘鞋。

(2)横过铁路线路时,必须执行"一站、二看、三通过"的安全规定;上下列车时,必须站稳、抓好。

(3)进行作业前必须设置防护信号并与作业组长联系确认后方可进行作业;作业完毕及时撤除防护信号。

(4)进地沟作业前,必须确认接触网处于无电状态,动车组已降弓断电,方可进行地沟检查作业。

(5)在接通 ATP 电源前,必须确认无其他人进行 ATP 设备作业后才能接通,防止触电事故发生。

(6)严禁带电拔插 ATP 各部插接件、电路板。

(7)操作隔离、冗余开关时,开关必须在"0"位停留 10 s 以上,才能将开关置于另外位置。

(8)除尘、清扫印刷电路板时应采取接地措施,带好防静电手套,防止被静电击伤或者损坏电路板。

(9)拔插各部插接件、电路板时,要用力适当,防止损坏设备。

(10)严禁随意变动 ATP 机柜内设备各部位开关,作业完毕后,必须检查确认各部位开关位置正确。

二、CTCS-2 级列控车载设备安装要求

本部分以 200C 型列控车载设备为例,对列控车载设备的安装工艺等方面作简要介绍。

(一)车载设备电缆与布线

1. 走线的一般原则

(1)电缆走线半径至少是电缆半径的 13 倍。

(2)列车电缆在 EMU 中走线应置于金属走线槽中。

(3)走线要符合 EN 50121-3-2 中电磁干扰的要求(尤其是电缆屏蔽层的连接)。

(4)屏蔽电缆与扁平浮动连接器连接时,必须露出 5 cm 的屏蔽层,并在距离不超过 10 cm 的范围内接地。

(5)屏蔽电缆两端都要接地。

2. 电缆布线安装要求

(1)电缆布在线槽内,与其他列车电缆分开。

(2)线槽应该是金属材质且导电,电缆和线槽应该每隔 20 cm 固定一下。

(3)布设电缆时不要靠近动车的其他电缆(尤其是承载牵引电流的电缆),若必须靠近其他电缆则必须保证与之垂直相交。

(4)车体下走行的电缆通过金属管进行机械防护。

(二)BTM 及 BTM 天线的安装

1. 同轴电缆的安装

连接 BTM 和天线的同轴电缆安装在防电磁干扰的屏蔽套管中,屏蔽套管必须接地。多余长度的电缆可以绕圈并固定,绕圈的直径要大于外径的 10 倍;同轴电缆不能与有大电流或产生强电磁场的电缆一起放置在一个电缆输送管中,电缆可以从正面外罩的左右两端(可互

换)插入,两个孔可以通过一个有金属护套的"1"活动连接器。一个护套内的电缆连接至天线,另一个护套内的电缆连接至 BTM-CSEE ATC/ATP 和电源。电缆可以从左或从右连接至 BTM 天线,只需将电缆防护罩旋转 180°即可。

2. BTM 的安装

BTM 视图如图 5-21 所示。BTM 安装在 ATP 机柜附近,靠左边;BTM 后面需要至少 50 mm 的空间,确保 BTM 风扇散热;BTM 的接地直接在列车底盘上进行,确保接地电阻符合标准。

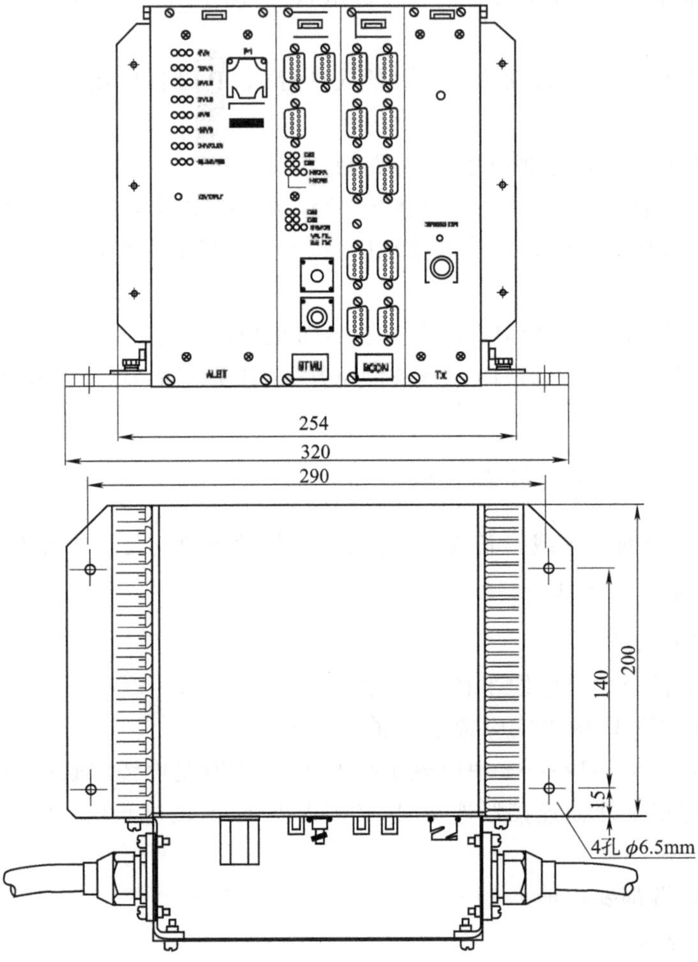

图 5-21　BTM 视图(单位:mm)

3. BTM 天线的安装

BTM 天线视图如图 5-22 所示。天线安装在动车车体下(不在转向架上),如图 5-23 所示。位置必须在动车水平中轴线上,避免冲击或飞物侵袭;天线与金属的距离最小为 60 mm(不包括天线上部),天线可以直接安装在车体上,也可以通过一个支架来达到距钢轨表面的规定距离;如果在天线附近有发射电磁信号的其他电子设备,这些设备必须距天线至少 4 m;天线的位置离动车第一轴的距离不能超过 12.5 m。

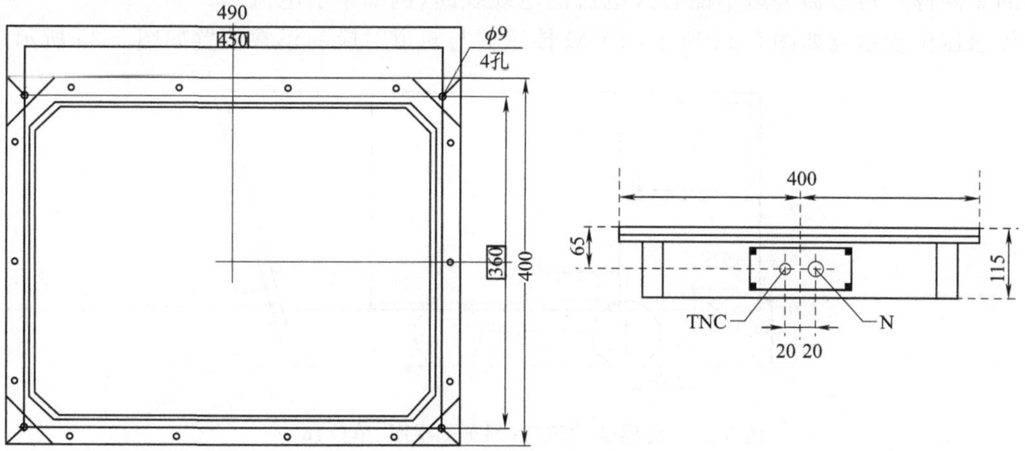

图 5-22　BTM 天线视图(单位:mm)

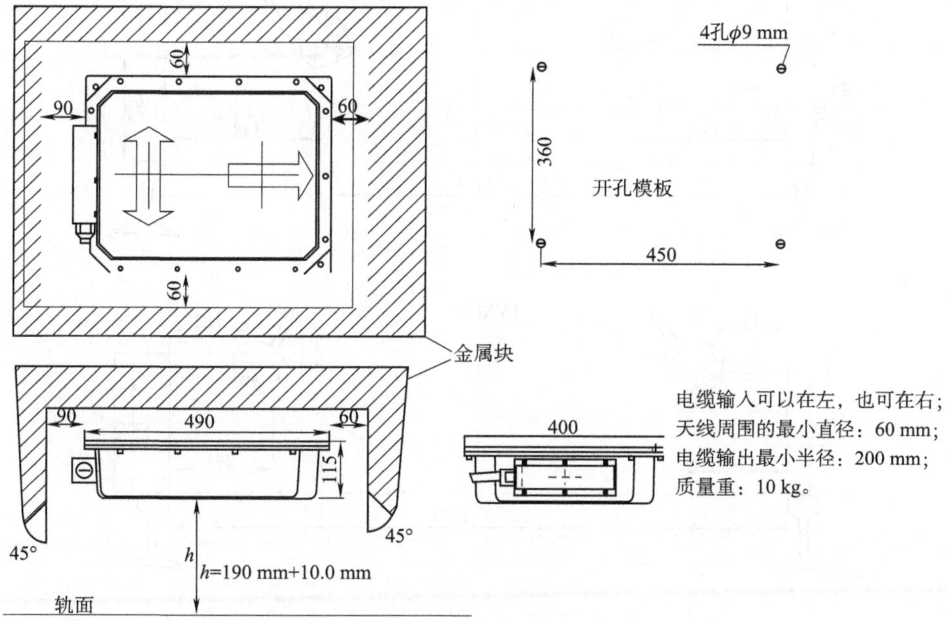

图 5-23　BTM 天线的安装(单位:mm)

(三)信号传感器的安装

信号传感器包括连续信息传感器(TVM 2G 和 FSK 传感器)与点式信息传感器(EMBO 传感器和 BSP 传感器)。其中,TVM 2G、EMBO 和 BSP 为在 CTCS-2 级区段和 TVM 区段用的 TVM 传感器。

1. TVM 传感器的安装要求

传感器必须安装在第一轴之前,与轮轴的距离约 1.2～2 m 之间,两根铁轨上方各一个传感器;传感器必须安装在垂直的且非磁性(木质)的支架;为保证接收门限,传感器的高度从正常位置向下,可调约 70 mm;横向位置(向钢轨方向)可调约 100 mm。必须为传感器三个互相垂直的方向和安装横截面预留 300 mm 的空间,此空间内不能有任何大金属物体(只允许有传感器的紧固件)，传感器旁边不能有大电流的电缆线路(例如牵引电流)。

传感器位置示意如图 5-24 所示，TVM 传感器与轨道对应的正常位置如图 5-25 所示。

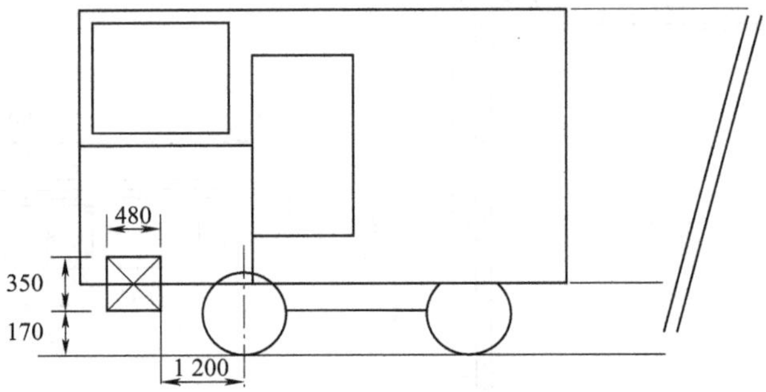

图 5-24 传感器的位置(列车侧视图，单位:mm)

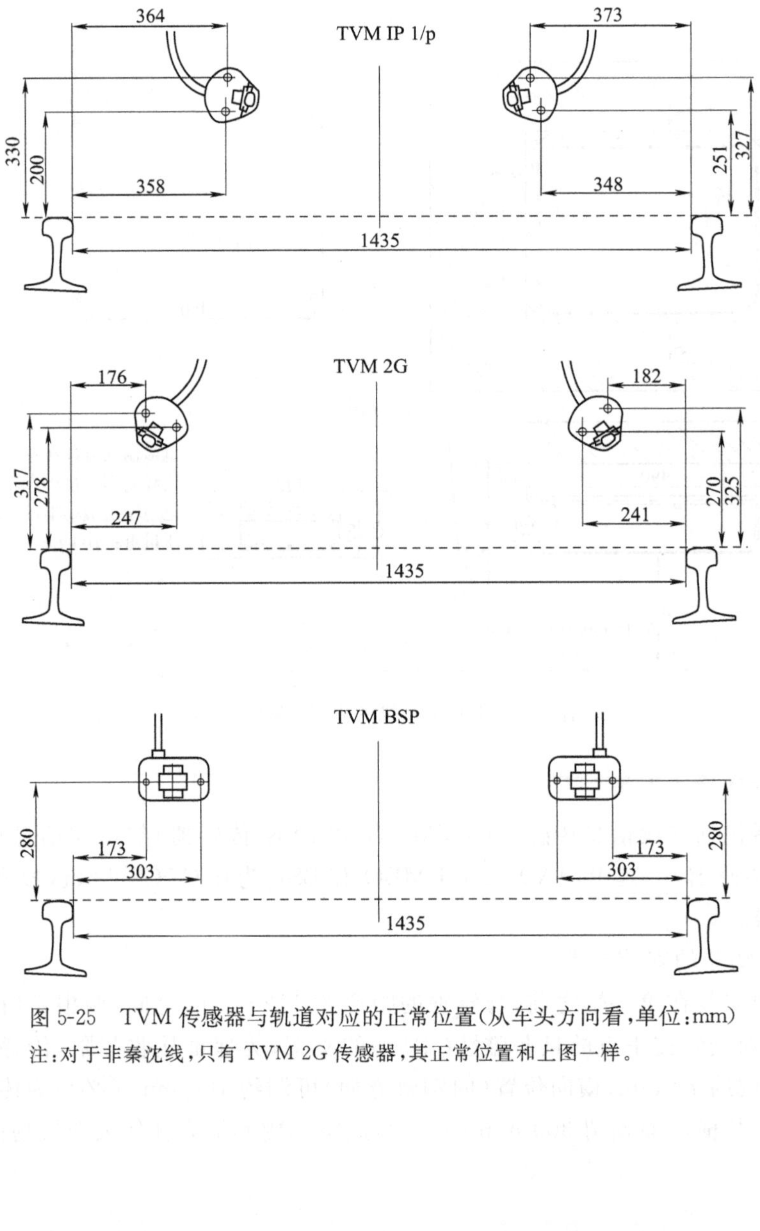

图 5-25 TVM 传感器与轨道对应的正常位置(从车头方向看，单位:mm)

注:对于非秦沈线，只有 TVM 2G 传感器，其正常位置和上图一样。

2. TVM 接线盒安装要求

接线盒与其相关传感器的最大距离是 1 m。不要把传感器和接线盒之间的电缆拉直(保持曲线形,曲线半径必须超过电缆直径的 10 倍);接线盒到机柜的电缆必须是屏蔽双绞线而且长度要少于 20 m;车底部的传感器和 ATP 机柜之间的屏蔽必须是连续的,中间不能有接至列车的间接接地;为了便于安装和维护,接线盒周围需要预留足够的空间来插入或卸除传感器电缆连接器(建议预留 350 mm)。

3. FSK 传感器的安装

FSK 传感器接收 FSK 连续数据信号,用于 CTCS-0/1 级线路上,在动车下第一轴之前安装两个传感器。配套电缆长 7 m ,尺寸:430 mm×100 mm×85 mm。

FSK 传感器的安装要求:线圈中心必须与钢轨中心一致;每组传感器由两个组成,钢轨上一边一个;传感器机架上有箭头,两个箭头必须指向同一方向。

4. FSK 接线盒的安装要求

接线盒安装在车体内,距 FSK 传感器的距离不超过 7 m ;将接线盒连接到列车底盘上,将机柜的电缆 P4C 连接到 FSK 接线盒的 J4 连接器上,将传感器电缆连接到接线盒对应的插头上。

图 5-26 为 TVM 传感器的建议安装方式,图 5-27 为 TVM 传感器垫圈,图 5-28 为 FSK 传感器的安装视图,图 5-29 为 FSK 传感器接线盒视图。

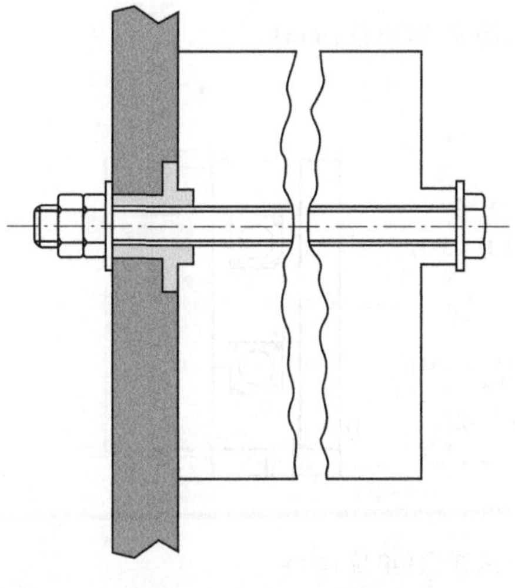

图 5-26　TVM 传感器的建议安装方式图示

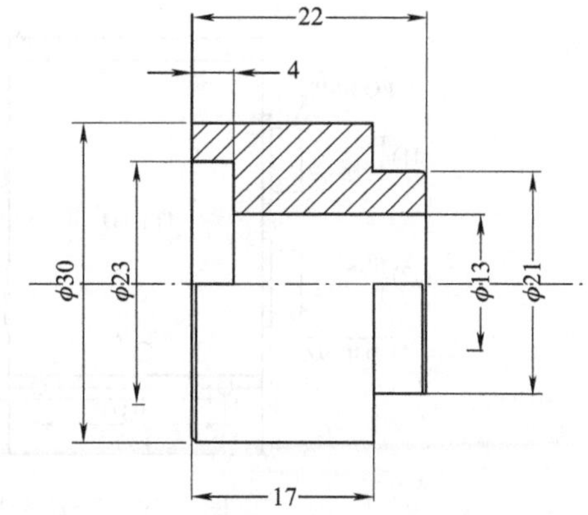

图 5-27　TVM 2G 传感器垫圈(单位:mm)

传感器垫圈的作用是抑制请求测试过程中传感器互相干扰。垫圈安装在传感器的金属安装孔位置,而不是塑料盒上。

把传感器支架连接到适配器上;检查左右两个传感器在铁轨上方的位置是否相同;所有传感器安装在一个支架后按图 5-30 检查。检查 A 是否等于 B;A 和 B 不一样则表示支架没在水平线上;检查 C 是否等于 D,C 和 D 不一样则表示传感器不以车轴为中心对称;检查左右传感器与车轴的位置,所有传感器都安装在同一个支架上后,传感器支架是否与车轴垂直。

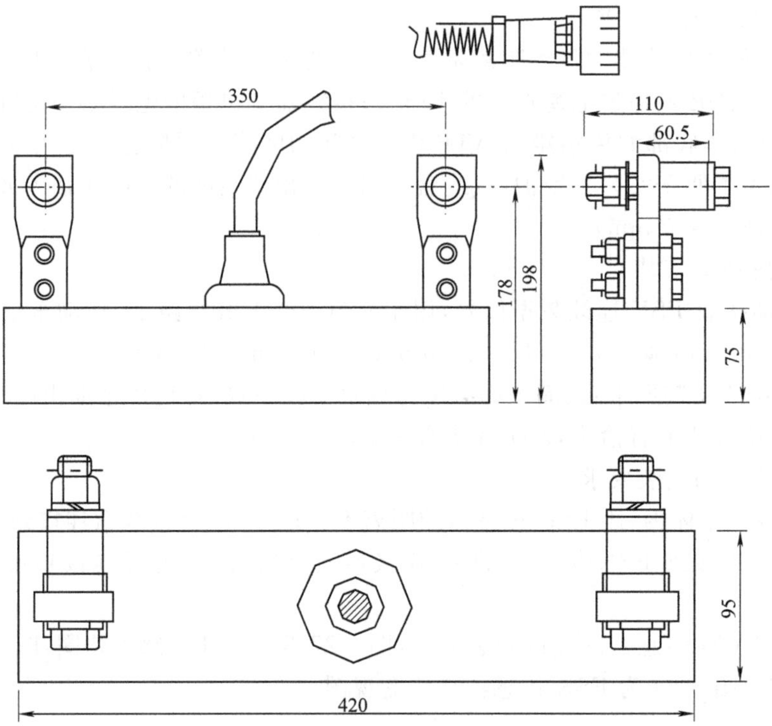

图 5-28 FSK 传感器的安装(单位:mm)

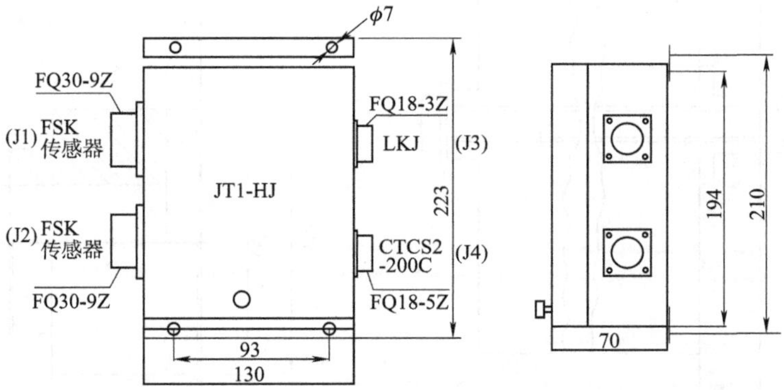

图 5-29 FSK 传感器接线盒(单位:mm)

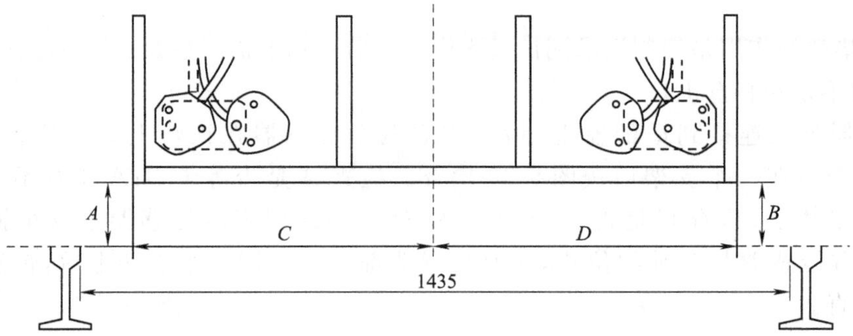

图 5-30 传感器与轨道的位置检查(单位:mm)

（四）DMI 的安装

1. DMI 安装要求

（1）安装位置要保证显示屏不受阳光反射或斜射的影响。

（2）检查电缆长度足够 DMI 的安装和卸除。

（3）确认电源按钮关闭，安装接地连接。

（4）把 P3-a 电缆的连接器插入 DMI 的 X1 和 X4 插孔。

（5）把 DMI 的螺钉拧紧。

2. DMI 安装尺寸（如图 5-31 所示）

（1）DMI 的正面有安装孔（用 M5 沉头螺钉）。

（2）侧面图指出连接电缆时需要的深度。

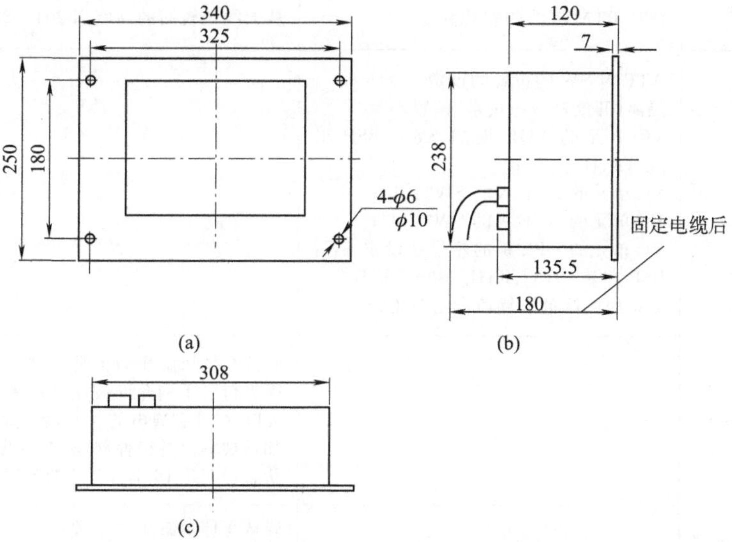

图 5-31　DMI 安装尺寸（单位：mm）

3. DMI 连接器说明

（1）X1：连接电源（如图 5-32 所示）。

（2）X4：与 ATP 通信（如图 5-32 所示）。

（3）X5：维护时接 USB 设备（键盘盒和 U 盘等）。

连接器 X1、X4 的引脚意义见表 5-3、表 5-4。

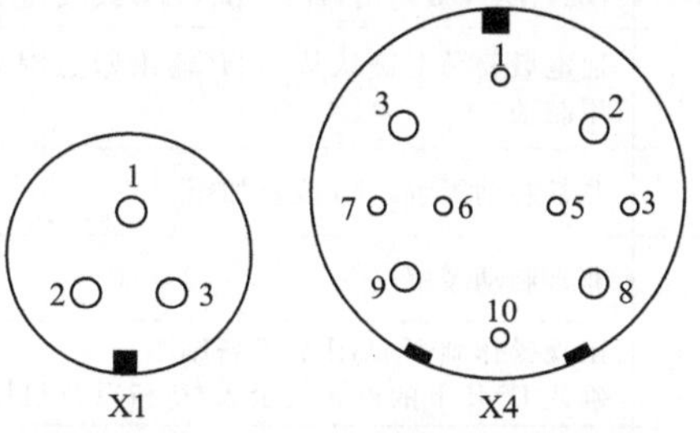

图 5-32　DMI 连接器 X1（电源）和 X4（数据）

表 5-3　连接器 X1 引脚定义

插针号	信号
1	DC+110 V
2	DC−110 V
3	未用

表 5-4　连接器 X4 引脚定义

插针号	信号
1	RA+
2	RA−
3	TA+
4	TA−
5	未用
6	RB+
7	RB−
8	TB+
9	TB−
10	未用

三、CTCS-2 级列控车载设备调试

(一)调试前准备

对设备软件版本、设备安装、异常或故障情况等信息进行确认。编制调试计划,包括调试项目、日期、地点、参与人员等内容。按试验要求携带动态试验所需的相关工具。

(二)静态调试(见表 5-5、表 5-6)

表 5-5 200H 型列控车载设备静态调试

序号	项 目	操 作	确认事项
0-1	STM 天线安装高度的确认	确认 STM 天线的安装高度	从天线至轨面的高度为 135 mm±5 mm
0-2	BTM 天线安装高度的确认	确认 BTM 天线的安装高度	从天线至轨面的高度为 204～230 mm
1	准备	ATP 内 SW 的位置的设定。 隔离(开放)SW:[正常]位置; VC 单元的 BUF 板的 SW1:BSP 车[2],KHI 车[1]; VC 单元的 BUF 板的 SW2:[1]; VC 单元的 BUF 板的 SW3:[2]; VC 单元的 OPE 板的轮径系设定 SW:BSP[835～915],KHI[780～860]; 要按照实际的车辆值设定车轮径	
2-1	通电前(BSP 车)		确认车体风缸压力正常; 操纵台各手柄允许被操纵; ATP 在没有通电的时候,紧急制动和最大常用制动都是被输出的极性状态;163 线和 162 线是无加压状态;161F、161E、161G 的各线也是无加压状态
2-2	通电前(KHI 车)		确认车体风缸压力正常; 操纵台各手柄允许被操纵
3-1	通电(BSP)	将 DRIVERS KEY 从[PARKED]输入到[ACTIVATED],TCMS 接通 ATP 电源	ATP 电源接触器被激励(进行动作),ATP 的电源接通
3-2	通电(KHI)	制动手柄从拔出位置转到制动位置或者运转位置	ATP 电源接触器(车体部件)被激励(进行动作),ATP 的电源接通
4-1	通电后 1(BSP)		通电后要立刻确认从 ATP 输出了紧急制动、最大常用制动,即 163 线和 162 线都是无加压状态,B1N、B4N 被输出,161F 和 161E 线被加压
4-2	通电后 1(KHI)		通电后要马上确认从 ATP 输出紧急制动、最大常用制动
5-1	通电后 2(BSP)	通电后,约经过 10 s	非常制动缓解,163 线被加压
5-2	通电后 2(KHI)	通电后,约经过 10 s	非常制动缓解
6	通电后 3(主显示器)	DMI 准备齐全大约要等 60 s	出现操作画面 DMI 后准备结束; 确认 DMI 上的模式表示为"待机"(待机模式 SB)
7	ATP 启动(主显示器)	按 DMI 的【启动】按钮	确认 DMI 上的模式表示为"部分"(部分监控模式 PS)
8	进行调车模式(主显示器)	按 DMI 的【调车】按钮 按 DMI 的【缓解】按钮	确认 DMI 上的模式表示为"调车"(调车模式 SH); 最大常用制动缓解

续上表

<table>
<tr><th>序号</th><th>项　目</th><th>操　　作</th><th>确认事项</th></tr>
<tr><td>9</td><td>牵引 1(主显示器)</td><td>把换向器放在前进位置、拉牵引杆</td><td></td></tr>
<tr><td>10</td><td>牵引 2
(主显示器)</td><td>启动、加速(从速度信号发生器输入模拟速度)以 20 km/h 速度走行</td><td>在 DMI 主显示屏上,实际速度用速度指示针和数字值表示为 20 km/h±1 km/h
(参考)
<table>
<tr><th>车轮径
(mm)</th><th>速度传感器
频率(Hz)</th></tr>
<tr><td>835</td><td>152.56</td></tr>
<tr><td>845</td><td>150.76</td></tr>
<tr><td>855</td><td>148.99</td></tr>
<tr><td>865</td><td>147.27</td></tr>
<tr><td>875</td><td>145.59</td></tr>
<tr><td>885</td><td>143.94</td></tr>
<tr><td>895</td><td>142.33</td></tr>
<tr><td>905</td><td>140.76</td></tr>
<tr><td>915</td><td>139.22</td></tr>
</table></td></tr>
<tr><td>11</td><td>应答器信息接收
(主显示器)</td><td>在车底应答器天线下方晃动应答器</td><td>通过笔记本电脑观察接收显示,确认接收到应答器信息</td></tr>
<tr><td>12-1</td><td>速度传感器输出电压测量
(BSP 主显示器)</td><td>测定速度传感器的输出电压;
速度传感器的机械安装差值如果恰当,将输出规定的电压</td><td>
<table>
<tr><th>速度
传感器频率</th><th>速度
D=915 mm</th><th>速度传感器
输出电压范围(V)</th></tr>
<tr><td>24 Hz</td><td>3.4 km/h</td><td>0.7～4.2
标准:2.2</td></tr>
<tr><td>53 Hz</td><td>7.6 km/h</td><td>1.4～4.2
标准:3.5</td></tr>
</table></td></tr>
<tr><td>12-2</td><td>速度传感器输出电压测量
(KHI 主显示器)</td><td>测定速度传感器的输出电压;
速度传感器的机械安装差值如果恰当,将输出规定的电压</td><td>
<table>
<tr><th>速度
传感器频率</th><th>速度
D =860 mm</th><th>速度传感器
输出电压范围(V)</th></tr>
<tr><td>24 Hz</td><td>3.2 km/h</td><td>0.7～4.2
标准:2.2</td></tr>
<tr><td>53 Hz</td><td>7.2 km/h</td><td>1.4～4.2
标准:3.5</td></tr>
</table></td></tr>
<tr><td>13</td><td>核对制动
(主显示器)</td><td>再进一步加速(提高从速度信号发生器来的模拟速度);
按 DMI 的【缓解】按键</td><td>超过 45 km/h 的时候,最大常用制动被输出;据此减速,在 40 km/h 以下时,常用制动缓解</td></tr>
<tr><td>14</td><td>手动停止
(主显示器)</td><td>手动将速度降为零(从速度信号发生器来的模拟速度作为 0 km/h)</td><td>选择【调车】模式时,B4N 不起作用</td></tr>
<tr><td>15</td><td>主显示器与辅显示器切换</td><td>手动按压“显示切换”开关</td><td>DMI 各辅显示屏 LED 灯正常点亮,辅显示屏“限制速度”项显示数值 40,DMI 主显示器输出“切换至辅显示屏”文本信息</td></tr>
</table>

续上表

<table>
<tr><th>序号</th><th>项　目</th><th>操　　作</th><th>确认事项</th></tr>
<tr><td>16</td><td>牵引 3
(辅显示器)</td><td>启动、加速(从速度信号发生器输入模拟速度)以 20 km/h 速度走行</td><td>在 DMI 辅显示屏上,“当前速度”项用数字值表示为 20 km/h±1 km/h
(参考)<table><tr><th>车轮径
(mm)</th><th>速度传感器
频率(Hz)</th></tr><tr><td>835</td><td>152.56</td></tr><tr><td>845</td><td>150.76</td></tr><tr><td>855</td><td>148.99</td></tr><tr><td>865</td><td>147.27</td></tr><tr><td>875</td><td>145.59</td></tr><tr><td>885</td><td>143.94</td></tr><tr><td>895</td><td>142.33</td></tr><tr><td>905</td><td>140.76</td></tr><tr><td>915</td><td>139.22</td></tr></table></td></tr>
<tr><td>17-1</td><td>速度传感器输出电压测量
(BSP 辅显示器)</td><td>测定速度传感器的输出电压;
速度传感器的机械安装差值如果恰当,将输出规定的电压</td><td><table><tr><th>速度
传感器频率</th><th>速度
D =915 mm</th><th>速度传感器
输出电压范围(V)</th></tr><tr><td>24 Hz</td><td>3.4 km/h</td><td>0.7～4.2
标准:2.2</td></tr><tr><td>53 Hz</td><td>7.6 km/h</td><td>1.4～4.2
标准:3.5</td></tr></table></td></tr>
<tr><td>17-2</td><td>速度传感器输出电压测量
(KHI 辅显示器)</td><td>测定速度传感器的输出电压;
速度传感器的机械安装差值如果恰当,将输出规定的电压</td><td><table><tr><th>速度
传感器频率</th><th>速度
D =860 mm</th><th>速度传感器
输出电压范围(V)</th></tr><tr><td>24 Hz</td><td>3.2 km/h</td><td>0.7～4.2
标准:2.2</td></tr><tr><td>53 Hz</td><td>7.2 km/h</td><td>1.4～4.2
标准:3.5</td></tr></table></td></tr>
<tr><td>18</td><td>核对制动
(辅显示器)</td><td>再进一步加速(提高从速度信号发生器来的模拟速度);
按 DMI 的【缓解】按键;
按 DMI 的【确认】按键</td><td>超过 45 km/h 的时候,最大常用制动被输出;据此减速,在 40 km/h 以下的时候,常用制动缓解</td></tr>
<tr><td>19</td><td>手动停止
(辅显示器)</td><td>手动将速度降为零(从速度信号发生器来的模拟速度作为 0 km/h)</td><td>选择【调车】模式时,B4N 不起作用</td></tr>
<tr><td>20</td><td>主显示器与辅显示器切换</td><td>手动按压“显示切换”开关</td><td>确认 DMI 主显示屏上的模式表示为“调车”(调车模式 SH);
紧急制动、常用制动缓解</td></tr>
<tr><td>21</td><td>准备进行目视行车模式试验
(主显示器)</td><td>在 DMI 上,由调车模式转为待机模式时,按压 DMI 的【调车】按键</td><td>确认 DMI 主显示屏上的模式显示为“待机”(待机模式 SB)</td></tr>
<tr><td>22</td><td>进行目视运行
(主显示器)</td><td>按 DMI 的【启动】按键
按 DMI 的【目视】按键
按 DMI 的【缓解】按键</td><td>确认 DMI 主显示屏上的模式表示为“目视”(目视行车模式 OS);
紧急制动、常用制动缓解</td></tr>
<tr><td>23-1</td><td>牵引 1
(BSP 主显示器)</td><td>选取运行方向【向前】、拉牵引杆牵引</td><td>常用制动 B4N、B1N 缓解;161F、161E 线为无加压</td></tr>
</table>

续上表

序号	项　目	操　作	确认事项
23-2	牵引 1 (KHI 主显示器)	将换向器放在前进位置，拉牵引杆	常用制动 B4N，B1N 缓解
24	牵引 2 (主显示器)	启动、加速(从速度信号发生器输入模拟速度)以 20 km/h 速度走行	在 DMI 主显示屏上，实际速度用速度指示针和数字值表示为 20 km/h±1 km/h
25	核对制动 (主显示器)	再进一步加速(提高从速度信号发生器来的模拟速度)； 按 DMI 的【缓解】按键	超过 25 km/h 的时候，最大常用制动被输出；据此减速，在 20 km/h 以下的时候，常用制动缓解
26	核对制动 (主显示器)	再进一步加速(提高从速度信号发生器来的模拟速度)	超过 30 km/h 的时候，紧急制动被输出
27	手动停车 (主显示器)	手动将速度降为零(从速度信号发生器来的模拟速度作为 0 km/h)； 按 DMI 的【缓解】按键	模拟速度为 0 km/h 后，按【缓解】键，紧急制动、常用最大制动缓解，输出常用制动 B4N
28	主显示器辅显示器切换	手动按压“显示切换”开关	DMI 各辅显示屏 LED 灯正常点亮，辅显示屏“限制速度”项为数值 20，DMI 主显示器输出“切换至辅显示屏”文本信息
29	牵引 3 (辅显示器)	启动、加速(从速度信号发生器输入模拟速度)以 20 km/h 速度走行	在 DMI 辅显示屏上，“当前速度”项用数字值表示为 20 km/h±1 km/h
30	核对制动 (辅显示器)	再进一步加速(提高从速度信号发生器来的模拟速度)； 按 DMI 的【缓解】按键； 按 DMI 的【确认】按键	超过 25 km/h 的时候，最大常用制动被输出；据此减速，在 20 km/h 以下的时候，常用制动缓解
31	核对制动 (辅显示器)	再进一步加速(提高从速度信号发生器来的模拟速度)	超过 30 km/h 的时候，紧急制动被输出
32	手动停车 (辅显示器)	手动将速度降为零(从速度信号发生器来的模拟速度作为 0 km/h)； 按 DMI 的【缓解】按键； 按 DMI 的【确认】按键	停车后，按【缓解】键，紧急制动、常用最大制动缓解，输出常用制动 B4N
33	主显示器辅显示器切换	手动按压“显示切换”开关	确认 DMI 主显示屏上的模式表示为“目视”(目视模式 OS)； 输出常用制动 B4N
34-1	手柄位置确认(BSP)	选取运行方向【向前】，拉牵引杆牵引	DRU 监视器上显示“向前”
34-2	手柄位置确认(KHI)	方向手柄放于【前】位置，拉牵引杆	DRU 模拟器上显示“向前”
35-1	手柄位置确认(BSP)	选取运行方向【零位】	DRU 监视器上显示“零位”
35-2	手柄位置确认(KHI)	方向手柄放于【零】位置	DRU 模拟器上显示“零位”
36-1	手柄位置确认(BSP)	选取运行方向【向前】，拉牵引杆制动	DRU 监视器上显示“制动”
36-2	手柄位置确认(KHI)	方向手柄放于【前】位置，制动手柄处于制动位	DRU 监视器上显示“制动”
37-1	手柄位置确认(BSP)	选取运行方向【向后】，拉牵引杆牵引	DRU 监视器上显示“向后”
37-2	手柄位置确认(KHI)	方向手柄放于【后】位置，拉牵引杆	DRU 模拟器上显示“向后”
38	LKJ 切换准备	将制动手柄置于缓解位置； 确认 ATP 隔离开关处于“正常”位置	
39	LKJ 手动切换	按下 DMI 的按键【CTCS0】	确认 DMI 主显示屏上的模式显示“LKJ”(机车信号模式 CS)

续上表

序号	项　目	操　　作	确认事项
40	确认 LKJ 制动	LKJ 动作	此时不输出来自 ATP 的制动指令，LKJ 输出制动指令
41	LKJ 试验	进行 LKJ 的动作确认	
42	确认 LKJ 接收信号 1	用信号发生器向 STM 天线发送 FSK 国产信号、UM71、ZPW-2000 信号	对于接收的信号，要显示在 LKJ 画面以及 DMI 主显示屏画面上
43	确认 ATP 信号轨道绝缘检测	用信号发生器向 STM 天线发送 FSK 国产信号、UM-71、ZPW-2000 信号	在 LKJ 画面上能够确认 ATP 信号轨道绝缘检测确认
44-1	LKJ 试验 1（BSP 制动全部缓解）	将车体方的条件设定为 LKJ 不输出紧急制动、常用制动的状态	确认从 ATP 输出的内容： 紧急制动缓解； 常用最大制动缓解； 常用制动 B4N、B1N 缓解； BC 压力为 0 kN
44-2	LKJ 试验 1（KHI 制动全部缓解）	将车体方的条件设定为 LKJ 不输出紧急制动、常用制动的状态	确认从 ATP 输出的内容： 紧急制动缓解； 最大制动缓解； 常用制动 B4N、B1N 缓解； 确认 BC 压力为 0 kPa
45	LKJ 试验 2（制动 1 挡）	将车体方的条件设定为 LKJ 不输出紧急制动，而输出常用 B1 的状态	确认从 ATP 输出常用制动 B1N
46	LKJ 试验 3（制动 4 挡）	将车体方的条件设定为 LKJ 不输出紧急制动，而输出常用 B4 的状态	确认从 ATP 输出常用制动 B4N
47	LKJ 试验 4（制动 7 挡）	将车体方的条件设定为 LKJ 不输出紧急制动，而输出常用 B7 的状态	确认从 ATP 输出常用制动 B7N
48	LKJ 试验 5（紧急制动）	将车体方的条件设定为 LKJ 输出紧急制动	确认从 ATP 输出紧急制动输出
49	ATP 切换	按压 DMI 的按键【CTCS2】； 用 DMI 设定为【调车】模式； 按 DMI 的【缓解】按键	确认 DMI 主显示屏上的模式显示变为“调车”（调车模式 SH），不输出制动
50	确认【CTCS2】时，LKJ 制动输出无效	确认即使 LKJ 设定为输出制动，车辆也不输出制动	
51	ATP 切换	操作 DMI，从【调车】模式（SH 模式）切换到【待机】模式（SB 模式），之后按【启动】，切换到【部分】监控模式（PS 模式）	确认输出了紧急制动、常用制动
52	ATP 隔离	将隔离开关从【正常】位置切换到【隔离】位置	紧急制动、常用制动等所有制动，ATP 全部缓解
53	LKJ 通信确认 1	从 LKJ 的操作器上，变更时间	变更后的时间，反映在 ATP 的 DMI 主显示屏上
54	LKJ 通信确认 2	从 LKJ 的操作器上，变更车次	变更后的车次，反映在 ATP 的 DMI 主显示屏上
55	LKJ 通信确认 3	从 LKJ 的操作器，变更司机 ID	变更后的司机 ID，反映在 ATP 的 DMI 主显示屏上
56	LKJ 通信确认 4	中断来自 LKJ 的通信；中断通信的方法，可通过切断 LKJ 的电源来实现	通信中断后，DRU 的通信异常 LED（FSC 板上的 LED4）灯亮；通信恢复后，灯灭
57	结束	切断电源	

表 5-6　200C 型 ATP 设备静态调试

<table>
<tr><th>序号</th><th>项　目</th><th>测试方式</th><th colspan="2">作业标准</th></tr>
<tr><td rowspan="14">1</td><td rowspan="20">设备安装和连接检查</td><td rowspan="14">查看设备数量，记录设备序列号</td><td colspan="2">机柜编号</td></tr>
<tr><td colspan="2">控制组匣编号</td></tr>
<tr><td colspan="2">继电器组匣编号</td></tr>
<tr><td colspan="2">风扇组匣编号</td></tr>
<tr><td colspan="2">EVC A 组匣编号</td></tr>
<tr><td colspan="2">EVC B 组匣编号</td></tr>
<tr><td colspan="2">BTM 主机编号</td></tr>
<tr><td colspan="2">应答器天线编号</td></tr>
<tr><td colspan="2">DMI 编号</td></tr>
<tr><td colspan="2">速度传感器编号</td></tr>
<tr><td colspan="2">TVM 接线盒编号</td></tr>
<tr><td rowspan="3">TVM 传感器编号</td><td>2G</td></tr>
<tr><td>IP</td></tr>
<tr><td>BSP</td></tr>
<tr><td>2</td><td>检查 TVM 和 FSK 传感器安装和定位</td><td colspan="2">FSK 传感器距钢轨面高度为 165 mm±5 mm；TVM 传感器安装根据要求安装；TVM 传感器箱：170 mm±5 mm</td></tr>
<tr><td>3</td><td>检查 TVM 和 FSK 传感器的接线盒连接</td><td colspan="2">确认接线盒连接正常</td></tr>
<tr><td>4</td><td>检查速度传感器的连接</td><td colspan="2">确认速度传感器连接正常</td></tr>
<tr><td>5</td><td>检查 BTM 天线连接和安装位置</td><td colspan="2">标准安装高度根据 ATP 安装要求</td></tr>
<tr><td>6</td><td>检查机柜各连线</td><td colspan="2">确认各个连接正常</td></tr>
<tr><td>7</td><td>DMI 连接检查</td><td colspan="2">确认 DMI 连接正常</td></tr>
<tr><td>8</td><td rowspan="5">电源确认</td><td>FAN 风扇通电</td><td colspan="2">电源正常</td></tr>
<tr><td>9</td><td>EVC A 组匣通电</td><td colspan="2">电源正常</td></tr>
<tr><td>10</td><td>EVC B 组匣通电</td><td colspan="2">电源正常</td></tr>
<tr><td>11</td><td>DMI 通电</td><td colspan="2">电源正常</td></tr>
<tr><td>12</td><td>BTM 通电</td><td colspan="2">电源正常</td></tr>
<tr><td>13</td><td>ATP “TAD”请求测试</td><td>将 ATP 测试开关打到测试位</td><td colspan="2">ATP “TAD”自检测试正常</td></tr>
<tr><td>14</td><td>TVM 传感器测试</td><td>使用测试箱分别发送 TVM 信息进行 TVM 传感器测试</td><td colspan="2">TVM 测试信号接收正常</td></tr>
<tr><td>15</td><td>FSK 传输测试</td><td>分别发送 ZPW-2000 系列轨道电路信号及移频信号，测试 CFSK 信号接收</td><td colspan="2">CFSK 板测试信号接收正常</td></tr>
<tr><td>16</td><td rowspan="2">紧急制动接口测试</td><td>ATP 紧急制动测试</td><td colspan="2">观察 ATP 制动反馈信息（MTORE 板亮 ES7、ES13、ES8、ES14 灯），制动缸压力是否正常</td></tr>
<tr><td>17</td><td>LKJ 紧急制动测试</td><td colspan="2">观察 ATP 制动反馈信息（MTORE 板亮 ES9、ES8、ES14 灯），制动缸压力是否正常</td></tr>
<tr><td>18</td><td rowspan="2">常用制动接口测试</td><td>ATP 常用一级制动测试</td><td colspan="2">观察 ATP 制动反馈信息（MTORE 板亮 E1、E6、E8、E9、ES14 灯），制动缸压力是否正常</td></tr>
<tr><td>19</td><td>ATP 常用四级制动测试</td><td colspan="2">观察 ATP 制动反馈信息（MTORE 板亮 E2、E7、E8、E9、ES14 灯），制动缸压力是否正常</td></tr>
</table>

续上表

序号	项　目	测试方式	作业标准
20	常用制动接口测试	ATP 常用七级制动测试	观察 ATP 制动反馈信息(MTORE 板亮 E1、E2、E6、E7、E9、ES3、ES14 灯),制动缸压力是否正常
21		LKJ 常用制动(1、4、7 级)测试	观察 ATP 制动反馈信息(MTORE 板亮 ES9、ES14、E9 灯)以及列车相应制动等级的制动缸压力情况是否正确
22	列车接口测试	操纵司机手柄分别置于牵引、中立、制动位,将方向手柄分别置于前进、中立和退行位	牵引位:MTORE 板 E4 灯亮 中立位:MTORE 板 E5 灯亮 制动位:MTORE 板 E6 灯亮 向前和中立:MTORE 板 ES4 灯亮 退行:MTORE 板 ES4 灯灭
23	ATP 与 LKJ 转换测试	用测试工具向 ATP 发出交权命令	交权后 LKJ 屏幕没有显示 ATP 控制区,ATP 的 MTORE 板 ES10 灯亮
24	LKJ 与 ATP 通信测试	检查通信信息	观察 ATP 与 LKJ 的显示时间是否一致;发送机车信号,观察两显示器信号显示是否一致
25	DMI 测试	正常启动 ATP 到 CTCS-2 级待机模式后使用 DMI 按键选择进入 CTCS-0 级	ATP 的 DMI 显示进入 CTCS-0 级,LKJ 显示器中没有 ATP 控制区显示
26		使用 DMI 按键选择进入 TVM	ATP 的 DMI 显示进入 TVM,LKJ 显示 ATP 控制区
27	BTM 测试	观察 BTM 前面板 LED 灯状态	BTM 主机面板上的 27 MHZ 灯亮;电源灯全亮;TX ON 灯亮
28		模拟线路应答器接收测试	读取 SAM 数据,检查报文是否正确
29	测速测试	选择调车模式让列车在低速下运行	使用现场监测工具,进行列车运行方向和速度确认

(三)动态调试(见表 5-7、表 5-8)

表 5-7　200H 型列控车载设备动态调试

序号	试验项目	试验条件	确认事项
1	级间切换 CTCS-0→CTCS-2	CTCS-0 级区段发车过级间切换应答器组	实现 ATP 正常控车
2	超速	列车 CTCS-2 级区段运行时,司机加速,速度超过最大常用制动速度	ATP 输出最大常用制动 B7
3	临时限速	列控中心设定临时限速区段	DMI 模式曲线与临时限速设定相符; ATP 按临时限速设定控车
4	目视行车	轨道电路禁止信号;【目视】模式下行车中收到允许信号	停车 2 min 后 ATP 才可手动进入目视行车模式; 控制模式转为【目视】; 允许速度控制在 20 km/h; 接收到允许信号后,ATP 按正常模式控车
5	侧线接车	列车进入侧线股道,机控停车	ATP 可将列车停在出站信号机外方
6	侧线发车	机控发车	ATP 按允许速度控车
7	正线接车	列车正线机控停车	ATP 可将列车停在出站信号机外方
8	正线发车	机控发车	ATP 按允许速度控车

续上表

序号	试验项目	试验条件	确认事项
9	调车模式	停车状态	ATP可手动进入调车模式； 控制模式转为【调车】； 允许速度控制在40 km/h
10	调车危险	列车在【调车】模式下行驶，列车运行前方应答器组提供调车危险信息包	ATP收到调车危险信息包后，输出紧急制动
11	测距	选两组有链接关系的应答器组	ATP测距精度满足2%
12	级间切换 CTCS-2→CTCS-0	CTCS-2级区段过级间切换应答器组	ATP正常切换到LKJ控车

表5-8　200C型ATP设备动态调试

序号	试验项目	试验条件	确认事项
1	级间切换 CTCS-0→CTCS-2	CTCS-0级区段发车过级间切换应答器组	实现ATP正常控车
2	超速	列车CTCS-2级区段运行时，司机加速，速度超过最大常用制动速度	ATP输出最大常用制动B7
3	临时限速	列控中心设定临时限速区段	DMI模式曲线与临时限速设定相符 ATP按临时限速设定控车
4	目视行车	轨道电路禁止信号； 【目视】模式下行车中收到开放信号	停车2 min后ATP才可手动进入目视行车模式； 控制模式转为【目视】； 允许速度控制在20 km/h； 接收到允许信号后，ATP按正常模式控车
5	侧线接车	列车进入侧线股道，机控停车	ATP可将列车停止在出站信号机外方
6	侧线发车	机控发车	ATP按允许速度控车
7	正线接车	列车正线机控停车	ATP可将列车停止在出站信号机外方
8	正线发车	机控发车	ATP按允许速度控车
9	调车模式	停车状态	ATP可手动进入调车模式； 控制模式转为【调车】； 允许速度控制在40 km/h
10	调车危险	列车在【调车】模式下行驶，列车运行前方应答器组提供调车危险信息包	ATP收到调车危险信息包后，输出紧急制动
11	测距	选两组有链接关系的应答器组	ATP测距精度满足2%
12	级间切换 CTCS-2→CTCS-0	CTCS-2级区段过级间切换应答器组	ATP正常切换到LKJ控车

思考题

1. CTCS-2级列控车载人员进行设备安装前需要做哪些准备工作？
2. CTCS-2级列控车载人员在安装设备时必须遵守的安全卡控措施有哪些？
3. 200C型列控车载设备对电缆布线有哪些要求？
4. CTCS-2级列控车载人员进行设备调试前需要做哪些准备工作？
5. CTCS-2级列控车载设备静态调试的内容有哪些？

第三节 CTCS-3 级列控车载设备安装与调试

一、CTCS-3 级列控车载设备接车前准备工作与注意事项

与 CTCS-2 级列控车载设备安装与调试内容相同，见本章第二节。

二、CTCS-3 级列控车载设备安装要求

以 300T 型列控车载设备为例，列控车载设备模块包括 ATP CU、C2CU、SDP 、TSG、SDU 、COMC 、GCD 、VDX 、DI 、DX(以上模块的更换基本相似，统称为小黑盒)、MT 电台、JRU、TCR、BTM、CAU、DMI、速度传感器等。

(一)模块更换前准备

1. 更换模块前需要准备好工具：球头螺丝刀、一字螺丝刀、十字螺丝刀、红盒(包括卸内六角、外六角螺丝的头)、斜口钳、扎带等。

2. 在更换模块前要记录旧模块以及新模块的名称、编号，并且要记录好原来模块上各种连线的位置，以便换好新的模块后恢复连线。

(二)模块的更换

1. 小黑盒的更换

首先使用一字和球头螺丝刀卸掉小黑盒面板上的所有连线，即面板上没有任何连接线；然后拆除小黑盒上的地线，最后拆除小黑盒四角的固定螺丝，取下模块。新模块安装时，按相反的顺序依次将螺丝紧固、连接线接好。

注意：拆卸过程中，防止小黑盒四角的四个内六角螺丝垫片丢失。

2. MT、JRU、TCR 模块的更换

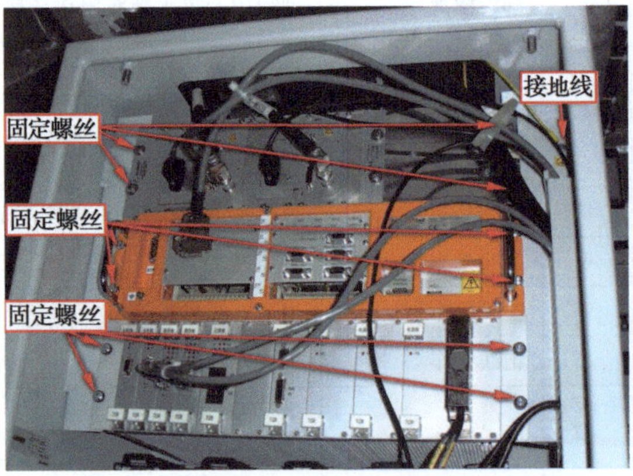

图 5-33 MT、JRU、TCR 模块

这三个模块在面板的四角各有一个固定螺丝，位置如图 5-33 所示。更换时候，先将面板上所有的连线卸掉，然后再拆除这四个固定螺丝以及地线，卸下模块。新模块安装时，按相反的顺序将螺丝紧固，连接线接好。

对于 MT 模块，如果只要更换其中的某一个电台，则按照以下方法进行。

如图 5-34 所示，首先将连接车顶天线和 GCD 的插头拆卸下来，然后将 MT 四角的四个固定螺丝拆下，最后拉动拉手，MT 就可以卸下来了。将其中的的 SIM 卡取下来，装进新的 MT 中，将新的 MT 放进插槽中，插牢后，固定四周的螺丝，然后将连接车顶天线和连接 GCD 的插头固定好，即完成了 MT 电台的更换。

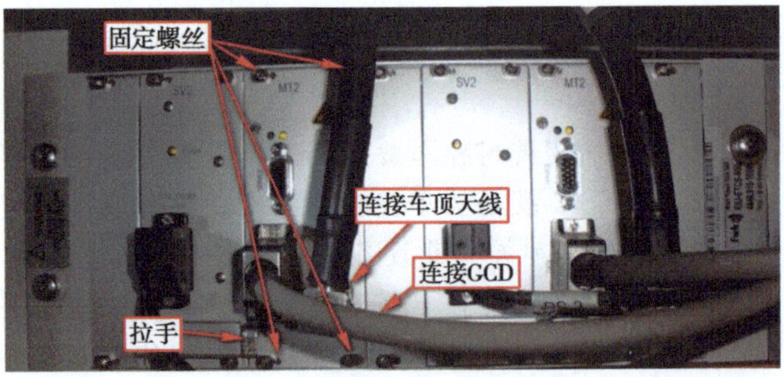

图 5-34 MT 电台连接线

3. BTM 模块的更换

BTM 在底部四角各有一个固定螺丝，如图 5-35 所示，这四个螺丝将 BTM 固定在支架上。拆除面板上的连线后，再拆掉这四个螺丝，取下模块。

图 5-35　BTM 模块

BTM 面板连线如图 5-36 所示。

X1、X2 连接 MVB 总线，BTMa 的 X1 连接 VDX1 的 X2，BTMa 的 X2 连接 BTMb 的 X1；

X3 为 BTM 电源插头；

X4 为 BTM 的程序下载端口，服务程序和应用程序都通过此端口下载；

X8 为 D 电缆接口，此口通过 D 电缆与 CAU 连接；

X9 为校验端口。

BTM 单元侧 D 电缆的拆装：直接拧 D 电缆上的螺环即可拆下 D 电缆；将 D 电缆插头突起处和 BTM 的 X8 内侧的缺口对齐，插入并拧紧。

4. CAU 天线的更换

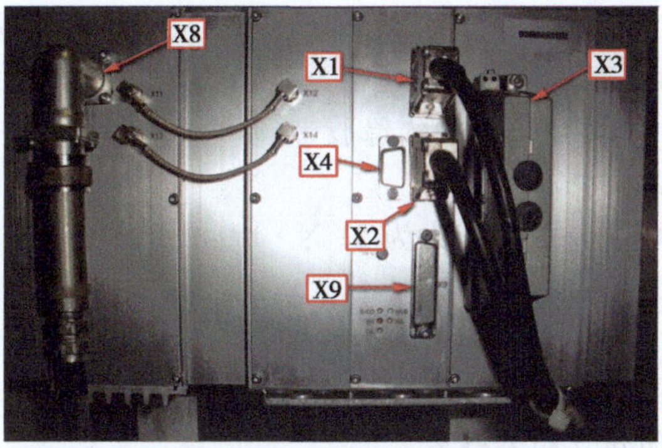

图 5-36　BTM 面板连线

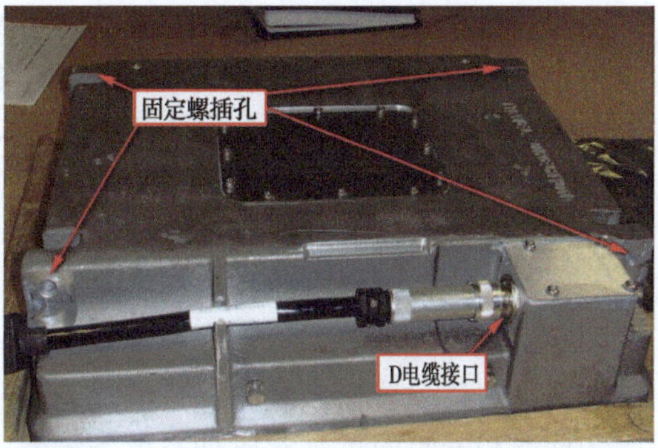

图 5-37　CAU 天线

如图 5-37 所示，CAU 天线在四角各有一个螺丝插孔，用来固定 CAU 天线。拆的时候，先将 D 电缆取下，然后将四角的固定螺丝取下，拆下 CAU 天线。

注意：在安装新的 CAU 天线四角的固定螺丝时，因为螺丝从前面插进，紧固的时候，可能会使螺丝顶到 CAU 天线的内侧。如果紧固的程度过大，可能造成 CAU 天线损坏。

5. 速度传感器的更换

速度传感器的两头外形如图 5-38 和图 5-39 所示。

(1)速度传感器的拆除

①清除传感器端部的苯乙烯密封腻子；

②卸掉传感器电缆固定卡螺丝；

③拆除传感器固定螺丝，卸下传感器。

(2)安装要求

①清除轴箱盖传感器固定位置的灰尘和残余粘胶，检查轴箱盖内是否有异状。

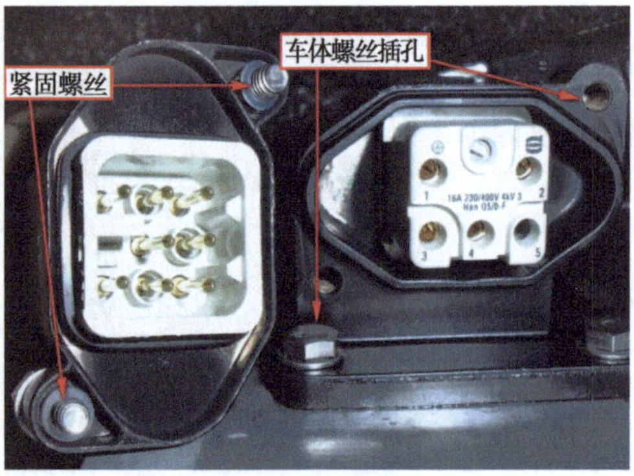

图 5-38 速度传感器固定装置

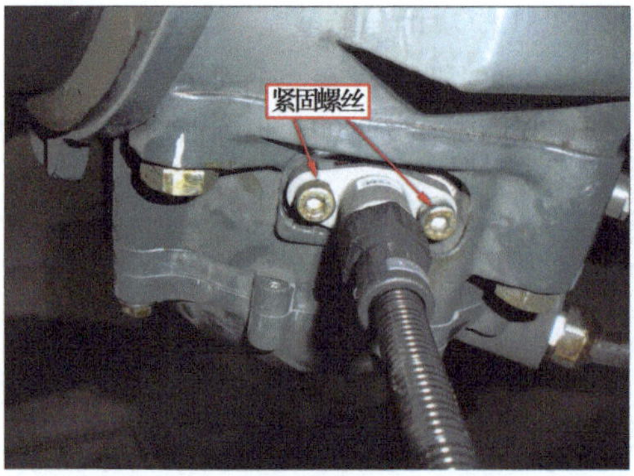

图 5-39 速度传感器连接电缆

②用胶带将铅丝在传感器触头处固定，将探头慢慢放入轴箱前盖内，用 M8×25 的螺栓加弹垫进行紧固。

③松开螺栓取出传感器触头，用游标卡尺测量铅丝压痕处的厚度，必须满足 1 mm±0.2 mm的要求，保证传感器的探头与轴箱齿轮的安装间隙达到 1 mm±0.2 mm 的标准，否则通知厂家调整轴箱盖尺寸。

④在 M8×25 的螺栓上涂抹 577 胶紧固固定传感器(扭力为 25 N·m)，之后在传感器端部用苯乙烯密封腻子(PRASAELB-CF)进行密封处理。

⑤传感器电缆与电线卡接触部分用橡胶板防护，再用黑色的绝缘胶带(0.2 mm×19 mm×10 m)缠绕，并在其表面涂刷 CEMEDINE210 进行黏合。

⑥传感器和电线卡组装后紧固螺栓 M10×30，弹垫放后扭力为 21 N·m，并用铁丝防松。

⑦安装固定传感器电缆连接插头。

(3)注意事项

①安装的传感器探头必须保持清洁，不得有铁屑和油污残留。

②拆下和安装的传感器应抄写设备编号，以便建立相关档案。

③工作完毕，应及时清理现场工具及杂物，同时由专人进行质量检查验收。

三、CTCS-3 级列控车载设备调试

(一)调试前准备

对设备软件版本、设备安装、异常或故障情况等信息进行确认。编制调试计划，包括调试项目、日期、地点、参与人员等内容。按试验要求携带动态试验所需的相关工具。

(二)静态调试

1. CTCS3-300T 型列控车载设备静态测试(见表 5-9 至表 5-12)

表 5-9 列车接口测试

序号	步 骤	期望结果	A 系结果	B 系结果
测试一 正常启动				
1	前提条件	隔离开关和断路器状态正常		
2	将 ATP 启动	DMI 上显示文本信息“ATP 正在启动，请等待”		

续上表

序号	步 骤	期望结果	A系结果	B系结果
3	等ATP启动完成，正常在120 s以内	所有制动缓解，文本显示“司机室未激活”，显示“待机”		
	测试二 进入无电和隔离状态			
1	前提条件	设备正常启动，进入CTCS-2级调车模式，制动缓解		
2	ATP断电	紧急制动输出，DMI关闭		
3	隔离ATP并将主断路器置于“on”位置	所有制动缓解，DMI断电		
	测试三 ATP故障后的固定输出反应(RTW反应)			
1	测试前提条件	设备正常启动，进入CTCS-2级调车模式，制动缓解		
2	在ATP CU终端提示上输入命令“retest”(本命令将重启ATP CU并引发RTW反应)	CRH_2/CRH_{380A}触发全常用制动，CRH_3/CRH_{380B}触发紧急制动，DMI显示文本信息“主机与DMI通信中断”		
	测试四 休眠(每端任选一系，采用DMI副屏)		两端状态(激活、休眠)	
1	两端正常启动(不激活司机室)	两端的DMI显示“司机室未激活”和“待机”		
2	激活1端的驾驶室，检查8/16端是否处于休眠模式	8/16端DMI显示文本信息“司机室未激活”和“休眠”		
3	关闭1端驾驶室，激活8/16端驾驶室，检查1端的ATP处于休眠模式	1端DMI显示文本信息“司机室未激活”和“休眠”		

表5-10 CTCS-3级启动任务

序号	步 骤	期望结果	A系结果	B系结果
1	激活驾驶室，设置前向位置	司机数据显示在DMI上(司机ID和列车号)；DMI显示待机、数据和时间		
2	执行司机数据输入	执行司机数据输入，DMI提示执行制动测试和声音信号激活		
3	启动制动测试	制动测试进行中，ATP要求司机接受或取消上次使用等级		
4	检查制动系统压力	检查列车常用制动是否施加；检查列车紧急制动是否施加		
5	制动测试成功	DMI显示文本信息制动测试成功，5 s后消失；ATP要求司机接受或取消上次使用的等级		
6	取消最近使用等级	DMI显示支持的等级列表；安装等级是CTCS-3级和CTCS-2级		
7	选择CTCS-3	DMI显示文本信息“确认CTCS3等级”		
8	确认转换到CTCS-3	RBC数据在DMI上显示(RBC ID和电话号码)		
9	输入RBC ID和RBC电话号码	显示“正在与RBC建立连接”		
10	等大约2 min后显示一条新信息	DMI显示文本信息“无法与RBC建立连接”或“已经与RBC建立连接”		
11	选择确认按键	DMI显示文本信息“输入列车数据或选择模式”		
12	将等级转换到CTCS-2	DMI显示文本信息“确认CTCS2等级”		
13	使驾驶室非激活	DMI显示文本信息“司机室未激活”		
14	ATP断电	紧急制动输出，DMI关闭		
15	测试期间普通检查	DMI没有显示出现故障信息		

表 5-11 CTCS-2 级启动任务

序号	步 骤	期望结果	A 系结果	B 系结果
1	激活驾驶室和设置方向控制为前向	DMI 上显示司机数据； DMI 显示待机模式，数据和时间显示		
2	执行司机数据输入	司机数据被 ATP 接受； DMI 提示执行制动测试和声音信号激活		
3	确认启动制动测试 检查步骤 5 和执行步骤 6	制动测试进行中，ATP 要求司机接受或取消上次使用等级		
4	制动测试成功后	DMI 显示文本信息"制动测试成功" 5 s 后该文本信息消失； ATP 要求司机接受或去取消上次使用等级		
5	选择"取消"按键	DMI 上显示可支持的等级列表； 安装等级是 CTCS-3 和 CTCS-2		
6	选择等级 CTCS-2	DMI 显示文本信息"确认 CTCS-2 等级"		
7	确认转换到等级 CTCS-2	ATP 进入 CTCS-2 级别，DMI 显示文本信息"请输入列车数据"		
8	选择数据输入	列车数据显示在 DMI 上		
9	按压 DMI 确认按钮，接收建议数据值	ATP 接受列车数据，载频选择显示在 DMI 上		
10	选择上行和下行的指定的载频数据	"确认启动"显示在 DMI 上		
11	按"启动"按钮	CTCS-2 和声音提示		
12	确认部分模式	DMI 显示部分模式，有常用制动输出； 制动符号显示在 DMI 上，显示详细的 CTCS-2 信息		
13	选择和确认调车模式	调车模式显示在 DMI 上； 显示文本"进入调车模式"		
14	接受调车模式	CTCS-2 级处于调车模式		
15	使驾驶室非激活	DMI 显示文本信息"司机室未激活"		
16	ATP 断电	紧急制动输出，DMI 关闭		
17	测试期间通用检查	DMI 上未出现故障提示		

2. TCR 测试

测试工具：便携式机车信号发码器（如 TX98-3 型）1 台、电缆（长度不小于 8 m、非屏蔽、带外保护、芯线面积大于 1 mm^2）1 根。

通过铺设简易环线测量 TCR 接收、译码和输出状态，要求线缆紧贴钢轨。具体测试步骤与方法参见表 5-12 中测试项目，并填写测试结果。

表 5-12 TCR 测试记录检查

<table>
<tr><th>项目</th><th colspan="2">检查位置</th><th colspan="4">检查结果</th><th>结论</th></tr>
<tr><td rowspan="3">线圈安装检查</td><td rowspan="3">接收线圈</td><td>位置</td><td>线圈底部与轨面距离</td><td>线圈中心与轨面中心偏移</td><td>固定牢固确认</td><td>线圈箭头指向</td><td rowspan="5"></td></tr>
<tr><td>左</td><td>155 mm/210 mm</td><td><5 mm</td><td>是/ 否</td><td>是/ 否</td></tr>
<tr><td>右</td><td>155 mm/210 mm</td><td><5 mm</td><td>是/ 否</td><td>是/ 否</td></tr>
<tr><td rowspan="2">线缆接线检查</td><td colspan="2">接收线圈线缆正确</td><td colspan="2">接收线圈接线牢固</td><td colspan="2">主机接线正确且牢固</td></tr>
<tr><td colspan="2">是/ 否</td><td colspan="2">是/ 否</td><td colspan="2">是/ 否</td></tr>
</table>

续上表

<table>
<tr><th>项目</th><th>检查位置</th><th colspan="3">检查结果</th><th>结论</th></tr>
<tr><td rowspan="2">主机通电检查</td><td colspan="2">主机指示灯正常</td><td colspan="2">主备机有码指示灯正常</td><td rowspan="2"></td></tr>
<tr><td colspan="2">是/ 否</td><td colspan="2">是/ 否</td></tr>
<tr><td rowspan="4">主机译码输出</td><td>方向上行</td><td>信号电流</td><td>TCR 状态</td><td>切换主备机后
TCR 状态</td><td rowspan="3"></td></tr>
<tr><td rowspan="2">2 600 Hz-21.3 Hz</td><td>180 mA</td><td>输出无码</td><td>输出无码</td></tr>
<tr><td>360 mA</td><td>输出 2600-21.3</td><td>输出 2600-21.3
DMI 显示绿 5</td></tr>
<tr><td>1 700 Hz-10.3 Hz</td><td>450 mA</td><td>输出无码</td><td>输出无码</td><td></td></tr>
</table>

3. CTCS3-300S 型列控车载设备静态测试(见表 5-13)

表 5-13　300S 型列控车载设备静态测试

<table>
<tr><th>序号</th><th>项　目</th><th>操　作</th><th>确认事项</th><th>测试记录</th><th>结论</th><th>备　注</th></tr>
<tr><td>1</td><td>确认 BTM 天线高度</td><td>确认 BTM 天线的安装高度</td><td>从天线至轨面的高度为 202 mm±5 mm</td><td></td><td></td><td></td></tr>
<tr><td>2</td><td>确认 TCR 天线安装方向及高度</td><td>确认 TCR 天线的安装方向和安装高度</td><td>沿车头的方向,天线自带电缆出线应在天线的右侧;
轨道电路天线高度在
155 mm±5 mm范围之内</td><td></td><td></td><td></td></tr>
<tr><td>3</td><td>对车载设备上电</td><td>对 ATP 上电启动</td><td>观察车载设备各模块面板上指示灯的工作状态</td><td></td><td></td><td></td></tr>
<tr><td>4</td><td>CPU 软件版本验证</td><td>使用 RS-485 串行线,将计算机连接到其中一块 CPU TMM 板的 RS-485 接口上;
启动 ManutenziONe 工具,选择按钮"VERIFICA FIRME",执行软件及配置签名检查</td><td>验证工具所显示的签名</td><td></td><td></td><td>蓝色为未通过,需要重新检查</td></tr>
<tr><td>5</td><td>SSR DV 软件版本验证</td><td>使用电缆连接 RIME 模块的 SER3 连接器;
启动 ComTalk98;
选择使用中的端口;
在命令行键入"AT+CG-MR?"</td><td>检查并验证显示出的软件版本号</td><td></td><td></td><td>例如,2007 年 9 月发布的 SW 版本识别码是 S68-0020/01 S14(注:这个版本号是 CD MIS 内相应的文件夹名)</td></tr>
<tr><td>6</td><td colspan="6">I/O 检查</td></tr>
<tr><td>6-1</td><td>隔离开关</td><td>将隔离开关扳到"隔离"位置;
将"ATP 控制"开关扳到"正常"的位置</td><td>车载设备断电后,没有制动输出到列车</td><td></td><td></td><td>"ATP 控制"开关为驾驶室中的控制开关;隔离开关为 ALA 机柜中主旋钮开关</td></tr>
<tr><td rowspan="2">6-2</td><td rowspan="2">车载设备上电</td><td>将"ATP 控制"断路器扳到闭合并且隔离开关在"正常"位置</td><td>确认车载设备在上电状态,ID-VI 板 CH3 灯亮且车载设备在完成自检后不输出制动</td><td></td><td></td><td rowspan="2"></td></tr>
<tr><td>将"ATP 控制"断路器扳到断开位置且隔离开关在"正常"位置</td><td>确认车载设备在断电状态,ID-VI 板 CH3 灯关闭,车载设备输出紧急制动(记录制动缸压力值并确认此时车辆的制动信息),列车不能移动</td><td></td><td></td></tr>
</table>

续上表

<table>
<tr><th>序号</th><th>项　目</th><th>操　作</th><th colspan="4">确认事项</th><th>测试记录</th><th>结论</th><th>备　注</th></tr>
<tr><td>6-3</td><td>验证 IDVI 板 CH9 指示灯发光</td><td>在上电和启动驾驶台后，操纵方向手柄</td><td colspan="4">验证 IDVI 板 CH9 指示灯发光</td><td></td><td></td><td></td></tr>
<tr><td>6-4</td><td>牵引切除</td><td>在车载系统自检过程中，必须禁止牵引，MULU 板 CHR1 指示灯灭；在自检结束时，MULU 板 CHR1 指示灯亮</td><td colspan="4">验证无有效牵引且列车确实无牵引力</td><td></td><td></td><td></td></tr>
<tr><td>6-5</td><td>反馈紧急制动</td><td>执行有效的紧急制动</td><td colspan="4">IDVI 板 CH1 和 CH2 指示灯必须切换</td><td></td><td></td><td></td></tr>
<tr><td>6-6</td><td>反馈最大常用制动</td><td>B7 常用制动有效时</td><td colspan="4">验证 MULE 板 IN3 指示灯点亮</td><td></td><td></td><td></td></tr>
<tr><td>6-7</td><td>方向手柄信号采集确认</td><td>操纵方向控制杆，验证 MULE 板 IN1 和 IN2 指示灯的逻辑开关是否正确</td><td colspan="4">IN1：亮；IN2：灭——向前
IN1：灭；IN2：亮——向后
IN1：灭；IN2：灭——零位</td><td></td><td></td><td></td></tr>
<tr><td rowspan="4">6-8</td><td rowspan="4">控制手柄信号采集确认</td><td rowspan="4">验证根据控制杆的位置，MULE 电路板的指示灯是否正确</td><td></td><td>制动驱动器输出制动</td><td>牵引驱动器输出牵引</td><td>控制杆位于“零”位置</td><td rowspan="4"></td><td rowspan="4"></td><td rowspan="4"></td></tr>
<tr><td>MULE 模块 IN8</td><td>灭</td><td>灭</td><td>亮</td></tr>
<tr><td>IDVI 模块 CH7</td><td>灭</td><td>亮</td><td>灭</td></tr>
<tr><td>IDVI 模块 CH8</td><td>亮</td><td>灭</td><td>灭</td></tr>
<tr><td rowspan="3">6-9</td><td rowspan="3">驾驶室激活信号采集确认</td><td rowspan="3">分别开启本务端驾驶台及非本务端驾驶台，对本务端车载设备上电</td><td colspan="2"></td><td>MULU 模块 CHI6</td><td>MULE 模块 INV3</td><td rowspan="3"></td><td rowspan="3"></td><td rowspan="3">表中驾驶室 A 指本务端的驾驶台，驾驶室 B 指非本务端驾驶台</td></tr>
<tr><td colspan="2">驾驶室 A 有效</td><td>亮</td><td>灭</td></tr>
<tr><td colspan="2">驾驶室 B 有效</td><td>灭</td><td>亮</td></tr>
<tr><td>7</td><td colspan="9">MT 模块测试</td></tr>
<tr><td rowspan="3">7-1</td><td rowspan="3">MT 模块静态测试</td><td rowspan="3">插入 SIM 卡后车载设备上电，然后在 MT 上电后至少等待 1 min 后再启动测试</td><td>RIME</td><td>WD 灯：常绿</td><td></td><td></td><td rowspan="3"></td><td rowspan="3"></td><td rowspan="3"></td></tr>
<tr><td>RIM</td><td></td><td>MB0 灯和 MB1 两者中的一个常黄；MA0 灯和 MA1 两者中的一个常黄</td><td>MB2 灯和 MA2 灯常黄</td></tr>
<tr><td>MT</td><td>ON 灯：常绿</td><td>TX 灯和 RX：无关</td><td>SIM 灯和 NW：常绿</td></tr>
<tr><td>7-2</td><td>MT 模块重启测试</td><td>至少重复 10 次 MT 上电操作</td><td colspan="4">每次操作，验证指示灯的显示是否正确</td><td></td><td></td><td>每次开关操作之间间隔最少为 1 min</td></tr>
<tr><td>8</td><td colspan="9">JRU 测试</td></tr>
<tr><td>8-1</td><td>JRU 功能测试</td><td>验证 JRU 装置前面板上指示灯的状态</td><td colspan="4">＋5 V 灯显示状态应为绿灯固定显示；
＋/－12 V 灯显示状态应为绿灯固定显示；</td><td></td><td></td><td></td></tr>
</table>

续上表

序号	项　目	操　作	确认事项	测试记录	结论	备　注
8-1	JRU 功能测试	验证 JRU 装置前面板上指示灯的状态	RUN 灯显示状态应为绿灯闪烁； REC 灯显示状态应为绿灯固定显示； INFO 灯显示状态应为关闭； EXT 灯显示状态应为关闭			
8-2	JRU 记录功能测试	下载 JRU 的数据	使用数据分析软件打开 JRU 的数据，验证其有效性			
9	备系功能验证	关闭空气开关 ALA-N	系统应能自动切换到备系			
10	TCR 和 ALM 功能验证	按照规定的操作启动系统，进入 CTCS-2 级部分监控模式，采用轨道电路信号发生器在车体外模拟轨道电路发码(采用循环发码方式，遍历所有低频码)	DMI 上的色灯应与信号发生器低频码一致； 关闭空气开关 ALA-N，系统应能自动切换到备系			如果能切换到备系，则应进行备系 TCR 解码功能的测试； 如果不能，则应按照静动调规程描述的检查内容进行故障排查
11	ZPW-2000 遍历					
	L3	发码箱发送 10.3 Hz	DMI 显示 L3			
	L	发码箱发送 11.4 Hz	DMI 显示 L			
	L2	发码箱发送 12.5 Hz	DMI 显示 L2			
	LU	发码箱发送 13.6 Hz	DMI 显示 LU			
	U2	发码箱发送 14.7 Hz	DMI 显示 U2			
	LU2	发码箱发送 15.8 Hz	DMI 显示 U			
	U	发码箱发送 16.9 Hz	DMI 显示 U			
	UU	发码箱发送 18.0 Hz	DMI 显示 UU			
	UUS	发码箱发送 19.1 Hz	DMI 显示 UUS			
	U2S	发码箱发送 20.2 Hz	DMI 显示 U2S			
	L5	发码箱发送 21.3 Hz	DMI 显示 L5			
	L6	发码箱发送 22.4 Hz	DMI 显示无码			
	L4	发码箱发送 23.5 Hz	DMI 显示 L4			
	HB	发码箱发送 24.6 Hz	DMI 显示 HUS			
	Y	发码箱发送 25.7 Hz	DMI 无显示			
	HU	发码箱发送 26.8 Hz	DMI 显示 HU			
	X	发码箱发送 27.9 Hz	DMI 无显示			
	H	发码箱发送 29.0 Hz	DMI 显示 H			
12	主备 BTM 切换测试	按照规定的流程启动车载设备，进入 CTCS-3 级目视模式，关闭空气开关 BTM-R	车载设备应输出紧急制动			观察驾驶台上的制动汽缸压力指针的变化和车体信息显示界面的制动信息是否为紧急制动，如果 DMI 提示“允许缓解”且制动能够缓解，则说明主备 BTM 功能正常；如果紧急制动无法缓解，则应检查BTM-R 是否正常工作

续上表

序号	项　　目	操　　作	确认事项	测试记录	结论	备　　注
13	验证 RSDD N/R 天线的标定是否正确	关闭 BTM N/R 子系统； 给车载系统上电； 在自检结束时，检查在5 min内是否存在因天线测试故障而造成的任何错误； 将计算机连接到待检查的 BTM 的 RS-232 端口； 给相应的子系统上电； 使用 Manutenzione 工具验证标定是否正确； 打开 BTM/N 部分	识别错误，并根据步骤 2、3 和 4，对 BTM/R 进行检测			
14	备用 DMI 验证	将司机室后方的开关 DMI1 置于“OFF”，开关 DMI2 置于“ON”其他设置不要改动，重新启动车载设备	系统可以正常进入 CTCS-2 级部分监控模式			
15	软件版本信息验证	车载设备上电启机，自检正常，进入 CTCS-2 级等级	通过 Monitor 软件观察 CTCS-2 级部分软件版本信息是否正确			

(三)动态调试(见表 5-14、表 5-15)

表 5-14　300T 型列控车载设备动态测试

测试序列	测试项目	试验条件	注意事项	确认事项	测试结果	适用范围
1	溜逸防护测试	CTCS-3 级待机模式下： 手柄前向； 轻加速开行	注意观察 DMI 是否显示“溜逸防护”，双端 A、B 系均需做此项测试	DMI 应显示“溜逸防护”	□显示正确 □显示错误	三级修 四级修 五级修
		CTCS-2 级待机模式下： 手柄前向； 施加牵引	注意观察 DMI 是否显示“最大常用制动图标”，在做此项测试时，最后的结果应为动车组静止不动	DMI 显示“最大常用制动”图标，列车静止不动	□显示正确 □显示错误	三级修 四级修 五级修
2	超速防护测试	分别对超过允许速度 3 km/h、5 km/h进行测试	两端可任选 A、B 中某一系做此项测试； 注意观察司机屏显示制动输出情况，并查看 JRU 文件中记录的实际制动输出，判断输出是否正确	超速 3 km/h 时，牵引被切除； 超速 5 km/h 时，ATP 输出最大常用制动	□输出正确 □输出错误	三级修 四级修 五级修
3	测速测距误差检查	每端需在高速(大于 250 km/h)和低速(小于 250 km/h 大于 100 km/h)(恒速)时分别测量三次，将 DMI 速度与 GPS 速度进行比照	完成雷达校准并修改 ATP CU 雷达参数后方能进行此项测试； 同一端可以使用任何一系进行测试； 测速误差超过误差范围时，需要进行轮径修正或对雷达进行重新校准或修改雷达参数	误差结果在 2%以内	□测速正常 □测速不正常	三级修 四级修 五级修
4	无线通信检查	待机模式下呼叫 RBC； 列车出站后进入完全监控模式； 经过移交点，观察 RBC 的移交情况	试验环境需要经过 RBC 移交点； 呼叫 RBC、RBC 移交的成功/失败信息可以通过 DMI 提示获得； A、B 双系都需要做此项测试	待机模式下能成功呼叫 RBC； 列车出站后可以进入完全模式； RBC 能正常移交	1. 呼叫 RBC □成功 □失败 2. 进入完全模式 □成功 □失败 3. RBC 移交 □成功 □失败	五级修

续上表

测试序列	测试项目	试验条件	注意事项	确认事项	测试结果	适用范围
5	应答器接收功能测试	动车组运行在安装有应答器的线路上	ATP控车，观察运行途中是否有报BTM相关的信息	列车能进入完全模式	□能进入完全模式 □未进入完全模式	三级修 四级修 五级修
6	DMI显示功能	系统上电，ATP能够正常启动	检查各个功能键按键性能良好； DMI显示无异常，声音清晰	DMI各键输入正常	□测试正常 □测试不正常	三级修 四级修 五级修
7	过分相	动车组运行在安装有C2/C3设备的线路上	确认过分相时使用的是ATP自动过分相，并提醒司机观察司机屏，确保ATP能自动过分相	ATP能够自动过分相	□测试正常 □测试不正常	五级修

表 5-15 300S型列控车载设备动态测试

序号	项 目	操 作	确认事项	测试记录	结论	备注
1	ATP设备开机，进入CTCS-2等级	ATP设备上电，司机选择CTCS-2等级，按照提示进行操作	车载设备上电启动正常，按照司机选择进入CTCS-2等级运行			
2	超速防护	列车CTCS-3级区段运行时，司机加速，速度超过最大常用制动速度	ATP输出最大常用制动			
3	紧急制动	关闭ALA_N的断路器	ATP输出紧急制动			
4	无线通信及双电台RBC交权	CTCS-3级区段列车正常运行时，经过RBC交权区域	ATP正常进行无线通信和RBC交权			
5	自动过分相功能	列车正常运行时，经过分相区	ATP能够实现自动过分相			
6	确认主备系BTM接受应答器报文	上电前关闭主系或者备系BTM，列车正常运行	单开主系或者备系BTM时，能够正常接收应答器报文			全线测试
7	CTCS-3级目视模式	CTCS-3级目视发车	CTCS-3等级下，司机手动选择目视模式发车			

思考题

1. CTCS-3级列控车载设备维护人员进行设备安装前需要做哪些准备工作？
2. CTCS-3级列控车载设备维护人员在安装设备时必须遵守的安全卡控措施有哪些？
3. BTM模块的安装要求有哪些？（300T车载设备）
4. 300T型列控车载设备静态调试的内容有哪些？
5. 300S型列控车载设备动态调试的内容有哪些？

复 习 题

1. LKJ作业有哪些注意事项？
2. LKJ2000型监控装置通电前检查哪些设备状态，上电后检查哪些设备状态？
3. LKJ2000型监控装置参数设置及输入、输出信息内容有哪些？

4. LKJ2000-ATP-EMU 通信状态如何?
5. 车载天线的安装要求有哪些?
6. 机车电台语音记录装置(录音插件板)功能如何调试?
7. LKJ2000 型监控装置参数如何设置?
8. 具备动车组运行的条件下,如何检查速度输入状态?
9. LKJ2000 型监控装置如何控制指令输出?
10. 200C 型车载设备对 BTM 的安装要求有哪些?
11. 200C 型车载设备对 FSK 传感器以及接线盒的安装要求有哪些?
12. 200C 型车载设备对 DMI 的安装要求有哪些?
13. CTCS-2 级列控车载设备动态调试的内容有哪些?
14. 速度传感器的安装要求有哪些? (300T 型列控车载设备)
15. CTCS-3 级列控车载设备维护人员进行设备调试前需要做哪些准备工作?
16. 300S 型列控车载设备静态调试的内容有哪些?
17. 300H 型列控车载设备静态调试的内容有哪些?
18. 300T 型列控车载设备动态调试的内容有哪些?
19. 300H 型列控车载设备动态调试的内容有哪些?
20. 200C 型车载设备对 TVM 传感器以及接线盒的安装要求有哪些?

第六章　动车组列控车载信号设备检测

本章主要介绍动车组列控车载信号设备检测。车载信号设备检测包括列车运行监控装置(LKJ)检测、CTCS-2 级列控车载设备检测、CTCS-3 级列控车载设备检测。通过动车组列控车载信号设备检测,保证设备常态化合格投入正常运用,从而达到确保行车安全的目的。

第一节　列车运行监控装置(LKJ)检测

一、作业前的准备工作与注意事项

(一)作业前的准备工作

1. 工长(作业组长)组织召开作业准备会,布置作业地点和任务。
2. 组织开展安全预想,布置安全措施,携带必备的“防护牌”、“防护灯”等工具。
3. 准备工具、仪表,携带必须的转储器(IC 卡)、秒表(校时工具)等工具。
4. 穿好工作服及绝缘鞋。
5. 检查校时 IC 卡或校时器的时间正确。
6. 检查环线发码设置符合要求。

(二)注意事项

1. 作业安全卡控措施见第一章 基本安全规章制度和作业纪律。
2. 遇有司机报修、检测发现故障应及时处理,处理不了的须及时汇报。
3. 检测过程中发现因动车组故障影响 LKJ 正常运用,应及时按规定向车辆部门反映。会同车辆部门查找故障原因,故障处理完毕后,须再次检测确认。
4. 更换主机或板件、连接电缆、显示器等备品时,须对相关设备重新检测。更换监控记录板应核对轮径值、年份、日期、时间以及控制和数据版本,设定动车组型号、车号、装置号。更换显示器必须核对显示数据版本。

二、作业程序

(一)询访司机

询访司机,查看《动车组运行状态交接单》,了解 LKJ 设备使用情况,发现问题要做好记录,并进行重点检查试验和处理。

(二)安全防护

动车组按规定在维修台位停稳,得到动车所作业组长的同意后,电务检测人员方可开始作业;

确认在接触网无电状态,并设置好“防护牌”或“防护灯”。

(三)检测作业

按照“检修内容和质量标准”进行作业。

(四)撤除安全防护

作业完毕撤除防护标识。

(五)填写台账

认真填写检测记录,发放“合格证”,并在合格证上记载LKJ数据版本号,机务配合人员签字确认。

三、检修内容和质量标准

(一)设备外观及安装情况检查

1. 车下设备外观及安装情况检查(无电作业)

(1)速度传感器及连线:速度传感器外观无破损,安装牢固;线缆无破损、绝缘护套无老化断裂等现象,布线合理、绑扎牢固,接插件无松动虚接;防水处理部位无损坏。

(2)电子标签:电子标签无破损、安装牢固,表面清洁;线缆、接插件无破损、松动虚接现象,绑扎固定良好;密封、防水部位良好。

2. 输入工号

(1)LKJ运行记录数据的转储:使用转储器或专用IC卡转储数据文件。LKJ运行记录数据文件完整,无丢失。

(2)建立检测试验记录数据文件:建立出入库检测专用记录数据文件。按规定输入规定车次或作业者工号,建立出入库检测记录数据文件。

3. 车上设备外观及安装情况检查(无电作业)

(1)LKJ屏幕显示器:屏幕显示器安装牢固,屏幕、按键面膜无破损,粘贴标识清晰。

(2)LKJ监控主机:主机安装牢固、各部无破损,各插头无松动、连接良好,各插件板安装牢固,隔离开关置于规定位置。

(3)TAX装置:主机安装牢固、各部无破损,各插头无松动、连接良好,各插件板安装牢固。

(4)LAIS系统车载设备:安装牢固、各部无破损,各插头无松动、连接良好。

(二)设备功能检测

功能检查:利用“键盘检测”功能检查各按键,各键按压灵活、响应正确;背光工作正常,屏幕各显示区显示清晰、正确;显示器语音提示清晰、正确。

(三)参数设置、输入信号及输出指令的检查

1. 参数设置、输入信号的检查

(1)日期、时间准确,按规定校对时钟。

(2)系统参数设置的动车组号、型号正确,轮径参数相符。

(3)控制软件版本和车载数据文件版本应与当前装车要求相符。

(4)工况显示正确。

(5)动车组处于信号环码线时,监控装置接收输入信号(含速度等级信息)与ATP显示一致。

2. 输出指令的检查

(1)常用、紧急制动试验前准备:试验前在司机配合下,各电气开关、控制手柄、制动手柄须

置于相应位置，确认车下部及周围安全状况。

(2)常用动作试验：按动车组允许试验要求，将监控主机的隔离开关拨至正常位，ATP工作在CTCS-0/1级，分别选择A、B机"常用制动试验"，进行常用7级试验，确认LKJ屏幕显示器、EMU显示器显示正确，安装压力表的车型需确认压力显示正确。将监控主机的隔离开关拨至隔离位，ATP工作在CTCS-2级，选择A或B机"常用制动试验"，进行常用7级试验，EMU显示器上不显示LKJ输出指令。

(3)紧急动作试验：按动车组允许试验要求，将监控主机的隔离开关拨至正常位，ATP工作在CTCS-0/1级，分别选择A、B机"紧急制动试验"，确认LKJ屏幕显示器"卸载"、"紧急"状态灯亮，EMU显示器显示正确，安装压力表的车型需确认压力显示正确。超过规定时间，"卸载"、"紧急"状态灯灭，EMU显示器显示正确，压力恢复正常。将监控主机的隔离开关拨至隔离位，ATP工作在CTCS-2级，选择A或B机"紧急制动试验"，EMU显示器上不显示LKJ输出指令。

(四)设备检测

1. LKJ监控主机

关闭主机电源并重新上电，查看各插件自检过程，自检结束后检查各插件工作是否正常。

(1)监控记录插件

①上电后，面板指示灯全亮后全灭，然后对插件各芯片状态逐一检查。芯片工作正常，该芯片相应指示灯亮，否则灯灭。各芯片与指示灯关系如下：

1A亮：程序芯片(U3、U4)自检正常；

1B亮：数据芯片(U5、U6)自检正常；

2A亮：CPU内部RAM自检正常；

2B亮：实时时钟(U15)RAM自检正常(实时时钟采用DS1286时，该灯不亮)；

3A亮：外部RAM(U13)自检正常；

3B亮：外部RAM(U14)自检正常；

4A亮：外部RAM(U11)自检正常；

4B亮：外部RAM(U12)自检正常；

5A亮：CANA自检正常；

5B亮：CANB自检正常。

②正常工作时各指示灯含义如下：

1A闪：插件工作正常(A机快闪、B机慢闪)；

1B亮/灭/闪：分别表示主机/备机/单机；

2A亮：实时时钟正常；

2B亮/灭：CANA正常/不正常(株洲)，CANA工作/CANB工作(思维)；

3A亮：同步通信正常；

3B亮/灭：CANB正常/不正常(株洲)，CAN通信正常/不正常(思维)；

4A亮：数字量输入插件自检正常；

4B亮：模拟量入/出插件自检正常；

5A亮：数字量输入/输出插件输入自检正常；

5B亮：数字量输入/输出插件输出自检正常；

6A亮：程序及数据一致；

6B 亮:记录同步;

7A 亮:没有复位过;灭:复位次数超过 10 次;闪:复位次数 ;

7B 亮/灭:主备机控制同步/不同步(株洲);7B 无定义(思维);

8A:无定义;

8B 闪一下/快闪:产生一条记录/转储数据(株洲);闪一下:产生一条记录或转储数据(思维)。

(2)地面信息处理插件

①主机自检结束后,株洲插件各指示灯含义如下:

1A 闪:CANA 工作正常;

1B 闪 CANB 工作正常;

2A 亮/灭:半自闭/自闭;

2B 闪:UM71(25 Hz)、移频制式(10 Hz)、交流计数(2.5 Hz、5 Hz、7 Hz)、极频(1 Hz);

8B 亮:绝缘节提示;

3B、4B、5B:组合表示当前信号制式;

3A、4A、5A、6A、6B、7A、7B、8A:无定义。

②主机自检结束后,思维插件各指示灯含义如下:

1A 闪烁:信息处理板正常工作;

1B 亮:过绝缘节;

3B、3A、2B、2A:组合表示当前信号制式(灯闪表示通信错误);

其他灯:无定义。

(3)H(P)型通信插件(H 型只能与 200H 型列控车载设备配套使用,P 型可与 200H 型列控车载设备及 200C 型列控车载设备配套使用。J1、J2 跳线:用于 CRH_1、CRH_5 型车时为 1、2 脚;用于 CRH_2 型车时为 2、3 脚。)

主机自检结束后,该插件各指示灯含义如下:

1A 亮:VCC 电源正常;

1B 亮:RS-485 通道 0 电源正常;

2A 亮:RS-485 通道 1 电源正常,CANA 电源正常(株洲);

2B 亮:RS-422 通道电源正常,CANB 电源正常(株洲);

3A 亮:CANA 电源正常,RS-485 通道 1 电源正常(株洲);

3B 亮:CANB 电源正常,RS-422 通道电源正常(株洲);

4A 闪亮:RS-485 通道 0 接收数据;

4B 闪亮:RS-485 通道 1 接收数据;

5A 闪亮:CAN 通道 A 中断;

5B 闪亮:CAN 通道 B 中断;

6A 亮/灭:主机/备机;

6B 快闪/慢闪:工作正常/故障;

7A 闪亮:接收 ATP 信息;

7B 闪亮:RS-422 发送信息至 ATP;

8A 闪亮:接收动车组信息;

8B 闪亮:RS-485 发送信息至动车组。

(4)扩展通信插件

①自检指示灯含义：

插件所有指示灯点亮约 300 ms 后再全部熄灭。指示灯自检，由 1A 到 8A、8B 到 1B 逐个依次点亮熄灭，然后进入插件自检状态。

1A：内部 RAM；2A：外部 RAM；3A：CANa 初始化；

4A：CANb 初始化；5A：ExCANa 初始化；6A：ExCANb 初始化；

7A：SCC 初始化；8A：若所有自检、初始化都通过点亮。

②主机自检结束后，该插件各指示灯含义如下：

6A 闪/其他：是/否接收到双向标签信息；7A 亮/灭：CANa 工作/热备；

7B 亮/灭：CANb 工作/热备；8A 闪/其他：CAN 接收正常/无接收；

8B 闪/灭：RS-485 发送正常/无发送（主机发送、备机发送）。

（5）数字量输入/输出插件

插件上电自检过程为：所有面板指示灯全亮后全灭。自检结束后各指示灯含义如下：

1A 亮：零位；1B 亮：向前；2A 亮：向后；2B 亮：牵引；3A 亮：制动；

3B 亮/灭：隔离开关正常/隔离位；4A 亮/灭：紧急制动回路得电/失电状态；

4B 亮/灭：ATP/LKJ 控制；5A 亮：卸载；5B 亮：最小常用；

6A 亮：中级常用；6B 亮：最大常用；7A 亮：紧急制动；7B：无定义；

8A 灭 8B 亮：非制动状态；8A 亮 8B 灭：制动状态；9A 亮：系统故障、交权。

（6）数字量输入插件

插件上电自检过程为：指示灯全亮后再全灭。自检结束后各指示灯含义如下：

1A 亮：绿灯；1B 亮：绿黄灯；2A 亮：黄灯；2B 亮：黄 2 灯；3A 亮：双黄灯；

3B 亮：红黄灯；4A 亮：红灯；4B 亮：白灯；5A 亮：SD1；5B 亮：SD2；

6A 亮：SD3；6B 亮：制式；7A 亮：绝缘节；7B、8A、8B：无定义。

（7）电源插件

1A 亮：+5 V；1B 亮：+12 V；

2A 亮：−12 V；2B 亮：+15 V（供显示器）；

3A 亮：+24 V；3B 亮：+15 V1（供速度传感器）；

4A 亮：+24 V；4B 亮：+15V2（供压力传感器）。

2. TAX 装置

关闭 TAX 装置电源并重新上电，查看自检过程，自检结束后检查工作是否正常。

（1）电源插件

电源插件面板指示灯全亮。

（2）通信记录插件

①通信记录插件自检时面板指示灯如下：

自检开始 1B 亮灭 3 次（株洲），然后全亮 → 全灭 → 1A 亮（内部 RAM 正常）→ 1B 亮（外部 RAM 正常）→ 2A 亮（Flash 存储器 D3 正常）→ 2B 亮（Flash 存储器 D6 正常）→ 3A 亮，表明通信记录插件自检通过。

②通信记录插件自检完毕后指示灯如下：

1A 闪亮：正在记录相应事件；

2A 灭：与 LKJ 通信正常；

2B 亮：与相应功能插件通信故障。

3A 闪：通信记录单元工作正常。

(3)TMIS 插件

1A 亮：工作正常；1B 亮：与监控装置通信故障；2A 亮：写标签；2B 亮：请求记录；

3A 亮：XC 标签备份故障；3B 亮：标签故障；

4A 亮：HTK 标签通信自检故障；4B 亮：HTK 标签通信自检。

(4)语音记录插件

①LY-1 型

面板指示灯：语音记录装置与通信记录插件通信正常时 1A、2A 灯灭，1B 灯闪；如果通信不正常，则 1A、2A、1B 灯同时闪。启动录音时：1A 灯亮，2A 灯灭，1B 灯闪。启动放音时：1A 与 2A 灯交替亮灭，1B 灯灭。

②LY05 型

a. 株洲

1A 亮：FPGA 程序运行；1B 亮：ARM 程序运行；

2A 亮：USB 转储完毕；2B 亮：R-485 通信正常；

3A 亮：FPGA 程序运行；3B 亮：录音开始；

4A 亮：FPGA 程序运行；4B 亮：放音开始；

5A 亮：以太网工作正常；5B 亮：电源正常。

b. 思维

1A、2A 灭，1B 闪：与通信板通信正常；1A、2A、1B 同时闪：与通信板通信异常；

1A/1B /2A 亮/闪/灭：正在录音；1A/2A 交替闪烁，1B 灭：正在放音；

2B 亮：VCC 电源指示；3A 快闪：U 盘转储数据中；

3B 慢闪(约 1.5 s)：记录语音数据；4A 闪烁：工作指示。

③思维 LY05A 型

1A、2A 灭，1B 闪：与通信板通信正常；1A、2A、1B 同时闪：与通信板通信异常；

1A/1B /2A 亮/闪/灭：正在录音；1A/2A 交替闪烁，1B 灭：正在放音；

2B 亮：VCC 电源指示。

④语音录音试验

取下无线调度电话，接通后报“××××机车录音测试”，挂断后按压录音插件上“回放”按钮，应能听见回放声。

3. LAIS 系统车载设备

(1)主机电源：主机上电后，先将面板上全部灯点亮，然后三个电源指示灯(V1、V2、V3)常亮，其他灯熄灭。在 WLAN 网络内，主机注册网络成功则“WLAN”灯亮。

(2)主机注册上 GSM 网络，则“GPRS”灯亮，如果正在进行车地通信，则“GPRS”灯闪烁。

(3)主机与监控装置通信正常，则“监控”灯闪烁。

(4)主机与 TAX 装置通信正常，则“TAX”指示灯闪烁。

4. 恢复各电气开关、控制手柄(司机配合)

试验结束后恢复各电气开关、控制手柄等位置。

(五)IC 卡数据下载及上传

1. IC 卡数据下载

屏幕显示器与监控主机数据通信，利用 IC 测试卡检查 IC 卡数据文件输入功能，IC 卡数据文件输入功能正确。

2. IC 卡数据上传

利用转储器或 IC 卡转储出入库检测专用记录数据文件，转储记录数据文件正常；对记录数据文件进行质量分析，各条记录无异常，逻辑关系正确，装置各项功能作用发挥正常。

（六）记录数据文件分析

对转储的 LKJ 运行记录数据，进行质量分析，按照制定的分析标准，无设备质量异常。

（七）填写检测记录

正确填写检测记录台账，填写合格证。

思考题

1. 主机自检结束后，H(P)型通信插件各指示灯表示什么含义？
2. 主机自检结束后，扩展通信插件各指示灯表示什么含义？
3. 主机自检结束后，地面信息处理插件各指示灯表示什么含义？
4. 主机自检结束后，监控记录插件各指示灯表示什么含义？
5. 语音记录插件各指示灯表示什么含义？

第二节　CTCS-2 级列控车载设备检测

一、作业前的准备工作与注意事项

（一）作业前的准备工作

1. 工长（作业组长）组织召开作业准备会，布置作业地点和任务。
2. 组织开展安全预想，布置安全措施，携带必备的“防护牌”、“防护灯”等工具。
3. 准备工具、仪表，携带数据转储设备等工具。
4. 穿好工作服及绝缘鞋。
5. 检查环线发码设置符合要求。

（二）注意事项

1. 作业安全卡控措施见第一章　安全知识相关规定。
2. 遇有司机报修、检测发现故障应及时处理，处理不了的须及时汇报。
3. 检测过程中发现因动车组故障影响列控车载设备正常运用，应及时按规定向车辆部门反映。会同车辆部门查找故障原因，故障处理完毕后，须再次检测确认。
4. 更换主机或板件、连接电缆、显示器等备品时，须对相关设备重新检测。
5. 更换 VC 主机时，需核对软件版本和拨码开关的设置参数。

二、作业程序

（一）询访司机

询访司机，了解列控车载设备运用情况，发现问题要做好记录，并进行重点检查试验和处理。

（二）安全防护

车外作业须确认接触网无电、动车组降弓断电，并设置好防护标识。

（三）检测作业

按照“检修内容和质量标准”进行作业。

（四）撤除安全防护

作业完毕撤除防护标识。

（五）填写台账

认真填写检测记录，发放“合格证”。

三、检修内容和质量标准

（一）设备外观及安装情况检查

1. 车下设备外观及安装情况检查（无电作业）

(1)STM 或 FSK 天线外观检查：安装螺丝紧固，无松动，无裂纹；螺丝紧固标完整，橡胶防护套绑扎良好。

(2)BTM 天线外观检查：安装紧固，无松动，无裂纹，无破损。

(3)速度传感器外观检查：外观无破损，安装螺丝牢固，紧固标完整，线缆无破损，接插件无松动虚接，防水腻子完好。

2. 车上设备外观及安装情况检查（无电作业）

(1)DMI 外观检查：安装牢固，表面无划痕、无破损。

(2)机柜及柜内各单元模块外观检查：

①机柜安装牢固，各单元及插件板安装牢固；

②隔离开关在正常位，地线连接紧固；

③继电器防护板安装紧固、无变形；

④各插头紧固无松动、无破损，连接电缆绑扎良好；

⑤各种封条完好、无破损；

⑥PC 卡面板固定良好、卡槽内 PC 卡状态良好；

⑦STM 测试板“测试开关”位置在工作位。

(3)200C 型列控车载设备检查 BTM 主机安装牢固、无破损，连接电缆绑扎良好。

（二）DMI 功能检测

各键按压灵活、响应正确；背光工作正常，屏幕各显示区显示清晰、正确；显示器语音提示清晰、正确。

（三）参数设置、输入信号及输出指令的检查

1. 参数设置、输入信号的检查

(1)检查 200H 型列控车载设备 VC 主机拨码开关设置是否正确，CRH_2 型动车组设置为 112，CRH_1 型动车组设置为 212。

(2)检查 200H 型列控车载设备拨码开关轮径参数设置是否正确。

(3)进行上、下载频轨道信息发码试验，机车信号显示是否正确。

2. 输出指令的检查

200C 型 ATP 启动进行制动测试时，检查 DMI 上的文本信息是否有“紧急制动测试正常”的显示。

(四)功能检测(有电作业)

1. 系统上电，设备启动正常，查看 DMI 上有无故障报警信息。

2. 200C 型 ATP 上电时，确认 CRH5A 型动车组驾驶台指令开关置于“1”位，制动手柄在 6 位以下。

3. DMI 功能测试，各键操作正常、作用良好、按键音清晰，各等级和模式转换正常。

4. 检查 ATP 各单元模块工作指示灯状态，判断设备工作状态是否正常。

5. 200H 型 ATP 各板件工作指示灯含义如下：

(1)VC

①EUR 板

5 V 亮：5 V 输出正常(4.95～5.05 V)；24 V 亮：24 V 输出正常(23.76～24.24 V)。

②BUF 板

LED 闪烁：工作正常；LED 非闪烁：停止工作。

③FSC 板

LED1 亮：FSC 工作正常；LED2 亮：BUS 核对或 WDT 错误；

LED3 亮：BTM 通信传送异常；LED4 亮：DMI 通信传送异常；

LED6 亮：DRU 通信传送异常；LED8 亮：SBUS 通信传送异常；

A1-L1 亮：数据校核不一致；A2-K2 亮：数据校核不一致。

④OPE 板

NORM 闪烁：NORM 工作正常；NORM 非闪烁：停止工作；

LED1 亮：STM 通信状态(A 系)传送异常；LED2 亮：SBUS 通信状态(A 系)传送异常；

LED3 亮：STM 通信状态(B 系)传送异常；LED4 亮：SBUS 通信状态(B 系)传送异常。

⑤AMP 板

OUTPUT 亮：有故障检测。

(2)DRU

①EUR 板

5 V 亮：5 V 输出正常(4.95～5.05 V)；24 V 亮：24 V 输出正常(23.76～24.24 V)。

②BUF 板

LED1 闪烁：工作正常；LEDL 非闪烁：停止工作。

③FSC 板

LED1 亮：FSC 工作正常；LED2 亮：BUS 核对或 WDT 错误；

LED3 亮：BTM 通信传送异常；LED4 亮：LKJ 通信传送异常；

LED6 亮：VC1 通信传送异常；LED7 亮：VC2 通信传送异常；

LED8 亮：SBUS 通信传输异常；A1-L1 亮：数据校核不一致；A2-K2 亮：数据校核不一致。

④PCR 板

LED1 亮：PCR 工作中；LED2 亮：PC 卡工作状态正常；

LED3 亮：初始化时发生故障；LED4 亮：工作时发生故障；

LED5 亮：PC 卡故障(不能记录)；LED6 亮：有故障信息；

LED7 亮：PC 卡已插入。

(3)RLU

①RLY8-21A 板

LKJR1 亮：VC1 系输出制动输出系统在 LKJ 一侧；

LKJR2 亮：VC2 系输出制动输出系统在 LKJ 一侧；

LTOAR1 亮：VC1 系输出控制权在 ATP 一侧；

LTOAR2 亮：VC2 系输出控制权在 ATP 一侧。

②RLY8-15A 板

BREN1 亮：VC1 系输出紧急制动；BREN2 亮：VC2 系输出紧急制动；

BR7N1 亮：VC1 系输出 7 级常用制动；BR7N2 亮：VC2 系输出 7 级常用制动。

③RLY8-18A 板

CHR1 亮：VC1 系故障；CHR2 亮：VC2 系故障。

④RLY8-20A 板

BR4N1 亮：VC1 系输出 4 级常用制动；BR4N2 亮：VC2 系输出 4 级常用制动；

BR1N1 亮：VC1 系输出 1 级常用制动；BR1N2 亮：VC2 系输出 1 级常用制动；

PCUT1 亮：VC1 系输出切断牵引；PCUT2 亮：VC2 系输出切断牵引。

(4)STM

①电源板 1/2 板

110 V 亮：110 V 电源表示；5 V 亮：5 V 电源表示。

②记录板

RUN 闪亮：记录板工作正常；RUM 亮：未插 CF 卡；ERR 亮：故障状态，未插 CF 卡。

③测试板

RUN 亮：非测试状态；RUN 闪亮：测试状态；RUN 灭：测试板故障；

ER 亮：和解码板握手故障；A 亮：A 系解码板握手故障；B 亮：B 系解码板握手故障。

④解码板

RUN1 闪亮：主系运行正常；ERR1 闪亮：解码板与 VC 间通信不正常；

RUN2 闪亮：从系运行正常；ERR2 闪亮：解码板与 VC 间通信不正常。

(5)BTM 单元

①电源板

Uin 亮：110 V 输入正常；24 V 亮：24 V 输出正常；

5 V 亮：5 V 输出正常；3.3 V 亮：3.3 V 输出正常。

②接收板

A2 亮：天线状态正常；ST 闪亮：工作状态正常；AT 闪亮：收到报文。

③解码板

A1 亮：5 V 电源输入正常；A2 闪亮：解码板故障或关闭；

B1 闪亮：接收到长报文；B2 闪亮：接收到短报文。

④通信板

A1 亮：5 V 电源输入正常；A2 闪亮：故障或关闭；B1 闪亮：发送报文；B2 闪亮：接收报文。

6. 200C 型 ATP 各板件工作指示灯含义如下：

(1)CCTE-A 组匣

①CBCH2 板

5 V1、5 V2 亮：5 V1 输入正常、5 V2 输入正常；

R11 至 R33 亮：11 至 33 存储模块正常；

12 V、－12 V 亮：模块＋12 V 输出正常、模块 12 V 输出正常。

②ACSDV 板

＋5 VME 亮：＋5 VME 输出正常；＋12 VME 亮：＋12 VME 输出正常；

－12 VME 亮：－12 VME 输出正常；＋5 VCME 亮：＋5 VCME 输出正常；

＋5 VP 亮：＋5 VP 输出正常；＋5 VRD 亮：＋5 VRD 输出正常；

＋5 VSY 亮：＋5 VSY 输出正常；＋5 VL 亮：＋5 VL 输出正常；

＋24 VE 亮：＋24 VE 输出正常；＋24 VS 亮：＋24 VS 输出正常；

＋12R 亮：＋12 VR 输出正常。

③CCTE 板

所有的 W 亮：看门狗被激活；所有的 1 亮：程序运行正常。

④CODOU 板

RUN 闪亮：程序正常运行

⑤CPOV 板

W 亮：看门狗被激活；R 闪亮：插件正在运行；1 亮：插件与外部有通信。

⑥CRNB50 板

W 亮：看门狗被激活；

17 亮：接收到载频 1 700 Hz 信号；20 亮：接收到载频 2 000 Hz 信号；

23 亮：接收到载频 2 300 Hz 信号；26 亮：接收到载频 2 600 Hz 信号。

⑦COR6U 板

上 4 亮：常用制动 1 级输出；上 5 亮：常用制动 2 级输出；

上 6 亮：常用制动 3 级输出；下 4 亮：ATP 控车。

⑧MTORE 板

CG 亮：看门狗被激活；P2 亮：PROFIBUS2 通信正常；

1 闪亮：CPU 正在运行；E8 亮：回读 ATP 上载；E16 亮：风扇正常；

S4 亮：紧急制动 1 输出状态；S5 亮：紧急制动 2 输出状态；

S6 亮：常用 1 级输出；S7 亮：常用 2 级输出；S8 亮：常用 3 级输出；

S12 亮：ATP 上载；ES4 亮：方向手柄向前；

ES11 亮：交权继电器 1 反馈输出允许；ES12 亮：交权继电器 2 反馈输出允许；

SS1 亮：安全环路闭合允许；SS2 亮：安全环路闭合允许；SS3 亮：允许交权。

⑨CIMRE 板

FU2-A 亮：A 组匣紧急制动 2 未输出；FU1-A 亮：A 组匣紧急制动 2 未输出；

FU2-B 亮：B 组匣紧急制动 2 未输出；FU1-B 亮：B 组匣紧急制动 1 未输出。

7. 等级转换试验，进行 CTCS-2 级、CTCS-0 级等级切换试验。

8. 机车信号环线发码测试，等级选择 CTCS-0/1 级，进行上、下行载频切换，机车信号显示正确，对应 LKJ 显示器的色灯信号显示符合规范要求。

9. 所有测试完成后，复查设备各开关位置、状态是否正常。

（五）记录数据下载及转储操作

1. CTCS2-200H 型 ATP 设备数据下载及转储

(1)切断 ATP 总电源开关，拆下 DRU 主机 PC 卡面板，按压弹簧销取出 PC 卡；

(2)将 PC 卡插入笔记本电脑 PC 卡槽，打开 PCR 专用分析软件，读取 PC 卡数据；

(3)确认 PC 卡数据读取成功后，利用 PCR 软件将 PC 卡格式化处理；

(4)将处理后的 PC 卡插入卡槽，扭紧 PC 卡面板螺丝；

(5)闭合总电源进行启动试验，同时检查 PCR 板工作指示灯显示是否正确。

2. CTCS2-200C 型 ATP 设备数据下载及转储

(1)手动弹出 ATP 控制组匣上的断路器，通过专用数据下载线连接笔记本电脑与 A 组匣 CCTE 板；

(2)按下 A 组匣 CCTE 板对应的断路器(其他必须断开电源)，使该板处于有电状态；

(3)打开电脑，确认端口为 COM1，观察 CCTE 板工作指示灯是否处于读取状态；

(4)启动 PCSAM 软件，下载 SAM/MID 数据，数据保存按照“日期_原文件名_dom/ckd/ws 编号_c1/mc2”格式命名；

(5)弹出已下载的 CCTE 板对应主机的断路器，切断主机板电源；

(6)按下 B 组匣 CCTE 板对应的断路器(其他必须断开电源)，使该板处于有电状态；

(7)按照以上方法进行 B 组匣 CCTE 板数据下载；

(8)数据下载完成后，闭合 ATP 电源进行启动试验。

(六)记录数据的分析

按照指定的分析标准，对下载的列控车载数据进行分析，无设备异常信息。

(七)填写检测记录

正确填写检测记录台账，填写合格证。

思考题

1. 在检修库内进行 CTCS-2 级列控车载设备检测作业的安全风险点有哪些？对应的安全防范措施重点是什么？

2. 利用备品对 200H 型列控车载设备 VC 主机进行整体更换时，有哪些注意事项？

3. 检测作业中发现 200H 型列控车载设备 VC1 和 VC2 的轮径参数设置不一致该如何处理？

4. 有哪几种情况会造成 200C 型列控车载设备在启动时 DMI 报“紧急制动不缓解”？

5. 200C 型列控车载设备在 CTCS-2 级模式下如何检查地面轨道信息接收是否正常？

6. LKJ 设备和列控车载设备在机车信号显示规范上有什么区别？

第三节 CTCS-3 级列控车载设备检测

一、作业前的准备工作与注意事项

(一)作业前的准备工作

与 CTCS-2 级列控车载设备检测作业前的准备工作与注意事项内容相同，见本章第二节。

(二)注意事项

1. 作业安全卡控措施见第一章　安全知识相关规定。

2. 遇有司机报修、检测发现故障应及时处理,处理不了的须及时汇报。

3. 检测过程中发现因动车组故障影响 ATP 正常运用,应及时按规定向车辆部门反映。会同车辆部门查找故障原因,故障处理完毕后,须再次检测确认。

4. 更换主机或板件、连接电缆、显示器等备品时,须对相关设备重新检测。

5. 更换单元模块时,需核对软件版本和参数设置。

二、作业程序

与 CTCS-2 级列控车载设备检测作业程序相同,见本章第二节。

三、检修内容和质量标准

(一)设备外观及安装情况检查

1. 车下设备外观及安装情况检查(无电作业)

(1)STM 或 TCR 天线外观检查:安装螺丝紧固,无松动,无裂纹;螺丝紧固标完整,橡胶防护套绑扎良好。

(2)BTM 天线外观检查:安装紧固,无松动,无裂纹,无破损。

(3)速度传感器外观检查:外观无破损,安装螺丝牢固,紧固标完整,线缆无破损,接插件无松动虚接,防水腻子完好。

(4)测速雷达(300T 型 ATP)外观检查:安装紧固,无松动,无裂纹,无破损。

(5)GSM-R 天线外观检查:安装紧固,无破损。

2. 车上设备外观及安装情况检查(无电作业)

(1)DMI 外观检查:安装牢固,表面无划痕、无破损。

(2)ATP 机柜及柜内各单元模块外观检查:

①机柜安装牢固,机柜安装牢固、无异状,各单元地线连接紧固;

②各单元、模块固定螺丝紧固,无异状,各接插件紧固不松动;

③电缆绑扎良好、无破损,弯曲半径符合标准;

④各开关外观状态良好,位置正确;

⑤各插头及接线端子连接紧固无松动、无破损;

⑥继电器外观无异状、不松动;

⑦冗余、隔离开关安装牢固,状态良好无破损。

(二)DMI 功能检测

各键按压灵活、响应正确;背光工作正常,屏幕各显示区显示清晰、正确;显示器语音提示清晰、正确。

(三)参数设置、输入信号及输出指令的检查

1. 参数设置、输入信号的检查

(1)日期、时间准确,按规定校对时钟。

(2)动车组处于信号环码线时,进行上、下载频轨道信息发码试验,机车信号显示正确。

2. 输出指令的检查

ATP 启动进行制动测试时，检查 DMI 上的文本信息有“制动测试成功”的显示。

（四）功能检测（有电作业）

1. 系统上电（司机制动手柄放至“B7” 位以下），设备启动正常，查看 DMI 上有无故障报警信息。

2. DMI 显示检查：确认日期、时间准确，各区显示颜色正确、内容符合规范要求。

3. 检查 ATP 机柜各模块、板件工作指示灯状态，判断设备工作状态是否正常。

4. 300T 型列控车载设备各工作指示灯含义如下：

(1)ATP CU、TSG、SDP 模块

POW 亮：电源工作正常；TX 闪亮：数据传送正常（取数据时）；

RX 闪亮：数据接收正常（修改模块软件参数时）；ERR 亮：错误状态；

MVB 亮：多功能车辆总线通信正常；WA 亮：故障报警；

RTS 闪亮：运行时间系统正常。

(2)C2CU 模块

POW 亮：电源工作正常；TX 闪亮：数据传送正常（取数据时）；

RX 闪亮：数据接收正常（修改模块软件参数时）；ERR 亮：错误状态；

MVB 亮：多功能车辆总线通信正常；S-C 闪亮：串口线运行通信正常；

WA 亮：故障报警；RTS 闪亮：运行时间系统正常。

(3)COMC 模块

ER 亮：错误状态；WA 亮：故障报警；MVB 亮：多功能车辆总线通信正常；

S-CO 闪亮：串口线通信正常；OK 闪亮：系统运行正常。

(4)GCD 模块

GCD 亮：通用加密装置工作正常；COM 闪亮：通信正常。

(5)BTM 模块

ER 亮：错误状态；WA 亮：故障报警；MVB 亮：多功能车辆总线通信正常；

S-CO 闪亮：串口线通信正常；OK 闪亮：系统运行正常。

(6)TCR 主机

①主机板

SX 亮：指示主机板工作于上行状态；

XX 亮：指示主机板工作于下行状态；

SX /XX 交替闪亮：指示处于搜索载频切换信息状态；

SX /XX 同时闪：指示主机板检测到本路接收线圈连接通道开路。

②通信板

GZ 亮：通信板工作正常；CA 亮：A 主机板 CAN 总线正常；

ZA 亮：A 主机板是工作主机；YA 亮：A 主机板有码；

RX 亮：通信板接收信息；CT 闪亮：CAN 发送正常；

CB 亮：B 主机板 CAN 总线正常；ZB 亮：B 主机板是工作主机；

YB 亮：B 主机板有码；TX 闪亮：通信板发送信息。

③记录板

ST 闪亮：指示主机板没有出现过异常；CFC 闪亮：指示内置 CF 卡读写和转储状态正常；

USB 亮：指示 USB 转储状态；ERR 亮：记录板故障和 USB 转储错误；

CAN 闪亮：指示记录板和主机板 CAN 总线通信状态正常。

(7)JRU 主机

+5 V 亮：内部+5 V 电源电压工作正常；

+/−12 V 亮：两个内部+/−12 V 电源电压工作正常；

RUN 闪亮：RU 设备软件工作正常，可以与服务设备进行通信；

REC 亮/闪亮/熄灭：JRU 记录功能工作正常/简单报警(检测到系统中一个不严重错误)/重大报警(检测到系统中一个严重错误)；

INFO 亮：一个内部问题或者与 EXT 灯同时亮起，则检测到一个外部问题；

EXT 亮：若 REC 灯闪烁或熄灭且 EXT 灯同时亮起，则检测到一个外部问题。

5. 300S 型列控车载设备各工作指示灯含义如下：

(1)TMM 模块

①AL24 V 板(24 V 电源)

Out OK 亮：24 V 输出；In OK 亮：24 V 输入。

②MVBV 板(MVB 总线接口)

ON 亮：执行中的操作软件。

③CPU2 板(中央处理单元)

HTOKB 亮：计算机 B Profibus 信号；HTOKA 亮：计算机 A Profibus 信号。

④WDOU 板(看门狗和关键输出)

WD 亮：看门狗信号；

CH1 亮：紧急制动继电器 1 命令，关键输出(仅限于系统主系运行时)；

CH2 亮：紧急制动继电器 2 命令，关键输出。

⑤IDVI 板(关键数字输入)

CH1 亮：常开触点，紧急制动反馈——面板 1(仅限于系统运行时)；

CH2 亮：常闭触点，紧急制动反馈——面板 1(仅限于系统开机时)；

CH3 亮：EBRINS 气动盘 1 插装；

CH7 亮：常开触点，司机控制列车牵引(仅限于系统运行时)；

CH8 亮：常闭触点，司机控制列车制动(仅限于系统开机时)；

CH9 亮：启动驾驶室 A 常开。

⑥MULE 板(关键和非关键数字输入和输出)

IN1 亮：选定方向，驾驶室 A(系统备系开机时灭)；

IN3 亮：B7 常用制动反馈(仅限于系统开机时)；

OUT4 亮：非关键输出，加电控制受电弓(仅限于系统主系开机时)。

⑦TACU 板(测速变送器输入)

E1A 亮：测速传感器信号 1A；E1B 亮：测速传感器信号 1B；

E2A 亮：测速传感器信号 2A；E2B 亮：测速传感器信号 2B；

E3A 亮：测速传感器信号 3A；E3B 亮：测速传感器信号 3B；

E4A 亮：测速传感器信号 4A；E4B 亮：测速传感器信号 4B。

⑦MULU 板(非关键数字输入和输出)

CHR 1 亮：牵引激活，非关键输出(仅限于系统主系运行时)；

CHR 2 亮：电制动有效，非关键输出（仅限于系统主系开机时）；
CHR 3 亮：电子旋塞有效，非关键输出（仅限于系统主系开机时）；
CHI 6 亮：睡眠；
INS 亮：报警使能（仅限于系统主系）；
CA 亮：报警选择，驾驶室 A；
CHV 1 亮：B1 常用制动命令，非关键输出（仅限于系统主系开机时）；
CHV 4 亮：B4 常用制动命令，非关键输出（仅限于系统主系开机时）；
CHV 8 亮：转速计指针控制 4L，仅用于 SCMT，非关键输出（仅限于系统主系开机时）；
CHV 9 亮：转速计指针控制 5H，仅用于 SCMT，非关键输出（仅限于系统主系）；
CHV 11 亮：蓝灯控制，仅用于 SCMT，非关键输出（仅限于系统主系）；
CHV 13 亮：调车灯控制，仅用于 SCMT，非关键输出（仅限于系统主系运行时）；
CHV 15 亮：零速控制，仅用于 SCMT（仅限于系统主系运行时）。
(2)ALM 模块
①AUXT 板（辅助电压发生）
VCCLR 亮：备用接口用 5 V 电源；VCCLN 亮：主用接口用 5 V 电源。
15 V B 亮：15 V 计算机 B；15 V A 亮：15 V 计算机 A。
②AL5 V 板（5 V 电源）
Out OK 亮：24 V 输出；In OK 亮：24 V 输入。
③CPU2/ALM 板（STM/SCMT 环境下的中央处理单元）
HTOKB 亮：计算机 B Profibus 信号；HTOKA 亮：计算机 A Profibus 信号。
④TCR 板（TCR，看门狗的确认和解码）
WD 亮：有效看门狗；MB 亮：计算机 B 轮询；MA 亮：计算机 A 轮询。
(3)RIM 模块
①CPU2 板（中央处理单元）
HTOKB 亮：计算机 B Profibus 信号；HTOKA 亮：计算机 A Profibus 信号；
MB0 亮：EVC 主用 Profibus 信号；MB1 亮：EVC 备用 Profibus 信号；
MB2 亮：SER3 移动终端 ON 且工作；MA0 亮：EVC 主用 Profibus 信号；
MA1 亮：EVC 备用 Profibus 信号；MA2 亮：SER3 移动终端 ON 且工作；
②RIME 板（移动终端和看门狗的接口板）
WD 亮：有效看门狗。
(4)EVC 模块
①CPUE 板（中央处理单元）
HTOKB 亮：计算机 B Profibus 信号；HTOKA 亮：计算机 A Profibus 信号。
②WDRS 板（DMI 和看门狗接口板）
WD 亮：有效看门狗。
(5)JRU 主机
+5 V 亮：内部+5 V 电源电压工作正常；
+/−12 V 亮：两个内部+/−12 V 电源电压工作正常；
RUN 闪亮：RU 设备软件工作正常，可以与服务设备进行通信；
REC 亮/闪亮/熄灭：JRU 记录功能工作正常/简单报警（检测到系统中一个不严重错误）/

重大报警(检测到系统中一个严重错误)；

INFO 亮：一个内部问题或者与 EXT 灯同时亮起，则检测到一个外部问题；

EXT 亮：若 REC 灯闪烁或熄灭且 EXT 灯同时亮起，则检测到一个外部问题。

6. DMI 按键功能测试，各按键操作正常、作用良好、按键音清晰。

7. CTCS-3 级列控系统等级检测：

(1)输入司机号；

(2)选择 CTCS-3 等级；

(3)选择输入识别号码、电话号码；

(4)等待连接 RBC；

(5)输入列车数据；

(6)输入车次号；

(7)输入列车长度；

(8)列车长度确认；

(9)进入 CTCS-3 等级。

8. CTCS-2 等级转换试验

(1)输入司机号后，选择 C2 等级；

(2)输入列车数据；

(3)输入车次号；

(4)输入列车长度；

(5)进行载频选择，手动选择上行/下行；

(6)列车长度确认；

(7)选择任务开始，按压“F6”启动设备；

(8)进入 CTCS-2 等级。

9. 机车信号环线发码测试，进行上、下行载频切换、机车信号显示正确。

10. 300T 型 ATP 切换备系、备屏，进行上述 1～7 项目测试。

11. 300S 型 ATP 关闭(ALA-R)开关进行备用系测试，重复上述 1～7 项目测试。

12. 300S 型 ATP 备用系测试完成后闭合(ALA-R)开关状态，重新启动 ATP 设备进行自检。

13. 所有测试完成后，复查设备各开关位置、状态是否正常。

(五)记录数据下载及转储操作

1. JRU 数据下载

(1)准备笔记本电脑、转储 U 盘；

(2)检查 JRU 工作指示灯显示是否正常；

(3)在 JRU 主机 U 口上插入转储 U 盘；

(4)user 指示灯快闪，进入数据转储过程；

(5)user1 灯灭，user1 灯长亮后转储完毕，拔出 U 盘；

(6)将 U 盘插入笔记本电脑 USB 口，转储 U 盘中的 JRU 数据。

2. AE Log 数据下载

(1)准备专用数据线、笔记本电脑；

(2)检查 VCU 模块工作指示灯显示是否正确；

(3)利用数据线连接 VCU 模块 X8 接口和笔记本电脑串口；

(4)打开 ATP maintendig. exe 软件，点击 Log 下载；

(5)核对 Log 数据下载完成 250 条记录。

(六)记录数据的分析

对下载的列控车载数据进行分析，按照指定的分析标准，无设备异常信息。

(七)填写检测记录

正确填写检测记录台账，填写合格证。

思考题

1. 在检修库内进行 CTCS-3 级列控车载设备检测作业的安全风险点有哪些？对应的安全防范措施重点是什么？

2. 300T 型或 300S 型列控车载设备主、备 DMI 通知开机工作，会有什么影响？

3. 检测中如需对车载电台进行单呼测试，应如何操作？

4. 有哪几种情况会造成 300T 型列控车载设备在起机时 DMI 报“制动测试不成功”？

5. 进行 CTCS-3 级、CTCS-2 级转换测试时，是否有先后顺序，为什么？

6. 进行 JRU 数据下载时，DMI 上有“JRU 故障”的文本信息，是否正常，为什么？

复 习 题

1. 简述 LKJ 数字量输入/输出插件，上电自检过程和自检结束后各指示灯含义。
2. 简述 LKJ 数字量输入插件，上电自检过程和自检结束后各指示灯含义。
3. 简述 TAX 装置通信记录插件自检时面板指示灯和自检后各指示灯含义。
4. 简述 TAX 装置 TMIS 插件各指示灯含义。
5. 简述 TAX 装置语音记录插件 LY05 型(株洲与思维)各指示灯含义。
6. 简述 200H 型列控车载设备 VC 单元各板件工作指示灯含义。
7. 简述 200H 型列控车载设备 BTM 主机单元各板件工作指示灯含义。
8. 简述 200H 型列控车载设备 DRU 主机单元各板件工作指示灯含义。
10. 简述 200C 型列控车载设备主机单元各板件工作指示灯含义。
11. 简述 200C 型列控车载设备 BTM 主机单元各板件工作指示灯含义。
12. 简述 200C 型列控车载设备控制面板各开关、按钮的作用。
13. 简述 200C 型列控车载设备隔离开关和切除开关的作用和操作方法。
14. 简述 300T 型列控车载设备主机单元各板件工作指示灯的含义。
15. 简述 300S 型列控车载设备主机单元各板件工作指示灯的含义。
16. 简述 300T 型列控车载设备各对外接口继电器的作用。
17. 简述 300S 型列控车载设备各对外接口继电器的作用。
18. 简述 200C 型列控车载设备隔离开关和切除开关的作用和操作方法。
19. 简述 300T 型列控车载设备隔离开关和切除开关的作用和操作方法。
20. 简述 300S 型列控车载设备隔离开关和切除开关的作用和操作方法。

第七章　动车组列控车载信号设备数据分析

列控车载设备的数据主要指列控车载设备运行记录单元记录的数据。列控车载设备数据的记录、转储和分析，对于列控车载设备的安全监控、事故分析处理、状态诊断等具有重要意义。数据分析主要是通过对运行记录数据的分析，及时掌握设备的状态，从而确保行车安全。本章系统地介绍了各种分析软件的安装及其使用方法，提供了常见故障的分析方法，使工作人员在现场实际工作中，能够快速分析查找故障源，及时处理故障，保证设备质量。

第一节　列车运行监控装置(LKJ)数据分析

LKJ 地面数据分析系统目前最新版本是车载设备质量跟踪系统，支持不同厂家车载程序形成的 LKJ 运行记录数据文件。本节重点对车载设备质量跟踪系统进行介绍。

一、LKJ 地面数据分析处理系统操作

(一)概　　述

1. 系统功能

(1)库内检测文件和运行记录文件的分析处理功能。

(2)设备质量问题或隐患的检索、报警功能。

(3)监控数据版本管理功能。

(4)LKJ 电务系统多级闭环管理功能。

(5)数据检索、查询功能。

(6)报表结果输出、打印功能。

2. 使用环境

(1)硬件环境

CPU：最低处理器速度 800 MHz，推荐使用 1 GHz 及以上处理器。

内存：最低内存 256 MB，推荐使用 1 GB 及以上内存。

硬盘：最低硬盘空间 2 GB，推荐使用 20 GB 及以上硬盘。

(2)软件环境

任何版本 Windows 操作系统下正常使用，推荐使用操作系统：Miscrosoft Windows9x/WindowsXp/Windows200x/Vista。

3. 软件安装

安装方法简单便捷：只需将安装包直接拷贝到本地计算机，通过执行必要的数据库服务器连接设置，即可正常使用。

注：软件正常使用前请确保数据库服务器、文件服务器已经安装完毕，并且客户端与数据服务器、文件服务器连接正常并且有访问权限。

（二）使用方法

1. 值班员登录

运行软件后，软件首先弹出用户登录界面，只有正确登录后才能继续进行操作。

2. 软件主界面

在用户登录成功后，软件显示主界面，主界面提供了主要的分析数据和其他各功能的入口，软件主界面如图 7-1 所示。

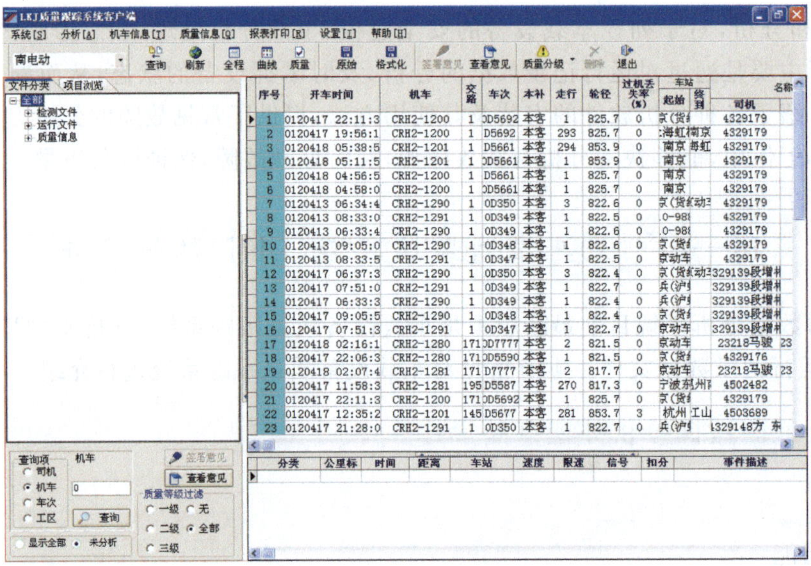

图 7-1 软件主界面

双击“质量项点列表”项后，软件将启动全程记录界面，启动时会出现文件处理进程，在启动进程后，软件将以本项目的发生时间自动定位于全程记录中，如图 7-2 所示。

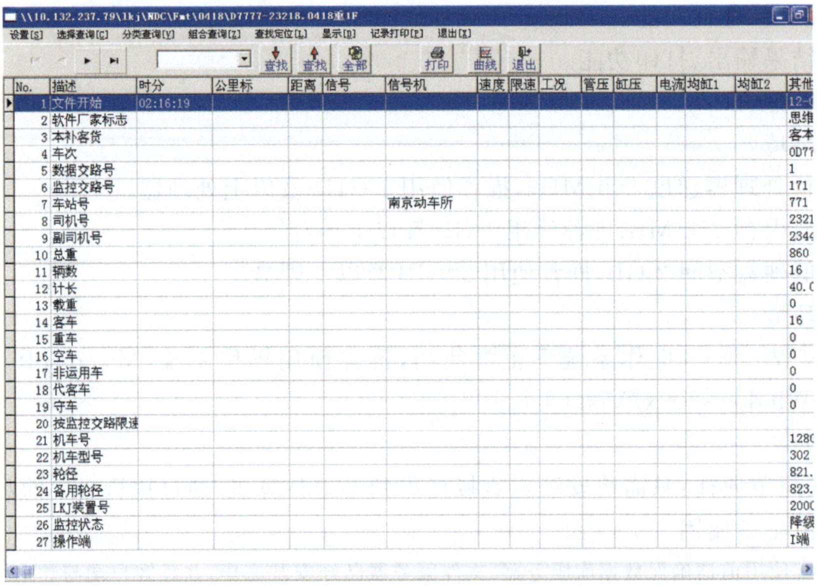

图 7-2 全程记录界面

3. 机车信息查询

单击软件主界面的菜单“机车信息”栏弹出 4 个下拉子菜单，分别为“版本信息”、“轮径信息”、“机车普查跟踪分析”、“机车入库信息查询”，单击菜单可进行机车芯片版本、机车轮径、机车普查跟踪、机车入库等查询。

4. 单机运行记录文件的统计

单击软件主界面的菜单“质量信息”栏弹出 2 个下拉菜单，“单机文件统计”、“通道速度文件统计”，单击相应菜单可以根据设定的条件统计出相应的有单机记录的机车或通道速度记录不完整的动车。

5. 报表打印

单击软件主界面的菜单“报表打印”栏弹出 9 个下拉子菜单，分别为“检测项点详细信息”、“库内检测报表”、“设备质量统计”、“分析意见统计”、“问题跟踪处理统计”、“出入段检测记录”、“质量日分析记录”、“检测工作量统计”、“个人得分月统计”，单击子菜单可进行相应操作。

6. 设置栏

单击软件主界面的菜单“设置”栏弹出 9 个下拉子菜单，“质量项目分级”、“颜色区别质量项点”、“设置质量项点显示颜色”、“文件列表字体”、“窗体透明效果”、“主窗体允许拖拉”、“窗体无边框”、“级质量信息报警提示”、“意见显示设置”。系统开放接口允许用户对质量项目自定义分析等级(支持质量一级、质量二级、质量三级)，分析客户端根据用户自定义的质量项目等级，使用三种不同的颜色区分显示，对不同质量等级信息有针对性的分析。

7. 机车芯片版本信息查询

单击软件主界面的菜单“机车信息”栏，单击子菜单“版本信息”进入机车芯片版本查询界面。

可以过滤的查询条件：数据芯片版本号、监控版本号、客/货车、本/外段、线路名以及当前单位名等。选择“台账部分”：打印或者导出的内容是符合检索条件的查询结果(界面左半部)；选择“排查部分”：打印或者导出的内容是符合检索条件外的查询结果(界面右半部)。

在“选择最新版本”中有“监控版本”和“数据版本”两个选项，选择其中一项程序开始执行筛选处理过程，本过程需要一定时间，筛选处理过程的进度由界面最下面的进度条指示，“监控版本”针对本次只是更换了监控芯片(U3、U4)情况；“数据版本”针对本次只是更换了数据芯片(U5、U6)情况。

(三)自动处理服务器说明

1. 环境要求

(1)服务器典型配置：Microsoft Windows 2003 Server ＋IE6，数据库采用 MS SQL Server2000。

(2)硬件要求

①内存：不小于 1 GB，建议 2 GB 以上，如果采用 Windows 2003 Server，则最好使用 2 GB 以上内存。

②硬盘空间：数据库准备至少 30 GB，记录文件视保存时间及数量而定，一般有 40 GB 即可。

2. 关于 SQL Server 数据库

本系统采用 SQL Server2000 数据库为服务器数据交换中心，它是基于 Windows NT 操作平台上的最佳数据库，而且安装方便，通过安装向导提示，可以快速安装完成。

3. 创建数据库

(1)建立主库

执行 pfsz2007. exe 程序并进入，登录成功后，单击“系统设置”菜单，弹出对话窗口，然后选择“数据库连接信息”页面，输入服务器名称，“. ”表示本机，主数据库名称“jk2000”，以及登录 SQL

的用户名“sa”和 SQL 登录口令，再单击“创建主库”按钮，程序自动进行创建主库。

(2)配置多个单位库

如果有多个单位，则需要为每个单位分别建立数据库，建库是通过自动处理程序目录下的 pfsz2007.exe 自动建立的，下面详细说明单位库的创建步骤。

① 打开 pfsz2007.exe 执行程序；

② 选择“登录”菜单下的“管理员登录”子选项，在弹出窗口中输入登录密码，程序固定口令为“1”。登录成功后，单击“系统设置”按钮设置相关的系统配置信息；

③ 选择“登录”菜单下的“单位编辑/选择”，根据需要配置各单位的详细信息。

各单位配置信息中的“数据库名”分别与该单位的文件处理、统计、分析结果相对应，只需在此填上相应数据库名，程序就可以对其自动创建，详细配置说明将在后面的“自动处理的配置和使用”里面介绍。

(3)其他设置说明

①值班员信息设置

可以设置所有内勤值班员、分析员、运用干部及相关分析人员的登录工号、姓名、登录口令以及分析级别。

②统计项目设置

可以设置需要统计的质量项目，包括质量项目统计选项开关和用户接口参数。

③机车信息表设置

在机车信息表里建立机车信息库，将全段所有机车属性都输入数据库，作为处理时的参考参数条件。

④半自闭区段表设置

可以排除信号异常类质量项目检索时的特殊情况。

⑤评分项设置

可以设置系统提供的评分检索项目的开关、接口参数。

⑥处理选项设置

处理选项设置中包括 LKJ 质量跟踪系统是否启用检测项点检索、启用评分选项开关、启用短信跟踪开关选项、副司机号范围设置、GPS 校时检索特殊模式选项开关、信号检查检索特殊模式选项开关等。

二、LKJ 质量检索分析

电务质量检索分析可以分成两部分：库内标准化作业分析和车载设备质量分析。车载设备质量跟踪系统根据设置的副司机号把 LKJ 记录原始文件分为库内检测文件和列车运行文件两大类，系统服务器运用不同的方式处理后，分析人员可以通过使用该软件查看作业情况检测是否符合标准、有无漏项；还可以准确检索出存在 LKJ 车载设备质量问题或质量隐患的机车，从而及时采取有效措施进行处理，保证车载设备质量。该系统具有 11 个库内检测项点和 83 个质量检索项目。

(一)检测文件作业标准化分析

1. 单击“文件分类”菜单下“检测文件”后打开界面，界面清晰地显示出库检作业人员检测得分作业执标情况。由高到低分别细列出满分 100、90～99、60～89、40～59、40 以下共 5 栏。

2. 单击“得分”栏，详细列出相应得分内检测文件及扣分原因等内容。

3. 单击扣分原因事件描述“警惕确认不完整”可分析到具体作业时没有完全做到“警惕确认”，漏项漏级是其扣分直接原因。

（二）设备质量信息检索分析

1. 质量检索分析主界面如图 7-3 所示，界面清晰地显示设备质量检索项点情况。

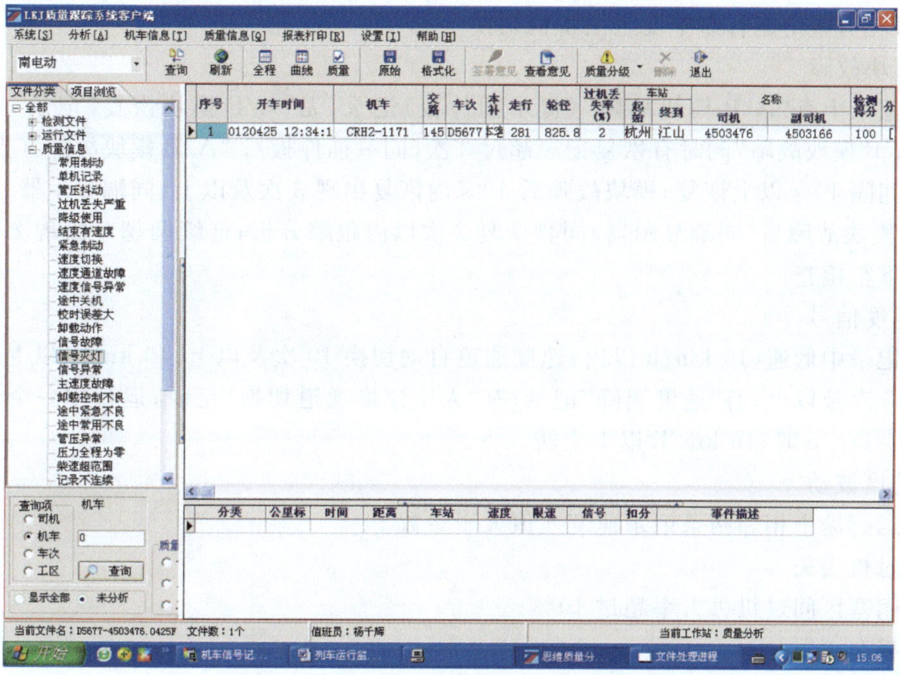

图 7-3　设备质量检索分析主界面

2. 举例：单击“信号灭灯”项点，数据定位至信号灭灯事件发生的具体时间、区间、信号机、公里标、速度、距离等。选中该事件，单击“查看记录”将会定位到该事件发生的全程文件记录中，此时可具体分析该质量异常事件的产生原因；如果单击运行曲线，则以图形界面显示。

3. 单击“质量信息”下各质量项点，系统自动筛选出各项点质量异常的文件，单击“项目浏览”即可。

4. 常用质量项点说明

（1）记录文件完整性、连续性

少文件；记录重复、错误、缺少时间、公里标、站名等记录混乱、丢失；除开关机外记录时间差大于参数 10 s。

（2）车型、车号、年份、日期、程序数据版本

记录车型、车号、年份、日期、程序数据版本错误。

（3）监控开机、关机

监控状态下的关机、开机记录，对于原因不明的关机记录立报。

（4）设备故障

除开关机形成的复位记录以外，其他均为异常。单趟运行出现两次以上或连续两趟运行均出现一次及以上硬件复位记录。

LKJ 记录事件：有权端显示器故障；轮径超上界；轮径超下界；硬件复位；速度突降；点式码错；监控故障；速度故障；监控复位；记录复位；记录故障。

(5)单机运行

监控、降级、调车、“20 km/h 限速模式”状态下全程单机运行;单机未恢复;单机同秒恢复超过 5 次以上。

(6)主备机切换

监控、降级、调车、“20 km/h 限速模式”状态下全程单机运行;单机未恢复;单机同秒恢复超过 5 次以上;整个运行途中发生主备机切换。

(7)模块故障

全程记录中有“A/B 模块故障”(提示插件板)记录、无“A/B 模块恢复”记录(黑匣子除外);有“A/B 模块故障”同时有恢复记录超过 3 次(同一插件板);“A/B 模块故障”(指显示器)未恢复或间隔 10 s 以上恢复;模块故障后 10 s 内恢复出现 3 次及以上(同端显示器)立报车间 110 处理;模块故障后(同端显示器)同秒恢复 2 次以内跟踪分析;连续两趟车出现 2 次同秒恢复显示器下车检查。

(8)速度信号

全程记录中低速(10 km/h 以内)速度通道自动切换 10 次及以上;10 km/h 以上速度通道自动切换 5 次及以上;有“速度突降”记录;有“人工速度通道切换”记录;运行中一个及以上通道速度为 0 km/h 时;15 km/h 以下空转。

(9)速度波动

实际运行途中相邻两条记录速度差值大于参数 1。

(10)过机丢失

自动闭塞区间过机丢失率超过 10%。

(11)机车工况

运行状态下工况缺项;加载、卸载变化无记录;手柄防溜报警出现 5 次以上。

(12)信号灭灯

全程记录中灭灯现象,结合 CF 卡数据进行分析,其余灭灯立报并注明机车信号显示状态。

(13)信号异常

全程记录中掉码、不接码现象,结合 CF 卡数据进行分析。

(14)走行距离误差(过机校正)

人工调整距离要结合自闭区段过机校正时机分析,正常时过信号机 5 s 内记录“过机校正”,可以比照人工调整距离大于 50 m 超 5 次或调整距离大于 100 m 超 3 次上报。

三、LKJ 运行记录数据分析

LKJ 形成的列车运行记录数据是行车安全分析的重要依据之一,涉及到安全、质量、标准化作业等多方面的内容。LKJ 设备划归电务后原 LKJ 安全分析、司机退勤分析等留在了机务段。下文仅对因 LKJ 设备质量引发的行车安全信息做概述说明,对于有些异常运行记录数据的特殊案例,需要电务会同机务有关技术人员结合 LKJ 参数设定、司机操纵、途中运行线路条件等多方面信息进行综合分析。

(一)分析步骤

单击“项目浏览”,选择“途中”,可显示的途中安全因素项有:“超速”、“自停”、“常用自停”、“关机”、“信号异常”、“区间停车”、“巡检次数”、“定标”、“前进键”、“解锁次数”、“未巡检”、“等待键”、“卸载动作”、“信号未确认”、“站中未确认”、“揭示解锁”、“机外停车”等项点。

如果用户想切换到运行曲线画面，只需单击“曲线”即可。

（二）分析项点说明

在一定时间和管理范围内，LKJ 发出控制指令产生常用制动、紧急制动、关机等事件。通过 LKJ 运行记录数据分析要能区分事件原因是司机操纵、动车组设备、地面信号设备还是 LKJ 系统本身等造成。重点分析事件有：降级、卸载、常用制动、紧急制动、解锁、揭示控制、防溜控制、警惕功能、区间停车、关机。

（三）控制等级说明

LKJ2000 型列车运行监控装置对机车控制主要分为五个等级：

1. 报警：当列车运行速度达到报警速度时，显示器发出语音报警（由监控装置完成）。

2. 卸载：当列车运行速度超过允许值时，装置切断机车牵引电流，将牵引力减为零。

3. 常用制动：当卸载不能使列车减速，此时由监控装置发出指令对列车实施常用制动使列车减速。常用制动后，当列车速度低于限速 8 km/h 时，允许司机缓解。

4. 紧急制动：在使用常用制动不能使列车减速至允许的限速值时，监控装置发出指令实施紧急制动使列车立即停车。紧急制动不允许司机缓解，当列车速度为零时，自动缓解。

5. 系统故障：当系统中 A、B 机同时故障时，显示器发出故障报警，要求司机在 3 min 内关断主机电源，否则实施紧急制动。

（四）典型案例

案例 1：LKJ 瞬间记录复位，LKJ 输出 7 级制动

故障概况：某动车组途中运行多次报 LKJ 硬件复位，输出 7 级制动。

原因分析：通过运行记录数据分析发现运行途中 6 次 LKJ 硬件复位，入库检查查出 A 机电源不良，更换 A 机电源板后试验正常。数据记录如图 7-4 所示。

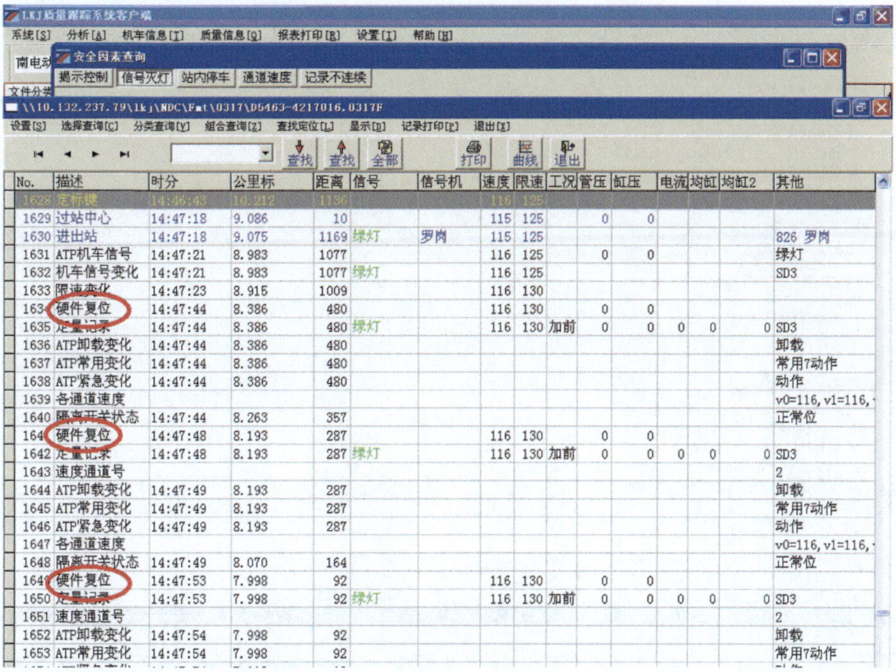

No.	描述	时分	公里标	距离	信号	信号机	速度	限速	工况	管压	缸压	电流	均缸	均缸2	其他
1628	定标键	14:46:43	10.212	1136			116	125							
1629	过站中心	14:47:18	9.086	10			115	125		0	0				
1630	进出站	14:47:18	9.075	1169	绿灯	罗岗	115	125							826 罗岗
1631	ATP机车信号	14:47:21	8.983	1077			116	125		0	0				绿灯
1632	机车信号变化	14:47:21	8.983	1077	绿灯		116	125							SD3
1633	限速变化	14:47:23	8.915	1009			116	130							
163	硬件复位	14:47:44	8.386	480			116	130		0	0				
1635	定量记录	14:47:44	8.386	480	绿灯		116	130	加前	0	0	0	0	0	SD3
1636	ATP卸载变化	14:47:44	8.386	480											卸载
1637	ATP常用变化	14:47:44	8.386	480											常用7动作
1638	ATP紧急变化	14:47:44	8.386	480											动作
1639	各通道速度														v0=116, v1=116,
1640	隔离开关状态	14:47:44	8.263	357											正常位
164	硬件复位	14:47:48	8.193	287			116	130		0	0				
1642	定量记录	14:47:48	8.193	287	绿灯		116	130	加前	0	0	0	0	0	SD3
1643	速度通道号														2
1644	ATP卸载变化	14:47:49	8.193	287											卸载
1645	ATP常用变化	14:47:49	8.193	287											常用7动作
1646	ATP紧急变化	14:47:49	8.193	287											动作
1647	各通道速度														v0=116, v1=116,
1648	隔离开关状态	14:47:49	8.070	164											正常位
164	硬件复位	14:47:53	7.998	92			116	130		0	0				
1650	定量记录	14:47:53	7.998	92	绿灯		116	130	加前	0	0	0	0	0	SD3
1651	速度通道号														2
1652	ATP卸载变化	14:47:54	7.998	92											卸载
1653	ATP常用变化	14:47:54	7.998	92											常用7动作

图 7-4　硬件复位记录数据

案例 2：备速突降

故障概况：动车组在运行途中多次报 LKJ 速度通道 2 突降。

原因分析：通过文件分析发现动车组途中 42 次报 LKJ 速度通道 2 突降，并且 4 趟交路连续出现该现象，分析可能原因是 LKJ 备用速度通道故障。入库检查后确定为速度传感器故障，更换后试验良好。数据记录如图 7-5 和图 7-6 所示。

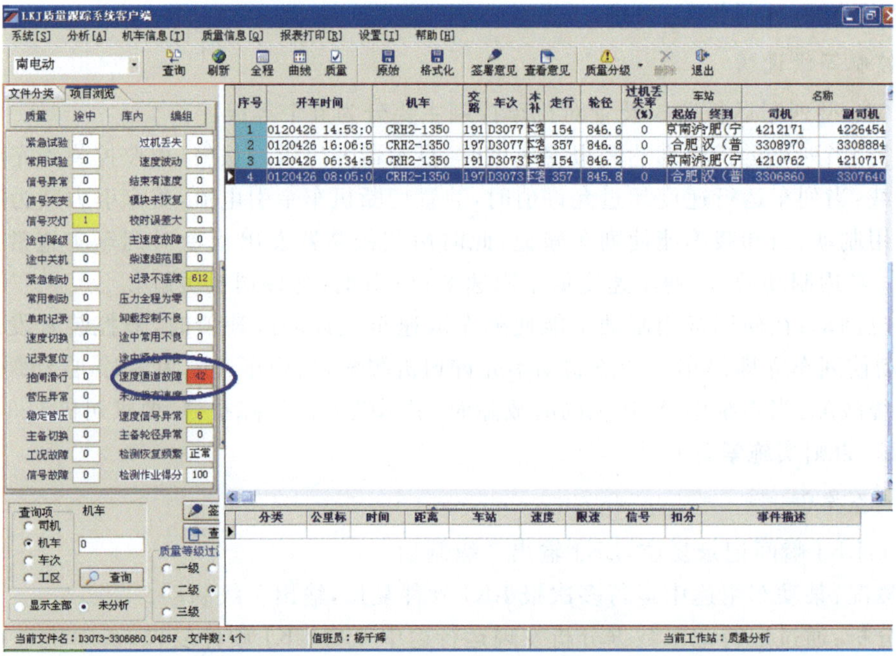

图 7-5　速度通道故障记录画面

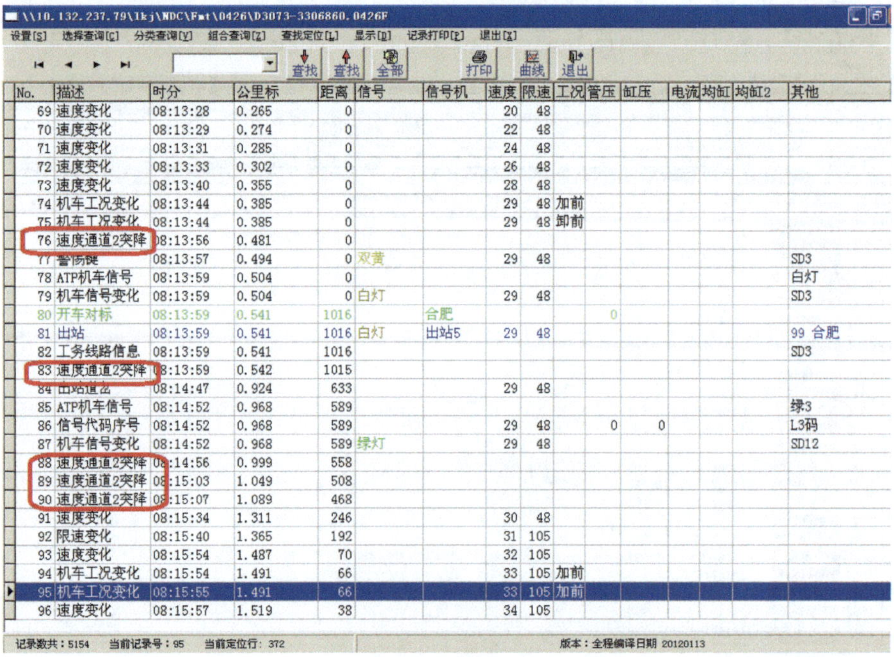

No.	描述	时分	公里标	距离	信号	信号机	速度	限速	工况	管压	缸压	电流	均缸	均缸2	其他
69	速度变化	08:13:28	0.265	0			20	48							
70	速度变化	08:13:29	0.274	0			22	48							
71	速度变化	08:13:31	0.285	0			24	48							
72	速度变化	08:13:33	0.302	0			26	48							
73	速度变化	08:13:40	0.355	0			28	48							
74	机车工况变化	08:13:44	0.385	0			29	48	加前						
75	机车工况变化	08:13:44	0.385	0			29	48	卸前						
76	速度通道2突降	08:13:56	0.481	0											
77	警惕键	08:13:57	0.494	0	双黄		29	48							SD3
78	ATP机车信号	08:13:59	0.504	0											白灯
79	机车信号变化	08:13:59	0.504	0	白灯		29	48							SD3
80	开车对标	08:13:59	0.541	1016		合肥				0					
81	出站	08:13:59	0.541	1016	白灯	出站5	29	48							99 合肥
82	工务线路信息	08:13:59	0.541	1016											SD3
83	速度通道2突降	08:13:59	0.542	1015											
84	出站道岔	08:14:47	0.924	633			29	48							
85	ATP机车信号	08:14:52	0.968	589											绿3
86	信号代码序号	08:14:52	0.968	589			29	48		0	0				L3码
87	机车信号变化	08:14:52	0.968	589	绿灯		29	48							SD12
88	速度通道2突降	08:14:56	0.999	558											
89	速度通道2突降	08:15:03	1.049	508											
90	速度通道2突降	08:15:07	1.089	468											
91	速度变化	08:15:34	1.311	246			30	48							
92	限速变化	08:15:40	1.365	192			31	105							
93	速度变化	08:15:54	1.487	70			32	105							
94	机车工况变化	08:15:54	1.491	66			33	105	加前						
95	机车工况变化	08:15:55	1.491	66			33	105	加前						
96	速度变化	08:15:57	1.519	38			34	105							

图 7-6　速度通道 2 突降全程记录画面

案例 3:LKJ 单机运行

故障概况:某动车组运行途中多次报 LKJ 单机运行,没有影响列车运行。

原因分析:质量检索分析发现运行途中 6 次 LKJ 主机 A 机单机,入库检查后确定为 B 机电源故障,更换 B 机电源板后试验正常。数据记录如图 7-7 和图 7-8 所示。

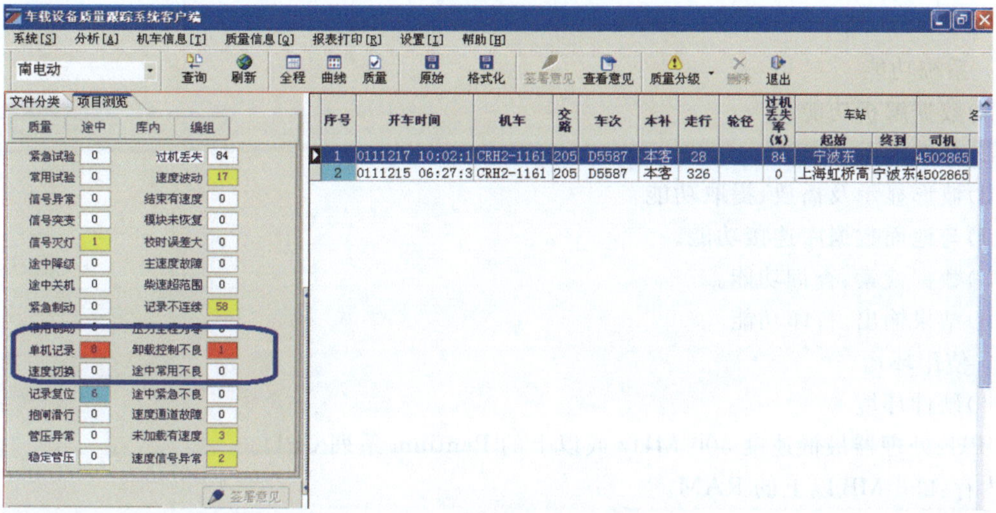

图 7-7　单机记录画面

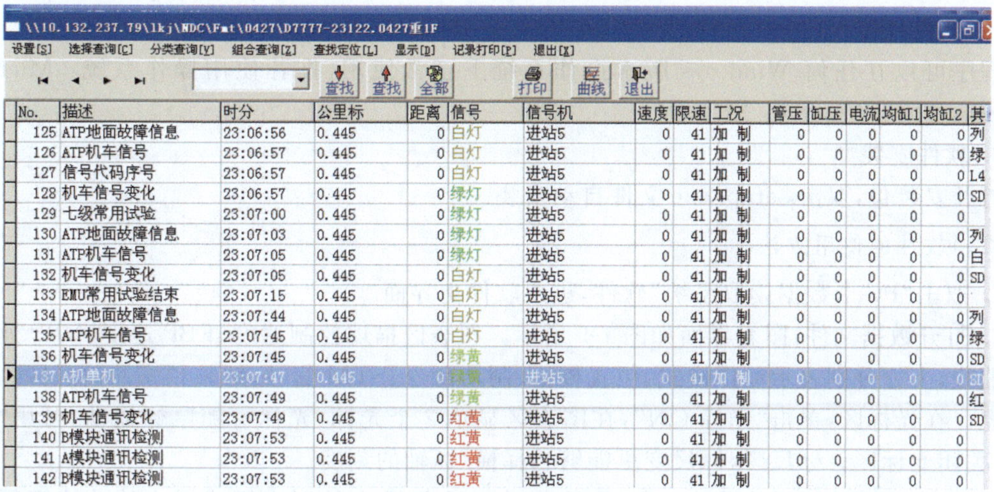

No.	描述	时分	公里标	距离	信号	信号机	速度	限速	工况	管压	缸压	电流	均缸1	均缸2	其
125	ATP地面故障信息	23:06:56	0.445	0	白灯	进站5	0	41	加 制	0	0	0	0	0	列
126	ATP机车信号	23:06:57	0.445	0	白灯	进站5	0	41	加 制	0	0	0	0	0	绿
127	信号代码序号	23:06:57	0.445	0	白灯	进站5	0	41	加 制	0	0	0	0	0	L4
128	机车信号变化	23:06:57	0.445	0	绿灯	进站5	0	41	加 制	0	0	0	0	0	SD
129	七级常用试验	23:07:00	0.445	0	绿灯	进站5	0	41	加 制	0	0	0	0	0	
130	ATP地面故障信息	23:07:03	0.445	0	绿灯	进站5	0	41	加 制	0	0	0	0	0	列
131	ATP机车信号	23:07:05	0.445	0	绿灯	进站5	0	41	加 制	0	0	0	0	0	白
132	机车信号变化	23:07:05	0.445	0	白灯	进站5	0	41	加 制	0	0	0	0	0	SD
133	EMU常用试验结束	23:07:15	0.445	0	白灯	进站5	0	41	加 制	0	0	0	0	0	
134	ATP地面故障信息	23:07:44	0.445	0	白灯	进站5	0	41	加 制	0	0	0	0	0	列
135	ATP机车信号	23:07:45	0.445	0	白灯	进站5	0	41	加 制	0	0	0	0	0	绿
136	机车信号变化	23:07:45	0.445	0	绿黄	进站5	0	41	加 制	0	0	0	0	0	SD
137	A机单机	23:07:47	0.445	0	绿黄	进站5	0	41	加 制	0	0	0	0	0	SD
138	ATP机车信号	23:07:49	0.445	0	绿黄	进站5	0	41	加 制	0	0	0	0	0	红
139	机车信号变化	23:07:49	0.445	0	红黄	进站5	0	41	加 制	0	0	0	0	0	SD
140	B模块通讯检测	23:07:53	0.445	0	红黄	进站5	0	41	加 制	0	0	0	0	0	
141	A模块通讯检测	23:07:53	0.445	0	红黄	进站5	0	41	加 制	0	0	0	0	0	
142	B模块通讯检测	23:07:53	0.445	0	红黄	进站5	0	41	加 制	0	0	0	0	0	

图 7-8　单机运行全程记录画面

思考题

1. LKJ 地面处理软件有哪几种?
2. 如何查找动车组的版本信息?
3. 创建数据主库的方法有哪些?
4. 检测作业评分的标准是什么?是否可以更改设置?

第二节 CTCS-2级列控车载设备数据分析

一、PC卡数据读取系统软件操作(200H型列控车载设备)

(一)概　　述

1. 系统功能

(1)数据解析功能。

(2)状态显示功能。

(3)波形显示及播放、提取功能。

(4)与地面数据库连接功能。

(5)数据检索、查询功能。

(6)结果输出、打印功能。

2. 使用环境

(1)硬件环境

CPU:处理器最低速度500 MHz或以上的Pentium系列CPU。

内存:256 MB以上的RAM。

硬盘:安装时要有10 MB以上的空间,如果需要保存记录卡上的数据,则需要更大的空间。

(2)软件环境

程序可以在任何Windows版本操作系统下正常使用,推荐使用操作系统:Microsoft Windows 2000/Windows XP。

3. 软件安装

打开安装包,双击setup. exe文件自动安装。

(二)软件的使用方法

1. 双击"PC卡数据读取系统"软件,进入软件主界面。

2. 打开数据文件,图表界面如图7-9所示。图表区描述控制速度、EBP速度、NBP速度的运行曲线,下方分别表示动作模式、位置校正、制动命令、STM信号、解频频率。信息区表示各种信息。在光标区,单击"光标ON",在图表区显示2个光标,光标可随鼠标拖动,可用"光标OFF"关闭光标区。标尺区,标尺变更能够选择横/纵轴的刻度。

3. PC卡数据读取系统分为9种画面,单击每个画面上的制表键或对应的功能键便可切换。画面包括:

(1)时间(1/2系),用时间表示图表的横轴。

(2)距离(1/2系),用距离(累计距离)表示图表的横轴。

(3)详细(1/2系),表示记录数据的详情。

"详细1"图表内容包括:动作模式、FSC状态、FSC错误信息(1/2)、在线以及停止轨道电路信息、制动命令、OPE状态、故障信息、EB制动指令显示、B7N制动指令显示、STM试验状态、STM状态信息、A/B系不一致信息、S-BUS错误、VC DI信息。

"详细2"图表内容包括:警报、DMI声音(Sound)信息、DMI(Voice)信息、DMI文本信息、开关类别、DRU信息(0/1)、多路DI0～3(1/2)、传送状态等。

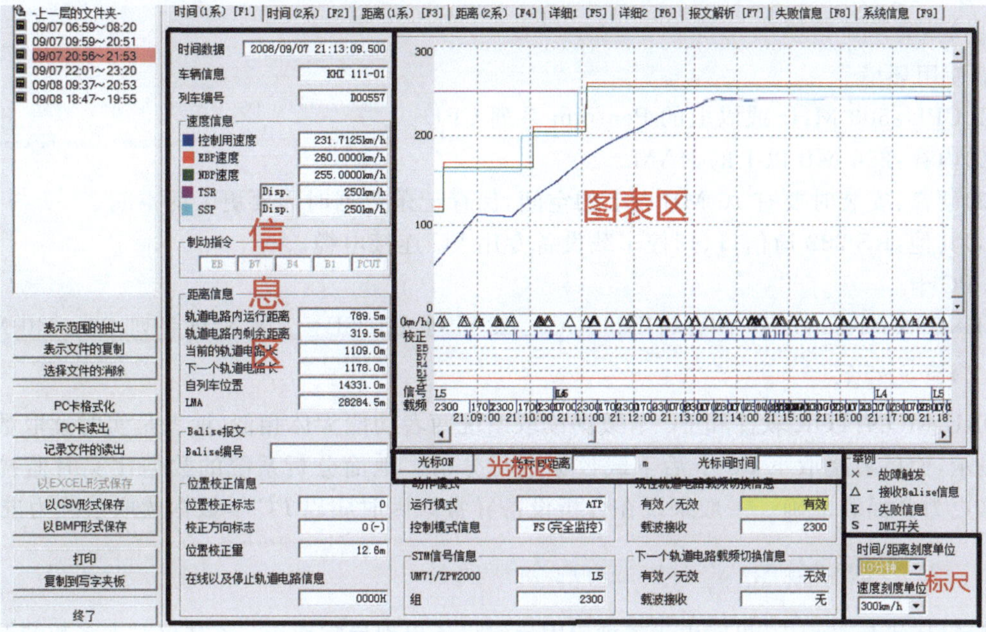

图 7-9 PC 卡数据读取系统图表画面

(4)报文解析，表示应答器数据的显示和解析结果(只有接收应答器信息时有效)，其内容包括："Balise 数据"显示接收到的应答器数据，"Balise 解析结果"显示应答器报文的解析结果、应答器编号。另外，单击"解析结果的保存"键，可将解析结果用文本文件(＊.txt)形式保存。

(5)失败信息，表示能够显示失败数据的详情(只有接收到系统信息时有效)。数据包括：FSC 错误信息(VC1/2 系、DRU)、失败信息标志(VC1/2 系、DRU)等。

(6)系统信息，表示在最终接收到系统信息时显示，收到系统信息时被更新。

二、DRU MONITOR 在线数据监督系统软件操作(200H 型列控车载设备)

为了在设备调试开通、列车运行试验、设备验收等情况下，实时了解列控车载设备的工作状态，有必要采用专用的方法对列控车载设备的工作情况进行实时监控。CTCS2-200H 型列控车载设备的在线数据监督系统(DRU MONITOR)就是为了实现上述目的而设计的，该系统通过将 DRU 的 PCR 板卡 RS-232 串口与笔记本电脑相连接，利用 DRU 实时监控软件，能够实时地监测列控车载设备的工作状态信息。

(一)DRU MONITOR 的主要功能

1. 数据实时解析功能。
2. 状态显示功能。
3. 波形显示、播放及提取功能。
4. 与地面数据库连接功能。
5. 数据检索、查询功能。
6. 结果输出、保存、打印功能。

(二)系统操作环境

1. 使用环境

(1)CPU:500 MHz 或以上的 Pentium 系列 CPU。

(2)内存:256 MB 以上的 RAM。

(3)硬盘:安装时要有 10 MB 以上的空间,保存记录数据时需要更大的空间。

(4)其他:RS-232 通信口、列控车载设备专用 PC 连接电缆。

2. PC 卡

RENESAS Technology 闪存(HB28 * * * A8 系列、HB28B * * * A8H 系列)96～640 MB。

(三)系统简介

DRU MONITOR 软件和 PC 卡数据读取系统两者功能大体相似,前者是实时读取数据后进行显示,而后者是取下 PC 卡后下载数据进行分析。地面分析系统的数据比实时监控系统的数据更为全面和准确。一般来说在分析设备异常原因时应以 PC 卡数据读取系统为准。

三、PC 卡数据分析(200H 型列控车载设备)

在 ATP 工作过程中,可能由于各种原因导致设备出现异常动作。本文仅对大多数情况下发生的一般异常现象分析提出概要分析要点和方法。对于特殊情况下的特殊故障,还需要有关技术人员在理解本文内容的基础上,综合 CTCS2-200H 系统各方面的因素进行全面分析。

(一)PC 卡数据分析基本要点

1. 需重点关注的数据信息

为全面的了解 ATP 在正常时的工作情况,以及对发生异常时进行原因分析,一般情况下,应重点关注数据分析软件中的下述信息。

(1)ATP 的工作模式

ATP 的工作模式信息显示在数据分析软件的“时间 1 系”、“时间 2 系”、“距离 1 系”、“距离 2 系”页面的右下方,该部分内容主要包含两方面的内容:

①运行模式:“运行模式”信息指示了 ATP 是处在“CTCS0”级,还是“CTCS2”级。在与级间切换有关的分析中,通过观察该数据信息的表示,可迅速找到设备进行切换的位置及时间。

②控制模式信息:“控制模式信息”一般在“CTCS2”级情况下有意义,它指示了 ATP 的内部工作模式。一般情况下,该信息应为“FS”模式。根据前期试验的经验,有相当一部分的异常现象发生在 FS 到 PS 的转换后。通过观察该信息的标识,可以迅速找到这类异常现象的初步原因。

(2)轨道电路载频信息

ATP 的轨道电路载频信息显示在数据分析软件的“时间 1 系”、“时间 2 系”、“距离 1 系”、“距离 2 系”页面的右下方。该部分内容主要包括轨道电路载频切换信息、STM 信号信息两方面的内容。

通过观察该信息,并结合地面线路平面图,可以对地面图定载频与 ATP 实际接收的载频进行对照。

(3)距离信息及位置校正信息

ATP 的距离信息及位置校正信息显示在数据分析软件的“时间 1 系”、“时间 2 系”、“距离 1 系”、“距离 2 系”页面的左下方。该部分内容主要包括:轨道电路内运行距离、当前轨道电路长度、下一个轨道电路长度、列车位置、LMA、位置校正量。

通过观察该信息,并结合地面线路平面图,可以对地面图定轨道电路长度与 ATP 实际接收检测到的长度进行对照。

另外，通过观察位置校正量，可以了解给定轨道电路较长的情况。在正常情况下，ATP 的位置校正量不超过 100 m。在发生异常制动时，尤其是发生在有应答器的轨道电路边界时，可首先检查位置校正量是否远大于 100 m。

(4)列车速度信息

ATP 的距离信息及位置校正信息显示在数据分析软件的“时间 1 系”、“时间 2 系”、“距离 1 系”、“距离 2 系”页面的左上方。该部分内容主要包括：

列车当前速度、ATP 常用制动限速 NBP、ATP 紧急制动限速 EBP。

通过观察该信息，并结合地面线路平面图，可以对地面图定线路限速及临时限速进行对照（主要是通过 EBP 和 NBP 的值）。

(5)ATP 状态信息

ATP 的状态信息显示在数据分析软件的“详细 1”页面的上方。主要包含 FSC 和 OPE 两部分的状态。针对每一部分，分析软件给出了当前时刻的状态码，状态码是 16 进制标识的数字信息，其详细意义定义在“ATP 记录规范”文件中。

这部分信息是 ATP 数据分析的重要组成部分。当设备发生异常制动时，其制动原因一般表示在状态信息中。通过对状态信息的检查，可以初步确定异常的原因。

(6)应答器信息

ATP 的状态信息显示在数据分析软件的“报文解析”页面中。当分析软件的光标停留在应答器图标的正上方时，可以通过该页面分析应答器的内容。一般主要关注以下内容：

①是否是默认报文。

②有无临时限速信息，其数据的方向是否与应答器组定义的方向一致。

③SSP 数据包的覆盖范围是否足够长。

④TSR 数据的覆盖范围是否满足要求。

⑤CTCS-1 数据包的数据覆盖范围是否满足要求。

⑥进站信号机及出站信号机的设置位置是否正确。

⑦坡度数据包的覆盖范围是否足够长。

ATP 发生异常动作后，应针对发生异常动作前后一个站间内，对 ATP 的上述信息进行检查；在获得上述信息后，结合 ATP 系统基本工作原理，一般可以给出异常动作的原因。

2. 数据分析要点

(1)数据打开后首先应对全过程进行一次浏览，一是看整个运行曲线是否有异常降速，EBP、NBP 是否有异常变化，二是看是否有故障报警信息。

(2)有故障报警信息时，不能只关注故障发生点的记录数据，应注意检查报警点前一定时间范围内的记录数据。通过进一步对故障点前后数据、一系和二系、时间、距离及详细 1、2 等的每个对应点数据和记录代码的查看分析，逐步弄清故障原因。

(3)掌握管内地面设备概况，熟悉 ZPW-2000 系列轨道电路载频、低频配置及发码规则，对轨道电路制式、CTCS-2 区段的分布、应答器分布及各站场情况等都应该有所掌握。

(4)熟悉分析软件，掌握各种代码，利用软件的各部提示，综合分析，逐步缩小故障范围。

(5)对同一地点重复发生的故障必须进行前后对比分析，注意应答器连接关系。

(二)故障数据分析种类

列控车载设备反映的故障一般有以下几种：

1. 列控车载设备部件故障

(1)BTM 单元：天线电缆干扰、解码板故障、接收板故障、通信板故障。

①BTM 上电自检时，会向 ATP 传输 3 个自检状态码：3-132-4、6-129-0 和 3-132-6，表示 BTM 设备工作状态正常。

②BTM 设备在上电工作过程中可能出现的异常故障代码及相应的解决措施见表 7-1。

表 7-1　BTM 异常故障代码

故障代码	含　义	建议措施
4-128-15-03	BTM 天线周围干扰过大 接收板异常	检查天线周围环境 更换接收板
4-128-16-03	解码板异常	更换解码板
4-128-17-03	通信板异常	更换通信板
3-132-4　6-129-64-*-* 6-129-65-3-5　3-132-5	电缆连接异常 (一般循环重复)	检查电缆

注：如果在上电自检时，接收到 3 个自检状态码后 20～30 s 接收到 4-128-15-03 代码，一般可以判断为天线周围干扰过大；电缆连接异常时(断路、短路)，故障代码一般会循环重复，6-129-64-*-* 代码的次数不确定，与自检时电缆连接状态有关；出现 6-129-65-3-5 代码时，多为电缆连接异常。

(2)STM 单元：车载干扰、STM 板卡故障。

(3)DMI 单元：黑屏、死屏、传送不良。

2. 地面设备原因

(1)地面邻线干扰。

(2)地面发码配置问题。

(3)地面瞬间掉码。

(4)应答器故障。

3. 司机操作问题

(1)隔离开关在隔离位出库运行。

(2)多处丢失应答器后应急处理操作失误。

4. 典型故障案例

案例 1：BTM 接收板故障

故障概况：列车在某站上电启机时，ATP 自检未通过，重新上电自检后，设备恢复正常。

原因分析：ATP 报 BTM 合理性异常，BTM 故障代码 128-15。根据代码分析，故障原因为 BTM 接收板故障。数据记录如图 7-10 和图 7-11 所示。

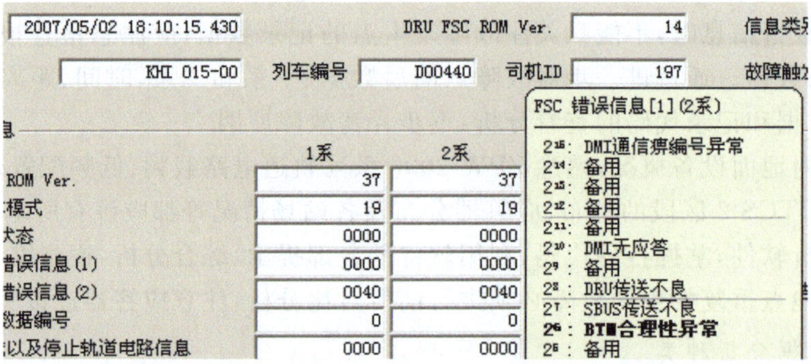

图 7-10　BTM 合理性异常画面

案例 2:地面落码

故障概况:列车运行过程中出现 0.3 s 落码现象,ATP 控车模式曲线中的常用制动曲线下降,ATP 输出 0.3 s 最大常用制动,自动缓解后未影响动车组运行。

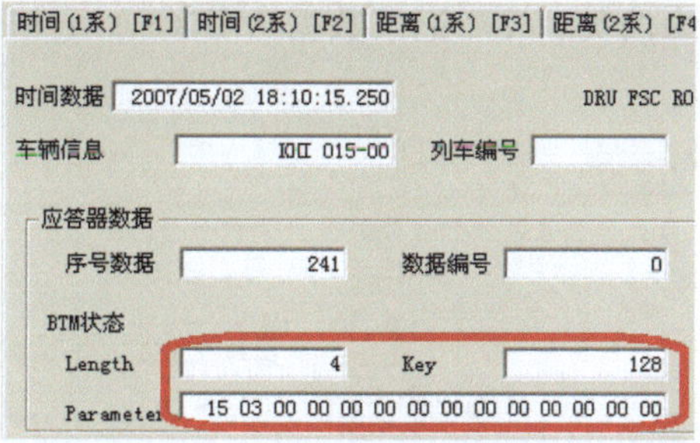

图 7-11　BTM 故障代码画面

原因分析:该处其他车辆也发生了类似情况,可以确定为地面故障。列车经过绝缘节时,轨道信息不连续,如动车组 4 s 内连续断码,则 ATP 设备 STM 解码将可能无法正常完成,将造成瞬间落码。数据记录如图 7-12 所示。

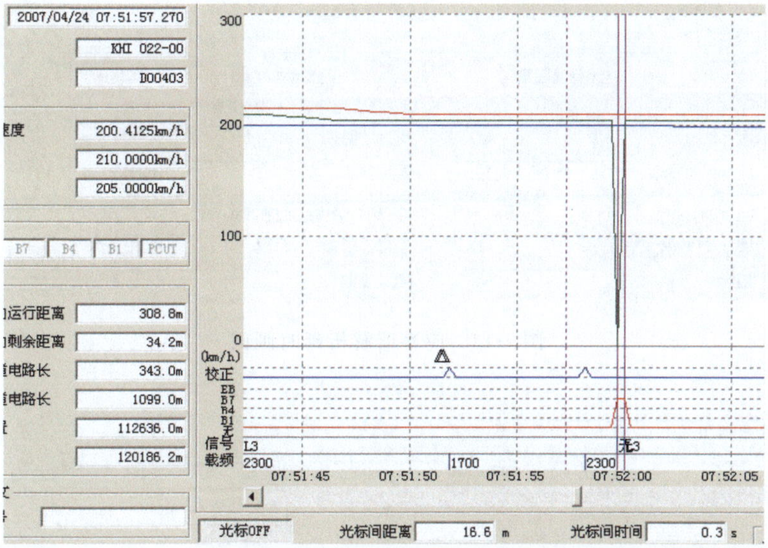

图 7-12　地面落码数据画面

案例 3:BTM 干扰引起连续丢失应答器

故障概况:列车在某站出站后连续丢失应答器,导致 ATP 控车模式曲线异常,列车连续多次非正常降速。

原因分析:列车在出站后连续出现报文解析超长延时,或丢失应答器,数据记录中出站口应答器组间距离为 72.6 m(实际为 5 m),间隔时间 4.5 s,如图 7-13 所示,说明 BTM 解码延时,导致后一个应答器组连接失败,如图 7-14 所示,而且随后又有多个应答器丢失,导致 ATP 掌握的 LMA 数据余量不足,模式曲线下降,ATP 输出制动,但由于 STM 信息为 L5 码,因此 EBP 速度并未下降,如图 7-15 所示。经核实只是该列动车组发生丢失应答器现象,而其前后动车组运行均正常,综合分析,可以确认为车载设备问题。

四、PC SAM 解析软件操作(200C 型列控车载设备)

PC SAM 软件主要包括参数设置和维护信息工具两部分。参数设置是对参数(包括列车参数、设备参数和测速测距参数)进行设置并归档。同时,PC SAM 软件还能够帮助用户获取、归档和分析 200C 型列控车载设备的维护信息,可尽早发现潜在的故障现象。维护信息分为两类：故障记录数据 MID(SAM_MID 数据)和 列车运行数据 SAM(SAM_EVT 数据)。

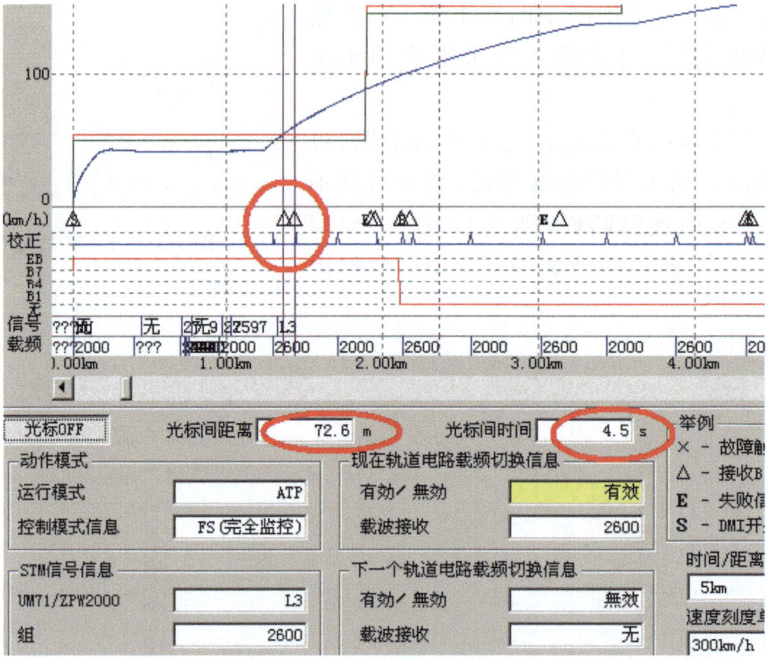

图 7-13　应答器解析延时画面

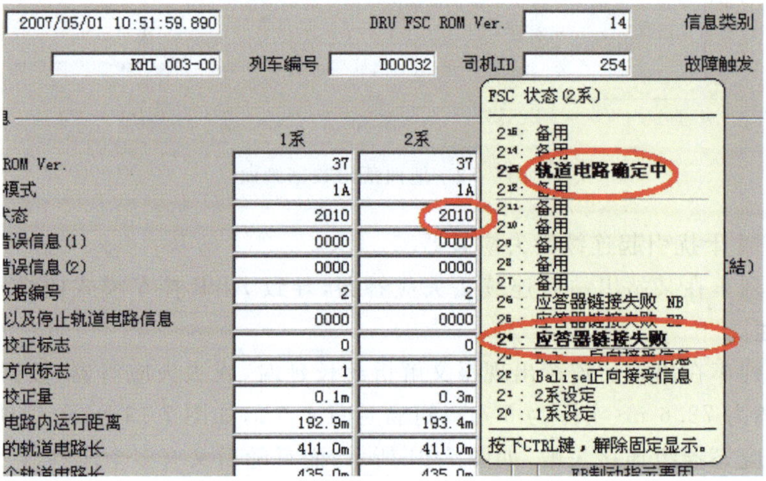

图 7-14　应答器连接失败画面

(一)引进版 PC SAM 软件

1. 使用环境

PC 机必须安装 Windows XP 系统并具备串口。引进版 PC SAM 软件需要进行安装才能使用。

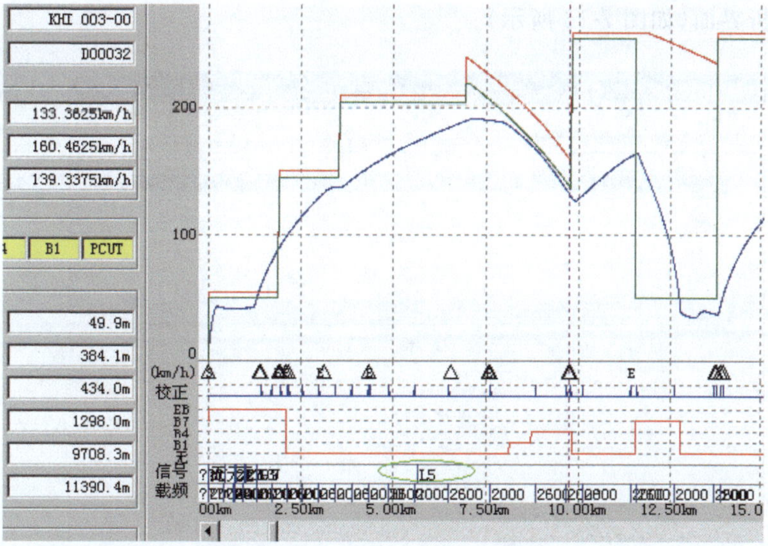

图 7-15　列车运行曲线陡降画面

2. 数据下载

数据下载必须具备以下条件：200C 型列控车载设备上电，且下载过程中不可断电；数据下载线及安装 PC SAM 软件的便携式 PC 机(需串口)。

具体下载流程如下：

(1)初始化 200C 型列控车载设备主机，将主机上所有断路器弹出。

(2)确认串口端口为 COM1。如果使用其他的端口，应将其映射到 COM1。

(3) 用 CCTE 数据下载线连接 PC 机和 CCTE 板，按下相应 CCTE 板对应主机的断路器，观察 CCTE 板上灯位的状态。当 CCTE 板上左列第六盏绿灯和右列第三盏红灯交替闪烁时，则该块 CCTE 板进入数据读取状态。如果灯位不正常，可以按 CCTE 数据线上的"Reset"键重新启动一次。

(4)启动相应的 PC SAM 程序，分别选择工具栏上的"SAM"和"MID"按键，下载 SAM/MID 数据。根据记录时间长短与内容的不同，SAM 数据下载一般需要 1～5 min，MID 数据一般需要 30 s～2 min。具体步骤如下：

①按"SAM/MID"按键，下载 SAM/MID 数据。

②完成下载，按"Fermer"键。当正确显示 SAM 数据窗口时，按"MID"键，下载 MID 信息，下载完毕后，再次按"Fremer"键。

③正确显示 SAM/MID 数据窗口后，选择工具栏上的对应按键，保存数据，保存数据格式为：日期_源文件名_dom/ckd/ws 编号_mc1/mc2。

④下载完毕后，为保证下次下载 SAM/MID 数据不至于花费更多时间，需要清空 CCTE 板内的数据。按工具栏上的"红叉"按键，此步骤一般需要 1～2 min。

注：数据下载需要下载每端 CCTE1 和 CCTE2 板上的数据，第三块板上因为没有 CPL 程序，所以不必下载。当在下载第一块 CCTE 板上的数据时，另一块板和第三主机必须断电，否则将无法正确下载。下载完毕数据后，必须恢复 ATP 的运行状态。

3. 数据分析界面(如图 7-16 所示)

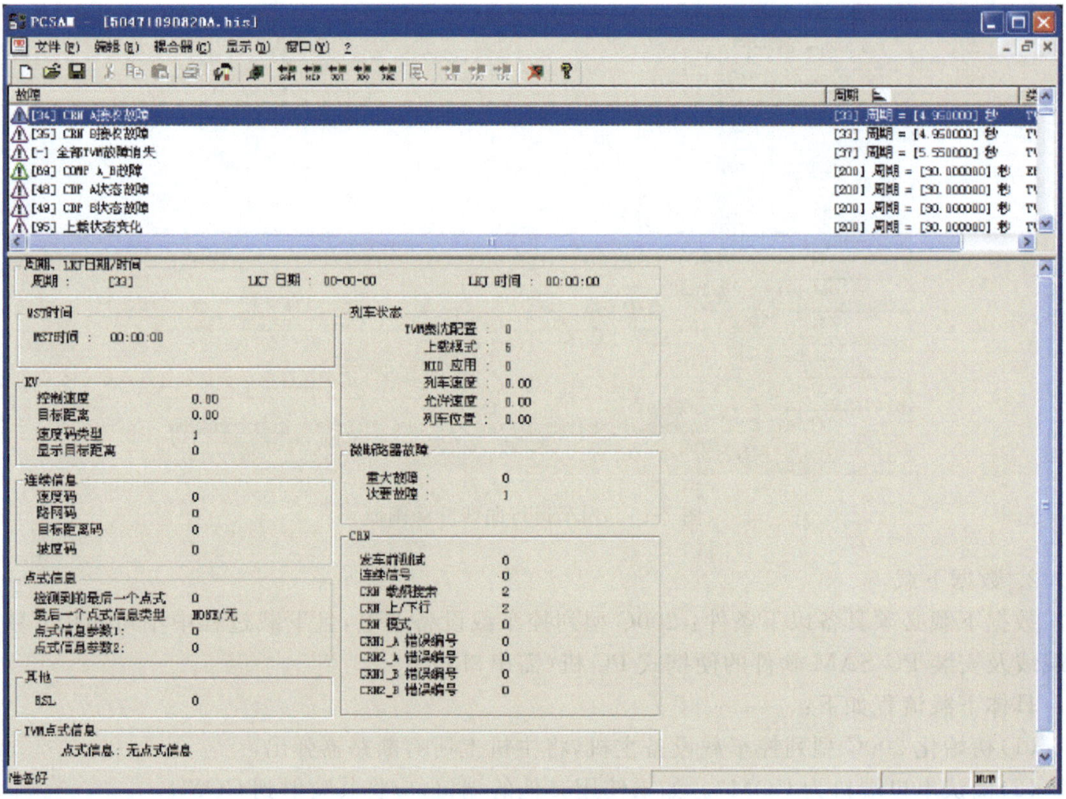

图 7-16 引进版 PC SAM 软件数据分析界面

引进版 PC SAM 软件对 SAM_EVT 数据采取表格记录分析。SAM_EVT 数据按包号分类,如图 7-17 所示,并且以 Excel 表格形式进行排列。对于 SAM_EVT 数据的分析,要求分析人员熟悉数据包的结构设计以及数据包所包含的属性定义。分析人员按周期数查找相关数据包的属性,根据属性值分析性能。

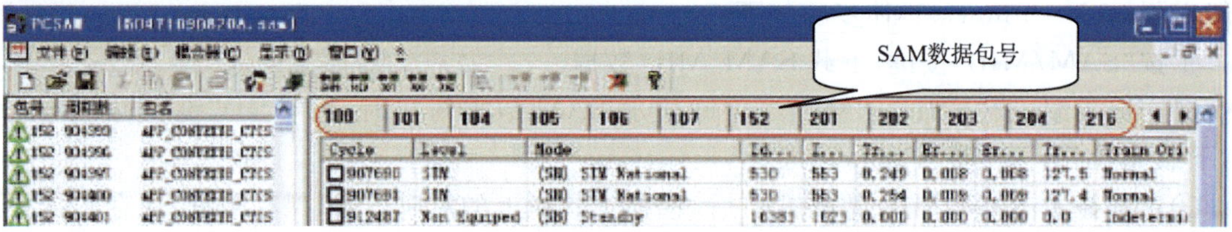

图 7-17 SAM_EVT 数据分析的界面

这里简单介绍常用的几个数据包所包含的信息内容,见表 7-2,每个数据包所定义的变量含义可参照 Excel 文档 SAM_def. xls(SAM 数据包结构定义)。

(二)国产化 PC SAM 软件

基于引进的 PC SAM 软件,国产化 PC SAM 软件对 SAM_EVT 数据实现以时间/距离为轴线的图像化分析,同时该软件融合了 SAM_MID 维护信息工具以及数据下载功能。国产化 PC SAM 软件无需安装可直接运行。

表 7-2　常用数据包信息说明

序号	数据包号	记录信息
1	100	ATP 的时间信息及一些设备的状态信息
2	105	DMI 上显示的文本信息
3	152	ATP 运行级别、控车模式、列车位置、列车允许速度、制动干预速度、机车信号、轨道电路长度等信息（故障分析时的重要信息来源）
4	153	记录 FSK 轨道码
5	203	应答器的接收状态、报文解析状态及应答器报文的包头信息
6	226	BTM 的一些状态及报警信息（在故障分析时主要关注报警）
7	227	列车接口的信息，即：MTORE 板上指示灯的记录状态（结合 ATP 原理图进行查看）
8	233	列车设备参数的设置
9	236	应答器报文的包头信息及应答器报文的报文网页链接关系
10	401	记录设备的启动时间

1. 功能简介

(1)SAM 文件解析。

(2)实现时间轴/距离轴的连续状态分析。

(3)查询应答器报文及系统信息。

(4)查询特殊事件(紧急制动、常用制动)。

(5)信息配置管理。

(6)数据加密。

(7)信号机数据误差统计。

(8)SAM_MID 数据维护。

2. 软件操作

用户直接运行 PC SAM. exe 即可。(但要注意第一次运行时，在同一目录须有 W32DLL. dll。)

(1)查看最近文档功能

用于加载历史数据记录，默认保存数目为 20 条。对于历史数据，用户可直接进行图形化分析，而不必重新进行解析。如果有未成功加载的文档会有信息提示。

(2)目录查找功能

从当前用户的硬盘中查找标志数据文件(Data. data)。如果当前最近历史文档记录已清除，用户可在硬盘中进行查找。Data. data 在目录树中有特别标志。通过从目录树中选择该文件，可加载数据。如果用户删除或移动该目录下的部分文件，系统会出现提示。查找到 Data. data 文件后，选择该文件，成功加载后进行界面初始化。

(3)SAM 文件解析功能

在主界面中选择“进入 SAM 文件解析”按钮，进入 SAM 文件解析界面，进行 SAM 文件解析。

用户选择需要解析的 SAM 文件。解析过程中出现进度条显示解析过程。解析完成后，SAM 文件解析界面自动关闭，同时在 SAM 文件所在盘符下生成一个同名的文件夹。该文件夹下存在一个 Data. data 文件和 Balise_Content 文件夹(包含应答器报文、统计信息及数据包)。

(4)图像化工作界面

国产化 PC SAM 软件界面分为时间轴界面和距离轴界面,工作界面由图像化显示部分、功能操作以及辅助信息三部分组成。其中辅助信息包含图像化界面的各种图形或线条的图例说明。

用户可在图形界面中获取相应的数据信息。数据包及属性含义由软件进行解析,并进行相应的图形化。用户可通过时间轴和距离轴方便快速地查找故障。

(5)故障定位

在时间轴中,根据输入框中的北京时间进行界面定位,在地点轴中则输入公里数进行定位。根据现场的故障反馈,可快速定位故障点。

(6)事件查询

事件查询包括紧急制动和常用制动,根据所选择的事件,可以选择向上查询或向下查询。向上查询是指当前周期之前的第一个事件的起始点,向下查询是指当前周期之后的第一个事件的起始点。用户可以快速判断该时间/距离点是否存在制动信息。

(7)状态故障查询

查询 DMI、ODO、TIU、BTM 的状态。用户可以查看部件状态。

(8)BTM 报警信息查询

BTM 报警信息查询分为向上查询和向下查询。如果文件包含 BTM 报警信息,则信息中的数字对应 BTM 报警类型,报警含义见表 7-3。

表 7-3 BTM 报警信息类型及含义

类型	含义
1	BTM 从系统主机收到非预期的、不正确的或语义错误的消息
2	BTM 收到非系统主机的消息
3	两个接收天线同时工作(同时检测到 CTODL 信号)
4	天线测试故障
5	风扇测试故障
6	BTM 温度测试故障
7	BTM RAM 试验进行中
8	BTM 从系统主机收到一个包含禁止状态改变要求的 PDU
9	BTM 在测试或待机状态,收到非预期报文
10	报文电路测试错误(所有位不能使用,它们须等于 0)

(9)统计地点增量信息

统计应答器报文中[ETCS21]、[ETCS27]、[CTCS2]包的地点增量信息(包括起始点、长度以及总长度),分为正向有效、反向有效与双向有效。

(10)统计信号机

应答器报文中包含了信号机的信息,选择某一个应答器,对该应答器所包含的信号机进行统计。统计信息包括信号机类型、载频、信号机的起始点以及下一信号机的区间长度。

(11)应答器报文查询

查看应答器报文信息。可在图形界面中,通过输入应答器的 NID_BG 定位某一应答器,如图 7-18 所示。

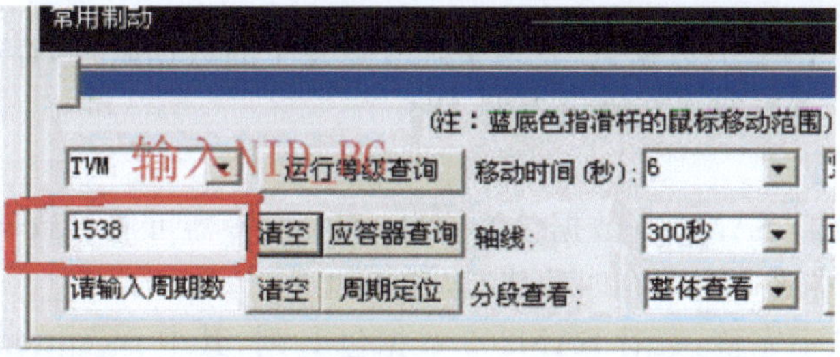

图 7-18　输入应答器的 NID_BG 进行应答器定位

五、PC SAM ATP Sam/Mid 数据分析(200C 型列控车载设备)

(一)系统故障判断方法

一般系统故障类型分为:测速测距系统故障、DMI 故障、BTM 故障、列车接口故障、应答器故障、列车超速引发的制动现象、无码引发的列车制动现象。

1. 测速测距系统故障

分析方法:在 MID 数据中查找故障编号为 10～15 的故障,其中 10、12 和 14 分别代表 2 轴速度传感器的 12、34 和 56 通道故障;11、13 和 15 分别代表 4 轴速度传感器的 12、34 和 56 通道故障。测速测距系统故障会导致系统故障。

如果 MID 数据中没有上述速度传感器通道故障,一般该测速测距故障通常是由速度传感器受到干扰导致,通常为低速干扰,无法在数据中查找到。

2. DMI 故障

分析方法:查看 SAM 100 数据包中对应 DMI 的部分,看到有 DMI 故障的报警信息,说明有 DMI 故障。DMI 故障同样会导致系统故障。

3. BTM 故障(BTM KO)

这个故障一般有两种情况:BTM 硬件报警和 BTM 模块受到干扰。

(1)BTM 硬件报警

分析方法:查看 SAM 226 数据包,看是否有 BTM 的 WARN2、WARN3 和 WARN9 这三种报警。这三种报警都会引起 BTM KO。但不是说有这三种报警就代表 BTM 硬件出现故障,还要结合 BTM 受到干扰的情况。其中 WARN2 是通信报警,WARN3 是天线报警,WARN9 是 BTM 硬件检测报警。其中 WARN2 报警可能是由于干扰,也可能是由于 BTM 电缆连接异常。WARN3 报警可能是由于天线本身硬件故障,也有可能是电缆连接异常。WARN9 报警可能是由于 BTM 硬件本身故障,也有可能是 BTM 模块受到干扰所致。因此关于 BTM 故障的处理部分不仅仅是更换硬件,还要注意检查连线。

(2)BTM 模块受到干扰

分析方法:判断故障是否由 BTM 模块受到干扰导致,主要查看 SAM202 数据包,其中 F 列 Len Tel 项目中 TEL_FSK_L 表示通信正常,TEL_ERR 代表通信故障。如果在 BTM 故障发生的 DATA 附近,出现了同一个周期多次 TEL_ERR 报警,然后间隔几个周期又出现同一个周期多次 TEL_ERR 的报警,此时认为 BTM 受到干扰,这个干扰可能会导致 WARN2 报警,也有可能会导致 WARN9 报警,进而导致 BTM KO。

注:CTCS-0 级区段或者 TVM 区段的 BTM 故障不会导致系统故障,但是会导致随后的 CTCS-2 级设备上载失败,所以看到上载失败问题,要注意是否有 BTM 故障的存在。

4. 列车接口故障

分析方法：查看 SAM227 数据包，发现系统故障发生的数据附近，存在一个周期所有的 SS 全部为 NO 状态，即一个周期安全输出丢失。

5. 应答器故障

分析方法：重点查看 SAM105 数据包的信息，丢失应答器可能导致 FS 向 PS 的转换，同时引发制动现象。应答器故障主要有四种情况，具体如下：

(1)应答器组信息不完整：查看 SAM203 数据包 E 列，其中 reception deafault 代表一组应答器中有一个或两个应答器的接收情况不好，导致应答器组信息不完整。通过 NID_C＋NID_BG确定应答器的编号。同时出现这种情况，该组应答器接收到的应答器信息也会被 ATP 系统弃用。

(2)应答器定位错误：通过 SAM105 数据包先确定应答器定位错误出现的数据。然后根据这个数据，在 SAM236 数据包中，查看应答器报文，根据上一个应答器中的链接信息，来做出判断。应答器定位错误是指按照链接信息还没到这个应答器的位置却接收到了该应答器信息。

(3)应答器丢失：这个问题和定位错误处理方式一样。该错误是指到了上一个应答器中规定的链接距离仍没有接收到该应答器信息。

(4)LEU 错误：该故障通常由收到默认报文导致。关于默认报文的种类，可以查看相关应答器规范。

6. 列车超速引发的制动现象

分析方法：通过查看 SAM100 数据包，根据故障汇报的时间，查找相对应的数据，如果没有该时间，可以看该时间附近的数据。确定了数据后，对比 SAM100 数据包或者 SAM152 数据包中 M 列 Vitesse Train：km/h 和 Q 列 Vitesse Permise：km/h 来确定，列车是否有超速情况。

7. 无码引发的列车制动现象

短时间无码不会出现问题，长时间无码可能导致列车制动。分析方法如下：

(1)CTCS-0 级区段无码：一般是由于 LKJ 跟 CCTE 的通信中断导致。通过查看 SAM105 数据包内 LKJ 不可用的信息，同时还要查看 MID 数据中是否有连续信息传输故障的报警信息。

(2)CTCS-2 级 2 区段无码：一般是 CRN 故障导致，在 MID 中能看到该时间段有两个半 CRN A/B 一个控制通道故障的故障信息。这种判断方法只是从 CRN 故障的角度分析无码问题的出现，也可能有其他情况，分析人员需要结合具体情况做出分析。

(3)TVM 区段无码：判断方法同 CTCS-2 级区段。

(二)典型案例分析

案例 1

故障现象：列车在某站换端运行时，DMI 出现黑屏故障，重启多次后恢复正常。SAM100 数据包记录数据如图 7-19 所示，显示系统故障。MID 数据记录如图 7-20 所示。

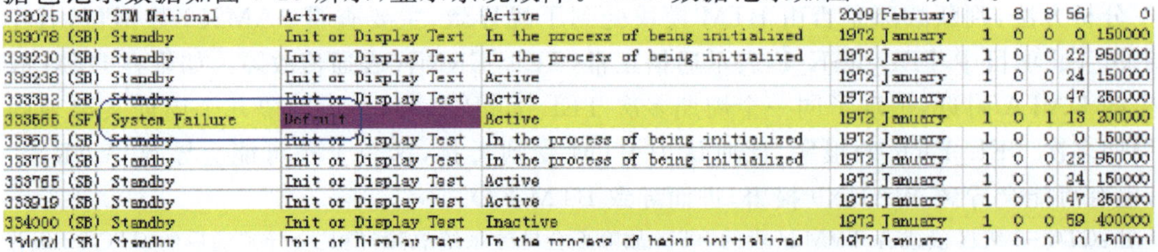

329025 (SN) STM National	Active	Active	2009	February	1	8	8	56	0
333078 (SB) Standby	Init or Display Text	In the processs of being initialized	1972	January	1	0	0	0	150000
333230 (SB) Standby	Init or Display Text	In the processs of being initialized	1972	January	1	0	0	22	950000
333238 (SB) Standby	Init or Display Text	Active	1972	January	1	0	0	24	150000
333392 (SB) Standby	Init or Display Test	Active	1972	January	1	0	0	47	250000
333565 (SF) System Failure	Default	Active	1972	January	1	0	1	13	200000
333605 (SB) Standby	Init or Display Test	In the process of being initialized	1972	January	1	0	0	0	150000
333757 (SB) Standby	Init or Display Test	In the process of being initialized	1972	January	1	0	0	22	950000
333765 (SB) Standby	Init or Display Test	Active	1972	January	1	0	0	24	150000
333919 (SB) Standby	Init or Display Test	Active	1972	January	1	0	0	47	250000
334000 (SB) Standby	Init or Display Test	Inactive	1972	January	1	0	0	59	400000
334074 (SB) Standby	Init or Display Test	In the process of being initialized	1972	January	1	0	0	0	150000

图 7-19　SAM100 数据包记录画面

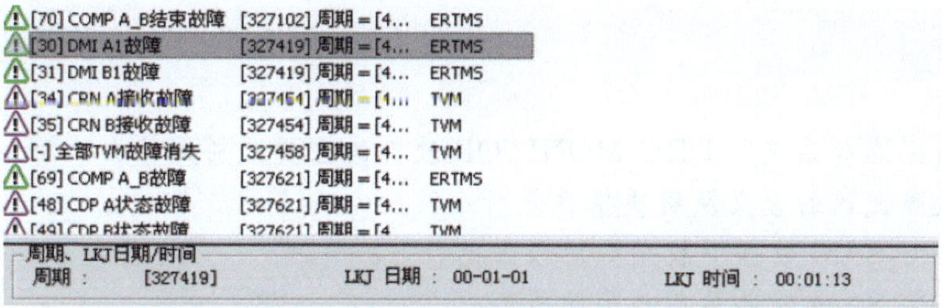

图 7-20　MID 数据记录

分析：从 SAM 和 MID 数据里可以清晰地看到，本次 DMI 黑屏是由于 DMI 和主机的通信中断导致。

案例 2

故障现象：CTCS-2 级区段 DMI 报“应答器定位错误”、“应答器丢失”。记录数据如图 7-21 和 7-22 所示。

D	E	F	G	H	I	J	K	L
date	1st Packet	2nd Packet	3rd Packet	4th Packet	5th Packet	6th Packet	id	code
46314	57	1	50	3	255	255	9	Balise group badly located
47606	57	1	50	53	3	255	11	Balise group badly located

图 7-21　应答器定位错误数据记录画面

D	E	F	G	H	I	J	K	L
date	1st Packet	2nd Packet	3rd Packet	4th Packet	5th Packet	6th Packet	id	code
46732	1	50	3	255	255	255	10	Balise group missing
46738	57	1	50	57	255	255	10	Balise group missing

图 7-22　应答器丢失数据记录画面

分析：从数据可以分析出应答器平均位置误差为－2.23%，如图 7-23 所示，超出应答器允许误差(2%)范围；属于应答器的定位问题。判断为机车轮径参数偏差超过允许值(6‰)，经核实，该车镟轮后未及时修改机车参数。

N	O	P	Q	R	T	U	V
M_M	NID_	NID_E	Q_LIN	Pk	NID_LRBG	-2.23%	Distance BGs
255	11	769	LINK	22533	180993	#VALUE!	
255	11	771	LINK	23238	180995	-2.62%	72344

图 7-23　应答器平均位置误差数据画面

思考题

1. PC 卡数据读取系统与 DRU MONITOR 软件的主要区别是什么？
2. BTM 故障代码的含义及解决措施是什么？
3. 引进版 PC SAM 数据下载完毕后应注意什么？
4. 国产版 PC SAM 软件具备哪些功能？
5. 在 PC SAM 数据分析中，如果发现应答器故障应该怎样分析？

第三节 CTCS-3 级列控车载设备数据分析

一、JRU 分析软件操作

(一)300T JRU 分析软件使用说明

1. 软件概述

本检测记录软件可以实时记录并显示车载数据(模拟 JRU)，并且可以分析真实 JRU，还可以查看历史数据。

2. 运行环境

(1)硬件环境(见表 7-4)

表 7-4 JRU 分析软件硬件环境

类型	最低运行环境	建议运行环境
CPU	1.8 GHz	2.4 GHz
内存	512 MB	2048 MB
硬盘	磁盘空闲 300 MB	磁盘空闲 500 MB
显卡	64 MB	独立显卡 64 MB 以上

(2)软件环境

本程序需要在 Windows XP 或 Windows 2003 下运行，并且安装 Microsoft NET Framework 2.0 以上版本。

3. 使用说明

(1)软件安装

本软件安装简单，用户在使用前需要安装 Microsoft NET Framework 2.0 运行环境，安装程序可以在微软官方网站下载，安装运行环境使用默认参数即可，无需作任何更改。

(2)JRU 软件界面介绍

打开软件后，JRU 运行主界面如图 7-24 所示。

本软件界面由四个区域组成：功能按键区域、图形显示区域、故障显示区域以及文本显示区域。

①图形显示区域分为三部分：速度曲线显示区、其他信息显示区和信息包显示区。

a. 速度曲线显示区，主要显示各种速度曲线，如图 7-25 所示。

在速度显示区域单击，显示红色主选择线，右方文本显示区域会根据选择线位置刷新数

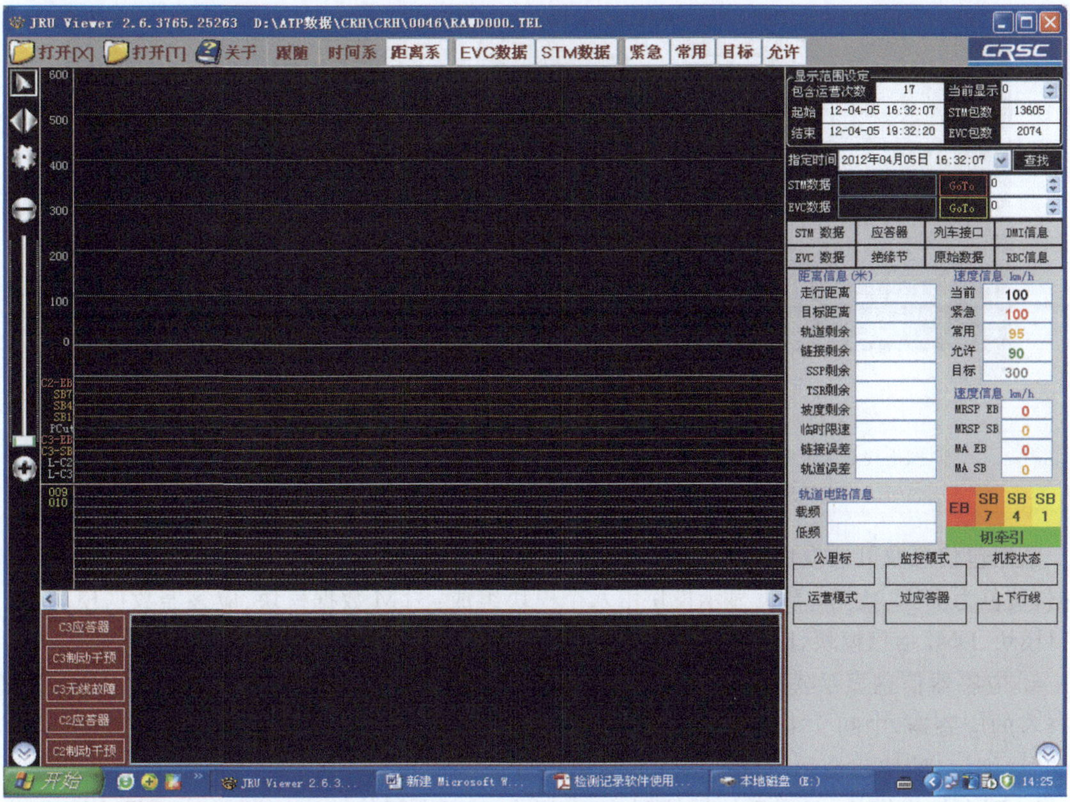

图 7-24　JRU 软件运行界面

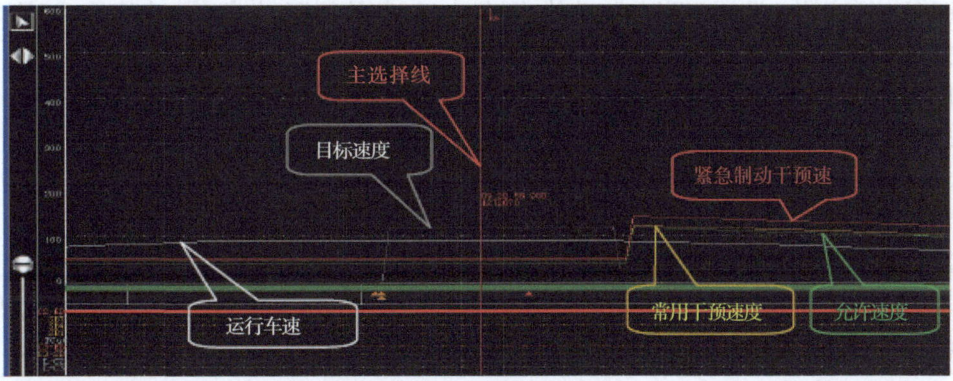

图 7-25　速度曲线显示界面

据，且主选择线旁边会显示公里标和该帧数据接收到的时间。在速度显示区域按住鼠标右键，可以拖动速度曲线显示区内信息。

b. 其他信息显示区，主要显示列车制动信息、轨道电路信息、ATP 接收到的应答器以及列车输出的制动命令等信息，如图 7-26 所示。

c. 信息包显示区，图中左边红色文字显示 JRU 所对应的包号；绿色竖线显示车载接收或发送该报命令。

②文本显示区域

显示范围设定区：用户可以选择希望查看的运营数据。

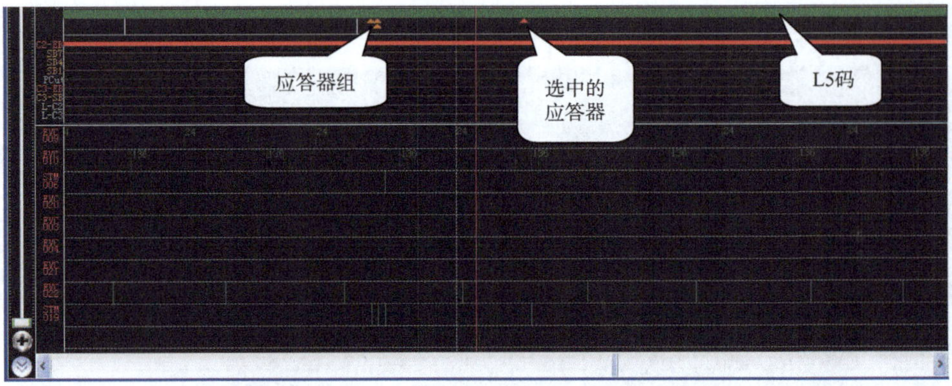

图 7-26 其他信息显示界面

注:图中较宽绿色横线代表车载接收到的轨道电路低频信息(当前图中显示的全部为 L5 码);白色竖线代表轨道的绝缘节;黄色三角代表车载系统接收到的应答器位置。

数据包信息及可选模块按钮:显示当前文本区显示的数据包编号(从 0 开始)。红色为 STM 数据,黄色为 EVC 数据。数据显示模块由八个模块组成:STM 数据模块、应答器数据模块、列车接口模块、DMI 信息模块、EVC 数据模块、绝缘节模块、原始数据模块、RBC 信息模块。

a. 应答器信息显示模块:显示车载已经接收到的应答器列表,用户可以单击列表选择想要查看的应答器,中间文本会显示出应答器报文,右边显示部分解析后的应答器信息,单击右边的“详细信息”按钮会弹出详细信息的显示窗口。

b. 列车接口模块:显示系统层控制的 STM 与列车之间的接口信息,包括 STM 输出时的制动命令以及回采的制动状态等。当数据变化时显示,否则为空。

c. DMI 信息模块:显示 STM 发送给 DMI 的文本及语音信息,同时显示 DMI 发送给 STM 的按键信息。只有当数据发生变化时显示,否则表格为空。

d. EVC 数据显示模块:显示 CTCS-3 级的数据信息,包括列车运营等级等信息。在 CTCS-2 级前台控车同时,EVC 特定数据包同样会被发送并记录。

e. 绝缘节信息模块:显示车载 ATP 接收到绝缘节前后载频和误差距离等信息。此模块还包括了应答器错误信息列表。

f. RBC 信息模块:用于显示车载 ATP 系统接收及发送的无线报文内容。

g. 原始数据模块:显示 STM 发送给 JRU 的原始数据包,主要调试检查发送格式适用。

h. CTCS-2 级主机信息显示模块:显示 CTCS-2 级主机送给 JRU 的通用信息内容,如列车速度模式、制动命令等。在 CTCS-3 级运行时,CTCS-2 级信息同样被记录,但是 CTCS-2 级判断输出的制动命令不会被执行,不干扰 CTCS-3 级正常控车。

注意:当要打开一个新的记录数据时,请重新打开监测记录软件,以免造成已打开的程序中数据堆积。

(二)300S JRU 分析软件使用说明

1. C2-Monitor 软件的简介

C2-Monitor 软件用于监测 300S 型列控车载设备 CPU2 设备运行情况,包括接收数据、保存历史、绘制列车运行曲线、解析应答器报文、查看历史运行记录等功能。适用于 300S 型列控车载设备 CPU2 板的开发与测试。通过 RS-232 串口通信,可以实时监测 CPU2 发出的数据,并可以记录数据用于再现 CPU2 历史运行情况。同时,还支持网口的接收和发送。软件可以将收到的 CPU2 数据包使用 UDP 广播方式通过网口发送到同一网段内任意 IP 地址，便于多台机器同时观测 CPU2 工作情况。

(1)运行环境

①硬件环境

a. PC 机一台，奔腾Ⅳ 2.0 GHz 及以上 CPU，512 MB 以上内存；

b. PC 机具备电气规格为 RS-232 的串口，磁盘可用空间大于 100 MB；

c. PC 机具备 10M/100M 自适应以太网卡；

d. 显示器支持分辨率不能低于 1 024×768。

②软件环境

a. 操作系统 Windows XP SP2；

b. 编译环境 C++ Builder 5.0。

③网络连接

位于 ATP 机柜中的 CPU2 板与 C2-Monitor 所在 PC 机通过 RS-232 串口连接。如果需要连接多个 C2-Monitor，则可将该 PC 机通过网口和其他 C2-Monitor 所在 PC 机相连接。此过程可以使用交换机。

(2)软件安装

首先安装 JRU 数据下载工具 JRU Downloadint Tool，然后将本软件 C2-Monitor. exe 拷贝到符合运行环境要求的 PC 机上，即可运行使用。

(3)C2-Monitor 软件的使用说明

①运行界面简介(如图 7-27 所示)

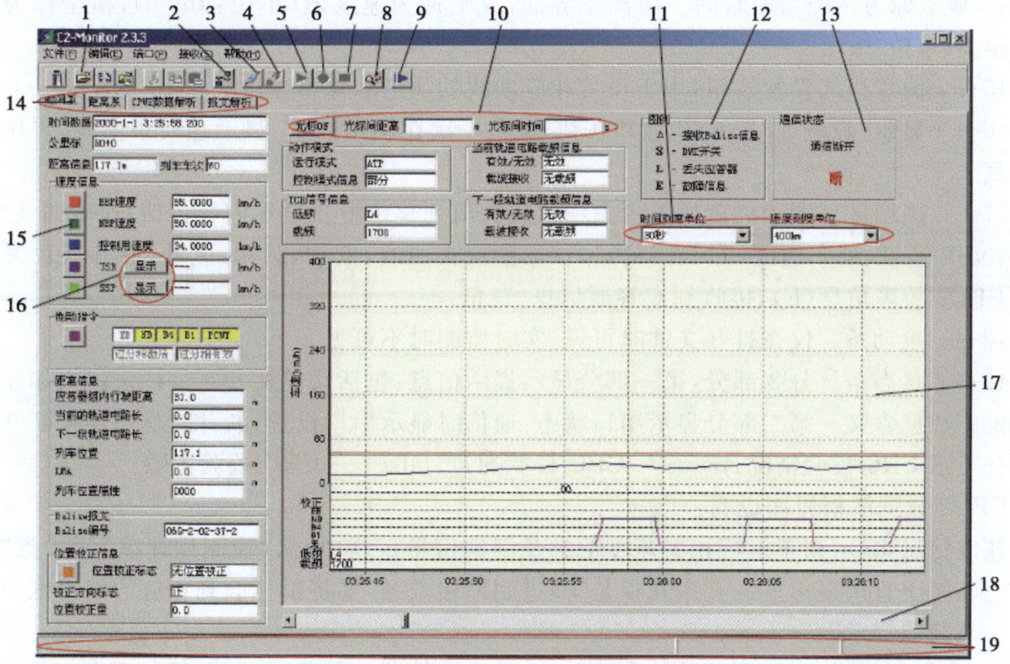

图 7-27 C2-Monitor 运行界面(时间系)

图中各代号含义如下：

1——打开文件，用于打开存储的历史记录文件，以查看历史。

2——端口设置，单击打开通信端口设置界面，如果是主 Monitor，则通信方式选择串口，并设置串口、波特率、校验位等；如果是从 Monitor，则通信方式选择网口，并在 IP 框中填入本机 IP 地址，在端口框中输入 12345，不能为其他值。确认设置完毕单击确定，否则点取消。

3——打开端口，打开 3 中设置好的通信端口，准备通信。

4——断开端口，关闭已打开的通信端口，结束通信。

5——启动接收，如果是主 Monitor，则开始接收 CPU2 板发来的数据，如果是从 Monitor，则开始接收主 Monitor 发送的数据，但不记录历史文件。

6——开始记录，开始接收数据，并记录通信数据，用于历史查看。

7——停止接收，暂停接收或记录数据。

8——文件转换，单击弹出选择文件对话框，选择要转换文件并确定。

9——数据下载，单击调用下载工具，下载 JRU 数据。

10——光标开关，在打开文件时，单击“光标 On”，光标打开，会在画图区 15 显示两条光标线，并显示两条光标间的时间间隔和距离。可以鼠标拖动光标来调整光标间距以分析数据。

11——时间刻度单位和速度刻度单位，受影响的是画图区 15 的横坐标和纵坐标。

12——图例，指示的是画图区 15 中各种符号的含义。

13——通信状态显示，如果通信断开或未处于通信中，显示红色的“断”字；如果通信正常，显示绿色的“连”字；如果接收到通信数据，但通信数据不符合通信协议规定则显示黄色“连”字。

14——各 TABLE 页选项卡，单击选中相应页面。时间系界面，纵坐标为速度值（单位：km/h），横坐标为系统当前时间。距离系界面，纵坐标为速度值（单位：km/h），横坐标为列车行驶距离（单位：m）。

15——曲线样式设置按钮，用于设置相应曲线的颜色和像素宽度。

16——显示/隐藏 TSR/SSP 曲线按钮，单击一次在画图区 15 显示这两条曲线，再次单击则隐藏。

17——画图区。图中央黄底黑色虚线代表当前列车位置。显示内容包括：速度曲线（EBP 速度、NBP 速度、列车速度、TSR、SSP 等），位置校正曲线，低频，载频，制动，应答器丢失信息（L），CPU2 故障信息（E），接收到应答器信息（三角）等。

18——滚动条。仅在打开文件时可见，实时监测时不可见。

19——状态条。分 3 部分，第一部分显示提示信息：包括菜单栏和工具栏按钮操作以及各编辑框中数据含义。第二部分显示串口状态：通信时显示串口设置，断开时显示连接断开。第三部分显示 CRC 校验情况：true——CRC 校验通过；false——CRC 校验失败。

CPU2 数据解析界面说明：

速度信息，显示列车运行相关速度信息及制动信息。其中，从“控制用速度”开始到“P 速度”结束，属于直接显示值。其余几项是 16 进制原始数据，要将鼠标放到相应的编辑框中悬停 1～2 s 来获取提示。

BTM 信息，显示应答器相关信息。其中，丢失应答器编号分两部分，第一部分 NID_C（地区号 069-2），“—”之前数字为大区号，“—”之后数字为分区号；第二部分 NID_BG（应答器组编号 06—41），“—”之前数字为车站编号，“—”之后数字为应答器单元编号。“应答器信息状态”

及“TMM 信息”需用鼠标获取提示。

TCR 信息，显示 TCR 信息及状态。“TCR 状态”需用鼠标获取提示。

当前轨道电路载频信息和下一段轨道电路载频信息，此两组信息应隶属于 BTM 信息，为便于读取，单独放置。

初始设定信息，显示列车初始设定信息。

DMI 信息，显示 DMI 相关信息。

系统信息，显示各设备当前版本。

其他信息包括：行车模式、CPU2 状态、位置校正信息及列车位置相关信息等。其中，从“位置校正标识”开始到“LMA”属于直接显示值。其余几项信息是 CPU2 发来的 16 进制原始数据，要将鼠标放到相应的编辑框中悬停 1～2 s 来获取提示。

②实时监测功能

实时监测分不保存文件和保存文件两种方式。

a. 不保存文件方式

(a)打开软件后，首先单击“端口设置”，设置通信串口、波特率及检验位，在郑西 C2 测试中，波特率定为 57600，校验位：无校验。设置好后单击“确定”。

(b)单击“打开端口”，如果串口选择正确，单击该按钮后，“打开端口”按钮变为不可用(灰色)，同时“断开端口”、“启动接收”、“开始记录”三个按钮变为可用。否则无变化，此时请确认(a)中选择的串口存在，并且与 CPU2 通信的串口线的确与该串口相连。

(c)确认(a)、(b)项都正确后，单击“启动接收”，通信开始，时间系由于是时间驱动，应该可以看到画图区已开始画图，距离系则要等到列车位置有变动(列车速度不为 0)才开始画图。

b. 保存文件方式

(a)、(b)项与不保存文件方式一样。

(c)选择“开始记录”，单击该按钮后会弹出一个对话框让用户选择保存文件的位置，选择完毕后，记录开始，内容与不保存文件方式相同。

③查看历史功能

a. 单击“打开”，找到相应的历史记录文件 *. pcf，选择打开。

b. 打开文件后，会在绘图区下方出现滚动条，用户可以拖动滚动条来选取关心的曲线段来分析数据。对于各个 TABLE 页中，有些编辑框中显示的是 16 进制原始数据，请将鼠标放到相应的编辑框中悬停 1～2 s，会在状态条的第一分区及鼠标所在位置同时显示该 16 进制数的实际意义。

c. 绘图区中图例符号详细说明如下：

(a)绘图区中央的黄底黑色虚线代表列车当前位置，以下称列车位置曲线。

(b)出现应答器丢失标识“L”时，通过拖动滚动条移动 L 到列车位置曲线处，切换到 CPU2 数据解析界面，可在 BTM 信息一栏中查看丢失应答器状态及丢失应答器编号。

(c)出现故障信息标识“E”时，通过拖动滚动条移动 E 到列车位置曲线处，切换到 CPU2 数据解析界面，将鼠标放到其他信息一栏 CPU2 故障信息处悬停，即可获取 CPU2 故障信息。

出现接收应答器信息标识“△”时，通过拖动滚动条移动△到列车位置曲线处，切换到报文解析界面，可以查看相应的应答器报文。

④文件转换功能

从 JRU 下载的文件，由于格式不同，C2-Monitor 并不能直接读取，需要经过一个转换过程，转换过程遵循以下步骤：

a. 开始一个新的文件，将第一包数据内容提取并写入文件，将该包中的时间值作为文件名的一部分，将该包中的主备标识读取并在文件名中体现，主系记为_N，备系记为_R；

b. 比较相邻两包的时间差，如果时间差大于一定值，重复步骤①，否则进入步骤③。

c. 比较相邻两包的主备系标识，如果标识不一致，重复步骤①，否则继续在当前文件中写入数据。转换完成后的文件(组)和原文件处于同一目录下，转换是会有进度条提示，并在进度条窗口标题栏显示被转换文件路径。转换完成会提示转换成功。

(5)软件异常情况的处理

①通信状态显示。在实时监测过程中，如果界面显示黄色的“连”字，但画图区仍在继续绘图，说明通信过程中有短暂的数据帧异常情况，可以不用处理；如果出现黄色的“连”字且画图区不再继续绘制，说明数据帧长期异常，请关闭本软件并重新打开，重复使用方法中描述的相应过程。

②异常数据记录。软件首次运行时，在软件所在目录下生成Exception Record文件夹，每次运行软件都会在该文件夹下生成以当前时间为文件名的文件(如2009-5-1016h32m58s447ms. txt)。每次试验过程中，在首次遇到通信帧异常时，将异常发生时间以及异常帧和在它之前的数据共20帧数据存入本次打开软件时生成的文件中；如果当前接收帧数小于20，则将当前所有帧数据都保存。

③通信中断处理。如果在实时通信过程中，通信状态显示区显示红色“断”字，说明通信中断，请检查串口及连线是否存在问题，确认无误后重启本软件。

2. JRU Viewer软件的简介

(1)概述

JRU数据记录的是主处理单元的应用层数据，它可以记录应用层数据及其他模块的输入故障。JRU的数据分析是采用名为JRU Viewer的软件进行的。

(2)JRU Viewer的安装

打开安装包，并根据其提示进行安装。完成后，把压缩包STS License中的License文件解压到C:\STS License目录中(如原先C:\盘中没有该目录，则需手工创建)。在环境变量中的用户变量，添加变量名为LICENSE_DAT_FILE的变量，其对应值为C:\\STS License，把操作系统的时间修改为2009年，然后重新启动操作系统。

(3)JRU Viewer的使用说明

①JRU Viewer的界面

打开JRU Viewer后，其界面可分为菜单栏、图标栏、消息记录栏、变量记录栏和状态栏五部分。

②打开数据记录文件

在JRU记录的数据文件中，*.X01记录的是CTCS-3级的数据。首先，单击菜单栏的File→Apri…或者单击图标栏的图标；然后，选择需要打开的*.X01文件。此时状态栏中会显示数据读取的进度。

读取数据成功完成后，记录的消息会以时间顺序排列显示在消息记录栏，选中某一条消息后，会在变量记录栏显示其消息所对应记录的变量。

二、JRU 数据分析

(一)300T JRU 数据分析

300T JRU 的数据分析主要分析应答器信息以及 Log 数据，应答器信息主要是分析地面设备与车载设备的链接是否正常；而车载设备本身的故障大部分都是从 Log 数据里分析出来的，因此 Log 数据的分析尤为重要。

1. 应答器报文分析

(1)常见应答器(组)编号设定：

无源应答器和有源应答器默认报文的报文计数器设定为 255。

LEU 默认报文的报文计数器设定为 0。

列控中心默认报文的报文计数器为 253，正常报文的报文计数器均设定为 255。

报文计数器禁用 254。

CTCS-2 级车载设备接收到上述各默认报文，且该应答器组消息可用时，应处理该应答器组中的调车危险、绝对停车信息包内容。

(2)应答器信息包类型包括：

[ETCS-5]应答器链接、[ETCS-16]重定位信息、[ETCS-21]线路坡度、[ETCS-27]线路速度、[ETCS-41]等级转换、[ETCS-42]通信管理信息包、[ETCS-44]CTCS 数据、[ETCS-45]无线网络注册、[ETCS-46]有条件等级转换、[ETCS-68]特殊区段、[ETCS-72]文本信息、[ETCS-79]里程信息、[ETCS-131]RBC 切换命令、[ETCS-132]调车危险、[ETCS-137]目视行车危险、[ETCS-254]默认信息包、[CTCS-1]轨道区段、[CTCS-2]临时限速、[CTCS-3]区间反向运行、[CTCS-4]大号码道岔、[CTCS-5]绝对停车。

2. 300T Log 数据分析

(1)Log 数据中常见的故障代码说明

①GSM-R 电台的故障代码

a. RD R:1-2 Network resource not available(网络资源不可用)；

b. Failed to connect(与 RBC 连接失败)；

c. Channel 1 12393461 12393290 4294967295 radio timeout(通道 1 无线超时)；

d. Connection lost (Service brake reaction)(连接丢失触发制动)；

e. Preparing fallback level LSTM，NID=45(准备降级至 CTCS-2 级)；

f. Level changed to LSTM(CTCS-2 级)，NID=45，orderby=2(自动降级至 CTCS-2 级)；

g. orderby=0(手动选择)、orderby=1(自动升级)、orderby=2(自动降级)；

h. Level changed to L2(CTCS-3 级)，orderby=1(等级自动升级至 CTCS-3 级)；

i. No valid RBC-Id stored in channel 1(没有合法的 RBC 号储存于通道 1)；

j. No mobile station registrated(没有注册过的无线站点)。

②JRU 记录单元的故障代码

JRU connection lost(JRU 连接失效)。

③模块故障的故障代码

a. VC:etcs level! a=3，b=5(等级比较 A/B 代码不一致；类似的 a=?，b=? 都为 A/B 代码比较不一致)；

b. RD-B (128-1) STU is ready (startup completed)(出现这句语句,则表明 COMC、GCD 启机正常,如没有,则启机后不能与 C3 连接);

c. Different errors reported in A and B(A/B 代码比较不一致);

d. max intvl exceeded:Unit Manager, 8 ms(8 ms 任务超时);

e. Lost connection to STM in DA. (C2 数据连接丢失);

f. 0x0 0x2000 0x0 0x0 0x0 (C2CU 与 TCR 连接中断);

g. VDX out port failed (invalid too long):VDX1_FS(安全数字输出模块端口数据失败);

h. Illegal EoA requested, speed to high(行车许可终止,速度过高);

i. (MS) OVR request declined(超速防遛逸)。

④继电器的故障代码

a. REPORT_CAB_NOT_STANDSTILL_DETECTED(未检测到驾驶室的状态);

b. BI-H RBR state wrong(冗余继电器状态错误);

c. BI-H EBR2 feedback timeout(紧急制动反馈继电器超时)。

⑤BTM 单元的故障代码

a. BT A → Balise Port2_invalid(应答器端口 2 失效);

b. BSA Permanent Error, active BTM1(BTM 状态永久性错误);

c. 11795 1120670050 1120672101 800 Expected balise not found(编号为 11795 应答器组丢失,结合 JRU 数据分析丢失原因);

d. IL A Detect balise reported. (收到非法应答器,基本为全零应答器)。

(2)Log 数据中 BTM 故障与继电器故障分析方法

①BTM 故障

a. 启机时 BSA(应答器有效链接)

现象:ATP 无法启动,在 ATP CU 的 Log 中,发现 BSA,随后有 protocol version mism 语句,记录如下:

```
135 11-07-05 12:37:42;184 FID:btmc_supervi LID:  605 TID:SMGM_LogTask
000038037     ATP A 4E10I173 Report failure inactive BTM1:Protocol version mism
136 11-07-05 12:37:41;684 FID:btmc_supervi LID:  483 TID:SMGM_LogTask
000037439     ATP A 4E08I173 Report failure inactive BTM1:Startup test straterg
137 11-07-05 12:37:41;188 FID:btmc_supervi LID: 1564 TID:SMGM_LogTask
000036837     ATP A 4E2BI173 BSA Permanent Error, inactive BTM1
```

原因 1:FPGA 加载失败。BTM 启动时的 AE Log 中有如下记录:

```
……
11-10-05 07:03:03    FPGALoading 9
11-10-05 07:03:03    FPGALoading 10
11-10-05 07:03:03    FPGALoading failed.
```

解决措施:一般为偶发故障,重启即可解决,厂家表示将在 BTM 软件中将进行修改。

原因 2:硬件问题,频繁启机测试失败(BTM 启机 AE Log 中有 Start UpTest failed 语句)。

解决措施:此故障点为 CAU 干扰 BTM 自检,使 BTM 自检失败。另外,此故障的硬件原因也可能为 BTM 问题。BTM 在启机时会进行自检,其中一项就是模拟应答器报文发到接收电路上并进行解码测试,此自检虽然与 CAU 无关,但是由于 BTM 内部的检测机制,CAU 及

D 电缆的故障有可能会影响到 BTM 自检。

原因 3：例行测试(routine test)失败(此故障也是导致××小时校验超时的原因)

解决措施：确认 CAU 下方无金属物，非激活驾驶室后重新启动 ATP，并重新激活。如果仍然失败或者故障前曾经发生过运行时 BSA、例行测试失败故障，则需要重新校验并多次例行测试(大于 8 次)。如果例行测试结果不稳定有不通过现象，则需要逐步更换硬件解决。routine test 为保证 BTM、CAU 和 D 电缆在静态条件下工作正常而进行的，其检测项目最多也是最全，但是当 CAU 下方有金属物体或者电磁噪声大都会造成 routine test 失败。另外，ATP 启机时检测距离上次 routine test 成功的时间超过 96 h 的时候，就会在激活驾驶室的同时进行 routine test，如果不成功则下次启机激活时同样进行。当超过 120 h 后，则会报告××h 后 BTM 测试超时。)

b. 运行时 BSA

现象：运行时 ATP 报 BTM 故障，制动停车。或者启动后报 BTM 故障，检查 ATP CU 的 AE Log 中有 BSA 的信息但没有出现 protocol version mism 的信息。

原因：runtime test 测试失败，或者其他故障导致 BTM 的应答器传输服务不可用。

解决措施：换系重启。在库内下载 SDP 的 AE Log。检查故障发生时间是否有如 BTXXXXXX 的故障信息，如下：

86 11-07-13 16:27:36;900 FID:bt_b_transmi LID:　444 TID:SMGM_LogTask

000891222　BTM1 A BT120B59

89 11-07-13 16:27:35;900 FID:bt_a_trans_t LID: 1383 TID:SMGM_LogTask

000891221　BTM1 A BT120A59

首先在故障系 BTM 上加装 AE Logger，用于持续的监测。然后根据这个故障代码采取相应措施：

(a)BT1E0A5E/ BT1E0B5E 出现极少，此为 BTM 故障，导致 A/B 代码的 CRC 有效长度不一致。

(b)BT120A59/BT120B59。此故障为运行时测试失败导致。

(c)其他故障代码，需要发往设计院技术支持人员进行分析。

c. 端口无效(启动或者运行时)

现象：ATUCU 的 AE Log 中有 Balise PortX invalid 或者 StatusPort invalid 语句。

原因 1：软件原因，为偶发故障。

解决措施：重新启动 ATP。

原因 2：BTM 故障。BTM 的 MVB 通信接口故障会导致频繁的端口无效甚至无法正常工作

解决措施：更换 BTM。

d. 全零应答器

现象：DMI 显示应答器报文错误，ATP 施加最大常用制动，如果没有收到新的 MA 则制动到停车才可缓解；如果收到新的 MA 则可以自动缓解。

原因：根据厂家确认，全零应答器为干扰所致。对 CRH_2 二阶段车辆电磁兼容测试的结果以及结合交大电磁兼容测试结果来看，在车辆加牵引情况下，当断主断时干扰较大，且干扰主要来自于 CAU 部分，D 电缆的干扰较小。

解决措施：如果需要查找具体干扰源则需要更复杂的测试并在车辆厂内才能进行。庞巴迪将进一步与外方讨论通过修改软件解决全零应答器问题的可能性。

②继电器故障

a. AG 继电器故障

一般情况下，当 AG 继电器故障时，Log 数据中会有显示，例如当 EB1 继电器故障时，Log 会显示 EB1 继电器状态错误，或者 EB1 继电器反馈超时。当 Log 中只显示，EBFR 超时，一般是由于 BFB 继电器反馈超时引起的。

对于 CRH_2/CRH_{380A}，由于车辆也有紧急制动反馈继电器，因此需要判断车辆的继电器的状态是否正确；然后再观察 ATP 继电器。如果车辆的紧急制动反馈不正确，则该故障为车辆继电器故障。SB 继电器同理。

对于 CRH_3/CRH_{380B}，紧急反馈继电器存在相同的问题，但是当发生常用制动反馈故障时，由于 ATP 没有继电器接口，因此一般情况判定为车辆反馈超时所导致。

b. CU 继电器故障

该类继电器只存在于 CRH_2/CRH_{380A}。

判断该类继电器故障，只需要在驾驶台进行相关向前、向后、驾驶室激活等相应的操作，然后观察相应的继电器是否动作。由于该继电器与车辆是继电器接口，因此在相应继电器更换无解决条件，可要求车辆共同查找原因。

而对于 CRH_3/CRH_{380B}，由于不存在继电器接口，因此不存在继电器类的故障。

c. BP 继电器故障

当 BP 电器故障时，一般会报制动测试不成功，Log 会显示 BP 反馈超时。

d. 常用制动故障分析

(a)常用制动反馈故障

在 CRH_3/CRH_{380B} 中，不存在常用制动继电器，出现制动反馈故障的情况一般是由于车辆软件原因造成的。

在 CRH_2/CRH_{380A} 中，有以下原因：

非正确关机造成，该问题不属于故障；

车辆 SBFB 继电器故障，导致常用制动反馈故障；

ATP 的 SBFB 继电器故障，导致常用制动反馈继电器故障。

(b)常用制动故障

在 CRH_3/CRH_{380B} 中，不存在常用制动继电器，不需要定位继电器故障。

在 CRH_2/CRH_{380B} 中，原因如下：RB 继电器故障时，Log 会显示 RB 继电器反馈故障。

(c)紧急制动继电器故障

首先确认是否是紧急制动反馈故障。

如果是紧急制动反馈故障，对于 CRH_2/CRH_{380A}，首先查看车辆紧急制动反馈继电器是否正确，然后查找 ATP 继电器是否正确；对于 CRH_3/CRH_{380B} 也一样。

如果是 EB1 及 EB2 继电器故障，则 Log 会显示相应的继电器反馈故障。

(3)案例说明

案例：BTM 故障。

现象：列车在某线路所通过时报 ATP 故障，随后停车，二次换系重启后恢复正常。

查看 AE Log 数据：

Hit any key to continue or ESC to stop ...

28 10-10-22 06:50:46;755 FID: B-Channel LID: 0 TID:SMGM_LogTask
005195147 ATP A 7807S000 [BTMS] BSA permanent error

29 10-10-22 06:50:46;268 FID:btmc_supervi LID: 1560 TID:SMGM_LogTask
005194852 ATP A 4E25S173 BSA Permanent Error, active BTM1(应答器永久性故障)

分析结论:从 AE Log 中看出 06:50:46 报"BSA Permanent Error, active BTM1(应答器永久性错误)",该错误是由于运行过程中 BTM 故障造成的,从而导致 ATP 制动停车。

(二)300S JRU 数据分析

300S JRU 的数据分析主要是针对故障数据的分析,以分析 JRU Viewer 软件的 Dump 数据为主,而 C2-Monitor 数据是为了辅助分析,它可以查看运行曲线等全过程,使分析更精确。

查看不同的模块的数据,要装载相对应模块的 *.prj 和 *.abs。例如查看 ALM 模块的 Dump 数据,需要装载 ALM. prj 和 malmup. abs。各模块和相关装载文件的对应关系见表 7-5。

表 7-5 各模块和相关装载文件的对应关系表

序号	模 块	Project 文件	abs 文件
1	EVC	EVC. prj	mevceupl. abs
2	ALM	ALM. prj	malmupl. abs
3	TMM	Tmm. prj	stmm_ieee_upl. abs
4	BTM	btm. prj	mbtmupl. abs
5	RIM	RIM. prj	mrims. abs

以 ALM 板为例,查看 ALM 的 Dump 数据步骤:

1. 在 serial 选项卡中勾选一个可用端口,在 configuration 的 symbol file 选项卡中装载 ALM. prj 和 malmupl. abs 文件。

2. 单击"diag"选项,进入 diag 窗口,单击菜单栏的"Target"选项,选择"Off Line"。

3. 单击菜单栏的"Dump"选项,选择"View Dump"来确定要查看的 Dump 数据文件。Dump 文件中 *_N_uA. mem 为主系记录的 Dump 数据文件,*_R_uA. mem 为备系记录的 Dump 数据文件。

4. 选择完毕后,会自动回到 diag 窗口,浏览窗口右边的变量列,选择"NVRAM"。查看其中的 NVRAM 变量,即 ALM 记录的故障代码页。IndicePag 为指示位置,它表示的是最近一次故障记录的所在页面。(在 Format 一栏中,LHEX 表示为十六进制,LDEC 表示为十进制。)

5. ALM 模块的 Dump 数据可以确定其具体发生故障的时间(车载系统为 3.60.0006 版之后的),分别记录的故障发生的年、月、日、小时、分钟、秒。

6. 当故障代码标记"varRe02"和"varRe03"出现故障代码时,其故障代码为 00000016 和 00000001,记为 16.01(十六进制),换算为十进制,为 00000022 和 00000001,记为 22.01,查看在 GErr. h 文件(此文件以十进制记录故障代码)中所对应的故障原因,为速度传感器通道故障。

当故障代码标记"ideErr"出现故障代码时,查看 Err_appl. h,Err_comm. h 和 Err_spec. h 中所对应的故障原因(这些文件以十六进制记录故障代码,所以无需转换成十进制)。

7. 注意事项:

(1)查看其他模块的 Dump 数据:在其他的模块中没有记录具体的故障发生时间。需要和最近一次同车同端同系的故障数据进行对比,增加的故障代码即是本次记录的故障。

(2)查看 EVC 模块的 Dump 数据时,需要把 Windows 操作系统的格式修改成意大利语。

(3)不同的模块对应其不同模块的 Err_appl. h，Err_comm. h 和 Err_spec. h 文件。如 ALM 查看的为 ALM 模块中的 Err_appl. h，Err_comm. h 和 Err_spec. h 文件；TMM 模块查看的为 TMM 模块。

8. 案例说明

案例概述：列车在某站 CTCS-3 级目视模式发车后不能转入完全模式。

原因分析：在该站启机过程中，ATP 收到司机输入错误的 RBC 信息，如图 7-28 所示。

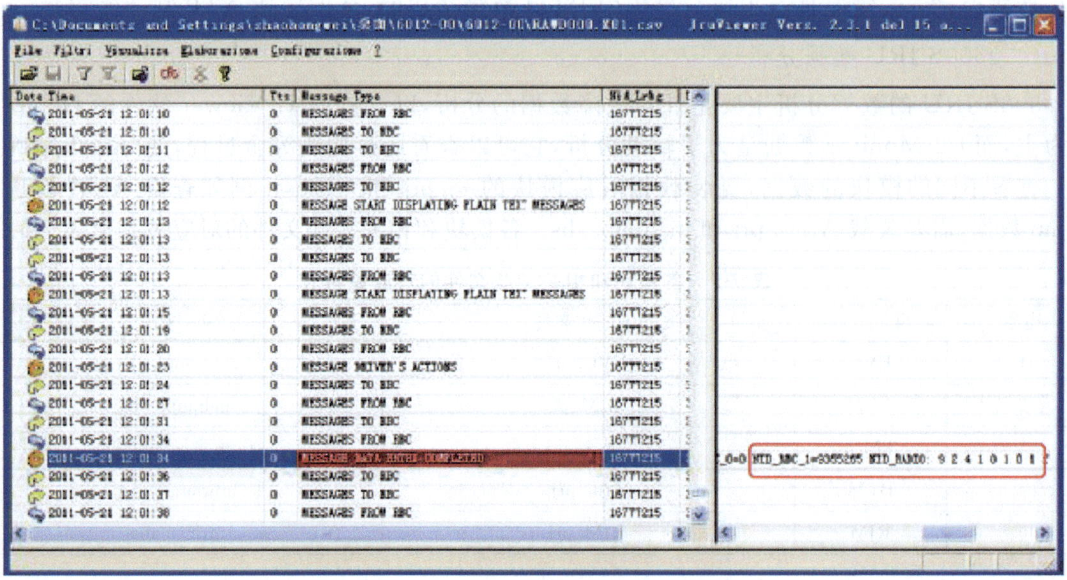

图 7-28　司机输入错误的 RBC 信息画面

由于 RBC 号码错误导致在 12:10:39 时，数据显示列车不在 RBC 管辖范围内，如图 7-29 所示。

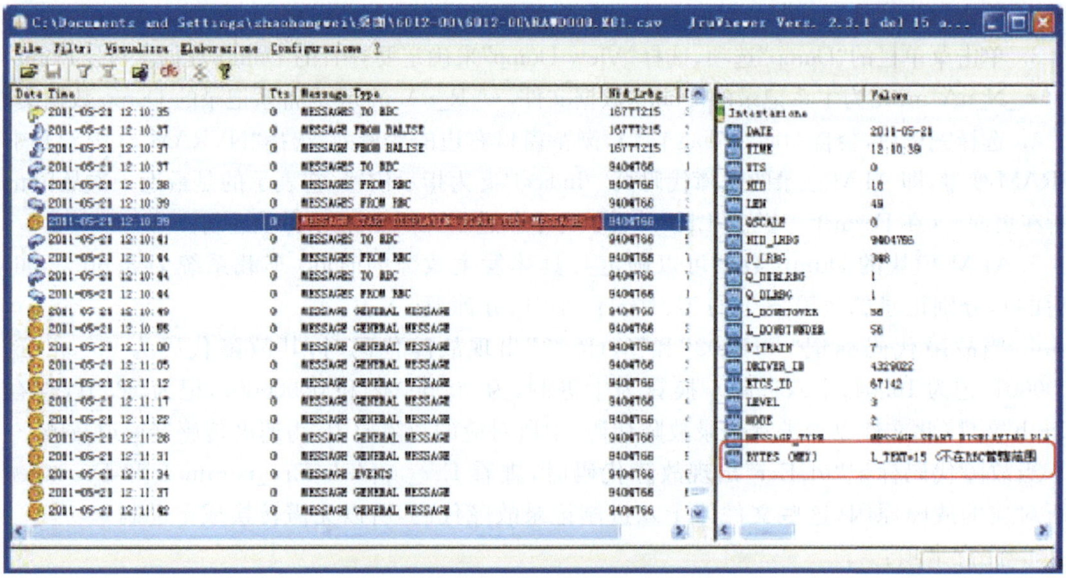

图 7-29　RBC 不在管辖范围记录画面

因此，列车在出站后 ATP 不能转入完全模式是由于司机输入了错误的 RBC 号码。

思考题

1. 300T JRU 分析软件中的文本显示区域有哪些信息内容，其中数据显示模块有哪些模块？
2. C2-Monitor 软件的主要作用是什么？
3. 简述 JRU Viewer 软件的安装方法。
4. 300T JRU 的应答器信息主要分析什么内容？
5. 300S JRU 分析软件在查看不同的模块数据时，需要装载哪些文件？

复　习　题

1. LKJ 分析系统除了安装软件，还需要什么？
2. 在哪里可以查询 LKJ 芯片版本信息？
3. LKJ 运行数据中影响途中安全因素的有哪些？
4. 为什么需要设置半自动闭塞区段信息？
5. 简述 DRU MONITOR 在线数据监督系统的主要功能。
6. 200H 型列控车载设备故障数据分析，地面设备涉及哪些原因？
7. PC 卡数据读取系统“详细 1”、“详细 2 ”包含哪些内容？
8. 200H 型列控车载数据中出现故障代码“4-128-16-03”和“4-128-17-03”分别表示什么？
9. 应答器信息在 200H 数据中主要查看哪些内容？
10. 200C 型列控车载数据分析时怎样进行故障定位？
11. 200C 型列控车载数据分析中出现应答器故障应如何分析？
12. 简述国产化 PC SAM 软件与引进版 PC SAM 软件的区别。
13. C2-Monitor 软件出现异常情况如何处理？
14. 如果在运行 300T JRU 分析软件时需要打开一个新的数据文件，应该注意什么？
15. 300T JRU 数据分析中 BTM 单元常见的故障代码类型有哪些？
16. 应答器信息包“[ETCS-5]”包含的内容是什么？
17. 300T JRU 数据分析中什么是全零应答器？
18. 怎样查看 ALM 模块的 Dump 数据？
19. 如何设置 JRU Viewer 中的环境变量？
20. 如何分析 Log 数据中的继电器故障？

第八章　列车运行监控装置(LKJ)数据换装

本章主要介绍列车运行监控装置(LKJ)数据换装。铁路运输基础设备、设施技术数据变化或行车组织变化,引起 LKJ 基础数据变化需对 LKJ 车载基础数据文件变更以及 LKJ 车载控制文件版本升级,简称 LKJ 数据换装。LKJ 数据换装应制定完善的工作制度和作业流程,做到计划周密、闭环卡控、准确及时。

一、作业前的准备工作与注意事项

(一)作业前的准备工作

1. 正确穿戴工作服、工作帽。两人作业,做好防护。

2. 携带必备禁动安全牌。携带必备的换装工具、材料、芯片、标签、IC 卡。

3. 查看被检机车前一次合格证，询问了解设备的状况。收回合格证。(入库检测后或在库检测后)

4. 环线发码电流按 650/11 Hz、≤200 mA 的标准进行环线发码信息。(入库或在库)

(二)注意事项

1. 更换前记录动车组型号、动车组车号、主/备轴轮径值、速度脉冲数等参数。

2. 更换芯片作业,要先关闭监控主机电源再进行芯片更换。

3. 更换时注意芯片的方向,观察管脚是否有折弯及接触不良的现象,根据需要采取防静电措施。

4. 芯片换装:确认 U3、U4 程序的版本是否正确。确认 U5、U6 数据的版本是否正确。按"查询+4",看各插件板状态是否正常;查看数据和程序的版本是否正确,A/B 机程序、数据版本是否一致;核对动车组车型号、动车组车号、主/备轴轮径值、速度脉冲数等参数是否正确。芯片换装时,务必加强双人确认并按芯片换装通知要求张贴版本标签。

5. 所有换装人员必须根据车型及 LKJ 设备状况,准确换装和刷屏,各作业点把关人员必须台台确认,确保无误。

6. 换装后要查看监控主机板前面板指示灯是否正常。要设定参数和接收信号显示,按开车键查看调用数据是否正常,要形成新的记录文件。

7. 芯片换装,做常用制动、紧急制动试验。要按检测作业标准做制动及键盘检测试验等,并对转储芯片换装检测文件及时分析、核对。

二、作业程序、作业内容和质量标准

(一) 作业程序(如图 8-1 所示)

(二)作业内容和质量标准

1. 数据换装交接工作

(1)交接签认车载设备车间 LKJ 数据换装通知,LKJ 数据芯片换装分析确认单。

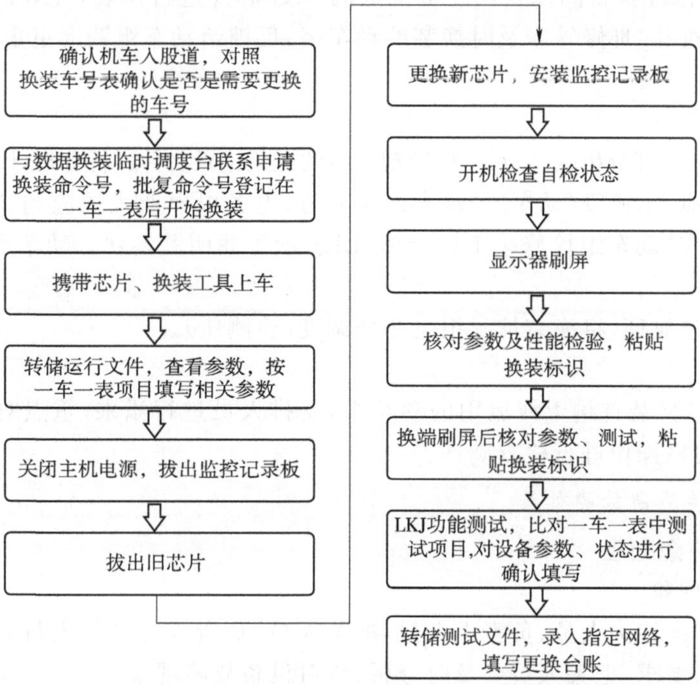

图 8-1　LKT2000 数据换装作业流程

(2)交接签认 LKJ 车载设备更新文件清单(芯片、IC 卡、标签)。

(3)交接签认 LKJ 数据芯片换装通知单、LKJ 芯片数据换装联控信息单、检查表、卡控表。

2. 芯片的拆卸和安装

(1)上车后,首先将禁动安全牌放在操作端小闸手柄明显位置,并与司机双确认。上电检查动车监控装置设备状态。核对记录轮径、装置号等参数,转储运行记录文件。

(2)关闭监控装置电源,取下两块"监控记录板",使用专用工具拆除旧芯片,换上新芯片,确认芯片缺口方向、芯片安装顺序及芯片管脚插入正确到位。

(3)装上监控记录板,换装后,插件面板镙丝须拧紧,打开监控装置电源,检查监控记录板自检状态(看面板指示灯),若不能通过自检应迅速关闭监控装置电源,拆下主机板检查芯片安装状态,防止监控记录板损坏。

3. 屏显文件的更新

(1)监控记录板自检正常后,对显示屏进行刷屏操作,刷屏重启成功后,检查"监控"、"数据"、"彩显"版本是否正确,检查显示屏内刷屏文件日期是否与给定文件一致,同时查询地面信息版本、通信插件版本及其他插件状态是否良好,正常后在显示屏上贴上标识(换端后重复此项)。

(2)检查核对各项检修参数,对车型、车号、轮径值、日期、时间等检查确认。

(3)性能检查。输入检测工号、设定试验交路号、车站代码、车次等数据,显示器正确显示设定信息,正确调整参数,按【开车】键,调出监控模式,观察显示器中显示的各种图形是否齐全完整,用手动进行车位向前调整,运行一个区间观察显示是否异常;进入"调车"状态,按检测作业标准进行各项性能试验。

(4)复核确认,填写一车一表。按规定逐项检查、确认,核对一项,勾画一项。

(5)转储试验文件,录入指定目录,填写更换记录,请机务把关人员签字确认。

(6)对 LKJ 维修互换备品以及调度室模拟机 LKJ 芯片进行换装,并对换装范围内的动车组进行统计梳理,对Ⅱ、Ⅲ修等未及时换装的动车组,反馈给动车组调度室重点卡控,并确定动态跟踪方案,落实销号。

4. 试验及复核

(1)查询验证。打开分析软件,对已更换动车组的试验记录文件进行分析,检查确认使用版本。

(2)在动车基地、车辆段(动车所)动车组作业时,电务段作业人员应到动车所调度室进行登记,换装完成后在"动车组检修竣工记录单"LKJ 项下注明并签认。动车所调度员对注明和签认进行确认。

(3)芯片更换过渡期,将换装情况报电务处调度(检测所)。

5. 首趟添乘

对 LKJ 芯片经换装首趟上线运用的动车组,安排人员进行添乘,重点对模式及数据调整变化运用情况及司机操作进行检查确认。

(三)数据换装应急故障处理

1. 芯片更换应急处理

(1)发生故障现象

工作人员及时向把关人员、负责人汇报,把关人员、负责人与工作人员要一同确认本次芯片更换通知及相关要求,把关人员要及时分析、核对设备故障现象。

(2)分析原因

①自检不复位:存储芯片程序乱、芯片本身质量、主机板局部短路、芯片错换、芯片位置方向等。

②黑屏:电子盘程序乱、刷屏时断电、刷屏卡本身质量缺陷等。

③数据不相一致:芯片错换、漏换等。

④揭示卡发送失败:漏刷屏、揭示卡本身质量缺陷等。

⑤在正常状态下,换装后数字量输入板等"设备状态"亮红灯,主机箱断电 30 s 后重启。

⑥"设备状态"不正常:设备插件板和厂家、通信板不配套等。

⑦其他原因造成设备不正常。

(3)处理

①根据分析,更换相应板件、显示屏等,测试正常。

②根据分析,进行相应元器件处理,如揭示卡重试、存储芯片程序乱可冷清除重试等。

③分析文件发现时间、轮径值、版本等异常,要确认、处理后重新转储。

2. 处理故障注意事项

(1)新版程序

①更换前记录动车组型号、动车号、主/备轴轮径等参数。

②更换芯片作业要先关闭监控主机电源再更换芯片。

③更换时注意芯片方向,观察管脚是否有折弯及接触不良现象。

④根据需要采取防静电措施。

⑤按"查询+4",观察各插件板状态是否正常;查看数据和程序的版本是否正确,A/B 机程序、数据版本是否一致;核对动车组型号、动车号、主/备轴轮径等参数是否正确。

⑥查看监控主机板前面板指示灯是否正常。

⑦换装完芯片后要设定区段号、车站号等参数,按【开车】键查看调用数据是否正常,要形成新的记录文件。

⑧芯片换装：确认 U3、U4 无警惕；如有警惕，检查程序的版本是否正确。确认 U5、U6 数据的版本是否正确。芯片换装时，务必加强双人确认并按芯片换装通知要求张贴版本标签。

⑨控制芯片换装种类较多且显示器程序有 DOS 和 ARM 之分，所有换装人员必须根据车型及 LKJ 设备状况准确换装和刷屏，各作业点把关人员必须台台确认，确保无误(区分 DOS 屏和 ARM 屏方法：刷屏时查看文件列表中有 LCD2000. EXE 文件的为 DOS 屏，否则为 ARM 屏)。

⑩按检测作业标准做制动及键盘检测试验等，并对转储芯片换装检测文件及时分析、核对。如果更换芯片前乘务员已经输入揭示，换完芯片后要求乘务员重新刷入揭示并核对。

(2)显示器软件及数据

①显示器是 DOS 屏还是 ARM 屏，要注意区别刷屏卡。

②显示器程序或数据刷入过程中禁止断电，如果由于异常情况断电需重新刷入。刷入完成后要重新启动。

③显示器程序刷入后要查看显示器软件及数据版本、日期等信息是否正确。

3. 机车或动车组 LKJ 数据换装芯片故障应急处理流程(如图 8-2 所示)

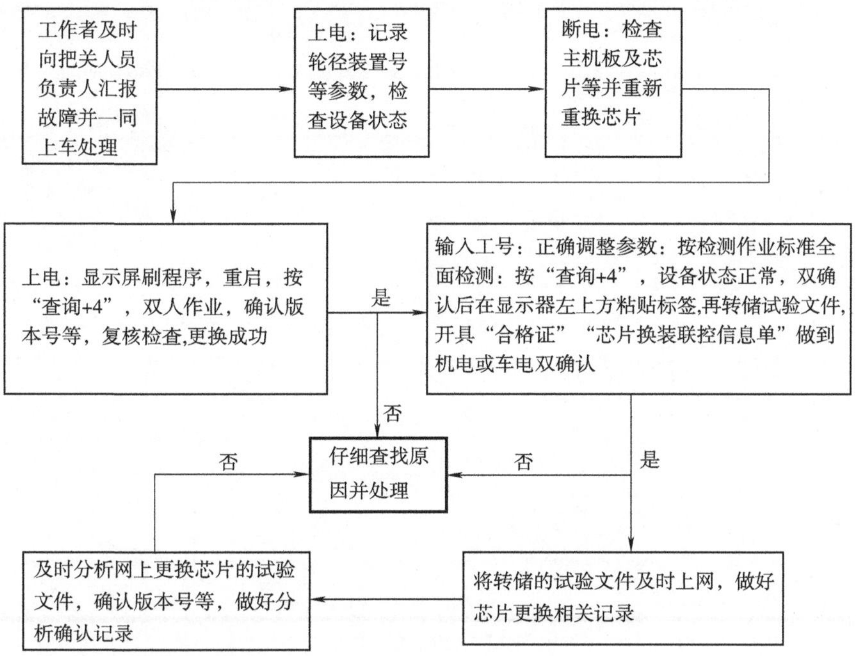

图 8-2　LKJ 数据换装故障应急处理流程

(四)总结归档

1. 换装过渡期结束，及时对换装过程进行总结，分析存在的问题。

2. 将铁路局下发的 LKJ 基础线路数据版本和控制模式设定参数版本的母片存档(或刻盘存档)。

3. 建立 LKJ 数据更换档案，内容包括相关施工文电、路局换装通知、LKJ 数据交接表、LKJ 线路数据复核记录表、LKJ 线路数据模拟试验记录、LKJ 线路数据运行试验记录、机电会议纪要、换装任务安排、把关情况、记名更换记录、更换过程总结等收集存档。

4. 将换装工作情况报检测所。

复　习　题

1. 数据换装的注意事项有哪些?
2. 芯片的拆卸和安装有哪些要求?
3. 屏显文件有哪些更新要求?
4. 数据换装交接有哪些工作?
5. 简述动车组 LKJ 数据芯片换装作业程序。
6. 简述动车组 LKJ 数据芯片换装故障应急处理流程。
7. 动车组 LKJ 芯片更换故障应急处理有哪些具体要求?
8. 动车组 LKJ 芯片更换为什么要工作人员相互确认,机电相互确认?

第九章　动车组列控车载信号设备参数设置

本章主要介绍列控车载信号设备在现场维护中，涉及的相关车载设备参数调整的具体操作方法和注意事项。根据现场维护需要，编写的主要内容为轮径参数调整和时间参数调整。

第一节　CTCS-2 级列控车载设备参数设置

一、作业前的准备工作与注意事项

（一）作业前的准备工作

1. 明确参数修改具体任务，编制参数修改工作计划。
2. 组织召开作业准备会，布置参数修改具体任务并准备相关检修工装、测试仪器。
3. 与车辆部门双方签收确认动车组轮径修改通知单。
4. 组织召开作业准备会，布置轮径修改相关具体任务。
5. 准备工具、仪表，携带必要的笔记本电脑、数据线等工具。
6. 组织开展安全预想，布置安全措施，携带必备的“防护牌”、“防护灯”等工具。

（二）注意事项

1. 作业安全卡控措施见第一章　安全知识相关规定。
2. 作业过程发现设备异常，须及时处理，在预计不能按时完成作业时，须及时汇报。

二、200H 型列控车载设备拨码开关的设置

1. 检查 ATP 电源开关关闭，ATP 处于无电状态。

2. 根据车辆部门提供的动车组轮径值，将两个 VC 主机 OPE 版上的拨码开关“100”、“10”、“1”位置按照新的轮径值进行百位、十位、个位数的设置。

3. 车辆部门提供的轮径值小数点以后有数字时进一位，取两个轮径的最大值（如：安装有 ATP 速度传感器的两个轴轮径分别为 851.1 mm、850.1 mm，则 VC 主机 OPE 板的轮径值取两个轴的最大值 851.1 mm，小数点后的数字进一位，应设置为 852 mm。在拨码开关“100”位设置为“8”、在拨码开关“10” 设置为“5”、在拨码开关“1” 设置为“2”）。

4. 两个 VC 轮径值设置完成后，设备上电，进行启动试验，检查设备自检状态。

三、200C 型列控车载设备电脑、数据线的连接

1. 准备轮径修改数据线，一端 LPT 口、一端 Sub D 口，带电源盒。
2. 准备一台带并口的笔记本电脑，一个密码 U 盘（装入了轮径修改配套密码库）。
3. 关闭 ATP 电源，设备系统断电。

4. 将数据下载线的 Sub D 口与 CBCH2 板的 JI 口连接。

5. 将数据线 LPT 口、密码 U 盘连接到笔记本电脑的并口和 U 口。

6. 双击笔记本电脑桌面 PC SAM 软件图标。

7. 弹出 PC SAM 软件窗口，单击菜单栏里“耦合器”菜单下的“配置”子菜单。

8. 在弹出的对话框，单击“选择端口”的下拉菜单“LPT1”，单击“OK”按钮。

四、200C 型列控车载设备轮径设置参数的调整

1. 双击笔记本电脑桌面 PC SAM 软件图标。

2. 弹出 PC SAM 软件窗口，单击菜单栏里的“耦合器”的子菜单“在 CBAT 中充入列车参数”。

3. 弹出“将机车参数写入 CBAT” 窗口，单击“读取 JDx”中的“…”按钮。

4. 在弹出的窗口中选择 D 盘下自建的名为 xglj 的文件夹(选择之前要先确认该文件夹为空文件夹)单击“确定”。

5. 单击“确定”后，在“将机车参数写入 CBAT” 窗口“读取 JDx”栏显示“D/xglj”。

6. 将电池盒电源打开，此时 CBCH2 板通电。

7. 弹出“将机车参数写入 CBAT”窗口，单击“读取 CBAT”。

8. 在弹出的提示框中单击“OK”。

9. 此时数据已下载到 D 盘下的名为 xglj 的文件夹中，打开该文件夹，将后缀为 jdo 的数据拖入 PA SAM 软件窗口。

10. 在弹出的用户名窗口中输入“zpx”，单击“OK”。

11. 在动态参数轮径一栏里输入轮径值：

(1)轴 A 为 2 轴轮径，轴 B 为 4 轴轮径。

(2)依次单击 CODOU1、CODOU2、CODOU3 界面，分别输入相同的轮径值。

(3)也可在 CODOU1 轮径修改后，单击最上方“CODOU1＝CODOU2＝CODOU3”按钮，轮径修改后单击保存。

(4)关掉数据修改窗口。

12. 再次单击菜单栏里的“耦合器”的子菜单“在 CBAT 中充入列车参数”。

13. 分别单击“写入 JDX、写入 JDT、写入 JDO”的“…” 按钮，分别双击弹出窗口里的数据，将数据加载进去。

14. 单击“在 CBAT 中充入列车参数”窗口的“FLASH”，写入完成后单击“OK”按钮，轮径修改完毕。

15. 车辆部门提供的轮径值小数点后有数字时进一位，取轮径最大值。如：当轮径为 851.1 mm 时，应设置为 852 mm。

五、设置参数的复核

(一)200H 型列控车载设备轮径设置参数核查

1. 按照 200H 型 ATP 数据下载及转储操作程序进行 PC 卡数据下载。

2. 对下载的 PC 卡数据进行分析，在“详细 1”中查看“车轮径设定值”的 1 系和 2 系设置值，按照拨码开关的设置要求，对应轮径调整通知单上的轮径值，检查轮径设置是否正确(二系

VC 轮径设定值应保持一致）。

（二）200C 型列控车载设备轮径设置参数核查

1. 双击笔记本电脑桌面 PC SAM 软件图标。

2. 弹出 PC SAM 软件窗口，单击菜单栏里的“耦合器”的子菜单“在 CBAT 中充入列车参数”。

3. 弹出“将机车参数写入 CBAT” 窗口，单击“读取 JDx”中的“”按钮。

4. 在弹出的窗口中选择“桌面”，单击“确定”。

5. 单击“确定”后，在“将机车参数写入 CBAT” 窗口“读取 JDx”栏显示“桌面”。

6. 将电池盒电源打开，此时 CBCH2 板通电。

7. 出现“将机车参数写入 CBAT” 窗口，单击“读取 CBAT”。

8. 在弹出的提示框中单击“OK”，此时数据已下载到笔记本桌面。

9. 将后缀为 jdo 的数据拖入 PASAM 软件窗口。

10. 在 PASAM 软件中依次单击 CODOU1、CODOU2、CODOU3 界面，查看“轴 A”、“轴 B”轮径值是否一致，是否与车辆部门提供的轮径值相符。

11. 检查完毕后，更改 D 盘下名称为 xglj 文件夹里后缀为 jdo 的数据名称（修改名称时要保留 .jdo 的后缀）。更改格式：年___月___日___车号___ MC1/2 ___ A/B。

12. 数据复制后，清空 xglj 文件夹。

13. 轮径参数修改和复核完毕后，复查设备各开关位置、状态是否正常。

思考题

1. 200C 型列控车载设备轮径值参数修改是否需要分别在 A、B 组匣的 CBCH2 板进行设置，为什么？

2. 200H 型列控车载设备 VC1 和 VC2 的轮径值输入不一致会造成什么影响？

3. 某 CRH$_{2A}$ 型动车组 1 端 2 轴实际轮径值为 841.1 mm，2 轴实际轮径值为 842.9 mm，该车 1 端 200H 型列控车载设备轮径值参数设置为多少？

4. 200C 型列控车载设备轮径参数设置时，在动态参数轮径一栏里输入的轮径值，轴 A 和轴 B 对应动车组的哪个轴？

5. 200C 型列控车载设备轴 A 轮径参数值设置错误，超出有效轮径值设置范围，对设备有什么影响？

第二节　CTCS-3 级列控车载设备参数设置

一、作业前的准备工作与注意事项

（一）作业前的准备工作

与 CTCS-2 级列控车载设备相同，见本章第一节。

（二）注意事项

与 CTCS-2 级列控车载设备相同，见本章第一节。

二、电脑、数据线的连接

(一)300T 型列控车载设备电脑、数据线的连接

1. 准备轮径修改数据线,笔记本电脑。

2. 打开 ATP 电源,A 系设备上电自检正常。

3. 检查主用系 VCU 模块故障状态,“RTS”指示灯闪亮表示运行期间系统工作正常。

4. 利用数据下载线将笔记本电脑的串口和 A 系 VCU 模块的 X8 接口相连接。

5. 修改备用系 ATP 轮径参数时,进行换系操作,使 B 系 ATP 系统上电。

6. 同时检查系统自检状态和 VCU 模块工作状态。

7. 利用数据下载线将笔记本电脑的串口和 B 系 VCU 模块的 X8 接口相连接。

(二)300S 型列控车载设备电脑、数据线的连接

1. 准备轮径修改数据线,笔记本电脑。

2. 使用 USB-485 电缆线将计算机与 ALA 主机主用系 CUP2-TMM 模块上的 RS-485 端口相连。

3. 使用 RS-232 电缆线将计算机和 ALA 主机主用系 CUP2-TMM 模块的 232 端口连接。

4. 打开 ATP 电源,系统上电自检正常。

5. 修改备用系 ATP 轮径参数时,先关闭电源开关单元的(ALA-N)开关,切断主用系 ATP 电源。

6. 用专用数据线连接笔记本电脑与备用系 CUP2-TMM 模块。

三、软件操作、设置参数的调整

(一)300T 型列控车载设备轮径参数调整

1. 打开“CTCS3-300T 车载设备维护终端(ATPMaintenDlg. exe)”软件。

2. 在软件窗口的“串口参数设置”界面进行参数设置。

(1)在“串口名称”选项中选择“COM4”;

(2)在“列车编号”栏中输入车号,如“144”;

(3)在“所在端”选择Ⅰ端或Ⅱ端;

(4)在“所在系”选择 A 系。

3. 在“下载 Log 记录”选项框下的“模块名称”一栏选择“ATP CU”模块。

4. 单击“串口参数设置”界面的“连接”按键。

5. 连接完成后,单击“修改轮径”选项框,进入轮径修改界面。

6. 单击“获取轮径值”,轮径当前值一栏显示的轮经值中,“轮径值 1”表示 2 轴轮径值,“轮径值 2”表示 3 轴轮径值。

7. 在“设置轮径值”一栏输入最新轮径值,在“轮径值 1”栏输入 2 轴轮径值,在“轮径值 2”栏输入 3 轴轮径值。

8. 车辆部门提供的轮径值小数点后有数字时进一位,取轮径最大值。

9. 单击“设置轮径值”,A 系轮径值设置完成。

10. 利用数据下载线将笔记本电脑的串口和 B 系 VCU 模块的 X8 接口相连接。

11. 进行换系操作,由 A 系切换至 B 系,检查 B 系 ATP CU 模块工作状态,重复以上1～9

项操作，进行B系轮径值参数调整。

（二）300S型列控车载设备轮径参数调整

1. 打开SSB软件，出现选择配置文件的对话框，根据车型、车号及车厢号选择对应的配置文件夹后（车号不同，端号不同，配置文件也不同），单击“确定”按钮。

2. 提示选择目标文件（主程序），目标文件同一版本不分车号和车厢号均相同。选择目标文件所在文件夹，单击“确定”。

3. 提示输入用户名和密码。用户名：hlsuser；密码：password，单击“OK”按钮。

4. 进入端口设置界面，进行相应的设置（COM8—USB-485、COM2—232串口、COM1—232串口，选择车型，输入车号和车厢号），然后单击“OK”按钮。

5. 进入软件功能界面后，单击“EQUPMENT CONTROLS AND CALIBRATIONS”，出现功能菜单。

6. 单击“Loading SW image”，出现提示界面。

7. 选择B项（按键盘“B”键）后，出现各个轴对应的选项，A项对应为2轴，B项对应为3轴，C项为保存设置。

8. 如需修改2轴轮径，选择A项进入轮径修改界面。

9. “diamRuota1＝×××”表示原轮径值，修改轮径则在“Inputd：”的后面输入新轮径值。

10. 车辆部门提供的轮径值小数点后有数字时进一位，取轮径最大值。

11. 输入后回车，即生成新的轮径值。

12. 再选择C项（按键盘“C”键）进行保存，按“S”选择“是”，确认保存后提示是否将“*.lco”的配置文件写入，选择“是”，提示关闭ATP，并将串口线连接至主用系TMM和电脑上，准备好后按两次回车。

13. 此时启动ATP（重启ALA主系即可），出现“……”的符号，且不断增加，说明正在进行文件装载。

14. 文件传输完毕，回到菜单，此菜单表示对备系的轮径进行修改。

15. 按两次回车，并重启ATP备系，对备系的配置文件进行装载，完成后回到主菜单。

16. 此时完成了对主系和备系2轴的轮径修改，再从第7项开始，重复以上步骤，对3轴的主系和备系轮径进行修改。

（三）300T型列控车载设备日期、时间参数的调整

1. 核对专用笔记本日期、时间设置与北京时间同步。

2. 打开“CTCS3-300T车载设备维护终端（ATPMaintenDlg.exe）”软件。

3. 在软件窗口的“串口参数设置”界面进行参数设置：

（1）在“串口名称”选项中选择“COM4”；

（2）在“列车编号”栏中输入车号，如“144”；

（3）在“所在端”选择Ⅰ端或Ⅱ端；

（4）在“所在系”选择A系。

4. 在“下载Log记录”选项框下的“模块名称”一栏选择“ATP CU”模块。

5. 单击“设置ATP时间”界面的“连接”。

6. 连接完成后，单击“ATP时间”选项框，进入时间修改界面。

7. 单击“获取ATP时间”，核对“ATP当前时间”与“ATP设置时间”。

8. 单击“设置 ATP 时间”，单击“获取 ATP 时间”。
9. 确认“ATP 当前时间”与“ATP 设置时间”一致。

四、设置参数的复核

(一)300T 型列控车载设备轮径设置参数的复核

1. 打开 ATP 电源，A 系设备上电自检正常。
2. 利用数据下载线将笔记本电脑的串口和 A 系 VCU 模块的 X8 接口相连接。
3. 打开“CTCS3-300T 车载设备维护终端(ATPMaintenDlg. exe)”软件。
4. 在软件窗口的“修改轮径”选项栏中单击“获取轮径值”，查看轮径当前值。
5. 根据车辆部门提供的最新轮径值进行轮径参数值核对。
6. 对轮径值显示界面进行截图保存。

(二)300S 型列控车载设备轮径设置参数的复核

1. 使用 ALA 机柜 CPU 单元升级线(升级软件使用的一拖二串口线)，将笔记本电脑和 CPU2-ALM 相连接。
2. 双击桌面“”图标，运行 D360 软件。
3. 单击“”图标，将软件语言版本设置为英文。
4. 单击“”图标，进行软件配置操作。
5. 在“Serial”下拉菜单中，进行串口设置，选中当前连接串口线的端口号，其他设置不变。
6. 在“Symbol file”下拉菜单中，进行软件配置。
7. 单击“Project”一栏的“Browse”按钮，在弹出窗口中选择对应软件版本的工程文件“*.prj”。
8. 单击第三个图标，将打开轮径值显示界面。
9. 单击右侧 Diametri 图标，显示轮径值。
10. 根据车辆部门提供的最新轮径值进行轮径参数值核对。
11. 对轮径值显示界面进行截图保存。
12. 所有工作完成后，复查设备各开关位置、状态是否正常。

(三)300T 型列控车载设备日期、时间参数的复核

1. 打开 ATP 电源，A 系设备上电自检正常。
2. 检查 DMI 上显示的日期、时间与北京时间同步，误差小于 30 s。
3. 关闭 ATP 电源，切换 B 系设备上电自检正常。
4. 检查 DMI 上显示的日期、时间与北京时间同步，误差小于 30 s。

思考题

1. 300S 型列控车载设备的轮径值参数写入在哪个板件上?
2. 当 300T 型列控车载设备的 ATP CU 模块工作指示灯异常时，是否可以进行轮径参数调整?
3. 某 CRH_2 型动车组 1 端 2 轴实际轮径值分别为 841.1 mm、842.9 mm，该车 1 端为 300T 型列控车载设备，轮径值参数设置为多少?
4. 安装 300T 型列控车载设备的动车组轮径值发生变化时，除车载轮径值设置参数需要

修改外，车载雷达参数是否需要修改，为什么？

5. 300T 型列控车载设备只进行 A 系（工作系）轮径参数调整，不对 B 系进行调整，会有什么影响？

复　习　题

1. 一般在什么情况下需进行动车组车载设备轮径值参数修改？

2. CTCS2-200H 型列控车载设备安装在 CRH_{5A} 型动车组上的有效轮径值设置范围是多少？

3. CTCS2-200C 型列控车载设备安装在 CRH_{5A} 型动车组上的有效轮径值设置范围是多少？

4. CTCS3-300S 型列控车载设备安装在 CRH_3 型动车组上的有效轮径值设置范围是多少？

5. CTCS3-300T 型列控车载设备安装在 CRH_{2C} 型动车组上的有效轮径值设置范围是多少？

6. CRH_{2A} 型动车组列控车载速度传感器安装在什么位置？

7. CRH_{5A} 型动车组列控车载速度传感器安装在什么位置？

8. 列控车载设备设置的轮径值比实际值不一致，会造成什么影响？

9. 列控车载设备主备系设置的轮径值不一致，会造成什么影响？

10. 更换 200C 型列控车载设备 A 组匣的 CBCH2 板时，是否需进行轮径参数值的重新设置，为什么？

11. 利用备品进行 200H 型列控车载设备 VC 组匣的整机更换时，必须进行哪些必要的工作？

12. 更换列控车载设备速度传感器时，是否需要进行轮径参数值的调整？

13. 将 300T 型列控车载设备 ATP CU 模块进行 A、B 系互换时，是否需进行轮径参数值的重新调整？

14. 动车组运行了 3 个月，动车组轮对踏面有一定的磨损时，是否需要向车辆部门提出轮径参数调整申请？

15. 当动车组镟轮后，如不进行轮径参数调整，会有什么影响，是否存在安全隐患？

16. CTCS2-200H 型列控车载设备轮径值按照取大不取小的原则，是从哪些方面考虑的？

第十章　动车组列控车载信号设备故障分析及处理

本章主要介绍各种不同类型列控车载信号设备故障的处置方法，包括故障处理的一般方法、不同型号设备、不同故障类型的分析和处理，以及故障处理注意事项，同时介绍了典型故障处理和应急处置方式。

第一节　列车运行监控装置（LKJ）故障分析及处理

一、作业前的准备工作与注意事项

（一）故障处理原则

1. 在应急领导小组的统一领导下，减少动车组故障造成的损失和影响，按照各自职责和权限，负责动车组故障应急处置工作。运用中的设备，一旦发生突发事件或故障，电务各级人员在接信息后，必须立即逐级上报，并根据具体情况，迅速通知有关应急抢修队伍成员，准备抢修所需工具、材料等，接到命令后立即赶赴现场抢险。同时根据具体情况，通过动车组司机尽量了解设备状况，进行现场应急操作指导，尽快恢复行车。

2. 动车组在 CTCS-2 级区段按 LKJ 方式行车，遇机车信号或 LKJ 故障时，司机应立即使用列车无线调度通信设备报告车站值班员或列车调度员，司机凭调度命令、按地面信号运行至前方站，等待救援。遇特殊情况，根据铁路局调度命令，采取应急性措施，维持动车组继续运行。

3. 检修过程中发现设备故障，应及时向所属地动车组运用所提出施工申请，说明故障情况和需要的检修时间和配合条件，同时立即准备所需工具、器材、仪器仪表等，积极进行恢复处理，同时按照要求向有关部门上报情况。

4. 发生设备故障无法恢复时，应立即申请停用该设备。故障处理完毕后，必须进行彻底试验，试验良好后方可交付使用。

（二）作业前的准备工作与注意事项

1. 及时全面地掌握故障信息和故障现象，及时收集反馈故障发生第一现场的相关信息，包括 LKJ 运行记录数据文件、语音提示、各种报警信息、设备工作状态。

2. 根据掌握的故障现象，判断故障可能发生的范围，准备相关工具、材料、仪器仪表、备品等，需要到现场进行故障应急抢险时，应及时掌握动车组运行交路和故障信息最新情况，尽快赶赴现场组织抢修。

3. 当需要技术支持时，应及时拨打有关设备生产厂商和系统集成单位热线服务电话获取技术支持信息、厂家联系方式，必要时要求设备生产厂商和系统集成单位派员到现场进行分析处理。必要时通知通信或其他相关部门进行配合。

4. 故障处理安全卡控措施见第一章 基本安全规章制度和作业纪律。

5. 进行故障处理作业时，应遵守电气操作的基本规定。严禁带电插拔各种插头和板件；严禁不断开电源开关直接接触高压电电气设备。

6. 更换设备或板件时，应确认将换的设备软件版本与当前软件版本保持一致。

7. 更换监控记录板件时，应根据实际值重新调整参数设置。

8. 故障处理完成后，必须进行彻底试验，各项功能试验正常，同时必须下载分析记录数据，确保设备状态良好。

二、非正常情况下的应急处置

（一）LKJ 设备故障应急处置关键项

1. 当接到调度发生故障通知时，电务段安全生产指挥中心及时通知应急指挥小组及段领导，如可能影响行车时必须及时安排抢修人员准备工具材料到达抢修点处理故障。

2. 当 LKJ 途中遇到故障，相关求助部门及个人应第一时间致电电务部门技术人员，电务部门技术人员接到电话后，应根据对方描述的故障现象，指导相关人员对故障进行应急处理，并立即启动故障抢修应急预案，做好故障抢修前的一切准备。

3. 在指导下完成途中故障应急处理后，如果故障现象消失，不影响机车正常运行，完成本次值乘担当任务后，到达入库作业点，按规定提报“电务车载设备使用信息反馈单”报修，电务检测人员根据入库检测及故障处理修程向车间汇报处理情况，车间向段调度汇报，并将处理情况及时向应急指挥小组及段领导汇报，同时反馈给机务部门。

4. 无法消除故障现象时，如果条件允许，调度应迅速组织抢修人员在最短时间内赶到动车停车地点，按照抢修预案实施应急抢修，抢修完成后继续添乘保驾，直至动车到达指定地点。抢修人员完成任务后，应及时通报抢修情况，调度应及时向应急指挥小组及段领导汇报。

5. 机务人员在指导下进行途中故障应急处理，经多方努力无法消除故障现象，同时抢修预案也无法实施时，机务人员应按规定维持动车运行至前方站，请求救援，并立即告知动车救援信息。调度接到救援信息后，及时向应急指挥小组、段领导及相关部门报告。做好动车回段入库的故障分析准备。

6. 在回库进行故障处理后，进行性能测试，发放合格证，并填写 LKJ 系统故障速报、故障分析报告，并向电务处进行汇报。

（二）动车组 LKJ 途中故障快速应急处理方法

1. LKJ 显示器显示异常（死机）

故障现象：LKJ 显示器突然出现黑屏、白屏、显示画面静止不动或按键无效。

处理步骤：

（1）在停车状态下关闭 LKJ 电源 3～5 s 后重新开机（如图 10-1、图 10-2 红色划圈部位为 CRH_1、CRH_2 型动车组 LKJ 电源开关）。

（2）如故障未消除，则应关闭 LKJ 电源开关 30 s 后重新开机。

（3）注意事项：经处理设备故障消失，监控装置为降级状态时，司机应重新设定（如列车在区间内停车，严格按地面信号显示及有关规定维持运行至前方站），进行开车对标操作。

2. LKJ 错误显示“数据版本不匹配”

故障现象：动车组出库检查监控数据版本正确，出库后或运行途中显示器错误显示“数据版本不匹配”的提示，如图 10-3 所示。

图 10-1　CRH1 型动车组 LKJ 电源开关

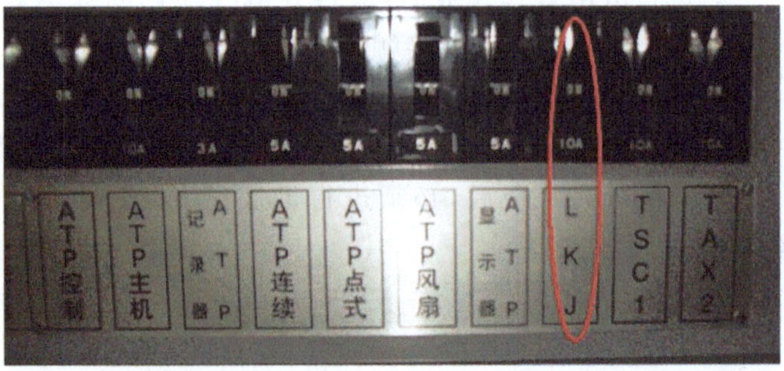

图 10-2　CRH2 型动车组 LKJ 电源开关

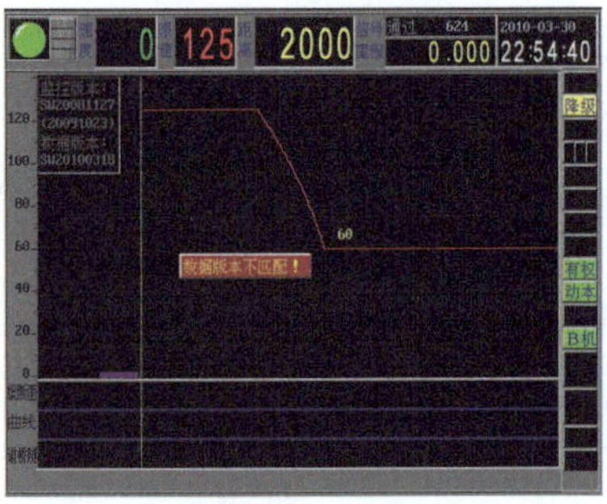

图 10-3　“数据版本不匹配”显示界面

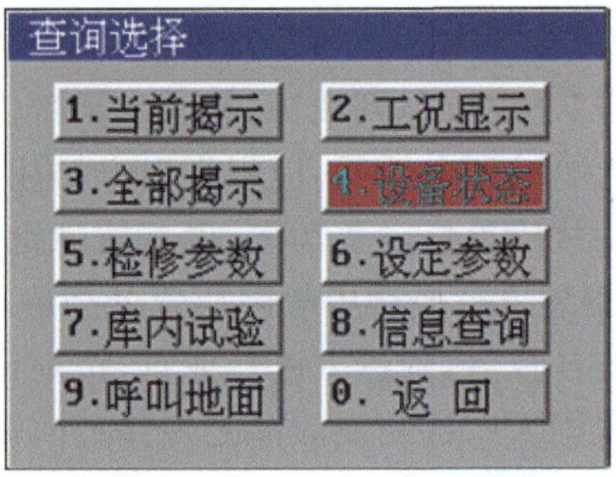

图 10-4　查询设备状态界面

处理步骤：

(1)司机按显示器【查询】键后按【4】键选择“设备状态”，如图 10-4 所示。

(2)查看主机自检中的“数据 ROM”信息：指示灯显示为红色时表示该对应主机(A 机或 B 机)故障，并按以下步骤处理：

①当 A 机数据 ROM 故障(显示红灯)时，如图 10-5 中红色圈所示，在停车状态下关闭 LKJ 监控主机电源，拔除 LKJ 监控主机 A 机侧电源插件后(使用螺丝刀，拆除面板 4 个紧固螺丝后拔出)重新开机，插件示意如图 10-6 所示。

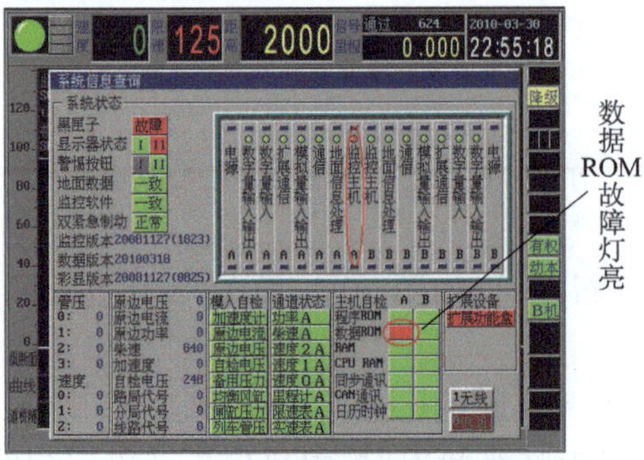

图 10-5　显示 A 机数据 ROM 故障图

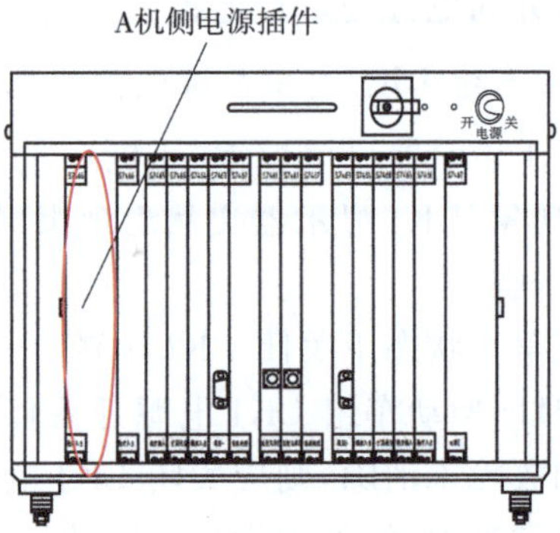

图 10-6　监控主机 A 机侧电源插件示意图

②当 B 机数据 ROM 故障(显示红灯)时，如图 10-7 中红色圈所示，在停车状态下关闭 LKJ 监控主机电源，拔除 LKJ 监控主机 B 机侧电源插件后重新开机，插件示意如图 10-8 所示。

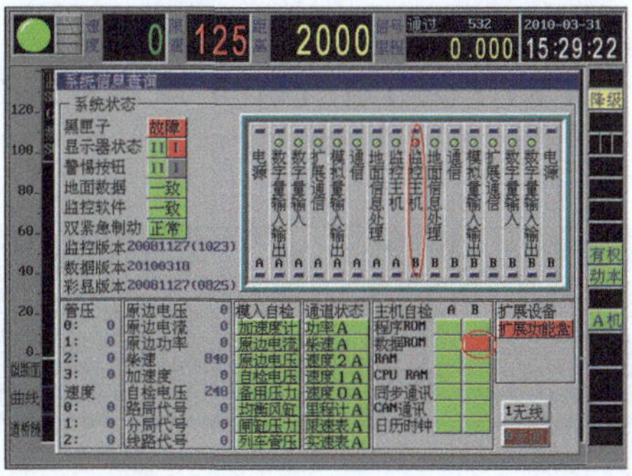

图 10-7　B 机数据 ROM 故障图

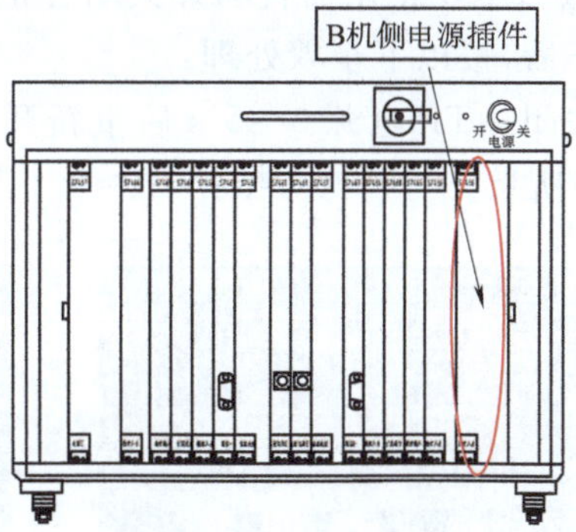

图 10-8　监控主机 B 机侧电源插件示意图

③当主机自检信息(数据 ROM)正常(A 机和 B 机对应指示灯都为绿色),如图 10-9 所示,在停车状态下关闭 LKJ 监控主机电源开关 30 s 后重新开机。

④注意事项:经处理设备故障消失,监控装置为降级状态时,司机应重新设定(如列车在区间内停车,严格按地面信号显示及有关规定维持运行至前方站),进行开车对标操作。

3. LKJ 显示器显示机车信号异常

故障现象:LKJ 显示器无机车信号显示(语音提示"信号异常")或与 ATP 显示不一致(图 10-10 中红色圈为 LKJ 显示机车信号部位)。

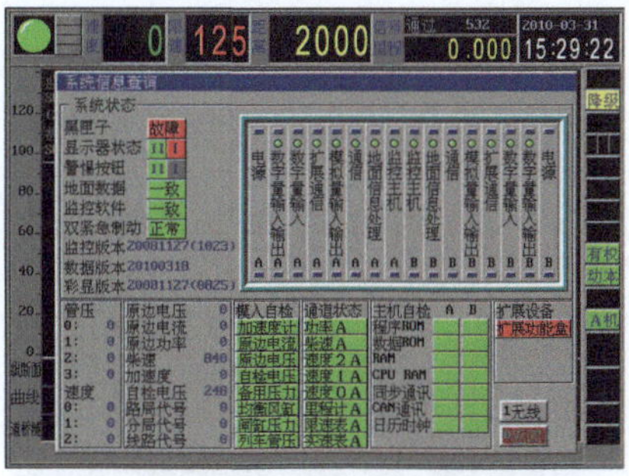

图 10-9　显示器显示主机不存在数据 ROM 故障图

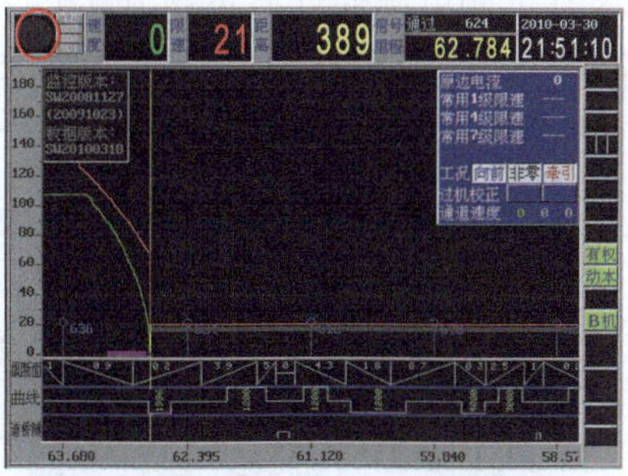

图 10-10　显示器无机车信号显示图

处理步骤:

(1)检查 ATP 的 DRU 开关是否合上,若断开,需合上开关,开关位置如图 10-11、图 10-12。

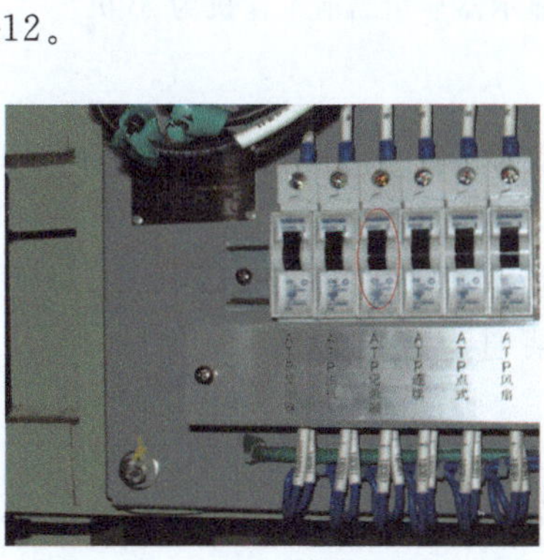

图 10-11　CRH1 动车组记录器开关

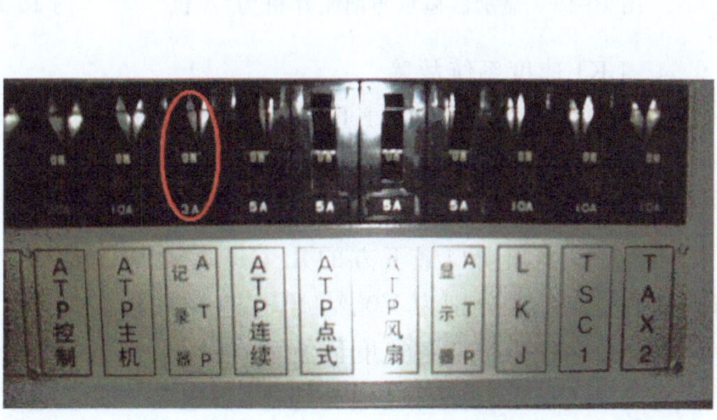

图 10-12　CRH2 动车组记录器开关

（2）如 DRU 记录器自动开关闭合正常，应按机车信号故障处置的相关规定控制列车在前方站停车后，按以下步骤处理：

①关闭 ATP 电源 3～5 s 后重新开机。CRH$_1$、CRH$_2$ 动车组 ATP 电源开关如图 10-13、图 10-14 所示。

图 10-13　CRH$_1$ 动车组 ATP 电源开关

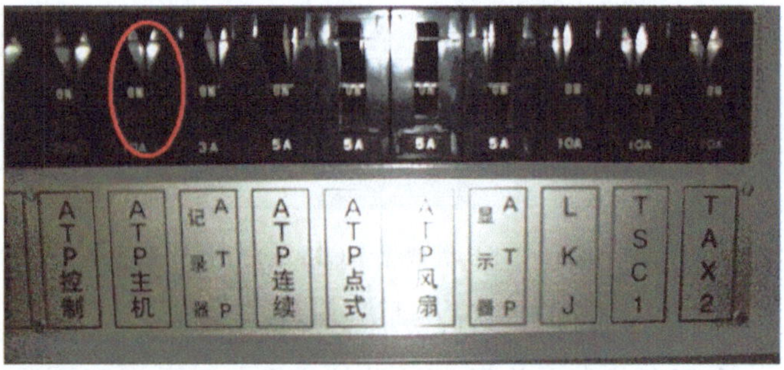

图 10-14　CRH$_2$ 动车组 ATP 电源开关

②关闭 LKJ 电源 3～5 s 后重新开机。

③通过关闭 ATP、LKJ 电源仍无法消除故障时，司机应查看 LKJ 显示屏右下方的“当前主机”工作显示，当显示为“A 机”时，如图 10-15 所示，应关闭 LKJ 监控主机电源，拔除 A 机侧电源插件后重新开机；当显示为“B 机”时，如图 10-16 所示，则在关闭 LKJ 监控主机电源情况下，拔除 B 机侧电源插件后重新开机。

（3）注意事项：经处理设备故障消失，监控装置为降级状态时，司机应重新设定（如列车在区间内停车，严格按地面信号显示及有关规定维持运行至前方站），进行开车对标操作。

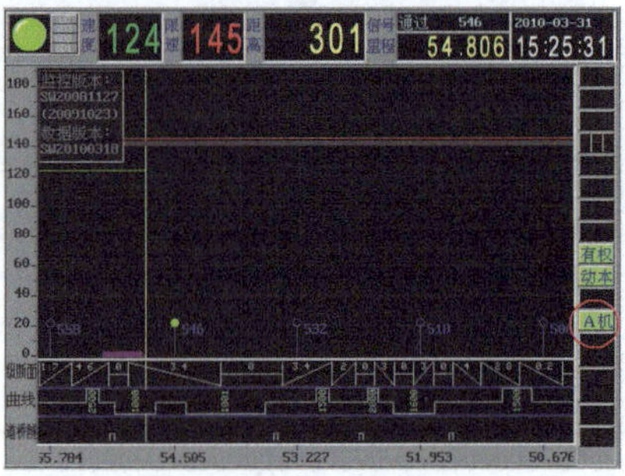

图 10-15　显示器显示当前工作机为“A 机”

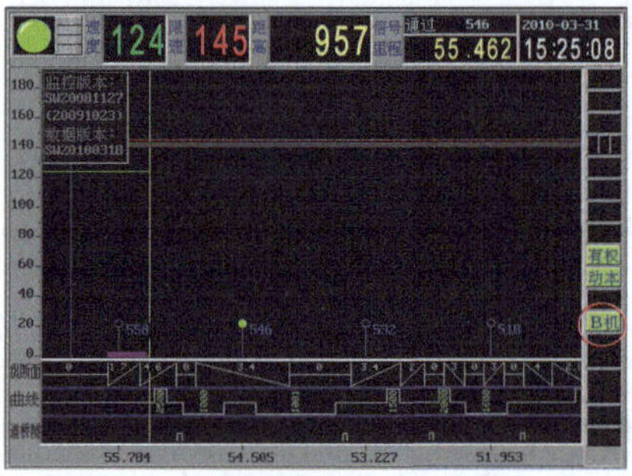

图 10-16　显示器显示当前工作机为“B 机”

4. LKJ 速度系统故障

故障现象：运行途中，LKJ 显示器显示的速度值发生波动，影响正常运行。

处理步骤：

（1）按压屏幕显示器【查询】键后按【2】键选择“2. 工况显示”，如图 10-17 所示。

（2）观察弹出窗口最下方的几个速度通道中是否存在某通道速度值波动，如图 10-18 所示，其中自左至右分别为 V0、V1、V2 速度通道。

（3）如存在某个通道速度值波动，按以下步骤处理：

①按压【设定】键后按【4】键选择“备速度”或“主速度”，并在提示是否切换速度传感器时选择“确定”，如图 10-19、图 10-20 所示。

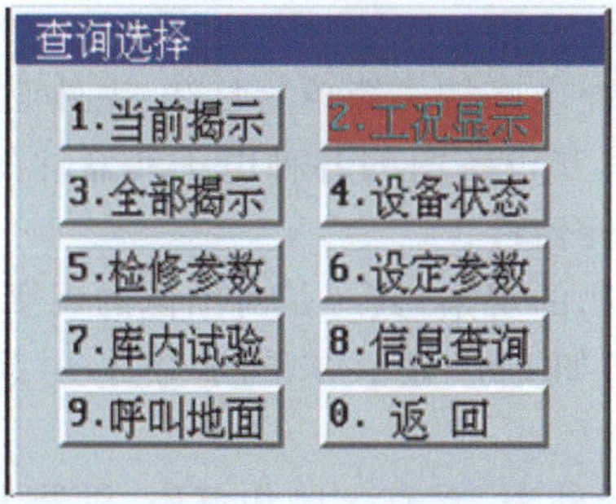

图 10-17　显示器【查询】+【2】键选择"工况显示"

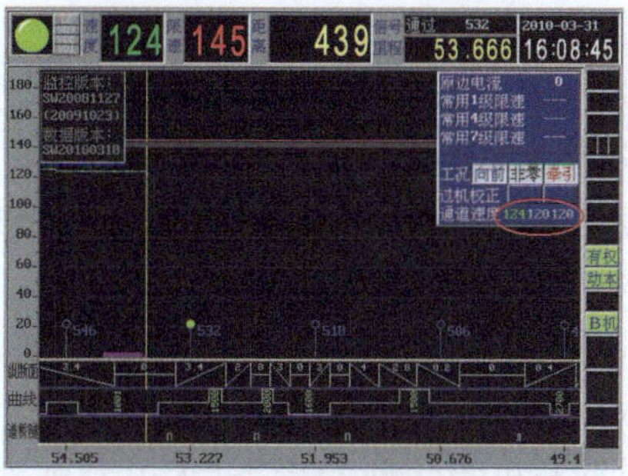

图 10-18　显示器速度通道显示界面

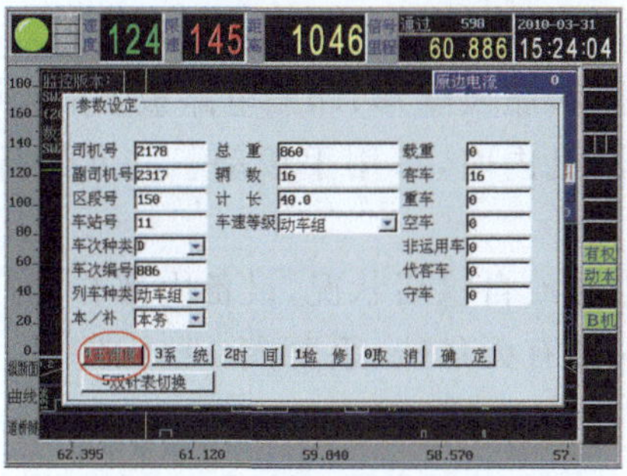

图 10-19　显示器设定界面

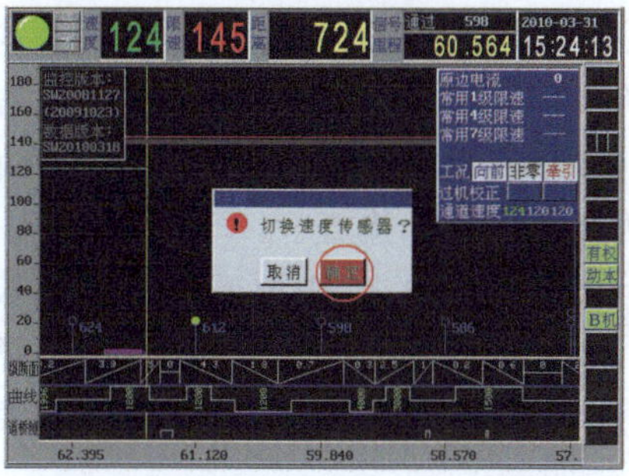

图 10-20　速度传感器确定切换界面

②如 LKJ 速度窗口显示波动未消失，再重复操作一次步骤 ①。

(4)如各通道速度值显示正常，在停车状态下，按以下步骤处理：

司机应查看显示屏右下方的"当前主机"工作显示，当显示为"A 机"时，关闭 LKJ 监控主机电源，拔除 B 机侧电源插件后重新开机；当屏幕显示为"B 机"时，则应在关闭 LKJ 监控主机电源情况下，拔除 A 机侧电源插件后重新开机。

(5)注意事项：经处理设备故障消失，监控装置为降级状态时，司机应重新设定(如列车在区间内停车，严格按地面信号显示及有关规定维持运行至前方站)，进行开车对标操作。

5. 主机部分器件故障，LKJ 时好时坏影响运行

故障现象：LKJ 屏幕显示器频繁出现语音提示"单机运行"，A 机、B 机反复切换工作状态，影响正常使用。

处理步骤：

(1)司机控制列车在前方站停车。

(2)司机应查看显示屏右下方的"当前主机"工作显示。当屏幕显示为"A 机"时，关闭 LKJ 监控主机电源，拔除 LKJ 监控主机 B 机侧电源插件后重新开机。当屏幕显示为"B 机"时，则在关闭 LKJ 监控主机电源情况下，拔除 LKJ 监控主机 A 机侧电源插件后重新开机。

(3)注意事项：经处理设备故障消失，监控装置为降级状态时，司机应重新设定(如列车在区间内停车，严格按地面信号显示及有关规定维持运行至前方站)，进行开车对标操作。

三、故障查找、分析及处理的一般方法

(一)直　观　法

1. 原理

直观法是通过人的眼睛或其他感觉器官去发现故障、排除故障的一种检修方法。

2. 应用

直观法是最基本的检查故障的方法之一，实施过程应坚持先简单后复杂、先外面后里面的原则。实际操作时，首先正确打开机壳，其次是熟悉拆开设备内的各种电子元器件的形状、名称、代表字母、电路符号和功能，即能准确地识别电子元器件。

直观法主要有两个方面的检查内容：其一是对实物的观察；其二是对图像的观察。前者适合于各种检修场合，后者主要用于有图像的视频设备，如 LKJ 显示屏、指示灯、信号显示等。

直观法检修的三个步骤：

(1)打开机箱之前的检查(无电)：观察电气设备的外表，看有无碰伤痕迹，机器上的按键、插口、电气设备的连线有无损坏等。

(2)打开机箱后的检查(无电)：观察线路板及机内各种装置，看熔丝是否熔断；元器件有无相碰、断线；电阻有无烧焦、变色；电解电容器有无漏液、裂胀及变形；印刷电路板上的铜箔和焊点是否良好，有无已被他人修整、焊接的痕迹等。观察机内时，可用手拨动一些元器件、零部件，以便直观法充分检查。

(3)通电后的检查：眼要看主机各面板指示灯自检时或自检后状况，设备内部有无打火、冒烟现象；耳要听设备内部有无异常声音；鼻要闻设备内部有无焦味；手要摸一些元件、集成电路等是否烫手，如有异常发热现象，应立即关机。

3. 说明

(1)直观法的特点是十分简便，不需要其他仪器，对检修电器的一般性故障及损坏型故障很有效果。

(2)直观法检测的综合性较强，它是同检测、检修人员的经验、理论知识和专业技能等紧密结合起来的，要运用自如，需要大量地实践，才能熟练地掌握。

(3)直观法检测往往贯穿在整个修理的全过程，与其他检测方法配合使用时效果更好。

(二)电 阻 法

1. 原理

电阻法是利用万用表欧姆挡测量电气设备的集成电路、晶体管各脚和各单元电路的对地电阻值，以及各元器件自身的电阻值来判断故障的一种检修方法。

2. 应用

电阻法是检修故障的最基本的方法之一。一般而言，电阻法有“在线”电阻测量和“脱焊”电阻测量。

“在线”电阻测量：由于被测元器件接在整个电路中，所以万用表所测得的阻值受到其他并联支路的影响，在分析测试结果时应给予考虑，以免误判。正常所测的阻值应和元器件的标称阻值相等或小于标称值，若大于标称阻值，则所测的元器件存在故障。

“脱焊”电阻测量：将被测元器件一端或将整个元器件从印刷电路板上脱焊下来，再用万用表测电阻的一种方法，这种方法操作较烦，但测量的结果却准确、可靠。

(1)开关件检测

各种电气设备中的开关组件很多，测量接触电阻和断开电阻是判断开关组件质量好坏最常用的方法。在线电阻测量开关的接触电阻应小于 0.5 Ω，否则为接触不良。断开电阻一般大于几千欧为正常。

(2)元器件质量检测

电阻法可以判断电阻、电容、电感线圈、晶体管的质量好坏。

电阻法一般是各元器件在线阻值测量完成后，万用表的红、黑表棒互换一次，再测试一次阻值。这样可排除外电路网络对测量结果的干扰。两次测试阻值的结果做分析参考用。对重点怀疑的元器件可脱焊进一步检测。

(3)接插件的通断检测

电气设备内部的接插件很多，如：耳机插座、电源转换插座、线路板上的各种接插组件等，均可用电阻法测试其好坏。如：对圆孔型插座可通过插头插入与拨出来检测接触电阻；对其他接插组件检测时，可通过摆动接插件来测其接触电阻，若阻值大小不定，说明接触不良。

3. 说明

(1)电阻法对检修开路或短路故障十分有效。检测中，往往先采用在线测方式，在发现问题后，可将元器件拆下后再检测。

(2)在线测试一定要在断电情况下进行，否则测得结果不准确，还会损伤、损坏万用表。

(3)在检测一些低电压(如 5 V、3 V)供电的集成电路时，不要用万用表的 R×10 k 挡，以免损坏集成电路。

(4)电阻法在线测试元器件质量好坏时，万用表的红、黑表棒要互换测试，尽量避免外电路对测量结果的影响。

(三)电　压　法

1. 原理

电压法是通过测量电子线路或元器件的工作电压并与正常值进行比较来判断故障的一种检测方法。

2. 应用

电压法检测是所有检测手段中最基本、最常用的方法。经常测试的电压有各级电源电压、晶体管的各极电压以及集成块各脚电压等。一般而言，测得的电压是反映电气设备工作状态是否正常的重要依据。电压偏离正常值较大的地方，往往是故障所在的部位。

电压法可分为交流电压检测和直流电压检测两种。

(1)交流电压检测

一般电气设备电路中，因市电交流回路相对而言电路不复杂，测量时较简单。一般可用万用表的交流 500 V 电压挡测电源变压器的初级端，这时应用 220 V 电压，若没有，故障可能是熔丝熔断、电源线及插头有损坏。若交流电压正常，可测电源变压器次级端，看是否有低压，若无低压，则初级线圈开路故障可能性较大。因为次级电压低，次级开路性故障可能小，线圈烧断的可能性不大。电压法检测中，要养成单手操作习惯，测高压时，要注意人身安全。

(2)直流电压检测

首先从整流电路、稳压电路的输出端入手，根据测得的输出端电压高低来进一步判断某部分电路或某个元器件是否有故障。

测量放大器每一级电路电压，首先应从该级电源电路元器件着手，通常电压过高或过低均说明电路有故障。

直流电压法还可检测集成电路的各脚工作电压。比较实测值与维修资料提供的数据确定集成电路的好坏。在无维修资料时，平时积累的经验很重要。如：录音板按下【放音】按键时，空载的直流工作电压比加载时要高出几伏。一般电气设备整机的直流工作电压等于功放集成电路的工作电压。电解电容的两端电压，正极高于负极。

3. 说明

(1)通常交流电压和直流电压可直接用万用表测量，但要注意万用表的量程和挡位的选择。

(2)电压测量是并联测量，要养成单手操作习惯，测量过程中必须集中精力，以免万用表笔将两个焊点短路。

(3)在电气设备内有多于1根的地线时，要注意找对地线后再测量。

(四)电 流 法

1. 原理

电流法是通过检测晶体管、集成电路的工作电流、局部电路电流和电源的负载电流来判断电气设备故障的一种检修方法。

2. 应用

电流法检测电子线路时，可以迅速找出晶体管、电源变压器等元器件发热的原因，也是检测晶体管和集成电路工作状态的常用手段。电流法检测时，常需要断开电路。将万用表串入电路实现起来较麻烦，但遇到电路熔丝熔断或局部电路短路时，采用电流法的测试结果比较说明问题。

电流法检测可分直接测量法和间接测量法两种。

电流法的间接测量实际上是用测电压来换算电流或用特殊的方法来估算电流的大小。若测晶体管电极电流时，可以通过测量其集电极或发射极上串联电阻的压降换算出电流值。

这种方法的好处是无需在印刷电路板上制造测量口。另外有些关键电路设置了温度保险电阻。通过测量这类电阻上的电压降，再用欧姆定律，可估算出各电路中负载的电流的大小。若某路温度保险电阻烧断，可直接用万用表的电流挡测电流判断故障原因。

3. 说明

(1)遇到电路熔丝熔断或局部电路有短路时，采用电流法检测效果明显。

(2)电流是串联测量，而电压是并联测量，实际操作时往往先采用电压法测量，在必要时才用电流法检测。

(五)代换试验法

1. 原理

代换试验法是用规格相同、性能良好的元器件或电路代替某个被怀疑而又不便测量的元器件或电路判断故障的一种检测方法。

2. 应用

代换试验法在确定故障原因时准确性为百分之百，但操作时比较麻烦，有时很困难，对线路板有一定的损伤。使用代换试验法要根据故障具体情况，以及检修者现有的备件和代换的难易程度而定。应该注意，在代换元器件或电路的过程中，连接要正确可靠，不要损坏周围其他元件，这样才能正确地判断故障，提高检修速度，而又避免人为造成故障。特别在显示屏、CAN插件板代换时要确认版本、厂家。

操作中，如怀疑两个引脚的元器件开路时，可不必拆除该元器件，而是在引脚上再焊一个同规格的元器件，焊好后故障消失，说明被怀疑的元器件开路。

当怀疑某个电容器的容量减小时，也可以采用上述直接并联的方式。

当代换局部电路时，如怀疑某一级放大器有故障，可将此级放大器输出端断开，另找一台同型号或同类工作正常的设备，在同样的部位断开，再将断开点接至所怀疑放大器的下一级输入端，作上述代换试验，若此时故障消失，则说明怀疑是正确的，否则可排除怀疑对象。这种代换检测尤其适合于共性，如：三通道速度输入、工况输入、机车信号输入电路的疑难故障修理。

3. 说明

(1)严禁大面积地采用代换试验法，胡乱取代。这不仅达不到排除故障的目的，甚至会进一步扩大故障范围。

(2)严禁带电插拔板件，防止损坏电路板，进一步扩大故障范围。

(3)代换试验法一般是在其他检测方法运用后，对某个元器件有重大怀疑时才采用。

(4)当所要代替的元器件在电气设备底部时，也要慎重使用代换试验法，若必须采用时，应充分拆卸，使元器件暴露在外，有足够大的操作空间，便于代换处理。

(六)对　比　法

1. 原理

对比法是对电子设备尤其是相同功能、作用、电路原理的热备双套电子设备，在输入或输出信号一致相同条件下采用相互对比手段，能够迅速缩小或判定出其中某一插件板或某一单元电路中存在故障元器件的一种检测方法。

2. 应用

(1)相同插件板或单元电路在同等输入或输出信号一致条件下，对比指示灯显示状况、自检前后定义状态或采用上述各种测试方法对其对比，这为对比法带来方便。

(2)相同插件板或单元电路受到磁场干扰等因素影响下比对共性点和个性点差异，经各项检测排除后判定某一插件板或单元电路是否存在故障。

3. 说明

(1) 对比法必须在同样的条件下对相同电子设备、插件板、单元电路比对。

(2)学习对比法必须熟知硬件知识，也要熟知电路中通信方式，特别是CAN通信方式，清楚软件，了解相同电子设备、插件板、单元电路在热备条件下的差异，切换前后的差异，指示灯显示等差异，做到心中有数，才能为更准确、迅速发现和判定故障打下基础。

(七)敲打试验法

1. 原理

敲打试验法是当电子设备出现时好时不好故障现象，又难以判定故障点时，采用纵向、横向震动手段，迅速判定或检测出电路中接触不良元器件的简易检测方法。

2. 应用

(1)电子元器件脚经锡熔焊接在电路板上，在特定场合特别是大功率晶体管长期受到热胀冷缩的影响，焊点周围形成裂纹产生接触不良现象难以发现，再做上述震动试验。

(2)车载设备长期工作在恶劣环境中，动车组运行中各种震动特别是“共振”所产生的金属疲劳使元器件断裂或形成接触不良现象，使用频率计、电子毫伏表、低频信号发生器、双踪示波器等不易查找到，采用“敲打”试验法较为方便。

3. 说明

(1)“敲打”试验法，是长期维修设备中，针对接触不良元器件查找故障点的简便快速方法。但是，在方法上要运用得当，不是胡乱“敲打”，而是根据故障现象判断范围，有规则、有目的进行纵向、横向轻微震动试验，避免进一步扩大故障的范围。

(2)带电“敲打”试验法,要注意吃透电路原理和安全用电,做好防患于未然的准备。同时,上述介绍的各种方法要能够灵活并举使用。

(八)故障处理其他方法

跨接法、短路法、甩线法、工频信号试验法及采用各种试验设备、检测仪器、分析软件等手段,也是快速应急处理故障,缩小故障范围,查找故障点的很好方法。要能够运用自如、得心应手,必须有丰富的实践经验,对外(内)电路透彻地理解,尤其是掌握硬件的厂家、型号、元器件特点等,掌握软件的版本内容、数据链、通信方式等。因此,“列控车载”人要驾驭数字电子,就要加强电路原理知识的学习,举一反三注重实践,“以技能为核心”,切实通过培训、自学和实践,不断地总结,悟出其“意境”,提高应急处置技能。

四、显示器故障判断与处理

(一)经显示器发现故障

上电后,主机箱和显示器都进行自检,过数秒后,显示器如工作正常,则进入常态信息显示状态,包括日历时钟、CAN 通信状态等信息。若时间、日期显示不正确或 CAN 通信故障,应查看通信线路或主机工作状态是否正常。

显示正确但按键不响应。这是键盘扫描电路或薄膜开关面板故障,也有可能面板与电路板间接触不良故障。

装置在常态信息显示条件下,当送入机车信号后,装置应有语音提示。如“红灯,停车”、“黄灯,减速”、“白灯,无码”。如情况异常则语音电路可能出现故障。

屏幕显示器还提供系统单元工作状态的检查及查询功能。在常态信息显示的条件下,按压【查询】键,进入查询显示界面,将光标移到“设备状态”按钮,按压【确认】键,或者直接按压数字键【4】,弹出系统当前各模块工作状态和故障状态指示。再按【确认】键返回。显示内容如图 10-21 所示。

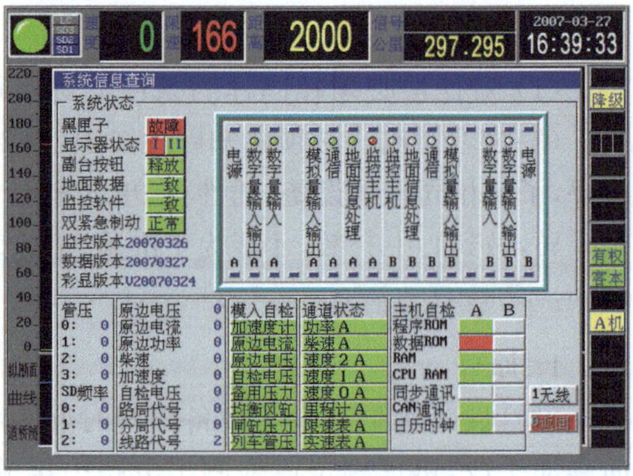

图 10-21 系统信息显示窗口

设备状态显示窗口的上半部分是系统模块状态和软件、数据版本号,左侧从上到下分别为事故状态记录器(黑匣子)、Ⅱ端显示器状态,地面数据和监控软件(两个主机内部的)是否一致、双紧急制动通道是否正常,下面是主机和显示器的软件版本号。

右边显示的是主机箱中各插件的工作状态,与主机箱内插件的实际排列一致,可以很直观地看到各插件的工作状态。如果插件板上的指示灯是绿色,说明该插件工作正常,红色说明该插件工作异常。如果是单机工作,则另一主机的各插件上的指示灯都是灰色。

窗口的下半部分是系统各模块和通道的自检状态和采集数据显示。

(二)显示器与主机通信中断

1. 现象描述:显示器不能正常显示,或自检不正常。

2. 显示器与主机通信中断检查流程(如图 10-22 所示)。

3. 原因分析：显示器本身是一个独立的CPU系统（包括数显和屏显），如果自检不正常，多为显示器本身的问题，如果重启不能正常显示，应怀疑显示器、监控记录插件和通信电缆有故障。

4. 解决措施：

(1)应急措施

重启，若仍不正常：

①检查主机与显示器连线正确后，更换显示器；

③ 更换监控记录插件。

(2)长效措施

要加强动车组 LKJ 检测作业标准的执行力度，检查对应设备结合部的接口插头、板件和端子板是否存在“松、脱、断、混”的情况，认真分析 LKJ 质量分析软件和 LKJ 运行记录数据软件。

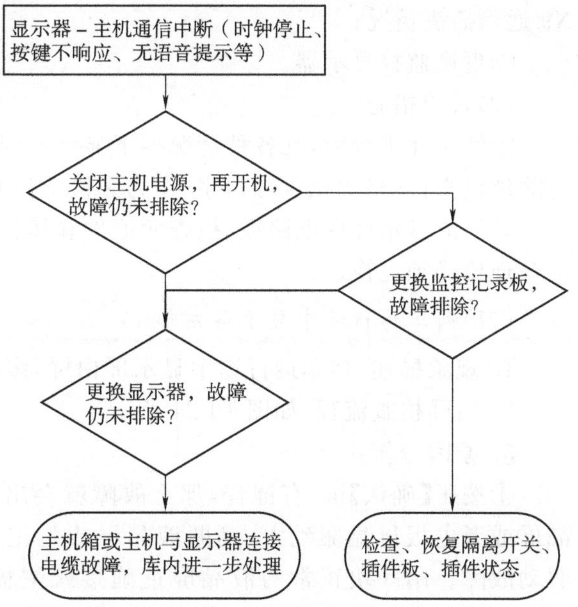

图 10-22　显示器与主机通信中断检查流程图

(三)列车运行途中显示屏黑屏

1. 现象描述：列车运行途中显示屏黑屏，多次重启仍为黑屏。

2. 黑屏检查流程（如图 10-23 所示）。

3. 原因分析：

(1)先去掉电子盘，如果仍黑屏就更换主板；

(2)去掉电子盘后能正常启动但检不到电子盘，需要更换电子盘或重写程序或处理电子盘座；更换处理以后仍出现检测不到电子盘，就需要更换主板。

(3)原因：电子盘程序乱，格式化重写程序。

4. 解决措施：

(1)应急措施

①检查主机电源（C. K. 2 机柜内）是否正常；

②检查（C. K. 1 机柜内）X31 及 X33 空气开关状态；

③查看显示器熔丝是否正常；

④检查 X7 显示器电源插头及

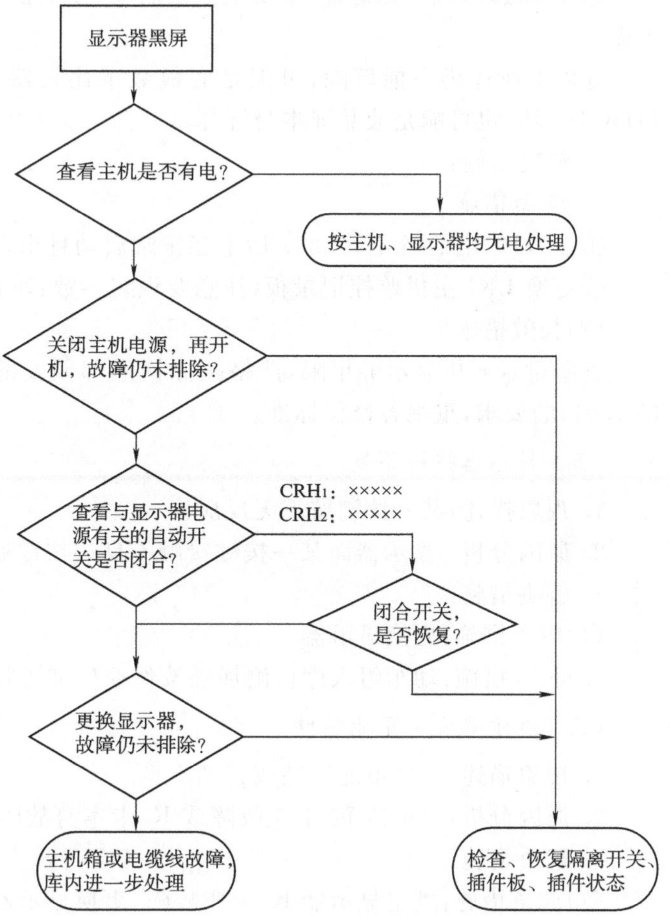

图 10-23　黑屏检查流程图

X9 通信插头情况；

⑤更换监控显示器。

(2)长效措施

①针对此类故障，凡各种情况拆下显示屏，特别是故障修等拆下显示屏，都应当对电子盘清除垃圾文件，格式化重写程序(作为必检项目)。

②清洁显示屏内电路板，检查元器件和接插件状态。凡电子盘使用期超长、外观开裂、变形等现象必须更换。

(四)列车运行途中显示屏白屏

1. 现象描述：列车运行途中显示屏白屏，多次重启仍为白屏。

2. 白屏检查流程(如图 10-24 所示)。

3. 原因分析：

①按压【确认】键，有键音，那么故障就会出现在液晶屏或者主板屏显驱动上；判断液晶屏或是主板屏显驱动故障。用一块正常的液晶屏正确接入主板，接好背光灯然后上电。如果正常，说明液晶屏故障；如果还是白屏，判断主板驱动故障，需更换主板。

② 按压【确认】键无键音，说明主板没启动，需更换主板。

③以上所述仍不能解除，可能是底板数字比较器 74HC688 坏，也可能是液晶屏本身屏坏。

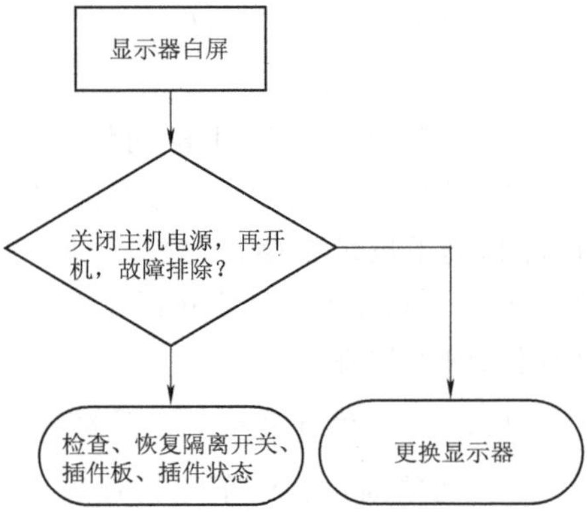

图 10-24 白屏检查流程图

4. 解决措施：

(1)应急措施

①在“110”电话指导下，30 s 后不能正常启动且出现白屏或(花屏)，更换显示器。

②更换 LKJ 主机监控记录板(注意要设置参数：轮径值、车号、时间等)。

(2)长效措施

查明设备履历显示屏年限，严格按照铁道部颁发的《列车运行监控装置(LKJ)检修规程(V1.0)》的要求，重视各修程标准。

(五) 显示器按键不良

1. 现象描述：某一按键按下无反应。

2. 原因分析：显示器面某一按键接触不良或按键通道电路故障。

3. 解决措施：

(1)应急措施：更换显示器。

(2)长效措施：动车组入库检测加强按作业标准进行键盘检测，认真按质量软件分析。

(六) 显示器文件不能转储

1. 现象描述：文件不能转储或转储不良

2. 原因分析：显示器 IC 卡座故障或 IC 卡本身故障。

3. 解决措施：

(1)应急措施：判定显示器 IC 卡座故障，更换显示器。

(2)长效措施：动车组入库检测，当发现转储不良时，及时查明更换显示器。

五、速度传感器故障判断与处理

(一)监控速度出现波动

1. 现象描述:机车在区间运行时机车信号良好,但速度出现波动。

2. 原因分析:速度信号是通过光电传感器送给模拟量输入/输出插件,经过整形、滤波处理后送给监控记录插件。如果无速度信号显示多为速度传输通道故障,使传感器发出的脉冲信号不能传入;如果速度显示不正确,可以检查机车轮径输入与实际是否相符或传感器有无故障,实际发出的脉冲数/周与理论值不符;如果速度显示不稳定,多为机车上各种信号干扰所致,应先检查机车的速度传感器部分以及模拟量输入/输出插件的速度通道中的抗干扰部分。

3. 解决措施:

(1)应急措施

在"110"电话指导下,主备速切换。

①检查速度传感器通道连线。

②更换速度传感器。

③更换模拟量输入/输出插件。

④检查机车轮径是否正确。

(2)长效措施

①抗干扰:LKJ 设备屏蔽线正确接地。

②LKJ 设备电缆线施工尽可能远离电源线等干扰源。

③使用新型光电速度传感器(TQG15B-Tn)。

(二)列车运行无主、备速度

1. 现象描述:列车运行中发生机车 LKJ 显示速度由 83 km/h 突降为 0 km/h 故障,司机拨打车载热线电话,依据接应人员的指导,执行了速度通道切换、关开机应急处理和人工单机运行,均无效。

2. 原因分析:该机车 LKJ 备用速度传感器连接电缆有一段连接电缆破损。经拆检电缆发现,电缆线间出现局部短路现象。由于 LKJ 系统设计是主速度传感器与备用速度传感器使用 15 V 电源,当备用速度传感器供电电缆出现 15 V 电源短路后,造成了 LKJ 供给速度传感器用的 15 V 电源出现异常,致使主备通道切换处理无效。

3. 解决措施:

(1)应急措施

更换速度传感器及连接电缆。

(2)长效措施

①出入库检测作业要到位。要严格执行"动车电务车载设备检测作业标准",按照车外设备的检查项目和要求检查。检查速度传感器;检查速度传感器接线盒中的连线和线路的绝缘情况。

②按要求执行每次记录文件的检索分析,强化分析工作,在控制车载设备运用质量上发挥作用。

③应当深层次从电路设计上改进:主速度传感器与备用速度传感器 15 V 电源 DC/DC 要隔离分别使用,避免主或备速度传感器外(内)电路短路,失去固有主备速度自动切换功能。

六、监控主机故障判断与处理

(一)按 LKJ 显示屏查询和指示灯故障判断与处理

1. 现象描述:设备查询有亮红灯或指示灯异常的板件。

2. 原因分析:LKJ 设备主机有的模块和通道有自检电路,在显示屏查询[+4]窗口的下半部分能够发现故障;末有自检电路,在显示屏上发现不了故障,必须结合检测作业标准和各插件面板指示灯含义逐项检查、检测就能够发现。重点需要掌握动车组 LKJ 各设备指示灯,(在第六章详细介绍)通过指示灯亮灭的含义,就能分析检索到故障。

3. 解决措施:

(1)应急措施

根据 LKJ 显示屏查询和指示灯亮灭的含义,结合直观法、对比法等故障查找的方法,缩小故障范围。

①检查各插件指示灯指示情况。

②检查相应的板件元器件、芯片是否松动。

③更换相应的 LKJ 板件。

④更换 LKJ 主机箱。

(2)长效措施

询问动车组司机,掌握列控车载设备动态状况,加强出入库检测和运行文件的分析。

(二)单机运行

1. 现象描述:如图 10-25 所示文件分析,提示 LKJ 主机出现单机运行情况。

1424	A机单机	16:15:12	149.194				0	45		470	310	430			SD3
1425	A主B备	16:15:12	149.194	134			0	45			310				SD3
1426	A监控板恢复	16:15:12	149.194												
1427	A监控板恢复	16:15:12	149.194												
1428	A监控板恢复	16:15:12	149.194												
1429	A监控板恢复	16:15:12	149.194												
1430	均缸压力变化	16:15:30	149.194	134									370	470	
1431	A机单机	16:17:28	149.194				0	45		470	310	410			SD3
1432	A主B备	16:17:28	149.194	134			0	45			310				SD3

图 10-25 文件分析单机运行情况

2. 原因分析:当系统中某一监控记录插件与另一监控记录插件长时间无法通信时,此插件便工作在单机状态。为了能在主机突然故障时原备机能迅速转为主机接管控制权,从电路原理上深层次分析对单机故障现象应有以下几方面考虑。

①从 CAN 总线上看

设备内 CAN 总线配备电阻大小不合适、CAN 受到干扰或者设备本身的 CAN 电路故障都容易影响到 A、B 机相互交换信息、导致 AB 不同步或者交换信息不畅很容易导致单机。目前的情况考虑主要有:各板子的 CAN 电路故障、扩展通信板影响 CAN 总线、连接黑匣子的匹配头没有安装等等。外界的强信号也容易对 CAN 电路造成干扰。

②从监控记录板上看

从数据和监控芯片考虑主备机不同步。芯片使用次数过多导致读写频率不稳定,可以导致主备不同步。芯片里本身的数据有问题导致主备不同步。

③从数字量入/输出板上看

紧急通道故障导致主备不同步也容易导致单机记录出现。

④从电源板来看

设备的超期使用或者设备老化引起的单机故障要更换或改造设备。优化 U1 以外，要更换 U6 和电源上电容，才能完全保证 5 V 的稳定输出，彻底解决由电源而引起的单机运行现象。

3. 解决措施：经文件分析和采用直观法、对比法等查找故障。

(1)应急措施

①检查相应的板件元器件、芯片是否松动。

②更换相应的 LKJ 板件。

③更换 LKJ 主机箱。

(2)长效措施

从上述分析可知，单机原因主要集中在电源板和监控记录板上，且多为电源板故障，由于电源板给监控各个板件提供电源，一旦性能不稳或是带负载能力下降，很容易造成单机现象，且随使用年限的增加，电源板带载能力越差，单机出现的概率越大。监控记录板故障主要是 DALLAS 芯片不良和接触不良(程序、数据芯片管脚接触)。由于单机容易造成如程序控制混乱、文件记录混乱、通信不正常等问题，且单机运行时，一旦单机另一侧有一块板子再出现问题，就会使机破的可能大大增加。因此要遵循以下几点要求：

①加强日常出入库检查，发现影响设备的不正常现象要一追到底，决不放过。及时处理并跟踪分析，建立三级分析网，必要时安排随车添乘检查。

②加强作业标准的执行力度，同时加强对危及设备的防护工作。

③机车 LKJ 单机运行启示要求重视检修，加大力度按大修标准更新超年限出厂主机箱。

(三)LKJ 装置途中时钟异常

1. 现象描述：将发生时间显示异常的监控记录板搁置一段时间后，第一次开机发现显示器时间乱跳，重新开关机后时间显示为 2000-03-01 12:00，此时时间停止不动，此后再关开机进行试验，显示器时间显示均正常，如图 10-26 所示。

1292	A监控板检测	00:00:02	0.000	2000	绿灯	1-883	0	125	加载
1293	转速变化	00:00:02	0.000	0	绿灯	1-883	0	125	加载
1294	日期变化	12:00:00	00-03-01						
1295	A机单机	12:00:00	0.000	2000	绿灯	1-883	0	125	加载
1296	A数字出检测	12:00:00	0.000	2000	绿灯	1-883	0	125	加载
1297	A数字出检测	12:00:00	0.000	2000	绿灯	1-883	0	125	加载
1298	关机	12:00:00	0.000	2000	绿灯	1-883	0	125	加载
1299	开机	00:00:00	0.000	2000	绿灯	1-883	0	125	加载
1300	定量记录	00:00:00	0.000	2000	绿灯	1-883	0	125	加载
1301	速度通道号					1-883			
1302	转速变化	00:00:02	0.000	0	绿灯	1-883	0	125	加载
1303	A监控板检测	00:01:15	0.000	0	绿灯	1-883	0	125	加载
1304	A监控板恢复	00:00:02	0.000	0	绿灯	1-883	0	125	加载
1305	A监控板检测	00:01:00	0.000	0	绿灯	1-883	0	125	加载
1306	A监控板恢复	00:00:02	0.000	0	绿灯	1-883	0	125	加载
1307	A监控板检测	00:01:05	0.000	0	绿灯	1-883	0	125	加载
1308	A监控板恢复	00:00:01	0.000	0	绿灯	1-883	0	125	加载
1309	A监控板检测	00:01:03	0.000	0	绿灯	1-883	0	125	加载
1310	A监控板恢复	00:00:02	0.000	0	绿灯	1-883	0	125	加载

图 10-26 途中时钟异常

2. 原因分析：

(1)多次设定时间为23:55,测试日期变化,显示器显示的时间均正常,分析试验文件没有发现监控板检测和恢复的记录。

(2)该机车LKJ设备发生时间显示异常的监控记录板和时钟芯片已使用近6年,设备老化,元器件功能性下降,时间显示异常现象与时钟芯片内部的供电电池极工作不稳定有关。

3. 解决措施：

(1)应急措施

按作业指导更换监控记录A/B板。

(2)长效措施

①监控记录板无论什么原因拆下返检修工区修理,都必须检查时钟芯片(作为必检项目),发现超期、外观开裂、变形、凸起必须更换。

②要严格按照铁道部颁发的《列车运行监控装置(LKJ)检修规程(V1.0)》的要求,重视各修程标准,建议对运用时间年限较久的板件,按照部文规定对于超过6～8年设备的必换件进行更换和更新。

③加强对车载设备从业人员的教育。让列控车载设备从业人员都知道LKJ日期、时间跳变对运输安全的危害性,提高职工的安全责任意识。

④加强备品日常保养工作。应定期对备品通电测试,保证设备工作良好,各项性能指标符合要求。

a. 加强运行记录文件检索分析。发现时钟跳变应立即对车载设备进行检查处理,做好跟踪分析;

b. 加强列控车载设备配件管理。建立列控车载设备配件管理台帐,详细记载各种配件的来源、批次,一旦发生异常情况,做到有据可查;

c. 不同时钟芯片型号不得混用。近期LKJ设备生产厂家时钟芯片型号用DS1286+代替原DS1386芯片,更换时钟芯片DS1286+时,必须使用型号同为DS1286+的芯片,更换时钟芯片DS1386时,必须使用型号同为DS1386的芯片,一套设备两种型号时钟芯片不得混用。

(四)监控板上电后不断复位

1. 现象描述:监控板上电后,自检没有结束,前面板的指示灯一起不断地闪亮。

2. 原因分析:根据这种故障的现象,从监控程序的运行流程进行分析,程序在刚上电后,程序要对监控板的芯片进行自检,由于该故障是在没有自检结束就随即复位了,说明自检没有成功。这种现象一般都是U11～U14的DS1250出问题了。

3. 解决措施：

(1)应急措施

更换监控记录板或用一块好的芯片对这四个芯片进行调换,当换到U12后上电测试故障消失,板件恢复正常。故障原因就是由于DS 1250损坏或者内部有非法的记录文件,致使程序无法正常的读出它的内容,所以程序就再一次对它自检,这样就出现了这种故障的现象。更换元器件DS1250 1块(检修工区要注意芯片批次等要素问题)。

(2)长效措施

加强检测,发现不良及时更换。对使用期长的DS1250芯片按规定要求更换。

(五)显示屏显示信号灭灯

1. 现象描述:ATP设备的DMI信号正常;LKJ显示屏显示信号灭灯。

2. 原因分析：根据这种故障的现象，从 H 通信板的运行流程进行分析，与 ATP 的通信接口方式：RS-422，后出线方式。LKJ 用 ATP 提供的色灯信号信息进行控车，同时实时记录 ATP 传送的 ATP 控车时的一些信息。

3. 解决措施：

(1)应急措施

①查看 ATP 设备的 DMI 信号是否正常。

②检查 ATP 机柜内 CN5 插头是否松动。

③检查 X35、X9 通信插头情况。

④更换 LKJ 主机 H 通信板。

⑤更换 LKJ 主机监控记录板(注意要确认设置参数：轮径值、车号、时间等)。

⑥更换 LKJ 主机箱。

(2)长效措施

①运行文件要检索分析，发现问题及时处理。

②要按作业标准检查指示灯显等状态。

(六)过机丢失超 30%

1. 现象描述：使用该车 0 端运行中过机丢失超 30%。

2. 原因分析：

LKJ2000 型监控装备提供有：上灯、电平、码形频率、码形幅值、地面埋点、数据上设置校正点等多种方法。当出现此故障时，应首先判断是哪种校正方式，才能分辨出故障所在点。如果上灯、电平校正方式失效，与数字量输入插件、机车信号有关；如果码形频率、码形幅值、地面埋点校正失效与地面信息处理插件、地面点式设备有关，如果数据上设置校正点校正失效只和软件有关。

3. 解决措施：

(1)应急措施

①检查 ATP 机柜内 CN12 插头和监控主机后面的插头。

②更换地面信息处理板。

(2)长效措施

①运行文件要及时检索分析，发现问题及时处理。

②更换插件板、部件、主机箱后仍要跟踪故障是否消除，列入重点分析之中。

七、TAX 箱故障判断与处理

(一)无录音回放

1. 现象描述：入库检测按标准作业，录音试验时，用无线电台话筒讲述“×月×日××机车录音测试”，然后，按录音插件板回放按钮听取无录音回放。

2. 原因分析：经检查 LY-1 录音插件面板指示灯，发现开机自检通过后，通信正常时，1A、2A 灯灭，1B 灯闪。录音时(拿起无线手机)，应为 1A 灯亮，2A 灯灭，1B 闪，仍为 1A、2A 灯灭，1B 灯闪。放音时(按压录音板上的绿色按钮)，无 1A 和 2A 交替亮及灭，1B 灯灭。判断为无线电台至 TAX 主机录音线或录音板故障。

3. 解决措施：

(1)应急措施：检查无线电台至 TAX 主机录音线，发现 X9 航空插头没有插好，处理后测试正常。

(2)长效措施:机车入库时按检测作业标准检查 TAX2 箱、接插件、主机安装牢固,导线、绑扎状态良好,清洁。如发现接插件、导线损坏或板件故障要及时更换。

(二)电子标签无本/补、客/货、车次信息

1. 现象描述:车次号自动识别系统用便携式车号读出器从电子标签读数据,读出数据符合要求。有固定信息机车号、车型、段别,无动态本/补、客/货、车次信息。

2. 原因分析:经检查 TMIS 面板指示灯 01B 灯亮,表示与监控器通信故障。判断为板件故障。

3. 解决措施:

(1)应急措施:更换 TMIS 插件板后测试正常。

(2)长效措施:加强地面读出装置的文件检索,发现信息不正确要及时处理。

(三)CIR 接收不到车次号

1. 现象描述:无线电电台接收不到车次号,车次号丢失。

2. 原因分析:CIR 接收车次号是由 TAX 检测装置提供,经检查 TAX 通信板与其他插件板通信正常。

3. 解决措施:

(1)应急措施:

①检查 TAX 背后与 CIR 连接插头。

②CIR 本身故障。

(2)长效措施:加强与通信检测人员作业协作,相互确认作业结合部设备。

八、LAIS 主机故障判断与处理

(一)接收实时信息不稳定

1. 现象描述:列车运行中,运行状况的状态实时信息经 GSM/GPRS 无线网传到地面,但接收实时信息时有时无。

2. 原因分析:该机车入库经检查 V1、V2、V3 电源指示灯时亮时灭,电源电压输入端正常,表明电源板不正常,为 LAIS 主机电源故障。

3. 解决措施:

(1)应急措施:更换 LAIS 主机后,测试正常。

(2)长效措施:加强出入库检测,发现 LAIS 主机电源指示灯不正确要及时处理。

(二)无监控实时信息

1. 现象描述:该列车运行中,运行状况的状态实时监控信息全无。

2. 原因分析:该机车入库时,LAIS 主机指示灯监控灯灭,表明数传与监控连接不成功。经检查为 LKJ 主机与 LAIS 主机连接线连接不好。

3. 解决措施:

(1)应急措施:重新连接后,测试正常。

(2)长效措施:按作业标准对 LAIS 主机设备指示灯状态认真检查,不正确要及时处理。

思考题

1. 故障处理要求有哪些?
2. LKJ 设备故障应急处理关键项要求有哪些?
3. 简述故障查找、分析及处理的一般方法。
4. 故障判断与处理有哪些步骤?
5. 什么是直观法? 直观法检修时,主要有哪些步骤?

第二节　CTCS-2 级列控车载设备故障分析及处理

一、作业前的准备工作与注意事项

(一)故障处理原则

1. 运用中的电务设备,一旦发生突发事件或故障,电务各级人员在接信息后,必须立即逐级上报,启动应急预案,应急人员准备抢修所需工具、材料等,做好随时赶赴现场抢险的准备,同时根据具体情况,通过动车组司机尽量了解设备状况,进行现场应急操作指导,尽快恢复行车。

2. CTCS-2 级列控车载设备在动车组运行途中发生设备故障后,根据故障情况,首先选择重新启动设备,如不能恢复则隔离 ATP 设备,选择 LKJ 模式控制运行,尽快恢复行车。

3. 检修过程中发现设备故障,应及时向所属地动车组运用所提出施工申请,说明故障情况和需要的检修时间和配合条件,同时立即准备所需工具、器材、仪器仪表等,积极进行恢复处理,同时按照要求向有关部门上报情况。

4. 发生设备故障无法恢复时,应立即申请停用该设备。故障处理完毕后,必须进行彻底试验,试验良好后发放车载设备检测合格证方可交付使用。

(二)作业前的准备工作

1. 及时全面掌握故障信息和故障现象,及时收集反馈故障发生第一现场的相关信息,包括 DMI 文本信息、语音提示、各种报警信息、设备工作状态,

2. 根据掌握的故障现象,判断故障可能发生的范围,准备相关工具、材料、仪器仪表、备品等,需要到现场进行故障应急抢险时,应及时掌握动车组运行交路和故障信息最新情况,尽快赶赴现场组织抢修。

3. 当需要技术支持时,应及时拨打有关设备生产厂商和系统集成单位热线服务电话获取技术支持信息、厂家联系方式,必要时要求设备生产厂商和系统集成单位派员到现场进行分析处理。必要时通知通信或其他相关部门进行配合。

(三)故障处理注意事项

1. 故障处理安全卡控措施见第一章 基本安全规章制度和作业纪律。

2. 进行故障处理作业时,应遵守电气操作的基本规定。严禁带电插拔各种插头和板件;严禁不断开电源开关直接接触高压电电气设备。

3. 更换设备或板件时,应确认将换的设备软件版本与当前软件版本保持一致。

4. 更换包含设置参数的板件时,应根据实际值重新调整参数设置。

5. 故障处理完成后，必须进行彻底试验，各项功能试验正常，同时必须下载分析记录数据，确保设备状态良好。

6. 处理车下 BTM 天线故障时，严禁在列控车载设备上电工作的情况下在 BTM 辐射范围内逗留。

7. 200C 型列控车载设备 A、B、C 系的部分板件不能进行互换使用，具体如下：

CCBCH-1 板和 CBCH-2 板不能互换使用；CCYE-1 板、CCTE-2、CCTE-3 板不能互换使用；CODOUH-1 板、CODOUH-2、CODOUH-3 板不能互换使用。

二、故障查找、分析及处理的一般方法

（一）观察故障现象，查看设备工作状态

1. 原理

观察设备故障时的表现，设备工作状态，根据现象缩小判断故障范围，或直接判断故障点。

2. 应用

观察故障现象，查看设备工作状态最基本的检查故障的方法之一，实施过程应坚持先简单后复杂、先外面后里面的原则。实际操作时，首先观察设备外观结构状态、开关状态、设备指示灯状态等。

直观法主要检查两个方面内容：其一是对实物的观察。观察设备安装状态，是否有松动、滑脱、脱落、变形的现象；其二是对设备工作状态的观察。观察设备启动状态，工作的各指示灯状态；DMI 显示屏显示内容，是否有故障报警等文本信息；是否有语音提示或声光报警提示灯。

直观法检修时，主要有以下三个步骤：

（1）设备外观检查：检查设备外观状态，是否由破损和松动现象。查看机器上的按键、插口、电器设备的连线有无损坏等。

（2）设备通电检查：查看主机各面板指示灯自检时或自检后工作状况，电器内部有无打火、冒烟现象；耳要听电器内部有无异常声音；鼻要闻电器内部有无炼焦味；手要摸元件、集成电路等是否烫手，如有异常发热现象，应立即关机。

（3）设备工作状态检查：设备上电，检查设备自检状态，是否有故障报警信息，可根据报警提示判断故障范围。同时可进行相关功能测试，查看设备各项功能是否达标。

3. 说明

（1）直观法检测的综合性较强，它是同检测、检修人员的经验、理论知识和专业技能等紧密结合起来的，要运用自如，需要大量实践才能熟练掌握设备工作原理和特点。

（2）直观法检测往往贯穿在整个检修的全过程，与其他检测方法配合使用时效果更好。

（3）举例说明：列控车载设备上电，系统自检不正常，DMI 上有故障报警信息，此时应首先观察 DMI 上的文本信息内容，对设备故障进行初步判断，当文本信息显示“BTM 故障”、“安全计算机双系故障”、“系统故障”，可判断故障原因与 BTM 单元有关，可利用直观法查看并发现诸如：BTM 单元工作指示灯故障异常、板件安装不到位、接插件链接松动、电源板开关关闭状态、电源空开落下等异常情况。

（二）测 量 法

测量法利用相关仪器仪表对设备进行测量，检查相关测试和指标是否正确，根据测量结果判断故障点的方法，常规检测方法有：

1. 电阻测量法

(1)原理

电阻法是利用万用表欧姆挡测量电器的集成电路、晶体管各脚和各单元电路的电阻值或设备对地电阻值、连接电缆电阻值,以及各元器件自身的电阻值来判断故障的一种检修方法,现场故障处理时主要利用数字万用表针对连接电缆状态检查。

(2)应用

电阻法是故障检修最基本的方法之一。CTCS-2 列控车载设备的故障处理,一般采用电阻值测量、电缆连接状态测量、接插件连接状态测量等方法。

①电气设备电阻值检测

相关电气设备内部有一定的电阻值,利用数字万用表的欧姆挡,根据被测设备相关技术指标进行电阻值的测量。例如要判断速度传感器线圈状态,必须利用万用表对传感器线圈的电阻值进行测量,检查相关指标是否达到技术标准的要求。当电阻应小于 0.5 Ω 时,可判断为线圈短路,电阻超过标准线圈阻值,达到几千欧时,可判断线圈开路。

②接插件的通断检测

电器内部的接插件很多,如:耳机插座、电源转换插座、线路板上的各式各样的接插组件等,均可用电阻法测试其好坏。如:对圆孔型插座可通过插头插入与拨出来检测接触电阻。对其他接插组件检测时,可通过摆动接插件来测其接触电阻,若阻值大小不定,说明接触不良。

③电缆连接状态检查

利用数字万用表对连接电缆进行开路和短路状态测量,测量的方式一是可利用连接线,将数字万用表表笔的一端和待测量电缆的一端相连接,数字万用表表笔在被测电缆另一端进行测量,测量时数字万用表应选择合适的档位;测量的另一种方式是利用电缆自身的其他连接线,采用封连线的方式,在被测电缆的另一端利用封连线将良好电缆线和被测电缆线进行封连,利用数字万用表对电缆线进行电阻值测量;如测量的电阻值过大,则可判断为该电缆开路或接触不良。

(3)说明

①电阻法对检修开路或短路性故障十分有效。检测中,往往先采用在线测方式,在发现问题后,可将元器件拆下后再检测。

②在线测试一定要在断电情况下进行,否则测得结果不准确,还会损伤、损坏万用表。

2. 电压法

(1)原理

电压法是通过测量电子线路或元器件的工作电压并与正常值进行比较来判断故障的一种检测方法。

(2)应用

电压法检测是所有检测手段中最基本、最常用的方法。经常测试的电压是设备工作电源电压、设备输出电压等。一般而言,测得电压的结果是反映电器工作状态是否正常的重要依据。

对直流电压的检测,首先从设备供电电源电压开始测量,在测量各单元模块的工作电压,以此类推,逐步测量到各板件和模块。

其次测量各部件在不同工作状态的电压值,如驱动继电器线圈动作时的工作电压,继电器接点不同状态下的电压值。

(3)说明

①通常检测交流电压和直流电压可直接用万用表测量,但要注意万用表的量程和挡位的选择。

②电压测量是并联测量,要养成单手操作习惯,测量过程中必须精力集中,以免万用表笔将两个焊点短路。

③直流电源电压的测量,对被测电源的极性要分清,按照万用表的使用操作说明,根据测量值来判断直流电源电压的正负极性。

(二)通过分析数据,判断查找故障原因

1. 原理

分析法是利用车载数据分析软件,对列控车载设备记录的运行数据进行数据分析,查看数据中是否有故障信息记录和异常记录,根据数据分析的相关信息和提示,来分析判断故障范围和故障点。

2. 应用

数据分析法是列控车载设备故障查找和分析的一项重要的手段,在现场故障处理中经常运用,对故障判断和处理有较大的帮助。列控车载设备具备较强的设备自检功能和数据记录功能,由于设备判定标准较严格,同时设备均具备冗余设计要求,一般的软性故障没有明显的表象,在DMI上没有相关的故障信息和故障现象,因此需要借助专业分析软件,对车载记录的数据进行分析,由于不同类型的列控车载设备记录的数据不一样,利用分析软件进行数据分析时的重点也不一致。

(1)200H型列控车载设备

利用PC卡数据分析软件对PCF数据进行分析,重点查看"Troudle index"文件夹中的故障信息内容,通过"详细1"中的"OPE信息"中1、2系各类信息内容,主要查看"故障信息"栏中黑体字的信息内容,通过故障信息内容判断故障原因和故障点。如图10-27所示,下列故障内容如用黑体字表示,则为故障触发的原因。

图10-27　故障信息

(2)200C型列控车载设备

利用PC SAM数据分析软件对MID数据进行分析,重点查看设备报警信息。

如图 10-28 所示，数据详细记录了 CFSK 板故障的时间，通过数据中故障信息内容判断处理设备故障。

同时可根据数据中记录的的 DMI 文本信息，判断故障现行和故障范围，如图 10-29 所示。

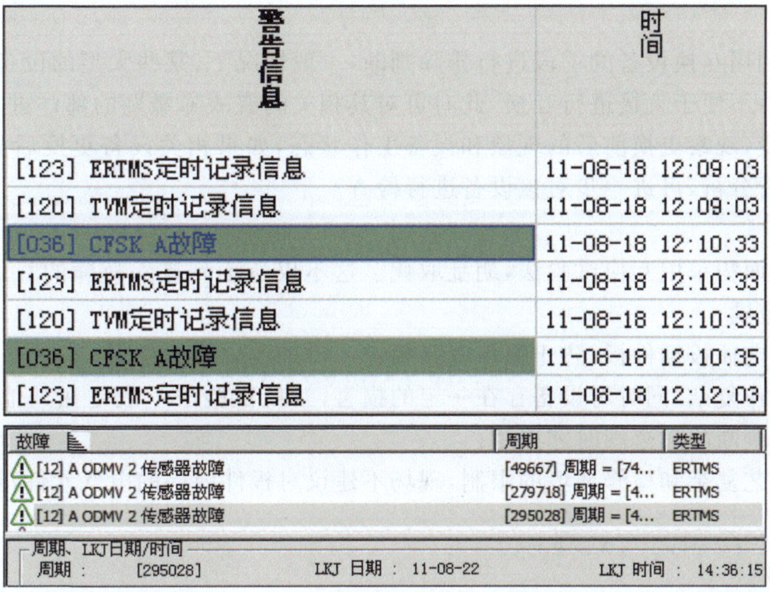

图 10-28　警告信息

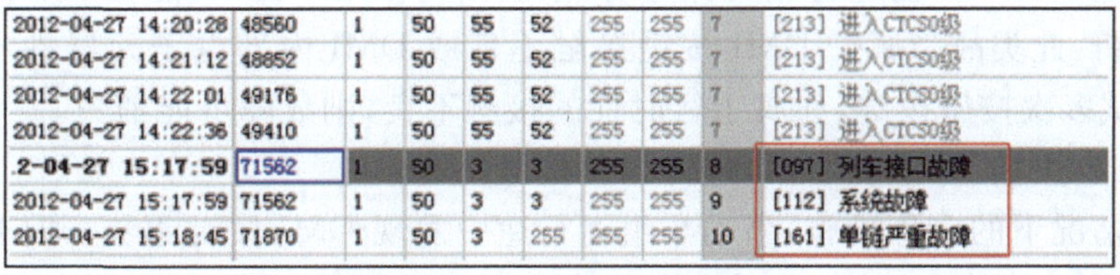

图 10-29　DMI 文本信息

3. 说明

(1)利用数据分析法判断故障范围和故障点时，可根据故障现象或者需查看的重点，有针对性地下载和分析记录数据。

(2)数据分析情况一定要结合故障现象进行综合分析，对故障情况进行判断。

(三)设备互换试验

1. 原理

互换试验法是用规格相同、性能良好的设备和配件，代替故障器件和某个被怀疑而又无法定位的设备，从而来判断故障的一种检测方法，是列控车载设备故障处理中一项较为常用的故障处理方法。

2. 应用

互换试验法在确定故障原因时准确性为百分之百，但操作时比较麻烦，有时很困难，对线路板有一定的损伤。所以使用代换试验法要根据故障具体情况，以及检修者现有的备件和代换的难易程度而定。应该注意，在互换元器件过程中，连接要正确可靠，不要损坏周围其他元件，这样才能正确地判断故障，提高检修速度，而又避免人为造成故障。特别在显示屏、插件板代换时要确认版本、厂家、供电电压值(75 V、110 V)。

互换试验法的运用有较多的方式。一般来说采用直接互换的方式,利用良好的备品配件对故障设备或疑似故障设备进行更换,对更换前后的设备状态现象进行比较,可以直接判断故障部位。

另一种是利用互换设备的手段进行排除判断,一般情况下,某些大型的设备部件或安装工艺较复杂的配件不便于直接进行互换,此时可对其相关的有故障嫌疑的部件进行互换,通过对相关设备的更换,观察更换前后的现象和设备工作状态,如果相关设备更换后故障依然存在,利用排除法进行分析,可进一步对该设备进行检查。

3. 说明

(1)严禁大面积采用互换试验法,胡乱取代。这不仅达不到排除故障的目的,甚至会进一步扩大故障的范围。

(2)严禁带电插拔插件板,防止损坏电路板进一步扩大故障的范围。

(3)由于操作复杂,同时对设备存在一定的损害,互换试验法一般是在其他检测方法运用后,无法进一步判断故障范围时才采用。

(4)由于工艺复杂和检修环境的限制,现场不建议对板件内部的电气元件进行互换。

三、DMI 故障判断与处理

(一)DMI 按键失效

1. 现象描述:在 DMI 上进行相关操作时,某些按键作用不良,功能键不起作用。

2. 原因分析:此类故障属于 DMI 按键接触不良或 DMI 内部电子元器件不良造成,故障过程中可以尝试多次按压按键,如属于暂时性的接触不良,则故障可能消失。

3. 解决措施:更换 DMI 显示器,进行相关检测试验。

4. 非正常情况下的应急措施:当动车组运行途中发现 DMI 按键不灵,须向前方调度汇报情况,同时尽可能维持动车组运行,到达终点站后,由电务人员进行应急处置,更换 DMI 主机。

(二)DMI 功能区显示不正确

1. 现象描述:DMI 在开机工作情况下,发现某个功能区显示缺失,或者显示内容不能更新。

2. 原因分析:DMI 主机内部电子盘故障,造成来自安全计算机的显示信息无法转换到 DMI 液晶屏上。

3. 解决措施:更换 DMI 主机,更换后进行设备启动试验,进行相关功能测试。

4. 非正常情况下的应急措施:当动车组在运行途中发现上述现象,在不影响乘务员操作的情况下维持运行,到达终点站后,由电务人员进行应急处置,更换 DMI 主机。当故障影响乘务员正常操作的情况下,停车重新启动列控车载设备,如故障恢复,则继续运行;如多次重新启动列控车载设备仍不能恢复,则选择 CTCS-0 级模式,以 LKJ 设备控车运行,具备辅显功能的 DMI 可切换至辅助显示维持运行。

(三)DMI 无语音提示或报警

1. 现象描述:DMI 无正常输出语音,报警时无任何声音提示。

2. 原因分析:DMI 扬声器故障,造成 DMI 无语音或提示报警音输出。

3. 解决措施:更换 DMI 主机,更换后进行设备启动试验,进行相关功能测试。

4. 非正常情况下的应急措施:语音报警提示功能失效,不会造成动车组无法运行,对乘务员的操作会带来一定的不便，但乘务员基本能维持动车组运行至终点站，到达终点站后，由电务人员进行应急处置，更换 DMI 主机。

（四）DMI 黑屏或花屏

1. 现象描述：DMI 显示屏黑屏或花屏。

2. 原因分析：DMI 主机电源模块工作不稳定或显示屏故障。

3. 解决措施：更换 DMI 主机，更换后进行设备启动试验，进行相关功能测试。

4. 非正常情况下的应急措施：当动车组运行途中显示器黑屏或花屏，多数情况列控车载设备会检测到主机与 DMI 通信不良，输出紧急制动停车，此时乘务员可以反复重新启动列控车载设备，如故障消失，则可继续运行。如故障不能消除，因无法在 DMI 上选择轨道电路上/下行载频，则选择隔离模式维持运行至下一站。如动车组运行在长大区间，途中发生显示器黑屏或花屏时，动车组停车后可直接选择隔离列控车载设备，选择 C0 模式，以 LKJ 设备维持控车运行至前方站后，进行启动列控车载设备操作。

四、速度传感器故障判断与处理

（一）显示速度值与实际速度值误差过大

1. 现象描述：动车组运行时 DMI 上显示的速度值与实际速度值偏差过大，可参考动车组 MON 屏上的速度值。

2. 原因分析：速度值误差情况基本保持不变，如速度值一直比动车组车辆显示屏速度值高 10 km/ h 且基本保持不变的情况，最大可能是车载设备轮径值参数设置错误造成。

3. 解决措施：①进行轮径参数检查。要求车辆部门提供动车组最新轮径值，核查动车组轮径参数值设置是否与实际值一致，如存在误差，按照动车组车载设备轮径参数调整操作程序进行轮径调整；②携带 GPS 测速仪等设备添乘，检查确认列控车载设备速度值显示是否正确；③检查速度传感器状态是否正常。

4. 非正常情况下的应急措施：当收到动车组司机列控车载设备速度不正确的信息反馈后，建议司机按照速度值采高不采低的方式应急处置，当列控车载设备速度值比动车组车辆显示屏速度值低 10 km/h 时，以车辆显示屏速度值为参考进行控制运行；当 ATP 速度值比动车组车辆显示屏速度值高时，按 ATP 速度值控制运行。

（二）DMI 显示“测速测距故障”（200C 型列控车载设备）

1. 现象描述：200C 型列控车载设备启动时或者在正常工作时，DMI 文本信息栏显示“测速测距故障”，重新启动设备后故障不能消除。

2. 原因分析：由于 200C 型列控车载设备采用两个 6 通道光电速度传感器，提供电脉冲信号，信号的频率与车轮速度成正比，每个速度传感器分别向 3 块 CCTE 模块提供速度信息，当其中一个速度传感器的一路速度通道故障时，将造成单链设备故障，同时 CCTE 板将判断为测速测距故障，发生该故障时不影响动车组正常运行。

3. 解决措施：下载 PC SAM 数据，查看 MID 数据中 ODMV 故障报警信息，判断故障速度传感的具体位置（具体分析操作参见 200C 型列控车载设备数据分析相关资料），更换故障速度传感器，并进行设备启动试验和动车试验。同时下载 PC SAM 数据，查看 MID 数据中是否有 ODMV 故障报警信息。

4. 非正常情况下的应急措施：当动车组运行途中发生此类故障时，ATP 设备具备冗余功能，断开故障链的控制，利用单系运行，只在 DMI 上有“测速测距故障”文本信息提示。因此，在有故障信息提示时，乘务员可不必采取应急措施，维持动车组继续运行。

（三）DMI 显示“安全计算机 1 系故障”(200H 型列控车载设备)

1. 现象描述：动车组运行途中，DMI 文本信息栏显示“安全计算机 1 系故障”，此时列控车载设备正常工作。

2. 原因分析：由于 200H 型列控车载设备采用两个永磁式速度传感器，每个速度传感器单独向对应的安全计算机（VC）发送脉冲信号，当其中一个速度传感器故障或断线时，将造成其对应的安全计算机故障，同时 DMI 上有“安全计算机 1 系故障”的文本信息显示。通过数据分析，可在“详细 1”中的“5 故障信息”一栏中发现有“速度传感器断线检测”的记录，因此可以判断为速度传感器断线。

3. 解决措施：更换速度传感器，更换后进行设备启动试验和相关功能测试，同时必须进行动车试验，检查列控车载设备速度值是否有正确，试验完成后现在 PC 卡数据进行进一步检查分析。

4. 非正常情况下的应急措施：当动车组运行途中发生此类故障时，列控车载设备具备冗余功能，断开故障系的控制，利用单系运行，只在 DMI 上有“安全计算机 1 系故障”文本信息提示。因此，在有故障信息提示时，乘务员可不必采取应急措施，维持动车组继续运行。

五、轨道信息接收天线故障判断与处理

（一）动车组运行途中，机车信号掉码

1. 现象描述：动车组运行途中瞬间掉码，列控车载设备输出常用制动。

2. 原因分析：列控车载设备轨道信息接收天线利用电磁感应原理，接收轨道电路信息，通过连接电缆向轨道电路接收模块传输相关信息。轨道电路接收天线采用串联方式将两个接收天线的感应线圈连接，感应线圈安装在车体第一轮对前方，对应钢轨的正上方。

动车组运行途中发生多次掉码现象，其原因主要包括：接收天线安装位置不达标、接收天线性能和电气特性不达标、连接电缆接触不良或电阻值过大、轨道信号接收模块工作异常或灵敏度不达标等。

常用分析判断方法有两种：

(1)分析记录数据。200H 型列控车载设备可以通过分析 CF 卡记录数据，查看掉码时接收到的轨道电路信息幅值，如果幅值满足译码要求，则可判断主机以下至接收天线范围内设备正常。如发现掉码时接受到的轨道电路信息幅值较小，不能满足译码要求，则可判断为轨道电路信息处理主机以下至接收天线范围内设备异常；之后可测量接收天线相关技术参数是否达标。

(2)测量参数。直接测量接收天线相关技术参数，如：天线线圈电阻值、连接电缆线间绝缘，同时可以利用便携式机车信号发码箱对接收天线灵敏度进行测量。日常维修中常见的故障为接收天线电阻值过大，造成接收灵敏度降低，当动车组运行到轨道电路信息发送功率较低的区段时易造成掉码现象。

3. 解决措施：经测量发现接收天线电气性能不达标则更换故障天线；如接收天线电气性能正常、灵敏度达标，则根据数据分析情况更换轨道电路信息处理模块。更换接收天线后需进行灵敏度测试，检查接收灵敏度是否达标，更换设备后必须进行设备启动试验和功能测试。

（二）机车信号不译码

1. 现象描述：机车信号不译码，车载设备无法接收轨道电路信息，动车组不能正常运行。

2. 原因分析：轨道电路信息处理模块故障或轨道电路接收天线故障，由于车载设备轨道电路接收、处理单元采用双冗余设计，发生此故障的概率较低，现场发生较多的是接收天线被外物撞击损坏，致使单个天线的两组线圈开路，造成轨道电路信息处理模块双冗余设备失效。虽然发生概率较小，不排除双冗余轨道电路信息解码单元同时发生故障的可能。

通常采取的检查方法是观察接收天线外观状态，测量天线内部线圈电阻值；同时观察轨道电路信息处理单元工作指示灯状态。

3. 解决措施：判断接收天线线圈开路时，需更换故障天线；发现轨道电路信息处理单元工作指示灯不正常时，更换故障板件。更换设备后必须进行设备启动试验和功能测试，更换接收天线后需进行灵敏度测试。

4. 非正常情况下的应急措施：如列控车载设备无法正常接收轨道电路信息，乘务员应尝试进行设备重新启动，经多次重启仍无法恢复时，向前方调度汇报请求救援。

六、主机模块故障判断与处理

(一)OPE 板故障(200H 型列控车载设备)

1. 现象描述：200H 型列控车载设备 DMI 显示"安全计算机 1 系故障"。

2. 原因分析：OPE 板时 200H 型列控车载设备安全计算机单元中的一个重要的处理模块，其作用是接收速度传感器的速度信号、与 STM 进行通信，同时接收轨道电路信息、进行速度比较、进行设备整体的故障检测。如该板发生故障时，LED1 指示灯由正常的闪烁变为非闪烁，同时 AWP 板的 OUTPUT 指示灯由长亮变成灭灯。由此可判断该板故障导致整个安全计算机(VC)故障。

3. 解决措施：更换故障的 OPE 板，由于该板上有动车组轮径值参数设置的拨码开关，因此在更换该板后应将轮径参数值的拨码开关设置位置进行调整，需回复最初设置，两个安全计算机的轮径值参数设置应保持一致，更换设备后必须进行设备启动试验和功能测试。

4. 非正常情况下的应急措施：当动车组运行途中发生此类故障时，列控车载设备具备冗余功能，断开故障系的控制，利用单系运行，只在 DMI 上有"安全计算机 1 系故障"文本信息提示。因此，在有故障信息提示时，乘务员可不必采取应急措施，维持动车组继续运行。

(二)MOTRE 板故障(200C 型列控车载设备)

1. 现象描述：DMI 显示"单链严重故障"。

2. 原因分析：MOTRE 板是 200C 型列控车载设备中较为重要的处理板件，现场运用过程中该板故障率较高，MOTRE 板作为安全输入/输出板，是通过 Profibus 总线和 CCTE 板连接，控制信息输入输出。输入/输出的信息包括：紧急制动指令、常用制动指令、列车输入信号等。当 MOTRE 板故障时，会造成其对应的单链故障，DMI 上会有"单链严重故障"的文本信息。

由于列控车载设备的冗余设计，当单链设备发生故障时，一般不会影响系统工作，可通过观察法，根据面板工作指示灯的显示判断 MOTRE 板的故障状态。

MOTRE 板故障可通过分析 PC SAM 数据的 MID 故障记录数据，查看 MOTRE 板工作状态来分析。

3. 解决措施：根据 MOTRE 板面板工作指示灯的显示或 MID 故障记录数据判断故障板件，对故障板件进行更换，更换设备后必须进行设备启动试验和功能测试。

4. 非正常情况下的应急措施：当动车组运行途中发生此类故障时，列控车载设备具备冗余功能，断开故障系的控制，利用单系运行，只在DMI上有“单链严重故障”文本信息提示。因此，在有故障信息提示时，乘务员可不必采取应急措施，维持动车组继续运行。

在个别情况下，当MOTRE板故障涉及到制动控制电路相关设备时，可能造成列车接口故障，从而导致系统故障，动车组输出紧急制动停车，此时必须进行重新启动列控车载设备，如多次启动不能恢复，则必须隔离列控车载设备，以LKJ模式控车。

需要注意的是，在隔离列控车载设备后，由于系统仍然处于故障状态，列控车载设备不会向LKJ传输任何信息，将导致LKJ没有机车信号显示，此时应再次启动列控车载设备。

七、BTM故障

（一）DMI显示“应答器信息接收模块故障”(200C型列控车载设备)

1. 现象描述：列控车载设备在启动过程中DMI显示“应答器信息接收模块故障”、“单链严重故障”的文本信息，但不影响设备的正常制动测试试验。

2. 原因分析：列控车载设备在启动过程中因BTM单元故障、BTM与主机通信干扰、BTM主机启动失败，此时列控车载设备完成制动测试后将进入C0级待机模式，如在DMI上进行操作，并不影响C0级模式转换和上/下行载频选择。如不及时重新启动设备，在动车组运行至CTCS-2区段时无法接收应答器信息，不能自动转换为C2模式控车。

如经多次启动不能恢复，则判断为BTM硬件故障，此时可查看BTM主机面板工作指示灯的显示情况。

3. 解决措施：动车组运行途中发生该故障时择机进行重新启动试验；如不能恢复，则需要更换BTM主机，更换设备后必须进行设备启动试验和功能测试。

4. 非正常情况下的应急措施：在动车组运行在C0区段时，途中DMI出现“应答器接收模块故障”的文本信息，动车组可继续以LKJ控车模式运行，在最近的前方停靠站进行重新启动操作；当动车组运行在C2区段时，由于无法接收应答器信息，会造成列控车载设备输出制动停车，此时应立即进行重新启动操作，如多次重启不能恢复，则以LKJ控车模式维持运行。

（二）DMI报“ATP设备故障”、“安全计算机1系故障”、“安全计算机2系故障”、“安全计算机双系故障”、“BTM故障”(200H型列控车载设备)

1. 现象描述：当列控车载设备正常启动失败，DMI显示“ATP设备故障”、“安全计算机1系故障”、“安全计算机2系故障”、“安全计算机双系故障”、“BTM故障”的文本信息，系统无法正常工作。

2. 原因分析：当BTM主机发生故障，在列控车载设备启动过程中，安全计算机与BTM主机之间无法建立正常的通信，此时双系安全计算机会报系统故障，列控车载设备将无法正常工作，DMI不能进行任何操作。此时在现场应查看BTM主机面板工作指示灯状态，分析判断故障情况。

为进一步分析故障原因，可下载PC卡记录数据，查看设备启动自检时BTM主机的故障代码，如：故障代码为4-128-15-03则表示BTM天线周围干扰过大或者是接收板异常；故障代码为4-128-16-03则表示解码板异常；故障代码为4-128-17-03则表示通信板异常；故障代码为6-129-65-3-5时，则表示电缆连接异常。

3. 解决措施：根据不同的故障代码，更换相应的板件，更换设备后必须进行设备启动试验和功能测试。

4. 非正常情况下的应急措施：当发生以上故障现象时，会造成系统故障，此时应进行重新启动试验，如多次重启不能恢复时，则隔离列控车载设备，以 LKJ 模式控车运行。

思考题

1. 整体更换 200H 型列控车载设备 VC1 系主机时有哪些注意事项？

2. 当 CRH$_{5A}$ 型动车组（安装 200C 型列控车载设备）在始发站发车时收不到地面轨道电路信息，造成该故障的可能原因有哪些？

3. 当动车组 LKJ 和 ATP 显示的速度值误差过大时，应从哪几方面分析原因？

4. 200H 型列控车载设备两系安全计算机计算出来的动车组实际速度不一致，导致该故障的可能原因有哪些？

5. 如何测量轨道电路信息接收单元的信号接收灵敏度？

第三节　CTCS-3 级列控车载设备故障分析及处理

一、作业前的准备工作与注意事项

（一）故障处理原则

1. 运用中的电务设备，一旦发生突发事件或故障，电务各级人员在接信息后，必须立即逐级上报，启动应急预案，应急人员准备抢修所需工具、材料等，做好随时赶赴现场抢险的准备，同时根据具体情况，通过动车组司机尽量了解设备状况，进行现场应急操作指导，尽快恢复行车。

2. CTCS-3 级列控车载设备在动车组运行途中发生设备故障后，根据故障情况，首先选择重新启动设备和换系操作，尽快恢复行车。

3. 检修过程中发现设备故障，应及时向所属地动车组运用所提出施工申请，说明故障情况和需要的检修时间和配合条件，同时立即准备所需工具、器材、仪器仪表等，积极进行恢复处理，同时按照要求向有关部门上报情况。

4. 发生设备故障无法恢复时，应立即申请停用该设备。故障处理完毕后，必须进行彻底试验，试验良好后发放车载上报检测合格证方可交付使用。

（二）作业前的准备工作

1. 及时全面的掌握故障信息和故障现象。及时收集反馈故障发生第一现场的相关信息，详细掌握故障现象，包括 DMI 文本信息、语音提示、各种报警信息、设备工作状态，

2. 根据掌握的故障现象，判断故障可能发生的范围，准备相关工具、材料、仪器仪表、备品等，需要到现场进行故障应急抢险时，应及时掌握动车组运行交路和故障信息最新情况，尽快赶赴现场组织抢修。

3. 检查笔记本电脑状态良好，各种分析软件和程序软件齐全，电脑日期、时间参数设置正确，数据下载线及设备连接线齐全、状态良好。

4. 当需要技术支持时，应及时拨打有关设备生产厂商和系统集成单位热线服务电话获取

技术支持信息，厂家联系方式，必要时要求设备生产厂商和系统集成单位派员到现场进行分析处理。必要时通知通信或其他相关部门进行配合。

（三）故障处理注意事项

1. 故障处理安全卡控措施见第一章 基本安全规章制度和作业纪律。

2. 进行故障处理作业时，应遵守电气操作的基本规定。严禁带电插拔各种插头和板件；严禁不断开电源开关直接接触高压电电气设备。

3. 更换设备或板件时，应确认将换上的设备软件版本与当前软件版本保持一致。

4. 故障处理完成后，必须进行彻底试验，各项功能试验正常，同时必须下载分析记录数据，确保设备状态良好。

5. 处理车下 BTM 天线故障时，严禁在上电工作的情况下在 BTM 显现辐射范围内逗留。

6. 严禁在动车组受电弓有电时，拆卸和接触 300T 型列控车载设备速度传感器、SDU 模块以及相关连接电缆。

7. 更换设备或板件时，应将确认换上的设备软件版本与当前软件版本保持一致。同时不同的车上，相关板件、模块上的参数设置不同，更换时应进行参数的重新设置，设置的参数值应与当前的设置值保持一致。

更换如下配件时须进行参数调整和程序烧写：

(1)300T 型列控车载设备：GCD 模块、BTM 主机、CAU 天线、ATP CU 模块；

(2)300S 型列控车载设备：EVC-CPUE 板、ALM-CPU2 板、TMM-CPU2 板、RIM-CPU2 板、BTM 主机。

8. 更换 GSM-R 车载电台主机时，须将原板卡中的列控数据卡取下，原位安装在新板卡上。

二、故障查找、分析及处理的一般方法

（一）观察故障现象，查看设备工作状态

1. 原理

观察设备故障时的现象、设备工作状态，根据现象缩小判断故障范围，或直接判断故障点。

2. 应用

观察故障现象，查看设备工作状态最基本的检查故障的方法之一，实施过程应坚持先简单后复杂、先外面后里面的原则。实际操作时，首先观察设备外观结构状态、开关状态、设备指示灯状态等。

作为直观法主要有两个方面的检查内容：

其一是对实物的观察。观察设备安装状态，是否有松动、滑脱、脱落、变形的现象；

其二是对设备工作状态的观察。观察设备启动状态，工作的各指示灯状态；DMI 显示屏显示内容，是否有故障报警等文本信息；是否有语音提示或声光报警提示灯。

直观法检修时，主要分成以下三个步骤：

(1)设备外观检查：检查设备外观状态，是否由破损和松动现象。查看机器上的按键、插口、电器设备的连线有无损坏等。

(2)设备通电检查：查看主机各面板指示灯自检时或自检工作状况，电器内部有无打火、冒烟现象；耳要听电器内部有无异常声音；鼻要闻电器内部有无炼焦味；手要摸一些元件、集成电

路等是否烫手，如有异常发热现象，应立即关机。

(3)设备工作状态检查：设备上电，检查设备自检状态，是否有故障报警信息，可根据报警提示判断故障范围。同时可进行相关功能测试，查看设备各项功能是否达标。

3. 说明

(1)直观法运用熟练，必须对设备故障原理和工作特点掌握十分熟练，同时须具备丰富的现场实践经验和一定的理论知识。

(2)直观发贯穿整个检测和故障处理的全过程，与其他测量方法配合使用效果明显。

(3)举例说明：列控车载设备无法正常启动，DMI 无法进入设备自检界面，首先利用直观法检查设备电源开关状态，其次检查各模块工作指示灯状态，判断某个单元是否工作异常，下一步检查接插件连接是否松动，相关接线端子紧固状态等，通过各种现象的观察，基本可判断时单元模块自身故障，还是其外部电缆、接线端子或电源开关的问题，同时可通过其他检测手段进行进一步检查判断。

(二)测 量 法

1. 电阻测量法

电阻法是检修故障最基本的方法之一。CTCS-3 列控车载设备故障处理一般采用以下两种方法：

(1)电气设备电阻值测量：利用数字万用表，对被测设备内部电子器件的电阻值或线圈阻值进行测量，判断设备是否正常，如测量 STM 线圈电阻值，是否满足相关技术标准。

(2)连接电缆电阻值测量：利用数字万用表欧姆挡，对被测电缆两端接插件进行测量，判断电缆是否存在开短路、混线的现象。测量方法可参见本章第一节和第二节相关内容。

2. 电压法

列控车载设备检修或故障处理基本采用直流电压法检测，其应用及要求如下：

(1)测量直流电压，首先从设备供电电源电压开始测量，再测量各单元模块的工作电压，以此类推，逐步测量各板件和模块。

(2)测量各部件在不同工作状态的电压值，如驱动继电器线圈动作时的工作电压，继电器接点不同状态下的电压值。

(3)测量各部件输出的电压值，如测量 DC/DC 电源模块输出的 24 V 或 50 V 直流电源电压是否符合标准。

(4)直流电压可直接用万用表测量，但要注意万用表的量程和挡位的选择，如在接线端子测量输入直流电源电压值。

(5)直流电源电压的测量，对被测电源的极性要分清，按照万用表的使用操作说明，根据测量值来判断直流电源电压的正负极性。

(三)通过分析数据，判断查找故障原因

1. 原理

分析法是利用车载数据分析软件，对列控车载设备记录的运行数据进行数据分析，查看数据中是否有故障信息记录和异常记录，根据数据分析的相关信息和提示分析判断故障范围和故障点。

2. 应用

数据分析法是列控车载设备故障查找和分析的一项重要手段，在现场故障处理中经常运用，对故障判断和处理有较大帮助。列控车载设备具备较强的设备自检功能和数据记录功能，由于设备判定标准较严格，同时设备均具备冗余设计要求，一般的软性故障没有明显的表象，在 DMI 上没有相关的故障信息和故障现象，因此需要借助专业分析软件，对车载记录数据进行分析，由于不同类型的列控车载设备记录的数据不一样，利用分析软件进行数据分析时的重点也不一致。

(1)300T 型列控车载设备

利用 AE Log 记录数据查看设备状态信息；利用 JRU 分析软件分析 JRU 记录数据中的故障信息和报警信息。

如图 10-30 所示，通过 JRU 数据分析，查看车载设备工作状态，输出制动信息、接收应答器信息、接收无线信息、接收轨道电路信息、DMI 文本信息等。

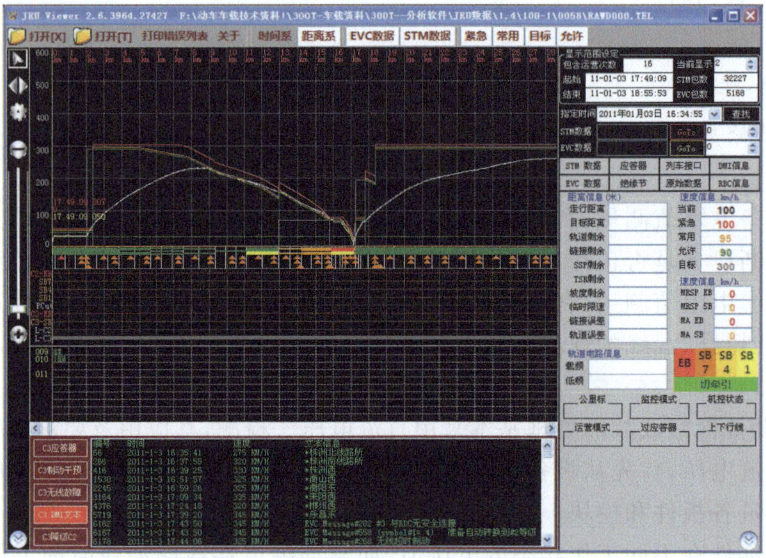

图 10-30　300T 型列控车载设备 JRU 数据分析

通过 AE Log 记录数据，查看日志信息，可直接了解设备故障具体信息，如图所示，记录了 19:12 运行过程中在由 C2 转到 C3 后，ATP CU AB 代码判断 MA 不一致导致 ATP CU 故障。

AE Log:

50 10-02-09 19:12:13;465 FID:VitalCompare LID:　582 TID:SMGM_LogTask

003858936　　ATP A BA1AU000 VC: end of MA! a=1023903744, b=1023904632

51 10-02-09 19:12:13;464 FID:VitalCompare LID:　576 TID:SMGM_LogTask

003858731　　ATP A BA19U000 VC: start of MA! a=1021112944, b=1021113832

53 10-02-09 19:12:13;263 FID:ss_a_level_h LID:　903 TID:SMGM_LogTask

003858122　　ATP A 01B7R023 Level changed to L2, orderby=1

(2)300S 型列控车载设备

利用 DUMP 记录数据查看设备状态信息；利用 JRU 分析软件分析 JRU 记录数据中的故障信息和报警信息。

如图 10-31 所示，通过 JRU 数据分析，查看车载设备工作状态，输出制动、接收应答器信息、接收无线信息、接收轨道电路信息、DMI 文本信息等。

如图 10-32 所示，DUMP 记录数据的故障代码，通过十进制的转换，00000022.0000019D 转换成 34.25 的故障代码，表示远程通道失去连接。可对应故障代码表，查找并判断故障的具体范围和故障点。

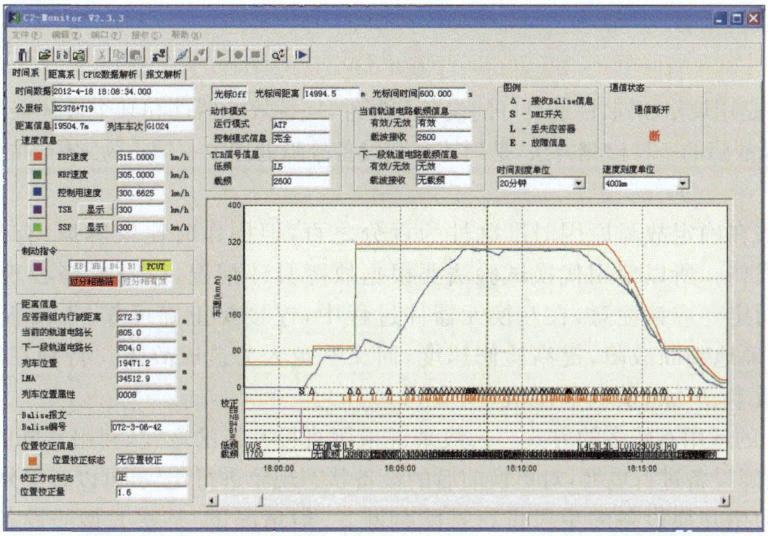

(a)

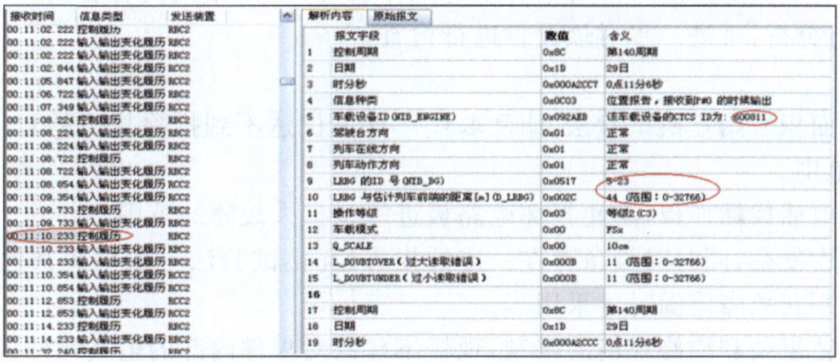

(b)

图 10-31　300S 型列控车载设备 JRU 数据分析

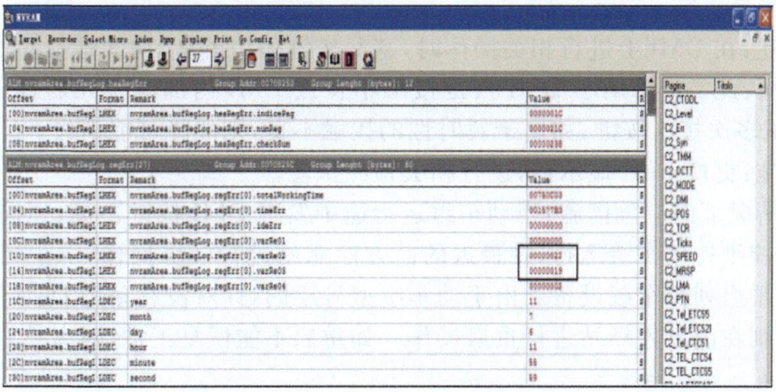

图 10-32　DUMP 记录数据故障代码

3. 说明

①利用数据分析法判断故障范围和故障点时，可根据故障现象或者需查看的重点，有针对性地下载和分析记录数据。

②数据分析情况一定要结合故障现象进行综合分析，对故障情况进行判断。

(四)设备互换试验

1. 原理

互换试验法是用规格相同、性能良好的设备和配件，代替故障器件和某个被怀疑而又无法定位的设备，从而来判断故障的一种检测方法，是列控车载设备故障处理中一项较为常用的故障处理方法。

2. 应用

互换试验法在确定故障原因时准确性为百分之百，但操作时比较麻烦，有时很困难，对线路板有一定的损伤。所以使用代换试验法要根据故障具体情况，以及检修者现有的备件和代换的难易程度而定。应该注意，在互换元器件过程中，连接要正确可靠，不要损坏周围其他元件，这样才能正确地判断故障，提高检修速度，而又避免人为造成故障。特别在显示屏、插件板代换时要确认版本、厂家、供电电压值(75 V、110 V)。

互换试验法的运用有较多的方式。一般来说采用直接互换的方式，利用良好的备品配件对故障设备或疑似故障设备进行更换，对更换前后的设备状态现象进行比较，可以直接判断故障部位。

另一种是利用互换设备的手段进行排除判断，一般情况下，某些大型的设备部件或安装工艺较复杂的配件不便于直接进行互换，此时可对其相关的有故障嫌疑的部件进行互换，通过对相关设备的更换，观察更换前后的现象和设备工作状态，如果相关设备更换后故障依然存在，利用排除法进行分析，可进一步对该设备进行检查。

3. 说明

(1)严禁大面积采用互换试验法，胡乱取代。这不仅达不到排除故障的目的，甚至会进一步扩大故障的范围。

(2)严禁带电插拔插件板，防止损坏电路板进一步扩大故障的范围。

(3)由于操作复杂，同时对设备存在一定的损害，互换试验法一般是在其他检测方法运用后，无法进一步判断故障范围时才采用。

(4)由于工艺复杂和检修环境的限制，现场不建议对板件内部的电气元件进行互换。

三、DMI 故障判断与处理

(一)DMI 按键失效

1. 现象描述：在 DMI 上进行相关操作时，某些按键作用不良，功能键不起作用。

2. 原因分析：此类故障属于 DMI 按键接触不良或 DMI 内部电子元器件不良造成，故障过程中可以尝试多次按压按键，如属于暂时性的接触不良，则故障可能消失。

3. 解决措施：更换 DMI 显示器，进行相关检测试验。

4. 非正常情况下的应急措施：当动车组运行途中发现 DMI 按键不灵，须向前方调度汇报情况，同时尽可能维持动车组运行，在最近的前方停靠站进行换屏操作，由主用屏切换至备用屏，切换后必须重启列控车载设备。由于动车组型号不同，针对没有备用 DMI 屏的应急处置，如能维持运行，则在前方停靠站进行重启操作。如重启不能恢复正常，隔离 ATP 请求救援。

(二)DMI 功能区显示不正确

1. 现象描述：DMI 在开机工作情况下，发现某个功能区显示缺失，或者显示内容不能更新。

2. 原因分析：DMI主机内部电子盘故障，造成来自安全计算机的显示信息无法转换到DMI液晶屏上。

3. 解决措施：更换DMI主机，更换后进行设备启动试验，进行相关功能测试。

4. 非正常情况下的应急措施：当动车组在运行途中发现上述现象，在不影响乘务员操作的情况下维持运行，在最近的前方停靠站进行换屏操作，由主用屏切换至备用屏，切换后必须重启列控车载设备。当故障影响乘务员正常操作的情况下，应立即停车进行换屏操作，由主用屏切换至备用屏，切换后必须重启列控车载设备。由于动车组型号不同，针对没有备用DMI屏的应急处置，如能维持运行，则在前方停靠站进行重启操作。如重启不能恢复正常，隔离列控车载设备，请求救援。

(三)DMI无语音提示或报警

1. 现象描述：DMI无正常输出语音，报警时无任何声音提示。

2. 原因分析：DMI扬声器故障，造成DMI无语音或提示报警音输出。

3. 解决措施：更换DMI主机，更换后进行设备启动试验，进行相关功能测试。

4. 非正常情况下的应急措施：语音报警提示功能失效，不会造成动车组无法运行，对乘务员的操作会带来一定的不便，但乘务员基本能维持动车组运行至终点站，到达终点站后，进行换屏操作，由主用屏切换至备用屏，切换后必须重启列控车载设备。由于动车组型号不同，针对没有备用DMI屏的，进行重启操作。

(四)DMI黑屏或花屏

1. 现象描述：DMI显示屏黑屏或花屏。

2. 原因分析：DMI主机电源模块工作不稳定或显示屏故障。

3. 解决措施：更换DMI主机，更换后进行设备启动试验，进行相关功能测试。

4. 非正常情况下的应急措施：当动车组运行途中显示器黑屏或花屏，多数情况列控车载设备会检测到主机与DMI通信不良，输出紧急制动停车，此时乘务员进行换屏操作，由主用屏切换至备用屏，切换后必须重启列控车载设备。如CRH_3型动车组没有备用DMI时，直接重启列控车载设备。如多次重启仍无法启动时，隔离列控车载设备，请求救援。

四、速度传感器故障判断与处理

(一)显示速度值与实际速度值误差过大

1. 现象描述：动车组运行时DMI上显示的速度值与实际速度值偏差过大，可参考动车组MON屏上的速度值。

2. 原因分析：速度值误差情况基本保持不变，如速度值一直比动车组车辆显示屏速度值高10 km/h且基本保持不变的情况，最大可能是车载设备轮径值参数设置错误造成。

300T型列控车载设备除轮径参数设置错误外，雷达校准值设置错误同样会造成列控车载设备显示速度误差过大。

3. 解决措施：①进行轮径参数检查。要求车辆部门提供动车组最新轮径值，核查动车组轮径参数值设置是否与实际值一致，如存在误差，按照动车组车载设备轮径参数调整操作程序进行轮径调整；②携带GPS测速仪等设备添乘，检查确认列控车载设备速度值显示是否正确；③检查速度传感器状态是否正常；④300T型列控车载设备进行雷达校准。

300T型列控车载设备雷达校准具体方法如下：

(1)线路条件要求:大于500 m的直轨道,坡度小于0.5%,保持20 km/h的速度开行25～500 m后停车。

(2)VCU下载线连接在SDP单元上,在车静止状态下,输入命令 start_cal。

(3)车以最小牵引力(P1),将列车速度均匀加速到 20 km/h,尽量保持恒速约 5 s,再以最小制动力(1级)将列车减速到静止。

(4)当列车停稳后,输入命令 stop_cal,这时 DCUTerm 里会收到一组关于 N_DoppPulse1 和 N_DoppPulse2 的新旧值。

(5)在 ATP CU 里通过 S_imp 命令,将参数上一步得到新值替代旧值(需修改 A,B 系)。

(6)完成参数修改后,检查 DMI 速度显示与列车速度显示差是否大于 2 km/h,若大于 2 km/h,则连接 ODL 进行精调。

(7)将最新参数值按照上述方法,将最新参数值写入另一系 SDP 模块上。

4. 非正常情况下的应急措施:当收到动车组司机 ATP 速度不正确的信息反馈后,建议司机按照速度值采高不采低的方式应急处置,当 ATP 速度值比动车组车辆显示屏速度值低 10 km/ h时,以车辆显示屏速度值为参考进行控制运行;当 ATP 速度值比动车组辆显示屏速度值高时,按 ATP 速度值控制运行。

(二)速度传感器故障(300S 型列控车载设备)

1. 现象描述:动车组运行途中 DMI 有“主机与 EVC 通信中断”文本信息显示,同时列控车载设备输出制动停车 。

2. 原因分析:由于速度传感器故障将造成列控车载设备故障,DMI有“主机与 EVC 通信中断”文本信息显示,此时列控车载设备将输出紧急制动停车。如果是设备受到干扰或瞬间状态不良时,通过重新启动设备后能恢复正常。故障发生时可以通过查看 TACU 板工作指示灯显示状态判断故障速度传感器工作状态。目前的 300S 分析软件只记录造成“主机与 EVC 通信中断”故障的原因是由于速度传感器故障引起,但无法查看故障速度传感器的具体位置。

截至目前,300S型列控车载设备安装的 3 个速度传感器只启用了 2 个,当任何一个速度传感器异常时均会造成“主机与 EVC 通信中断”故障,随着车载软件的不断升级,后期将启用 3 个速度传感器,当其中任何一个速度传感器故障异常时,不会对系统故障造成影响。

3. 解决措施:重新启动。如多次发生该故障,则需要更换速度传感器,更换后进行设备启动试验和相关功能测试,同时必须进行动车试验,检查 ATP 速度值是否正确,试验完成后,分析确认下载数据。

4. 非正常情况下的应急措施:经多次重启不能恢复,则隔离列控车载设备,请求救援。

(三)速度传感器故障(300T 型列控车载设备)

1. 现象描述:动车组运行途中,DMI 显示“速度传感器故障”文本信息,此时列控车载设备正常工作。

2. 原因分析: 300T 型列控车载设备安装有 2 个速度传感器,正常情况下,速度信息处理单元对来自 2 个速度传感器的速度信号进行逻辑运算。当其中一个速度传感器发生故障的情况下,只采用正常一路速度信息。因此,当单个速度传感器发生故障时不会对列控车载设备正常工作造成影响。

3. 解决措施:通过下载 AE Log 数据,查看速度传感器故障时的 Log 记录,判断故障原因和具体位置,如 Log 数据中有“0A40I000 Tacho Error 1”的记录,则判断为 1 位速度传感器故障,需更换 2 轴速度传感器,更换后进行设备启动试验和相关功能测试,同时必须进行动车试验，检查ATP速度值是否有正确，试验完成后分析确认下载数据。

4. 非正常情况下的应急措施：由于发生速度传感器故障时，不影响列控车载设备正常工作，因此不必采取应急措施。

五、轨道信息接收天线故障判断与处理

(一)动车组运行途中，机车信号掉码

1. 现象描述：列控车载设备在CTCS-2级模式下，动车组运行途中瞬间掉码，输出常用制动。

2. 原因分析：动车组运行途中发生多次掉码现象，其原因主要包括：接收天线安装位置不达标、接收的天线性能和电气特性不达标、连接电缆接触不良或电阻值过大、轨道信号接收模块工作异常或灵敏度不达标等。

分析判断方法可以从两方面着手：

一方面通过分析记录数据，300T型列控车载设备可以通过分析TCR主机的CF卡记录数据，查看掉码时接收到的轨道电路信息幅值，如果幅值满足译码要求，则可判断主机以下至接收天线范围内设备正常。如发现掉码时接受到的轨道电路信息幅值较小，不能满足译码要求，则可判断为轨道电路信息处理主机以下至接收天线范围内设备异常；之后可测量接收天线相关技术参数是否达标。

另一方面直接测量接收天线相关技术参数，如：天线线圈电阻值、连接电缆线间绝缘值，同时可以利用便携式机车信号发码箱对接收天线灵敏度进行测量。

日常维修中常见的故障为接收天线电阻值过大，造成接收灵敏度降低，当动车组运行到轨道电路信息发送功率较低的区段时易造成掉码现象。

当列控车载设备处于CTCS-3级完全模式时，由于行车许可来自RBC，因此当机车信号掉码时，DMI上机车信号显示白灯，目标速度和目标距离将不会改变，不影响动车组正常运行。

3. 解决措施：经测量发现接收天线电气性能不达标则更换故障天线；如接收天线电气性能正常、灵敏度达标，则根据数据分析情况更换轨道电路信息处理模块。更换接收天线后需进行灵敏度测试，检查接收灵敏度是否达标，更换设备后必须进行设备启动试验和功能测试。

(二)机车信号不译码

1. 现象描述：机车信号不译码，车载设备无法接收轨道电路信息，当列控车载设备处于CTCS-3级模式时，因得不到行车许可，动车组将不能正常运行。

2. 原因分析：轨道电路信息处理模块故障或轨道电路接收天线故障，由于车载设备轨道电路接收处理单元采用双冗余设计，发生此故障的概率较低，现场发生较多的是接收天线被外物撞击损坏，致使单个天线的两组线圈开路，造成轨道电路信息处理模块双冗余设备失效。虽然发生概率较小，不排除双冗余轨道电路信息解码单元同时发生故障的可能。

通常采取的检查方法是观察接收天线外观状态，测量天线内部线圈电阻值；同时观察轨道电路信息处理单元工作指示灯状态。

当列控车载设备处于CTCS-3级完全模式时，由于行车许可来自RBC，因此当机车信号掉码时DMI上机车信号显示白灯，目标速度和目标距离将不会改变，不影响动车组正常运行。

当动车组在CTCS-3级目视模式或者CTCS-2级模式时，由于无法接收到轨道电路信息，得不到行车许可，动车组将无法正常运行。

3. 解决措施：判断接收天线线圈开路时，需更换故障天线；发现轨道电路信息处理单元

工作指示灯不正常时，更换故障板件。更换设备后必须进行设备启动试验和功能测试，更换接收天线后需进行灵敏度测试。

4. 非正常情况下的应急措施：如列控车载设备在 CTCS-3 级目视模式或者 CTCS-2 级模式时，因无法正常接收轨道电路信息，动车组没有行车许可而无法正常运行，此时乘务员应尝试进行设备重新启动，经多次重启仍无法恢复时，向前方调度汇报请求救援。当列控车载设备处于 CTCS-3 级完全监控模式时，乘务员可依据来自 RBC 的行车许可，按照列控车载设备目标一距离控制模式曲线正常操作运行。

六、无线通信模块故障判断与处理

（一）动车组在 CTCS-3 级完全监控模式下运行，每经过一个 RBC 切换点时，因无线超时，造成 CTCS-3 级模式转换为 CTCS-2 级模式

1. 现象描述：动车组在 CTCS-3 级完全监控模式下运行，每经过一个 RBC 切换点时，因无线超时，造成 CTCS-3 级模式转换为 CTCS-2 级模式，之后正常连接 RBC 后，恢复 CTCS-3 级模式控车。

2. 原因分析：CTCS-3 级动车组列控车载设备无线通信模块设置两个独立 GSM-R 通信电台，当其中一个电台与当前 RBC 建立连接时，通过该电台进行车—地双向通信，当列车距 RBC 切换边界一定距离（列车走行 40 s 所需要的距离）时，在当前 RBC 控制下通过另一部电台开始呼叫下一个 RBC 并进行连接注册，注册成功后自动断开与之前 RBC 的连接，从而保证在不间断通信的情况下完成 2 个 RBC 通信移交。

由于备用电台发生故障，当动车组处于 2 个 RBC 通信切换点时，无法正常呼叫下一个 RBC，此时动车组驶出当前 RBC 管辖范围，车载 GSM-R 通信电台将断开与 RBC 的连接状态，发生无线超时现象。此时动车组将输出常用制动，直至动车组运行速度降至 300 km/h（CTCS-2 级模式最大允许速度值）以下时，列控车载控车模式由 CTCS-3 级完全转换为 CTCS-2 级完全模式。动车组运行至下一个起呼点时，唯一正常的电台再次呼叫动车组所在的 RBC 并建立连接。

3. 解决措施：检查无线通信模块两个 GSM-R 通信电台工作指示灯状态，进行单呼试验，测试电台状态。具体方法：将其中一个 GSM-R 电台关闭，利用另一个电台进行呼叫 RBC 测试，如呼叫成功，与 RBC 建立正常连接，再利用另一个电台进行呼叫试验。呼叫试验不成功的电台为故障电台。

对故障电台进行更换时，需将电台内部的列控 SIM 卡拆下，安装在新更换的电台上，更换设备后，必须进行设备启动试验和功能测试。

4. 非正常情况下的应急措施：由于单电台故障造成的无线超时，CTCS-3 级转 CTCS-2 级不影响动车组运行，因此在动车组正常运行时不必进行应急处置，待动车组运行至前方停靠站时可重新启动列控车载设备，尝试恢复设备状态。

（二）呼叫 RBC 不成功，无法连接 RBC（300T 型列控车载设备）

1. 现象描述：动车组列控车载设备启动后，进行连接 RBC 操作，呼叫 RBC 不成功，无法正常连接 RBC。

2. 原因分析：列控车载设备通信信息是经过安全无线传输系统（STU-V 模块），通过无线通信模块和无线天线向 RBC 传输。STU-V 由一个 COMC 和一个 GCD 组成，STU-V 系统软件负责对处理无线数据安全传输的无线通信功能进行加密。因无线通信模块由 2 个 GSM-R

电台,2 个电台同时故障概率较低,当呼叫不成功,无法与 RBC 建立连接时,主要原因是安全无线传输系统故障。现场可以检查 COMC 和 GCD 模块工作指示灯的显示状态判断故障点。

3. 解决措施:检查无线通信模块工作指示灯显示状态,STU-V 模块工作指示灯显示状态。由于安全无线传输系统(STU-V 模块)故障可能是由于软件原因造成,在 STU-V 模块工作指示灯显示正常的情况下,一般情况下采取重新启动设备的方式进行处理;如多次重启仍未恢复,则需更换 STU-V 模块,更换设备后必须进行设备启动试验和功能测试。

4. 非正常情况下的应急措施:动车组在发车时呼叫 RBC 不成功,需进行重新启动设备的操作,如多次重启仍不能恢复正常,以 C2 控车模式维持运行。

七、主机模块故障判断与处理

(一)ATP CU 故障(300T 型列控车载设备)

1. 现象描述:当工作系 ATP CU 发生故障时, DMI 显示"安全软件失败"、"ATP CU 故障"文本信息,同时列控车载设备输出最大常用制动停车。

2. 原因分析:ATP CU 模块是 300T 型 ATP 设备 C3 级核心控制单元,当 ATP CU 发生故障时,将导致整个系统无法正常工作。ATP CU 故障时,其模块工作状态指示灯显示异常,系统按照故障—安全的设计原则,输出制动停车。如软件问题造成 ATP CU 模块工作异常,则重新启动设备后能恢复正常。

3. 解决措施:检查 ATP CU 模块工作指示灯显示状态;下载 AE Log 数据进行分析确认;更换 ATP CU 模块,更换设备后必须进行设备启动试验和功能测试。

需要注意的是,更换 ATP CU 模块后需重新烧写列车 ID、雷达参数、轮径等参数值,烧写后的参数值与原值保持一致。

4. 非正常情况下的应急措施:途中发生 ATP CU 故障时,当动车组停稳后,进行换系重启操作,及扳动冗余开关,启用备用系工作。

(二)BFBR(制动反馈)继电器故障(300T 型列控车载设备)

1. 现象描述:列控车载设备启动过程中,DMI 显示"主机与 DMI 通信中断"文本信息,系统无法正常启动。

2. 原因分析:当列控车载设备正常启动时,系统启动程序中有制动测试项目、车载设备向动车组车体输出制动信息,同时检测来自于车体的制动反馈信息。当输出的制动信息和采集到的制动反馈信息一致时,则判断制动测试成功。当 BFBR(制动反馈)继电器状态不良时,将造成制动反馈超时,系统启动失败。分析 AE Log 数据可发现"ATP A A533RC01 Time 6401520 BI-H EBFR state wrong"(EBFR 状态错误,导致制动反馈失败)的信息。

3. 解决措施:更换异常 BFBR(制动反馈)继电器,必须进行设备启动试验和功能测试。

4. 非正常情况下的应急措施:当动车组在始发站启动列控车载设备失败时,须进行换系重启操作及扳动冗余开关,启用备用系工作。

(三)RBA(驾驶室激活)继电器故障

1. 现象描述:当动车组运行途中,列控车载设备由完全监控模式转为待机模式(DMI 黑屏),输出紧急制动停车。

2. 原因分析:RBA(驾驶室激活)继电器是采集动车组驾驶室制动手柄状态的继电器,当手柄在非拔取位时,RBA(驾驶室激活)继电器动作,列控车载设备处于工作模式。

当 RBA(驾驶室激活)继电器故障,相当于制动手柄在拔取位,此时列控车载设备处于待机模式,同时开启停车监控功能。

当动车组正常运行时,RBA 继电器故障,列控车载设备处于待机模式时,此时采集到的速度值大于 3 km/h 时,将触发"停车防护制动",列控车载设备将输出紧急制动指令。

3. 解决措施:测量继电器采集的驾驶室制动手柄状态信息是否正常;测量 RBA(驾驶室激活)继电器线圈电阻值和接点动作状态;更换故障继电器,更换设备后必须进行设备启动试验和功能测试。

4. 非正常情况下的应急措施:动车组运行中发生该故障时,待动车组停稳后,对系统进行重新启动,同时反复扳动驾驶室制动手柄,如不能恢复时,隔离列控车载设备请求救援。

(四)BTM 故障

1. 现象描述:DMI 显示"BTM 故障"文本信息,列控车载设备触发制动停车。

2. 原因分析:BTM 故障将导致系统故障,列控车载设备输出紧急制动停车。BTM 故障原因主要有软件故障、BTM 主机工作异常、BTM 天线工作异常等。

3. 解决措施:检查 BTM 主机面板工作指示灯显示状态;下载分析记录数据,分析判断故障范围和故障点;更换 BTM 主机,更换设备后必须进行设备启动试验和功能测试。

4. 非正常情况下的应急措施:当 300T 型列控车载设备在动车组运行途中发生 BTM 故障时,待动车组停稳后,进行换系重启操作及扳动冗余开关,启用备用系进行工作。当 300S 型列控车载设备在动车组运行途中发生 BTM 故障时,待动车组停车后,系统将自动由主用系切换至备用系,动车组可直接启动运行。

思考题

1. 更换 300T 型列控车载设备 1 系 ATP CU 模块时有哪些注意事项?
2. 当动车组在始发站发车时,收不到地面轨道电路信息的可能原因有哪些?
3. 整体更换 200H 型列控车载设备 VC1 系主机时有哪些注意事项?
4. BFBR(制动反馈)继电器的工作原理是什么?
5. 更换 BTM 主机有哪些注意事项?

复 习 题

1. 简述更换 200H 型列控车载设备安全计算机流程。
2. 速度传感器故障处理后的检查验证有哪些项目?
3. 列控车载设备故障应急处置原则是什么?
4. 200H 型、200C 型、300S 型、300T 型列控车载设备有哪些类型的故障将导致系统不能维持动车组运行?
5. CTCS-2 级列控车载设备 DMI 黑屏的应急处置方法有哪些?
6. CTCS-2 级列控车载设备途中 BTM 故障的应急处置方法有哪些?
7. 哪些故障会同时影响 ATP 和 LKJ 系统正常工作?
8. 300T 型列控车载设备哪些设备具备冗余功能且故障时可切换到备用系?
9. 300S 型列控车载设备哪些设备具备冗余功能且故障时可切换到备用系?

附录　动车组列控车载信号设备维修岗位技能实训设备配置标准建议表

序号	实训项目	设备及材料名称	基本配置标准		备注
			单位（规格）	数量	
1	动车组列控车载信号设备安装与调试	禁动牌	个	1	
		扭力扳手	个	1	
		游标卡尺	个	1	
		钢直尺	个	1	
		专用组合工具	套（24件）	1	
2	动车组列控车载信号设备检测	禁动牌	个	1	
		专用笔记本电脑	台	1	
		数据下载线	套	1	
		专用组合工具	套（24件）	1	
		头灯	个	1	
		专用IC卡	个	1	
		专用转储U盘	个	1	
		专用PC卡	个	1	
3	动车组列控车载信号设备数据分析	专用电脑	台	1	
4	列车运行监控装置（LKJ）数据换装	禁动牌	个	1	
		芯片	个	2	
		IC卡	个	1	
		芯片拔取器	个	1	
		螺丝刀	个	2	
		防静电手套	双	1	
		防静电手腕	套	1	
		头灯	个	1	
5	动车组列控车载信号设备参数设置	禁动牌	个	1	
		专用笔记本电脑	台	1	
		数据下载线	套	1	
6	动车组列控车载信号设备故障分析及处理	禁动牌	个	1	
		专用组合工具	套（24件）	1	
		头灯	个	1	
		数字万用表	个	1	
7	仪器仪表	轨道信息发码箱	台	1	
		驻波比测试仪	台	1	
		专用笔记本电脑	台	1	
		LKJ综合诊断仪	台	1	
		CTCS2-200H型专用工具	套	1	
		CTCS3-300T型专用工具	套	1	
		CTCS3-300S型专用工具	套	1	
		CTCS3-300H型专用工具	套	1	
8	专用设备	CTCS2-200H型列控车载设备	套	1	
		CTCS2-200C型列控车载设备	套	1	
		CTCS3-300T型列控车载设备	套	1	
		CTCS3-300S型列控车载设备	套	1	
		CTCS3-300H型列控车载设备	套	1	
		LKJ2000型运行监控装置	套	1	
		列控设备动态监测系统	套	1	

注：本表为完成实训项目的基本配备要求。

参 考 文 献

[1]杨志刚．LKJ2000 型列车运行监控记录装置．北京:中国铁道出版社,2003.

[2]铁道部．铁道部令第 29 号　铁路技术管理规程．北京:中国铁道出版社,2006.

[3]铁道部．铁科技〔2009〕116 号　铁路客运专线技术管理办法(试行)(200～250 km/h 部分). 北京:中国铁道出版社,2009.

[4]铁道部．铁科技〔2009〕212 号　铁路客运专线技术管理办法(试行)(300～350 km/h 部分). 北京:中国铁道出版社,2009.

[5]铁道部运输局．铁运〔2008〕142 号　铁路信号维护规则．北京:中国铁道出版社,2008.

[6]铁道部运输局．运基信号〔2007〕105 号　CTCS-2 级列车运行控制系统维护管理规则(暂行). 北京:中国铁道出版社,2007.

[7]铁道部运输局．铁运〔2009〕98 号　列车运行监控记录装置(LKJ)运用维护规则．北京:中国铁道出版社,2009.

[8]铁道部运输局．运基信号〔2007〕159 号　CTCS-2 级列控系统车载设备维护办法(暂行).

[9]铁道部运输局．运基信号〔2007〕665 号　动车组出厂列控系统车载设备检测流程．

[10]铁道部运输局．运基信号〔2009〕683 号　列车运行监控装置(LKJ)检修规程．北京:中国铁道出版社,2009.

[11]铁道部运输局．运基信号〔2011〕112 号　CTCS-2 级列控车载设备高级检修规程．

[12]铁道部运输局．运基信号〔2010〕140 号　列车运行状态信息系统(LAIS)运行维护管理办法．

[13]铁道部运输局．动车组 CTCS-3 级列控车载设备高级检修规程．

[14]铁道部运输局．CTCS-3 级列控系统车载设备维护办法(暂行).